禪語錄叢書 ④

無門關

鄭性本 譯註

韓國禪文化硏究院
2004

無門關

『무문관』 역주를 간행하면서

송대의 선불교는 간화선(看話禪)의 시대라고 할 수 있다. 간화선이란 당대(唐代) 선승들의 선문답과 설법집인 선어록을 읽고 불법의 대의를 체득하고 지혜와 인격을 연마하는 수행방법을 말한다.

최근 선불교라는 말로 널리 알려진 조사선은 단순히 번뇌망념을 퇴치하고 불안한 마음을 안정시키기 위한 좌선과 선정의 실천을 수행하는 종파불교가 아니다.

역사적으로는 붓다의 慧命을 계승하여 정법안장(正法眼藏)을 구족한 선승들이 정법의 불법을 펼친 실천불교이며, 사상적으로는 불법의 대의를 체득하여 대승불교의 모든 사상을 선의 실천으로 깨달음의 지혜로운 삶을 일상생활에서 전개한 생활종교이다.

당대 조사선의 선승들은 인도에서 전래된 불법 정신을 중국인들이 쉽게 이해하고 실천할 수 있도록 생활의 종교로 전개하면서 독창적인 수행체계를 제시하였다. 즉 경전을 읽는 看經과 선어록을 읽는 看話로 불법의 대의와 다양한 불법의 지혜를 체득하도록 하였고, 주지는 정기적인 상당법문(示衆)으로 수행자의 정법안목을 열어 주었다. 그리고 선지식의 법문과 看經, 看話를 통한 문제를 좌선시간에 깊이 사유하고 불법의 대의를 참구하여 자신이 정법의 안목을 열도록 하였다.

또한 수행자가 체득한 불법의 안목을 점검받기 위해 선지식을 참문하여 독특한 대화로 문제점을 제시하며, 잘못된 견해를 바로 잡아주고, 선병(禪病)을 치료하는 선문답이라는 수행이 성행하게 되었다.

그리고 공동 노동을 통하여 자급자족의 경제생활을 유지함과 동시에 육체적인 건강과 자리이타의 보살도를 실천하는 수행생활을 한 것이다.

이러한 선승들의 설법과 선문답, 노동 등의 생활이 선어록으로 기록되었다. 따라서 당송대의 선승들은 경전을 통해서 구체적인 불법의 수행방향과 방법 등 체득하기 힘든 문제점을 선승들의 어록과 선문답을 통해서 쉽게 체득할 수가 있게 되었다. 또한 일상생활 속에서 전개된 구체적인 사건과 사례를 통해서 누구나 쉽게 불법의 정신과 사상을 생활 속에서 깨닫고 실천할 수가 있게 된 것이다. 그래서 선승들의 선문답과 어록은 정법을 체득한 재판관의 판례라고 하며 공안이라고 불리게 된 것이다.

간화선은 당대 선승들의 어록을 읽고 불법의 지혜를 체득하는 수행이다. 따라서 송대 이후의 선불교에서는 많은 선승들의 선문답과 어록 가운데 중요한 내용을 골라서 간화선의 참고서로『벽암록』『종용록』『무문관』등이 편집되었다. 특히『무문관』은 간화선의 기본 교재이다.

불법을 체득하는 고정된 문이 없는 관문이기 때문에 더욱 잘 참구해야 한다는 제목으로『無門關』이라고 했다. 이『무문관』 48칙의 공안을 체득한 사람은 無門의 관문을 통과할 수가 있다.

한국의 많은 간화선 수행자가『무문관』을 읽고 올바른 정법의 안목을 체득하여 중생구제와 인류를 위한 보살도를 실천하는 길에 동참하는 인연이 되기를 바란다.

불기 2548년 1월 5일
自安禪堂에서 鄭性本 합장

차 례

■ 『무문관』 역주를 간행하면서
■ 일러두기

習庵의 序文 ··· 11
表　文 ··· 15
自　序 ··· 17

제1칙. 조주화상과 무자화두(趙州狗子) ························· 29
제2칙. 백장화상과 여우 이야기(百丈野狐) ····················· 46
제3칙. 구지화상의 一指禪(俱胝堅指) ···························· 60
제4칙. 달마화상의 수염(胡子無鬚) ······························· 69
제5칙. 향엄화상과 나무 위의 일(香嚴上樹) ··················· 73
제6칙. 세존의 염화와 가섭의 미소(世尊拈花) ················ 80
제7칙. 조주화상과 발우(趙州洗鉢) ································ 88
제8칙. 수레의 발명자 해중(奚仲造車) ··························· 97
제9칙. 대통지승불(大通智勝) ······································ 105
제10칙. 조산화상과 청세의 청빈수행(淸稅孤貧) ············ 114
제11칙. 조주화상과 암자의 주지(州勘庵主) ··················· 119

제12칙. 서암화상과 주인공(巖喚主人) ········· 126
제13칙. 덕산화상의 탁발(德山托鉢) ········· 132
제14칙. 남전화상과 고양이 살해사건(南泉斬猫) ········· 141
제15칙. 동산의 수행과 깨달음(洞山三頓) ········· 147
제16칙. 운문화상과 종소리(鐘聲七條) ········· 155
제17칙. 혜충국사와 시자(國師三喚) ········· 165
제18칙. 동산화상과 麻三斤(洞山三斤) ········· 170
제19칙. 남전화상의 평상심 법문(平常是道) ········· 175
제20칙. 송원화상과 대력량인(大力量人) ········· 181
제21칙. 운문화상과 마른 똥막대기(雲門屎橛) ········· 187
제22칙. 가섭존자와 아난존자의 전법(迦葉刹竿) ········· 192
제23칙. 육조혜능의 법문(1)(不思善惡) ········· 197
제24칙. 풍혈화상의 법문(離却語言) ········· 206
제25칙. 앙산화상의 설법(三座說法) ········· 214
제26칙. 법안화상과 두 승려(二僧卷簾) ········· 219
제27칙. 남전화상의 법문(1)(不是心佛) ········· 224
제28칙. 용담화상과 덕산의 깨달음(久響龍潭) ········· 228
제29칙. 육조혜능의 법문(2)(非風非幡) ········· 235
제30칙. 마조화상의 법문(1)(卽心卽佛) ········· 239
제31칙. 조주화상과 오대산의 노파(趙州勘婆) ········· 244
제32칙. 세존과 외도와의 문답(外道問佛) ········· 248
제33칙. 마조화상의 법문(2)(非心非佛) ········· 252
제34칙. 남전화상의 법문(2)(智不是道) ········· 256
제35칙. 오조법연과 천녀의 영혼(倩女離魂) ········· 260
제36칙. 오조법연의 법문(1)(路逢達道) ········· 266

제37칙. 조주화상과 뜰 앞의 잣나무(庭前柏樹) ································· 271
제38칙. 오조법연과 물소 이야기(牛過窓櫺) ································· 275
제39칙. 운문화상과 장졸의 게송(雲門話墮) ································· 279
제40칙. 위산화상과 물병(趯倒淨瓶) ··· 284
제41칙. 달마와 혜가의 안심문답(達磨安心) ································· 290
제42칙. 문수보살과 여인의 선정(女子出定) ································· 300
제43칙. 수산화상의 죽비(首山竹篦) ··· 308
제44칙. 파초화상의 주장자(芭蕉拄杖) ·· 314
제45칙. 오조법연의 법문(2)(他是阿誰) ······································· 319
제46칙. 석상화상의 법문(竿頭進步) ··· 322
제47칙. 도솔화상의 법문(兜率三關) ··· 326
제48칙. 건봉화상의 법문(乾峰一路) ··· 333

後 序 ··· 341
禪 箴 ··· 345
黃龍三關 ·· 348
孟珙의 跋文 ··· 353
安晩의 跋文 ··· 355
제49칙. 『법화경』의 말씀과 安晩의 문제제기 ································ 357

■ 부록1 『無門關』에 대하여 ··· 361
■ 부록2 看話禪 수행과 公案工夫 ·· 386
■ 부록3 法 系 圖 ··· 448
■ 찾아보기 ·· 451

9

일 러 두 기

　『無門關』은 송대 無門慧開(1183~1260)가 간화선 수행자를 위한 기본교재로서 편집한 것이다. 이 책의 원본은 중국이나 한국에서는 많이 유통되지 않은 것 같다. 日本 應永 12년(1405년) 廣園寺 系統의 一種이 있을 뿐이다. 이것은 無門慧開의 법을 이은 心地覺心(1207~1298)이 일본으로 가지고 온 것이며, 寶曆 2년(1752) 重彫하여 일본에 널리 유포되었고, 『大正藏』 48권에도 수록하고 있다.

　본서는 『대정장』 48권에 수록된 『선종무문관』을 저본으로 하였고, 寶曆 2년에 重彫한 유포본을 사용하였으며, 다음과 같은 주석서를 참조하였다.

中尾良信 편집, 禪籍善本古注集成, 『無門關』(일본, 名著普及會, 1983년)

西村惠信 역주, 『無門關』(일본, 岩波書店, 1994년)

平田高士, 『無門關』(일본, 筑摩書房, 1969년)

山田無文, 『無門關講話』(일본, 春秋社, 1976년)

安谷白雲, 『無門關』(일본, 春秋社, 1965년)

習庵의 序文

　說道無門　盡大地人得入. 說道有門　無阿師分. 第一強添幾箇注脚, 大似笠上頂笠. 硬要習翁贊揚, 又是乾竹絞汁, 著得這些哮本, 不消習翁一擲一擲. 莫敎一滴落江湖, 千里烏騅追不得.
　紹定改元七月晦. 習庵陳塤寫.

【번 역】습암의 서문
　불도를 깨달아 들어가는 특정한 문이 없다고 설하면, 대지의 모든 사람들이 누구라도 그곳에 자유롭게 들어갈 수가 있을 것이며, 고정된 어떤 문이 있다고 설하면, 특히 무문혜개와 같은 대선지식의 역할을 필요로 하지 않을 것이다.
　먼저 억지로 주석을 무리하게 첨가하는 것은 마치 우산을 펼친 그 위에 또다시 우산을 씌우는 것과 같이 쓸데없는 일이다.
　간곡히 나(習翁)에게 이『무문관』을 찬양(稱揚)하는 서문을 써서 이 책을 장식해 달라고 요청하였다. 그러나 그것은 메마른 대나무를 비틀어 짜서 국물(汁)을 얻으려고 하는 것처럼, 어린아이를 달래는 동화책과 같은 것이다. 내가 쓴 이 서문은 던져 없애버릴 가치도 없는 것이다(내가 내던져 버리기 전에 던져버리도록 하시요).
　본인은(마른 대나무를 비틀어서 짜낸) 한 방울의 물(서문)을 천하(江湖: 세상)의 水中에 떨어뜨리지 않도록 하고 싶다. 만약 이것이 세상에 유포된다면 그야말로 곧장 천리를 달리는 명마 오추(烏騅)가 뒤쫓아도 그것을 수습할 수가 없게 될 것이다.

　　소정 개원(1228년) 7월 30일
　　습암 진훈이 쓰다.

【해설 및 역주】
　＊ 당시 중국에서는 관례로 하나의 저술이 세상에 출현하게 되면 유명한 학자나 高官에게 서문을 부탁하여 책의 앞부분에 이러한 책을 찬탄하는 장식으로 첨가하였다. 혜개의 『무문관』에도 習庵의 서문을 첨가하고 있다.
　＊ 習庵 陳塤(진훈) : 『宋史』 423권, 『宋史新編』 155권, 『南宋書』 58권, 『宋元學案』 74권 등에 전기를 수록하고 있다. 습암은 그의 호이고, 陳은 성씨, 훈은 이름이며, 字를 和仲이라고 했다. 송나라 영종 가정년간(1208~1224)에 진사가 되었고, 이후로 太常博士, 樞密院編修官, 國子司業 등의 벼슬을 지냈지만, 관직을 버리고 산중에 은거하였는데 사방에서 학자들이 그의 문을 두드렸을 정도로 그는 당시 저명한 文人이었다.
　그가 지은 『무문관』의 서문도 상당한 名文으로 주목되고 있는데, 간략하면서도 긴요한 요지를 언급하고 있으며, 역설적으로 무문의 관문을 답파하고 있다. 여기 서문 가운데서 말하는「習翁」은 습암의 자칭이다.
　＊ 阿師 : 대선지식을 말한다. 접두사의 阿는 친밀감을 나타내는 말이다. 천하의 대선지식을 말하며, 특히 여기서는 『무문관』의 저자인 무문혜개 선사를 지칭하는 말이다. 『임제록』 시중에도「一箇無事底의 阿師만은 못하다.」라는 말이 보인다. 또는「阿師」가 경멸적인 의미로 사용할 때도 있다.
　＊ 注脚 : 大道無門의 입장에서 볼 때 혜개가 편집한 『무문관』 제1칙에서 48칙까지의 공안집을 편집한 것도 쓸데없는 일이라고 할 수 있는데 더군다나 무문은 공안 하나 하나에 주석(코멘트)을 붙이고 있는 것은 더욱 더 쓸

데없는 일이라고 할 수 있다는 말이다. 우산 위에 또 우산을 첨가한 일은 이러한 무문의 저술과 주석을 무문의 입장에서 극단적으로 抑下시킨 문장이다.

즉 무문이 『무문관』이라는 책을 편집하고 한칙 한칙의 공안에 주석을 첨가한 것은 너무나 친절하게 쓸데없는 일을 한 것이라고 평가하면서 역설적으로 훌륭한 일을 하였다고 칭찬하는 말이다.

문장상의 반어법으로 抑下한 가운데 무문의 간절한 노파심에 동감한 의미를 내포하고 있다.

* **硬要習翁贊揚** : 꼭 반드시 나에게 『무문관』이라는 책을 찬양하는 서문을 써줄 것을 요청하였지만 그것은 무모한 일이다. 그것은 마치 마른 대나무를 비틀어서 국물을 짜내려고 하는 것처럼, 약간의 동화책(哮本)에 주석을 첨가하려는 것과 같은 것이다.

* **乾竹絞汁** : 메마른 대나무를 비틀어서 국물을 짜내려고 하는 것. 무모하고 무의미한 일.

* **哮本** : 『琅瑘代醉篇』에 「아동이 읽는 책」이라고 하고 있다. 즉 어린애들을 위해 만든 동화책을 말한다. 자신이 나도 젊은 시절에는 아름다운 문장을 지었지만 지금은 메마른 대나무처럼 문장과 표현이 고갈되어 졸작의 서문으로 이 책을 장식하고자 한다는 요청은 무리한 주문이라는 의미.

* **不消習翁一擲一擲** : 「習翁이 一擲할 필요도 없으니 一擲하시오.」라고 읽어야 무리가 없다. 습옹이 여기서 쓰고 있는 서문을 세상에 내 보내지만, 정말 던져 없애버릴 가치도 없는 물건이 아닌가?라는 반문적인 의미의 문장이다. 내가 던져 버리기 전에 먼저 던져 없애 버리도록 하라는 의미.

* **莫敎一滴落江湖** : 서문을 지어 달라고 요청하기에 쓴 것이다. 내가 지은 서문은 마치 마른 대나무를 비틀어서 한 방울의 물(서문)을 짜냈지만, 이 서문 역시 문자 언구의 끝자락이니 이 한 방울의 물(서문)을 천하(江湖: 세상)에 떨어뜨리지 말도록 하시오. 문자로 가득 찬 갈등 많은 세상에 내가

쓴 이 서문을 내 던져서 더욱 복잡하게 만드는 씨앗이 되도록 하고 싶지 않다는 의미이다.

　＊ **千里烏騅追不得** : 烏騅(오추)는 초나라의 項羽가 아낀 천리의 名馬(駿馬) 이름. 여기 내가 지은 서문이 만약 세간에 유통하게 된다면 이것을 다시 거두어들이려고 천하의 명마를 타고 뒤쫓아도 붙잡을 수가 없게 된다는 말. 한 번 씌어진 문장이나 말은 다시 거두어들이기 어렵고, 반환시킬 수가 없다는 의미이다. 여기 자신이 쓴 한 방울의 서문도 천하에 떨어지면 돌이키기 어렵게 된다는 말로 문자 언구에 사로잡힌 參學人들을 경책하는 말이다.

　石霜楚圓이「本來面目의 이야기」에「一言 입을 나오면 馴馬도 쫓아 갈 수가 없다.」라고 하는 말과 같다. 한 번 입에서 나온 말은 되돌이킬 수 없다는 의미.

表　文

　　紹定二年　正月初五日, 恭遇天基聖節. 臣僧慧開, 預於元年　十二月初五日, 印行拈提佛祖機緣四十八則, 祝延今上皇帝, 聖躬萬歲萬歲萬萬歲. 皇帝陛下, 恭願, 聖明齊日月, 叡算等乾坤, 八方歌有道之君, 四海樂無爲之化.
　　慈懿皇后　功德　報因　佑慈禪寺　前住持　傳法臣僧　慧開　謹言.

　　【번 역】이종황제께 헌상하는 말씀
　　소정 2년(1229) 정월 5일 다행스럽게 금년도 황제 폐하의 탄생일을 맞이하게 되었다. 황제를 사모하는 한 사람의 신승(臣僧) 혜개는 작년 12월 5일 불조의 기연에 관계된 이야기 48칙을 뽑아서 그 하나 하나에 내 나름대로의 견해를 붙여 인쇄 간행하여, 이를 황제 폐하의 성스러운 몸이 평안함을 기원하는 바입니다.
　　원하옵건대 황제 폐하의 성스러운 안목은 태양과 달같이 밝게 되고, 수명은 천지의 순환과 같이 무한하며, 천하(八方)의 인민 백성이 폐하의 덕을 베푸는 정치에 찬탄하는 노래를 부르고, 세계(四海)의 백성이 폐하의 무사태평한 정치를 즐거워하게 되기를 기원합니다.
　　자의황후의 공덕과 은혜를 보답하기 위하여 건립된 우자선사의 전 주지이며 불법을 전하는 신승(臣僧) 혜개가 삼가 아룁니다.

【해설 및 역주】

　* 表文 :『무문관』을 편찬하게 된 이유를 서술하여 조정에 상표하는 문장을 말함.

　* 紹定二年 : 남송의 이종황제 즉위 제5년(1229)째이며, 무문의 나이 47세 때이다.

　* 天基聖節 : 天基는 天子. 聖節은 천자의 탄생일. 여기서는 송나라 이종황제의 탄생일을 말함.

　* 拈提 : 선승들의 어록이나 법어집 등에서 고칙 공안을 뽑아 학인들에게 제시하는 것. 拈起提撕의 줄임말. 拈古나 拈則과 같은 말이다. 간화선에서는 고칙 공안을 문제제기로 제시하여 사유하고 불법의 정신을 체득하도록 하는 교육이다.『무문관』48칙을 말함.

　* 機緣 : 機會와 因緣, 스승과 제자가 똑같은 상황에서 만나 대화하고 깨달음의 시절인연이 일치하여 서로의 마음과 마음으로 주고받는 것. 機는 수행자의 지혜작용의 입장에 屬하고 緣은 스승의 입장에 屬하는 것(『葛藤語箋』제4권).

　* 叡算 : 천자의 나이. 寶算과 같은 말.

　* 慈懿皇后 : 이종황제의 생모. 이종황제가 생모에 대한 보은공덕을 위해 세운 사찰이기 때문에 佑慈禪寺라고 칭함.

　* 臣僧 : 무문혜개가 자신을 황제의 신하로서 출가승려라는 입장을 분명히 밝히고 있다.

自 序

禪宗無門關

佛語心爲宗, 無門爲法門. 旣是無門, 且作麼生透. 豈不見道, 從門入者, 不是家珍. 從緣得者 始終成壞. 恁麼說話 大似無風起浪, 好肉剜瘡. 何況 滯言句, 覓解會. 掉棒打月 隔靴爬痒, 有甚交涉.

慧開, 紹定戊子夏, 首衆于東嘉龍翔. 因衲子請益, 遂將古人公案, 作敲門瓦子, 隨機引導學者. 竟爾抄錄, 不覺成集. 初不以前後敍列, 共成四十八則. 通曰無門關.

若是箇漢. 不顧危亡, 單刀直入. 八臂那吒, 攔他不住. 縱使西天四七, 東土二三, 只得望風乞命. 設或躊躇, 也似隔窓看馬騎, 眨得眼來. 早已蹉過.

頌曰, 大道無門, 千差有路. 透得此關, 乾坤獨步.

【번 역】 무문혜개의 『무문관』 간행에 대한 서문

선종의 문이 없는 관문(無門關)이란?

선종은 부처님들이 설한 청정한 마음을 종지로 하며, 정해진 문이 없는 것을 법문으로 하고 있다. 그런데 정해진 문이 없다고 한다면 그 문을 어떻게 통과해야 할 것인가?「문을 통해서 들어온 것은 참된 가문의 보배(家寶)가 될 수 없는 것이며, 인연에 의해 이루어진 것은 시작과 마침(始終)이 있기에 이루어짐과 이그러짐(成壞: 無常)이 있는 것이다」라고 말하고 있지 않는가?

내가 여기에 수록한 불조의 깨달음을 이룬 인연(機緣)들도 마치 바람도 없는데 파도를 일으키거나 맑고 깨끗한 피부를 긁어서 상처(瘡)를 내는 것과 같은 것이라 하겠다. 그런데 하물며 언구에 걸리고 분별심(知見解會)으로 불법을 찾으려 하는가? 그것은 마치 방망이를 휘둘러 하늘의 달을 치려고 하거나 구두를 신고서 가려운 곳을 긁으려는 것과 같은 것이다. 어찌 진실과 서로 계합될 수 있으리오.

나는 소정 원년(1228년) 동가의 용상사에서 안거하며 학인들을 지도하는 입장에 있었다. 학인들이 각기 깨달음의 경지에 대해서 개인적인 지도를 요구해 왔기에 옛 사람들(古人)의 공안을 제시하여 법문을 두드리는 기와조각(방편)으로 삼도록 하고 각기 학인들의 역량에 맞추어 지도하기로 마음먹게 되었다.

그 가운데 몇 가지를 골라 기록하는 가운데 생각지도 않게 하나의 책으로 집성하게 되었다. 이 책은 원래부터 순서를 정하고 체계 있게 정리한 것이 아니라 전체 48칙이 되었기에 이를 『무문관』이라고 이름했다.

만약 정말로 참선을 하고자 하는 사람은 신명을 아끼지 말고 곧바로 이 관문에 뛰어든다면, 그때는 네 개의 얼굴과 여덟 개의 팔을 가진 나타(那吒)처럼, 큰 힘을 가진 대력귀왕(大力鬼王)이라도 이 사람을 저지할 수는 없을 것이다.

인도의 28대 불조와 동토의 6대 선종 조사일지라도 그의 세력에 휘말려들어 생명을 구걸하게 될 것이다. 그러나 만약 이 문이 없는 관문(關門)에 들어갈 것을 머뭇거리고 주저(躊躇)한다면 마치 창문 너머로 보이는 주마(走馬)를 쳐다보는 것처럼, 눈 깜짝할 사이에 근본의 진실(본래심)과는 서로 어긋나게 되고 말 것이다.

게송으로 노래했다.

대도를 깨닫는 고정된 門은 없지만,
그 문은 또한 어떤 길에도 통하고 있으니,
이 문이 없는 관문(關門)을 통과(透過)한다면,

그 사람은 천지를 활보(闊步)하며 자유자재하리라.

【해설 및 역주】

* 佛語心爲宗 無門爲法門 : 이 말은 마조도일이『능가경』「阿跋多羅寶一切佛語心品」의 經義를 취하여 제시한 구절을 인용한 것이다.『조당집』 14권 마조전과『경덕전등록』제6권「마조도일전」,『마조어록』示衆 등에서 주장한 말이다.『종경록』제1권에는 다음과 같이 인용하고 있다.

「홍주 마조대사가 말했다. '달마대사가 남천축에서 오셔서 오직 대승의 一心法을 전하였으며,『능가경』을 가지고 중생의 마음을 인가하신 것은 아마도 이 일심의 법을 믿지 않을까 걱정한 것이다.'『능가경』에 말씀하시기를 '佛語心을 근본 종지로 하고 無門을 법문으로 한다.'라고. 소위 불어심이란 곧 이 마음이 부처인 것이다. 왜 불어심을 근본으로 하는가? 불어심이란 이 마음이 곧 부처이기 때문이다. 지금 말하는 것이 바로 마음의 말(心語)이다. 그래서 佛語心을 근본으로 하는 것이다. 무문을 법문으로 하는 것은 불법의 근본이 본래 空하다는 사실을 통달하면 또다시 한 법도 없는 것이다. 본성이 바로 門이니 본성은 모습이 없기 때문에 門이 있을 수가 없는 것이다. 그래서 무문을 법문이라고 한다.」

佛語心은『능가경』의 주석서에「佛語心은 제불이 설하는 心法이다.」라고 언급하고 있는 것처럼, 불어심이란 부처님의 설법을 기록한 경전의 정신이라는 의미이며 불교의 모든 종지의 근원이 되는 본질을 가리킨다.

부처님의 설법을 8만4천의 방편 법문이라고 하지만 선종은 無門을 법문으로 삼는다.

무문이란 일체의 모든 차별적 개별적인 법문을 초월한 절대적인 입장이며 그것은 禪이라는 한 글자에 일체의 모든 불법을 통일(통합)하려고 하는 것이기도 하다. 無門을 관통하도록 제시한 선불교의 수행은 모든 불교(全佛

敎)의 근원적인 입장을 취하고 있는 독자적인 교상판석이라고 할 수 있다.

선불교의 입장을「不立文字 敎外別傳」이라고 주장하는 말도 수당대의 모든 종파불교가 많은 경전 가운데 특정의 경전을 선택하여 독자적인 불교를 펼치고 있는데 반하여 선종은 특수한 경전을 선택하지 않고 일체의 모든 경전의 근저에 있는 붓다의 정신을 체득하도록 제시하고 있는 것이다. 그것은 중생심의 근본이 불심이라는 사실을『능가경』을 근거로 하여 밝히고 각자가 직접 불심을 자각하도록 제시한 법문이 이 일단이다.

삼라만상이 일체의 모든 법문이기에 일정한 어떤 고정된 문이 없다. 소동파의「白紙贊」에「한 물건도 없는 곳에 무진장한 것이 있으니(無一物處無盡藏), 꽃도 있고 달도 있고 누각도 있네.」라고 읊고 있는 것처럼, 8만4천 법문을 모두 포용하고 있는 문이다. 佛祖의 大道에 들어갈 수 있는 門이 無門을 법문으로 하는 선종의 입장이다.

* **作麼生** : 어떻게 하여, 어째서의 의미. 作摩生, 作勿生, 什摩生, 似摩生 등과 같음. 이미 무문이라면 어떻게 이 문을 통과할 수 있는가? 라는 문제를 제시하고 있다.

* **從門入者 不是家珍** :『조당집』5권 운암선사장에「운암선사가 대중에게 법문을 하였다. '문으로 들어오는 것은 보배가 아니요 설사 설법을 잘해서 축도생(竺道生)처럼 바윗돌이 고개를 끄떡이게 한다고 하더라도 역시 자기 자신의 본분과는 관계없는 일이다'(師 示衆云, 從門入者非寶. 直饒說得, 石點頭, 亦不干己事.)」(2-17). 이 말은『조당집』6권 동산전(2-67) 9권, 황산전(3-12),『雪峰義存禪師語錄』卷上(『續藏經』119권 945쪽, 上) 등에 인용하고 있다.

『벽암록』5칙 평창에는 설봉의 깨달음에 대한 인연을 다음과 같이 인용하고 있다.「(설봉은) 그 후 오산(鰲山)에서 폭설로 길이 막히자 암두스님에게 말했다. '내가 당시 덕산스님의 문하에서 수학할 때 덕산스님의 방망이가 떨어지자 통의 밑바닥이 쑤욱 빠진 것 같았소.' 암두스님이 소리치며 말했다. '그대는 듣지 못했는가?(감각 기관의) 문으로 들어오는 것은 집안의 보물이 아니다(從門入者 不是家珍). 반드시 자기의 가슴 속에서 흘러나와 하늘을 덮고 땅을 덮어야만 비로소 약간 계합하게 된다는 사실을.' 설봉스님은 이 말을 듣고 완전히 깨닫고 예배하면서 말했다. '사형! 오늘에야 비로소 오산에서 도를 깨쳤습니다.'」

불법은 남에게서 구하거나 언어문자에서 찾거나 자신의 마음 밖에서 구하거나(向外馳求) 하지 말고 자기 본래 마음(胸中)에서 깨달아야 한다. 참선 수행은 자기의 일대사를 위한 자각의 종교이다. 지금까지 잃어버리고 있었던 자기 집의 보물을 찾아내는 것과 같이 선에서는 「문을 통해 들어오는 보물은 참된 자기의 보물이 될 수 없다」고 한다.

밖에서 빌린 남의 언어나 문구, 불보살의 권위도 일체의 모든 것은 인연따라 들어온 것은 인연에 따라서 오고 가기 마련이다. 그래서 무문도 「인연에 따라서 얻은 물건은 시작과 마침이 있고, 成住壞空을 거쳐서 결국 없어지게 된다」라고 주장하고 있다. 불법은 인연법이며 一切皆空을 설하고 있다.

인연의 결합을 초월한 진정한 보물은 자기 자신의 마음에 있다는 사실을 깨달아야 한다. 無一物中無盡藏이라는 말처럼, 각자의 진정한 보물인 불성을 깨달아 무진장한 지혜의 광명과 보물을 마음대로 사용하는 사람이 될 것을 강조한 말이며, 좌선과 선문화에 친근하고, 선의 정신을 자기의 지혜롭고 창조적인 생활로 만들어 살도록 강조한 말이다.

　＊ 무문은 제3절에서 「이러한 이야기는 실로 바람이 없는데 파도가 일어나는 것이며, 깨끗한 피부를 긁어 부스럼 만드는 일과 같다.」고 주장하고 있다. 이 말은 여기 『무문관』에서 제시하고 있는 48칙의 공안 이야기도 사실은 바람도 없는 조용한 바다에 억지로 파도를 일으키는 일이며, 상처도 없는 깨끗한 피부를 억지로 긁어서 상처를 만들려고 하는 것처럼 쓸데없는 일이다. 내가 학인들을 위해서 반드시 해야 할 일을 역설적으로 표현하고 있다.

* 無風起浪 好肉剜瘡 : 쓸데없는 짓을 하는 것,『전등록』19권 운문전에 「설사 한 터럭을 가지고 온 대지를 일시에 밝히는 일을 한다고 할지라도 이 또한 긁어 부스럼을 만드는 일이다(直然拈一毫頭 盡大地一時明得 也是剜肉作瘡)」라고 주장함.

　* 그런데 어찌 언어문자에 걸리고 이해로서 진실을 찾으려고 할 수가 있는가? 라는 문제를 제시하여 쓸데없는 일이며 굳이 해야 할 필요도 없는 일인데 어째서 언어문자를 빌려서 이러쿵저러쿵 해설하고 코멘트를 붙이는 저술을 하게 되었는가? 이 또한 쓸데없는 일이다. 이것은 마치 예를 들면 「방망이를 가지고 달을 치려고 하는 것과 같고, 구두를 신고서 가려운 곳을 긁는 것과 같이 무모한 일이다.」 무슨 관련이 있고, 효험이 있는 일인가? 불어심을 종지로 하고 무문을 법문으로 하는 선종의 입장에서 볼때『무문관』에 48칙의 공안을 제시하여 설명하고 코멘트를 저술하는 작업은 방망이를 가지고 달을 치려는 것이요, 구두를 신고서 가려운 곳을 긁는 것과 같이 쓸데없는 일이다. 전혀 의미 없는 일이라고 스스로 자신이 지은『무문관』은 아무런 가치가 없는 책이라고 낮추고 있다.

　* 龍翔寺 : 浙江省 溫州 永嘉縣의 북쪽에 있는 龍翔禪寺. 절강의 중심인 江心山의 산 기슭에 있기에 江心寺라고도 함. 五山十刹의 제8번째 사찰인데, 이 산문의 開山은 송대 묵조선의 대가인 조동종의 眞歇淸了(1089~1151) 선사이다. 무문도 스스로 밝히고 있는 것처럼, 소정 원년(1228)의 하안거에 이 절의 주지로서 대중을 지도하고 있었다.

　* 請益 : 일단 한번의 가르침을 받은 후 다시 한번 분명하게 알지 못한 점에 대하여 가르침을 청하는 것. 이 말은『논어』자로편에 보인다.

　* 掉棒打月 隔靴爬痒 :「방망이로 달을 치고 구두 신고 가려운 곳을 긁는다.」 모두 당시의 속담에서 나온 말로 당치도 않는 일. 전혀 손을 쓸 수가 없는 것.

　* 公案 : 관공서의 문서(公府之案牘)에 비유한 말. 재판소의 판결된 법칙

조문. 학인의 깨달음의 경지를 판단하는 기준으로 해야 하는 불조의 機緣因緣.

『中峰廣錄』「山房夜話」에 다음과 같이 주장하고 있다.「공안은 즉 관공서의 문서에 비유한 말이다. 나라에는 법이 있어야 王道政治가 제대로 실현될 수가 있다. 여기서 말하는 公이란 즉 성현들이 깨달은 그 발자취(前轍)를 하나의 모범으로 하여 천하의 모든 사람들이 그 길을 함께 갈 수 있도록 하기 위한 지극한 가르침(理致)이다. 案이란 성현들께서 그 이치를 깨닫는 도에 나아가서 수행할 수 있는 올바른 방법을 기록한 것이다.」

「公이란 의미는 반드시 불조의 깨달음과 동일하게 만들겠다는 것이다. 그러므로 공안이 해결되면 번뇌와 사량분별이 사라지고, 번뇌와 사량분별이 사라지면 생사의 굴레가 텅 비어 空해지며, 생사의 굴레가 공해지면 불도를 이룰 수가 있다.」

* 敲門瓦子 : 진리의 문을 두드리는 기와조각. 문이 열리면 기와조각은 필요 없는 것. 깨달음의 경지를 여는 방편.『圜悟心要』卷上(『續藏經』120권 364쪽, 下) 등에 언급함. 달을 가리키는 손가락과 같다.『圜悟心要』卷上「民知庫에게 주는 글」에도 다음과 같이 말하고 있다.

「남의 말을 따르는 것을 무엇보다도 주의해야 한다. 靈雲스님은 복사꽃을 보고 깨달아 게송을 지었고, 玄沙스님은 '그는 아직 철저히 깨닫지 못했다'고 말했다. 어떤 노파가 오대산 가는 길을 가르쳐 주자 조주스님은 되돌아와 노파를 감파(勘破: 점검함) 하였다고 한다. 총림에서 이러한 이야기를 여러 가지로 따지면서 시끄럽게 떠들 뿐이니, 이것이야말로 옛 사람이 말한 문을 두드리는 기와조각과 같다고 한 뜻을 전혀 몰랐다고 하리라. 문에 들어가는 것이 무엇보다 중요한 일이므로 문에 들어갔으면 그만이지 문을 두드리는 기와조각을 대단한 것인 양 집착할 필요가 어디 있겠는가?」

『圜悟心要』卷下「印禪人에게 주는 법문」에 다음과 같은 말이 보인다.
「참선 수행하는 수행자가 잠시 참구하려 하나 더듬어 들어갈 곳이 없으므로 先德이 자비를 베풀어 옛 사람의 공안을 들게 한다. 이것은 대개가 법도를 시설하여 미친 듯이 제멋대로 사량분별하는 그들의 마음을 잡아매어 알음알이를 쉬게 하고 한결같은 경지에 이르게 하려는 것이다. 단번에 밝히기만 하면 마음은 밖에서 얻는 것이 아니니 지난날의 공안은 대문을 두드리는 기와조각에 불과한 것이다(初機晩學乎, 爾要參無抑摸處, 先德垂慈令看古人公案, 蓋設法繫住其狂思橫計, 令沈識慮, 到專一之地, 驀然發明心. 非外得向來, 公案乃敲門瓦子矣.)」

말하자면 公案은 남의 집 「대문을 두드리는 기와조각」에 불과한 것이다. 佛祖의 말씀인 공안은 진리의 문을 두드리는 기와조각과 같은 것이다. 그래서 원오선사도 『圜悟心要』권하 「蔣待制에게 주는 글」에 다음과 같이 설하고 있다.

「눈썹을 드날리고, 눈을 깜박이며, 백추를 들고, 불자를 세우며, 주장자를 휘두르고, 고함(喝)을 치며 미묘한 언구를 베푸는 등, 옛 사람들의 백천억 가지 모든 방편들이 모두 사람들로 하여금 여기에서 투철히 벗어나게 하기 위함이었습니다. 한번 꿰뚫었다 하면 그대로 근원까지 깊이 꿰뚫어, 문을 두드리는 기와조각을 버리고 끝내 털끝만큼도 마음에 둔 것이 없어야 합니다. 20년, 30년을 그렇게 닦아나가면서 이론이나 주장을 끊고 機緣과 경계를 파하고 쉬어버리면 홀연히 無心해지니 그곳이 안락하게 쉬는 경계입니다.」

공안은 본래 스승이 제자를 見性의 깨달음으로 인도하기 위해 제자에게 방편으로 부여하는 참선수행의 한 과제이다. 따라서 공안을 참구하는 것은 좌선의 수행과 분리할 수가 없다.

공안을 참구하는 목적은 첫번째 각자가 불조의 말씀인 공안을 참구하여 견성의 체험으로 진실을 깨닫고 인격 전체를 보다 향상시키고 연마시키기 위한 과제인 것이다. 무문은 자신이 지은 『무문관』 48칙의 공안은 처음 불도를 수행하는 사람들을 위해서 대문을 두드리는 기와조각과 같은 방편의 안내서라는 사실을 주장하고 있는 것이다.

　기와조각은 남의 집을 방문할 때 대문을 두드려서 주인에게 방문자가 왔음을 알리는 신호이다. 당대의 승려 출신 시인 賈島는「題李凝幽居」에「새는 밤이 되면 연못가 나무에서 잠들고, 달 아래 중은 남의 집 대문을 두드린다(鳥宿池邊樹 月下僧推(敲)門)」라고 읊고 있다. 이 시에서 推敲란 단어가 생김. 또 賈島는「은거한 도인을 만나러 갔지만 만나지 못함(尋隱者不遇)」이라는 시를 다음과 같이 읊고 있다.「소나무 밑에 있는 동자에게 물었다. '그대의 스승은 어디 계시는가?'라고. 그 동자가 말하기를 '스승은 약초를 캐러 갔습니다. 단지 이 산중에 계시지만 구름이 너무 짙게 덮혀 있어서 어느 곳에 계시는지 알 수가 없습니다.'라고(松下問童子, 言師採藥去, 只在此山中, 雲深不知處.)」이 시는 구도적인 선시의 풍격을 대변하고 있다.

　* 引導學者 :『법화경』「방편품」에「무수하게 많은 방편으로 중생들을 인도하여 모든 집착을 여의도록 한다(無數方便引導衆生, 令離諸着)」(『大正藏』9권 5쪽, 下)라고 설한 말에 근거하고 있다.

　* 竟爾 : 결국. 필경. 결론적으로.

　* 제3단에서는「만약 이러한 사람(漢)이라면」이라고 하면서 전연 다른 어법으로 전개하고 있다. 여기서 말하는「箇漢」은 불법을 체득한 위대한 수행자로서 聖者를 의미한다. 불도 수행을 위해서 身命을 돌보지 않고 곧바로 깨달음의 경지에 直入하는 사람이다. 백만의 兵馬로 단단하게 차단하고 있는 關門을 오직 한 자루의 지혜의 칼을 지니고 곧바로 돌진하여 48칙의 공안을 아무런 장애도 받지 않고 통과하여「一超直入如來地」에 도달하는 사람이다.

　* 那吒(Nalakūvara) : 阿修羅의 왕으로 천지를 지탱하는 三面(四面) 八臂의 大力鬼王.『인도의 신화에 큰 힘을 가진 귀신으로, 네 개의 얼굴을 가지고 여덟 개의 팔이 있으며, 毘沙門天의 다섯 太子 가운데 한 사람이라고 함.『五燈會元』제2권에「西天東土應化聖賢條」에「那吒太子 析肉還母 析

骨還父. 然後現本身. 運大神力, 爲父母說法」이라고 함. 어떠한 용사라도 이 사람(箇漢)이 관문을 통과하는 길을 막을 수가 없다는 의미.

* 西天二十八祖 : 인도의 석가모니 부처님과 가섭 이후의 28대 역대 조사를 통칭하는 말.

* 東土二三 : 달마 이후 혜능에 이르는 중국 선종의 6대 조사를 말함.

* 似隔窓看馬騎 : 창 너머로 騎馬가 통과하는 것을 보는 것과 같다는 의미. 아차 하는 순간에 통과해 지나쳐 버리고 마는 것.『增集續傳燈錄』제6권 千福本植傳에,「만약 이 본분사의 일을 논한다면 담장에 간격을 두고 말을 타고 가는 것을 보는 것과 같다. 눈을 깜짝하는 사이에 천리 만리나 멀어지고 만다(『續藏經』142권 898쪽, 上)」라고 설함. 즉 알음알이 분별심과 언어문자로 이 무문관을 통과하려고 한다면 불도와는 점점 멀어지고 만다.

* 眨得(잡득) : 眨은 눈을 깜박거리는 것. 어떤 책에는 眨자로 되어 있는데 誤字이다.

* 乾坤獨步 : 천지 우주간의 법계에 자유자재함. 獨步는 孤獨이 아니라 孤高하게 일체의 경계에 걸림 없이 법계에 유희하는 자유자재한 경지를 말함. 獨脫無依, 無碍自在한 모습.

* 마지막으로는 게송으로 이 서문의 전체를 종합하고 있다.

* 大道無門 : 大道는 문이 없다. 일체의 모든 것이 門(道) 아닌 것이 없기 때문이다. 아니 고정된 門이 없기 때문에 大道인 것이다. 삼라만상 시방 삼세가 모두 道인 것이다. 하나의 고정되고 정해진 문이나 길이 있을 수가 없기 때문에 일체가 모두 門이다. 中道의 실천을 말한 것.『벽암록』60칙에「山河大地甚麽處得來. 시방에는 창문도 없고 사면에는 문도 없다. 동서남북 사방과 상하가 있다고 한다면 어찌 그럴 수가 있을까?(十方無壁落 四面亦無門, 東西南北 四維上下 爭奈這箇何)」라고 함.「十方無壁落, 四面亦無門」이란 말은 당대 灌溪화상의 말로『대혜어록』(『大正藏』47권 679쪽, 中)과 지눌의『眞心直說』(眞心息妄)에도 인용하고 있다.

『洞山錄』에 암두, 설봉, 흠산이 좌선하고 있을 때, 동산선사가 차를 함께 마시려고 왔다. 흠산이 눈을 감았다. "선사는 어느 곳을 갔다 왔는가?(甚麽處去來)." 흠산이 말했다. "선정에 들어 있었습니다(入定來)." 선사가 말했다. "선정은 본래 문이 없는데 어디로 들어갔다는 말인가?(定本無門, 從何而入)"(『大正藏』 47권 514쪽, 中) 출입도 없고, 가고 옴도 없으며, 고요히 하려고 하지도 않고, 산란스럽지 않도록 하는 것이 참된 선정인 것. 근원적인 본래심의 不動 경지가 참된 선정이다.

　『한산시』에도 「가히 귀중한 천연물이여 홀로 독립하여 짝(伴侶)이 없도다. 그를 찾으려 하면 볼 수 없지만 無門의 집을 出入한다. 그를 압축하면 方寸에 있고, 그를 펼치면 一切의 모든 곳에 두루한다. 그대가 만약 믿지 못한다면 그와 서로 만나지만 그를 알지 못한다.」라고 읊고 있다.

　『천성광등록』 제8권에 위산영우 선사는 다음과 같이 설한다. 「지금까지의 모든 조사들은 오직 일심의 법을 전하였지 별다른 법을 설하지 않았다. 곧바로 이 마음을 지적(直指)하여 이 마음이 부처라고 하였다. 等覺과 妙覺의 이 두 깨달음을 단번에 초월하여 결정코 번뇌망념의 차별심에 떨어지지 않는다면 비로소 나의 宗門을 체득했다고 할 수 있다(決定不流至二念 始似入我宗門).」

　＊ 탄탄한 大道가 우리들의 인생을 위하여 준비되어 있다. 모든 사람들의 고향은 모두 똑같이 이 대도에 연결되어 있다. 그러한 사실을 부처님과 조사들은 분명히 밝히고 그 길을 향해 함께 갈 것을 권하고 있다. 그러나 인간은 무명과 탐진치의 무지와 탐욕 때문에 그 대도를 향해 나아가지 못하고 옆길, 좁은 길, 험난하고 괴로운 산길에서 헤매고 지쳐 있다. 그 험한 길에는 안전이 보장되어 있지 않고 위험도 도사리고 있다. 그래서 가끔 자기 홀로 외롭고 쓸쓸하게 가는 길이 되고 만다.

　여기 분명히 밝고 탄탄하고 안전한 큰 길이 있다고 제시한다. 밝기 때문에 누구나 눈을 뜨면 바로 볼 수가 있고 푸른 창공을 쳐다보며 모두 다 즐겁게 유유히 활보하면서 편안하게 갈 수 있는 길이다. 평탄하고 폭이 넓고 누구와도 함께 갈 수 있는 그 대도를 향해 가자!

쳐다보면 문짝 하나 걸려 있다.「들어갈 것인가? 나갈 것인가?」라고 적혀 있다.

끝이 없는 문제 제기인 우리들의 공안이다. 들어가는 사람도 있고, 나오는 사람도 있다. 잠시 그 앞에서 결정하지 못하고 망설이는 사람도 있으리라.「들어가라!」고 말하고 있는지?「나오라!」라고 말하고 있는지?「들어간 사람은 나오고, 나온 사람은 들어간다」고 말하고 있는가?「들어가는 門은 나오는 門」「나오는 문은 들어가는 문」이라고 적혀 있는가?

또한「들어가도 때리고 나와도 때린다」라고 경고하고 있는가?

「出入不二」의 문인가? 이 문 앞에서 나는 어떻게 해야 할 것인가?

여기「大道無門」이라고 말하고 있는데, 이 말은 단지 출입의 門이 없어진 세계를 말하는 것이 아니라, 출입이 있으나 출입에 떨어지지 않고 大道를 행하는 수행자들에게 깨달음의 세계를 보도록 하는 말이다.

우리들 인생의 모든 삶은 이 無門의 門을 통해서 이루어지고 있다.

無門關

參學比丘 彌衍 宗紹編

제1칙. 조주화상과 무자화두(趙州狗子)

趙州和尙 因僧問, 狗子還有佛性也無. 州云, 無.

無門曰, 參禪須透祖師關. 妙悟要窮心路絶. 祖關不透, 心路不絶, 盡是依草附木精靈. 且道. 如何是祖師關. 只者一箇無字, 乃宗門一關也. 遂目之曰, 禪宗無門關. 透得過者, 非但親見趙州, 便可與歷代祖師, 把手共行, 眉毛廝結, 同一眼見, 同一耳聞. 豈不慶快.

莫有要透關底麽. 將三百六十骨節, 八萬四千毫竅, 通身起箇疑團, 參箇無字, 晝夜提撕. 莫作虛無會, 莫作有無會. 如吞了箇熱鐵丸相似, 吐又吐不出, 蕩盡從前惡知惡覺, 久久純熟, 自然內外打成一片, 如啞子得夢, 只許自知. 驀然打發, 驚天動地, 如奪得關將軍大刀入手, 逢佛殺佛, 逢祖殺祖, 於生死岸頭, 得大自在, 向六道四生中遊戲三昧.

且作麽生提撕. 盡平生氣力 擧箇無字. 若不間斷, 好似法燭一點便着.

頌曰, 狗子佛性, 全提正令, 纔涉有無, 喪身失命.

【번 역】 조주화상은 어떤 스님이 '개한테도 불성이 있습니까?'라는 질문에 조주는 '無!'라고 대답했다.

無門이 말했다. 참선은 반드시 조사의 관문을 관통해야 한다. 절묘한 깨달음(妙悟)을 얻기 위해서는 반드시 마음에서 일어나는 모든 번뇌망상(心路)이 완전히 끊어져야 한다. 조사의 관문을 관통한 체험도 없고, 마음에서 일어나는 모든 번뇌망상을 완전히 끊어버린 수행의 체험도 없이 선이 이렇다 저렇다고 말하는 사람은 마치 초목에 붙어 사는 유령과 같은 존재다.

어떤 것이 조사의 관문인가? 여기 본칙에서 말하고 있는 것처럼, 조주의 무자공안 이것이야말로 선종의 제일관문이다. 그래서 이것을 「선종무문관」이라고 한다.

만약 누군가가 이 관문을 뚫는다면 그는 친히 조주를 만날 수 있을 뿐만 아니라, 역대의 모든 조사들과 손을 맞잡고 함께 진리의 세계를 걸어갈 수 있다. 또한 역대의 모든 조사들과 똑같은 경지에서(눈썹을 결합하여) 그들과 똑같은 안목으로 진실(불법)을 보고, 똑같은 경지의 귀로서 들을 수가 있을 것이니 이 어찌 기쁘지 않으랴!

자! 여러분들도 이 조사의 관문을 뚫어보지 않겠는가? 그러기 위해서는 360 골절, 8만4천 털구멍, 온몸 전체가 바로 구도적인 문제와 하나(疑團)가 되어 조주의 무자공안을 낮이나 밤 수시로 제시하여 참구해야 한다.

조주의 무자공안을 참구함에 있어 이 「無」를 지혜작용이 없는 허무의 無로 이해해서는 안 되며, 有無의 차별적인 無로 참구해서도 안 된다. 일단 이렇게 「無」자 공안을 참구함은, 마치 뜨거운 쇳덩어리를 입에 넣고 뱉을래야 뱉을 수도 없고, 삼킬래야 삼킬 수도 없는 처지에 빠진 것처럼, 지금까지 익히고 배워온 일체의 모든 견해와 식견을 전부 탕진하고, 오로지 일념으로 순수하게 공부하여 익혀 나가면, 자연히 자신의 의식과 일체의 외부경계(內外)의 차별 구별이 없어져 하나가 되는(打成一片: 一行

三昧의 경지) 깨달음의 경지를 이룰 수가 있다.

이러한 깨달음의 경지는 마치 벙어리가 꿈을 꾸는 것처럼, 단지 스스로 자각하여 맛볼 수 있을 뿐이지 깨달음의 경지를 남에게 언어문자로서 전하거나 표현할 수가 없는 것이다.

이렇게 無자를 참구하여 조사의 관문을 관통하게 되면(驀然), 하늘이 놀라고 땅이 진동하며, 옛날 관우장군이 큰 칼을 손에 쥐고 자유자재하게 휘두르는 것처럼, 대자유를 얻을 수 있다(깨달음의 체험을 통한 지혜의 칼로 일체의 번뇌망상을 끊고 대자유의 해탈경지에서 살 수가 있다). 또 이러한 경지에서는 부처를 만나면 부처를 죽이고, 조사를 만나면 조사를 죽이며, 생사 망념의 언덕을 뛰어 넘어 대자유(해탈 열반)를 얻을 수 있고, 육도나 사생의 사바세계에 유희삼매(遊戱三昧)의 경지에서 노닐 수가 있다.

그러면 어떻게 이 무자공안을 참구해야 하는가? 평생의 기력을 다하여 이 무자공안을 참구해야 한다. 무자공안을 참구함에 일념으로 참구하여 끊어짐(間斷)이 없고 중지하는 일이 없으면 여러분의 마음(心中)에 불법의 촛불이 일시에 켜지는 깨달음의 경지를 체득하게 될 것이다.

게송으로 읊었다. 無는 불심의 지혜작용인 본래면목(本來面目)을 드러내는 法音의 호령이다. 조금이라도 유무의 분별심에 떨어지면, 곧바로 부처의 목숨을 잃게 되리라.(차별 분별심에 떨어지면 불심의 지혜작용을 상실하며 중생심으로 떨어지게 된다).

【해설 및 역주】

* 무문은 『무문관』 제1칙에 조주의 무자화두를 참구하는 방법에 대하여 많은 해설을 하고 있다. 대혜종고가 제시한 조주의 무자화두를 참구하는 여러 주장들을 제1칙에 종합하고 있는 것이다. 조주 무자공안을 참구함에 全

身이 구도심(疑團)이 되어 참구하도록 강조하고 있다. 사실 대혜가 주장한 무자공안은 무문의 『무문관』에 이르러 간화선의 극치를 이루고 있으며, 좌선과 명상(사유)을 통한 자기의 心地를 개발하기 위해 끊임없이 추구해 온 중국 선종의 오랜 구도행각의 귀결이라고 할 수 있다.

선의 본질을 이루고 있는 사유와 의식집중의 훈련은 여기 조주 무자공안 참구에 의한 구도적인 문제의식(大疑의 凝結과 이 疑團)을 타파한다고 하는 간단하고도 적절한 2단계의 수행구조로 통일되고 있다.

그것은 일찍이 북종선에서 주장한 看心看淨의 좌선과 남종선에서 주장한 견성체험의 선사상을 새롭게 조화시키고 있는 것이라고 할 수 있다.

* 제1칙은 불교의 사상 가운데 번뇌망념이 없는 佛性을 깨닫고 지혜로운 현실생활을 전개하도록 하기 위해서는 어떻게 해야 할까? 불성이란 무엇인가? 불성을 어떻게 자각해야 하는가? 일상생활에서 불성을 깨닫고 지혜로운 삶은 어떻게 전개해야 하는가? 이러한 문제를 파악하고 체득하도록 제시하고 있는 것이다.

* 『무문관』의 편자로 되어 있는 彌衍宗紹에 대해서는 不明.

* **趙州從諗** : 趙州從諗(778~897)은 60세에 발심하고 80세까지 행각 수행하며 정진한 뒤에 조주의 관음원에서 거주하며 120세까지 살면서 교화를 펼친 선승이라고 전한다. 마조도일의 제자 南泉普願(748~834)의 법을 이었다. 그의 전기는 『조당집』 18권, 『송고승전』 11권, 『전등록』 10권 등에 수록되어 있으며, 『조주록』이 전하고 있다.

* **狗子** : 狗子無佛性의 화두는 『조주록』에 보인다. 「狗子佛性」이야기는 『전등록』 7권 興善惟寬전에도 다음과 같이 보인다. 「질문, '개(狗子)도 불성이 있습니까?' 선사가 대답했다. '있다.' 스님이 질문했다. '화상은 불성이 있습니까?' 선사가 대답했다. '나는 없다.' 스님이 질문했다. '일체중생이 모두 불성이 있는데, 어째서 화상은 혼자 없다고 합니까?' 선사가 말했다. '나는 일체중생이 아니다.' 스님이 말했다. '중생이 아니라고 한다면 화상은 부

처입니까?' 선사가 말했다. '부처도 아니다.' 스님이 말했다. '그러면 화상은 무슨 물건(何物)입니까?' 선사가 말했다. '물건도 아니다.' 스님이 말했다. '사물을 보기도 하고 듣기도 합니까?' 선사가 말했다. '그것(불성)은 생각할 수도 없고, 그것을 思議해도 얻을 수가 없다. 그래서 不可思議라고 말한다.'」

여기서 말하는 思議는 사량분별심으로 중생심을 말하며 불가사의는 사량분별심을 초월한 불심을 말한다. 불성은 일체의 사량분별을 초월한 불심이기 때문에 생각으로나 분별로서는 체득할 수 없다고 주장하는 것이다.

당대 선불교에서 佛性에 대한 문제는 남종선의 혜능과 신회의 頓悟見性禪의 주장과 함께 자각의 주체문제로 화제가 된 것임. 이 공안은 宋初 五祖法演 선사가 화두로서 제기하여 설법하면서 간화선 실천수행의 골격이 되었다. 대혜의 간화선은 사실 조주 무자화두를 참구하는 참선수행인 것이다. 무문도 이 공안을 참구하여 깨닫고 月林師觀의 인가를 받게 되었다고 한다.

조주의 무자화두를 참선 수행의 방편으로 제시한 선승은 五祖法演(?~1104)이다. 그러면 먼저 간화선의 중심적인 공안인 조주의 무자공안에 주목한 오조법연 선사의 설법부터 살펴보기로 하자.『法演禪師語錄』하권에는 조주 無字에 대한 다음과 같은 法語가 보인다.

「上堂하여 조주의 무자공안을 들어 말씀하셨다.
어떤 스님이 조주스님에게 물었다. '개(狗, 犬)한테도 佛性이 있습니까?'
조주스님은 '없다(無)'고 답했다.
그 스님은 다시 말했다 '일체중생이 모두 불성이 있다고 했는데 개(狗子)는 어째서 佛性이 없다고 합니까?'
조주스님은 '그에게는 業識性이 있기 때문이다'라고 대답했다.
법연선사가 말씀하였다. '대중 여러분들은 평소 어떻게 불법을 알고 있는가? 老僧은 평소 다만 이 조주의 無字만을 들고 있는 것으로 충분하다. 자네들이 만약 이 조주의 無字를 透得한다면 천하의 사람들 그 누구도 자네들을 어떻게 할 수가 없게 된다.

자네들 도대체 어떻게 透得할 것인가? 만약 철저히 透得한 사람이 있는가? 있으면 이리 나와서 대답해 보도록 하라. 나는 자네들이 「有」라고 대답하는 것도 요구하지 않고, 또한 「無」라고 대답하는 것도 요구하지 않는다. 그리고 또한 有도 아니고 無도 아니라고 대답하는 것도 요구하지 않는다. 자! 자네들 도대체 무엇이라고 대답할 것인가?'」

이 일단은 조주선사와 어떤 스님이 중생심과 불심(불성)을 중심으로 선문답을 나누고 있는 일단을 인용하여 법연선사는 법문을 하고 있다. 조주선사가 말하는 業識性은 중생의 분별심을 말한다. 사량분별심은 불성이 아니기 때문에 개는 불성이 없다고 주장하고 있다.

오조법연 선사가 조주의 무자공안을 강조하여 제자들을 지도했었다는 사실은 대혜의 『大慧書』「答鼓山逮長老」에도 다음과 같이 언급하고 있다.

「오조법연 선사가 白雲에 머물고 있을 때, 어느 날 靈源和尙에게 보내는 답장에 다음과 같이 쓰여 있었습니다. '이번 하안거에 여러 莊園의 벼 수확을 하지 못해도 근심 걱정이 되지 않았습니다. 근심 걱정해야 할 것은 한 승당에 수백 명의 납자가 이번 하안거에 한 사람도 狗子無佛性의 화두를 透得하지 못한 것입니다. 불법이 장차 멸망될까 염려스러울 뿐입니다.'」

송대 간화선 수행의 방편으로 조주의 무자화두가 제기된 것은 오조법연 선사에 의해 이루어졌음을 확인할 수가 있다. 법연선사는 조주의 무자화두를 참구하는 것으로 참선 수행은 충분하다고 말하면서 제자들에게 '이 조주의 무자화두를 透得하면 천하의 사람들 그 누구도 자네들을 어떻게 할 수가 없을 것이다.'라고 말하고 있다.

즉 불성과 중생심의 법문을 잘 참구하여 사유하고 깨달아서 불법의 대의를 체득하고, 생사의 차별심에서 벗어나 본래심을 깨달아 사바세계를 해탈할 수 있다고 설하고 있는 법문이다. 그리고 법연선사는 구체적으로 조주의 무자화두를 참구함에 있어서 有나 無의 상대적이고 차별적인 견해에 떨어지지 말고, 有와 無를 모두 초월한 경지를 체득할 것을 제시하고 있는 것은 조주 무자를 참구하는 간화선의 수행으로 절대의 경지인 불성을 체득하는 구체적인 길을 제시하고 있음을 알 수 있다.

오조법연 선사가 조주 무자화두를 제시하여 선수행에 참구하도록 한 것은 송대 간화선의 출발점을 만들었다고 할 수 있다. 법연선사에 의해 다시 발견된 조주의 무자공안을 참선 수행으로 구체적이고 체계 있게 개발하고 제시하여 근원적인 본래심을 깨닫도록 간화선으로 대성시킨 사람이 대혜종고인 것이다.

대혜의 간화선은 조주의 무자공안을 유일한 공안으로 하여 참구하고, 참선 공부하도록 하고 있는 점이 송대 간화선의 완성인 것이다. 이러한 사실은 앞에서 살펴본 『人天寶鑑』 「秦國夫人 法眞비구니」 장에서 전하고 있는 기록으로도 알 수 있다.

대혜의 공안선에 대한 주장을 『대혜서』 등을 통해서 살펴보자. 대혜는 한결같이 조주의 무자공안을 참구하는 간화선을 주장하고 있는데, 『대혜서』 「答汪內翰」에는 다음과 같이 말하고 있다.

「다만, 어떤 스님이 조주에게 묻기를 '狗子(개)도 佛性이 있습니까?'라는 질문에 조주스님은 「無!」라고 대답한 공안을 참구하시오. 부디 쓸데없는 사량분별의 마음을 「無」字 위에 옮겨 놓고서 시험삼아 사량해 보시오. 눈 깜짝할 사이에 사량을 초월한 곳에서 (生死의 분별심인) 一念이 타파 된다면 그것이 삼세에 통달하는 것입니다.」

『大慧書』 「答榮侍郎」에는 다음과 같이 설하고 있다.

「아직 이렇게 되지 않으면 먼저 세간의 번뇌를 사량하는 마음을 사량이 닿지 않는 곳으로 돌려서 시험삼아 사량해 보시오. 어떤 곳이 사량이 미치지 못하는 곳인가?

어떤 스님이 조주에게 '狗子도 불성이 있습니까?'라고 질문하자, 조주는 '無!'라고 대답했습니다. 여기 「無」라는 한 글자를 만약 당신이 어떤 기량이 있으면 잘 안배해서 조절해 보시오. 計較 분별해 보시오. 그리고 사량하고 분별하고, 안배(조절)해서 무자를 처치할 수가 없고 다만 가슴속에서 고민하다 심중이 괴로움을 느낄 때야말로 정말 이것이 좋은 시절이 된 것입니다. 제8식도 계속해서 작용하지 않게 됩니다. 이러한 경지를 자각했을 때 내던져 버려서는 안 됩니다. 단지 이 無字 위에서 화두를 들고 공부하도록 하시오. 공부에 공부를 거듭할 때 일상생활(生處)하는 곳에 스스로 익어가고 익은 곳에서 스스로 홀로 살아나게 됩니다.」

대혜가 무자공안을 참구하도록 하는 것은 생사심인 일체의 사량분별을 끊고 사량이 미치지 못하는 그 곳에서 근원적인 자기의 자각적인 깨달음의 세계를 만들어가는 선수행의 방편으로 응용하고 있음을 알 수 있다. 그래서 대혜의 간화선은 생사를 타파하고 불안의 의심을 끊는 칼이라고 주장하고 있는 것이다. 즉 『대혜서』「答陳少卿」에 다음의 일단을 살펴보자.

「원하건대 당신은 오로지 생사의 분별심(疑情)이 사라지지 않은 그 곳을 향해서 참구하도록 하시오. 行住坐臥에 정신을 느슨히 풀어놓아서는 안 됩니다. 어떤 스님이 조주에게 '狗子도 佛性이 있습니까?'라는 질문에 조주는 '無!'라고 대답했습니다. 조주의 無야말로 생사의 번뇌를 타파하고 불안의 의심을 끊는(지혜) 칼인 것입니다. 이 칼자루는 다만 각자의 손에 있습니다. 때문에 다른 사람에게 손을 쓰게 할 수가 없는 것입니다. 반드시 자기 자신이 손을 써서 타파하고 끊어 버려야 하는 것입니다.」

또 대혜는 조주의 무자공안은 사량분별과 나쁜 知解를 타파하는 무기라고 『대혜서』의 「富樞密에 답한 글」에서 다음과 같이 주장하고 있다.

「만약 곧바로 단번에 깨닫고자 한다면 이 一念의 번뇌망념이 없어졌을 때 비로소 생사를 벗어 날 수가 있으며 이를 깨달음(悟入)이라고 말한다. 그러나 결코 마음에 깨달음의 순간(破處)을 기대한다면 영겁이 지나도 이러한 기회는 있을 수 없을 것이다. 다만 망상전도된 마음, 사량분별의 마음, 生을 좋아하고 死를 싫어하는 마음, 知見解會의 마음, 조용함을 좋아하고 시끄러움을 싫어하는 마음을 한꺼번에 꽉 누르고, 그 꽉 누른 곳에서 화두를 간하도록 하라.

예를 들면, 어떤 스님이 조주스님에게 '개(狗子)에게도 佛性이 있습니까?'라고 질문하자, 조주는 '無!'라고 대답했다. 이 無라는 한 字야말로 온갖 잘못되고 그릇된 知解을 쳐부수는 무기이다. 이 無를 깨달으려면, 有無의 상대적인 의식을 일으켜서는 안 된다. 道理로서 無를 알려고 해서도 안 된다. 의식으로 사량하여 판단해서도 안 된다. 눈썹을 치켜올리고 눈동자를 굴리는 곳에 머물러서도 안 된다. 말하는 그 곳에 생활을 삼아서도 안 된다. 無事한 가운데 머물러서도 안 된다. 제시된 공안에 대하여 곧바로 받아들여서도 안 된다. 문자 가운데서 증거를 찾으려 해서도 안 된다. 오직 한결같이 하루종일 行住坐臥의 일상생활 가운데서 언제나 무자공안을 들고 정신차려 참구해야 한다.

'개에게도 불성이 있습니까?' '無'라는 문제를 일상생활 가운데서 잠시라도 놓치지 말고 이와 같이 공부하게 되면 한 열흘만에 곧 바로 스스로 깨닫게 될 것이다.」

대혜는 일체의 분별심과 차별심을 억누르고 조주의 무자화두를 참구하도록 강조하고 있다. 따라서 조주의 무자공안은 知見會解를 때려 부수는 무기라고 주장하고 있다. 무자공안을 참구하는 대혜의 간화선은 일체의 차별심과 분별심이 일어나지 않도록 하는 최선의 참선수행의 방법이며, 이러한 공안 참구로서 일체의 사량분별이 일어나지 않은 근원적인 자기의 본래심을 깨닫도록 하고 있는 것이다. 말하자면 간화선의 공안은 자기의 본래심인 불성을 照顧해 보는 도구인 것이다.

대혜의 간화선은 주로 조주의 무자공안을 참구하는 것이다. 즉 간화선의 공안은 1700 종류가 있다고 하지만 조주의 무자공안(화두)이 기본이 되고 있으며 사실 대혜의 간화선은 이 공안을 중심으로 이루어져 있다.

* 佛性 : 범어로 buddha-dhatu. 부처인 근거. 부처로서의 본질. 부처가 될 수 있는 가능성이나 소질을 말함. 이와 동의어로서 여래장(tathagatagarbhah)

이 있는데, 일체의 중생이 부처가 될 수 있는 가능성이 있다는 사상에서 모든 중생은「여래가 될 수 있는 母胎(胎兒)」라고 하는 의미.「부처가 되는 因」이라는 의미로 佛性이라고 한다. 자각의 주체이며 覺性과 같은 말로 번뇌망념이 끊어진 부처의 본성.

『열반경』「사자후보살품」에 불성의 특성을 제시하기를,「불성에는 常, 我, 樂, 淨, 眞, 實, 善의 일곱 가지 일(七事)이 있다」고 주장하며 眞善美의 이상 구경이라고 주장하고 있다. 또한「사자후보살품」에 불성의 體相을 다음과 같이 설하고 있다.「중생의 불성은 有도 아니고 無도 아니다. 그러면 어떠한 것인가? 불성은 有라고 하지만 허공과 같지 않다. 왜냐하면 세간의 허공은 무량의 선교 방편을 사용할지라도 볼 수가 없지만 불성은 볼 수가 있다. 그래서 有라고 말해도 허공과 같지 않다. 불성은 無라고 말해도 토끼의 뿔과 같지 않다. 왜냐하면 거북의 털과 토끼의 뿔은 무량한 선교방편으로도 생하지 않지만, 불성은 생한다. 그래서 無라고 해도 토끼의 뿔과 같지 않다. 그래서 불성은 有無가 아니며, 또한 有이기도 하고 無이기도 하다.」

불교에서 주장하는 불성을 우파니샤드에서 주장하는 아트만(atman: 靈魂. 윤회의 실체)으로 잘못 인식하고 착각해서는 안 된다. 불교에서 말하는 윤회는 心法의 윤회이며 중생의 생사망념 속에서 삼계에 윤회하는 것이며, 육도에 윤회하는 것이다. 우파니샤드에서 말하는 영혼의 윤회가 아님을 잘 알아야 외도에 떨어지지 않는다.

선불교에서 불성을 깨닫도록 주장하고 있는 것은 번뇌망념의 중생심에서 벗어나 근원적인 각자의 불성으로 되돌아감으로서 일체의 고뇌(苦)를 초월할 수 있기 때문이다. 자성청정한 불성은 깨달음의 세계이며 일체의 차별심을 초월한 절대 깨달음의 경지이기 때문이다.

* **無字 話頭(公案)** : 조주가「개한테는 불성이 없다」라고 말한「無」는 송대 간화선에서는 有無의 상대적인 二元을 초월한 無를 참구하게 하여 학인들에게 차별 분별적인 사고나 알음알이가 일어나기 이전, 즉 논리 이전의

근원적인 본래심의 경지를 체험하도록 인도하고 있다. 대혜종고의 『서장』에는 무자공안을 참구하는 방법을 구체적으로 자세하게 제시하고 있다. 간화선병은 사량분별심(알음알이)과 혼침이라고 말하는 것처럼, 無字는 일체의 분별 차별심을 떨쳐 버리고 각자의 근원적인 불성의 집안으로 들어가기 위해 대문을 두드리는 기와조각(도구)인 것이다.

有와 無의 상대적인 것을 생각하여 참구하는 것이 아니며, 허공이나 虛無처럼, 마음을 공허하게 하는 無도 아니고, 자각적인 주체가 상실된 멍청한 無記의 상태로 만드는 것도 아니다.

* 祖師關 : 중국 조사선(달마 이후의 역대 조사들이 이룩한 선불교의 본질)에서 학인들이 선불교의 현지를 직접 체험하여 깨닫도록 제시한 수행 관문. 여기서는 주로 무자화두 참구와 고칙공안을 말함. 조사들의 선문답의 본질을 파악하고 일체의 만법을 바로 볼 수 있는 안목을 체득하도록 하는 것. 『오조법연선사어록』 권하에 「만약 그대들이 이러한 선문답을 이해하고자 한다면 반드시 조사관을 관통해야 한다. 만약 조사관을 관통하지 못하면 결코 정법의 안목을 갖추지 못한다(須是透祖師關始得, 若不透祖師關 輒不得正眼覷着.)」(『大正藏』47권 665쪽, 下)라고 하고, 「조사관을 통과하지 않고서 어떻게 생사와 대적할 수가 있는가?」라고도 설하고 있다. 『선가구감』에도 『무문관』에 의거하여 조주의 무자화두를 참구할 것을 제시하고, 「古云, 參禪 須透祖師關, 妙悟要窮心路絶」이라고 인용함.

* 依草附木精靈 : 사람이 죽어서 來世의 生緣이 결정되지 않은 中有의 상태로 浮遊하는 영혼이 다음의 生緣을 구하여 草木에 붙어 있는 것. 타인이나 다른 어떤 것(법이나, 부처, 조사 등의 권위)에 의존하여 자신의 주체성을 상실하고 살아가고 있는 모습을 비유한 것. 자신이 철저하게 수행해서 스스로 깨달아 정법을 볼 수 있는 안목을 갖추지 못하고 있는 것. 『임제록』에도 「依草附葉」이라고 하고 있다. 조사의 관문을 통과하여 정법의 안목을 구족하지 못한 선승이 생사해탈의 자유를 체득하지 못하고 남에게 의

존하면서 살아가는 존재를 말함.

* **眉毛厮結** : 시(厮)는 相과 동의. 상대와 서로 눈썹을 마주하고 있는 것은 가장 친밀하고 긴밀한 관계가 된 것을 말함. 知音同志의 의미. 『대혜서』에도 「비로소 그와 함께 眉毛相結하여 理會할 수가 있을 것이다.」라고 말하고 있다. 불소와 똑같은 경지의 눈높이로 정법안목을 구족하는 것.

* **三百六十骨節** : 『부모은중경』에 「태아는 모태 중에 있을 때 360골절과 8만4천 털구멍이 생긴다」고 하고 있다. 즉 인간의 신체 전부를 의미하는 말.

* **提撕** : 提나 撕나 모두 들어 올린다는 의미. 화두 공안을 들고 참구하는 것. 『詩經』의 注에 「나는 단지 대면하여 그에게 말할 뿐만 아니라 친히 그의 귀를 提撕한다.」라는 말에 유래된 것. 귀를 끌어당겨 입 앞에 붙여서 분명히 듣고 自覺하도록 하는 것.

『대혜서』에 「提撕擧覺看」「時時提撕 時時擧覺」이라고 많이 주장하며, 또 「단지 조주의 무자공안을 일상생활하는 가운데 번뇌망념이 일어났을 때 제시하고 끊어짐이 없도록 하라(只以趙州 一箇無字 日用應緣處提撕 不要間斷)」고 주장하고 있는 것처럼, 때때로 번뇌망념이 일어났을 때 무자화두를 제시하고 자각하는 수행이다.

『좌선의』에 「번뇌망념이 일어났을 때에 번뇌망념이 일어난 사실을 자각하라 번뇌망념이 일어난 사실을 자각하면 번뇌망념은 없어지고 본래심으로 되돌아간다(念起卽覺 覺之卽失)」라고 설하고 있는 것처럼, 간화선에서는 일상 생활하는 가운데 경계에 반연(應緣)되어 번뇌망념이 일어나면 조주의 무자화두를 들고 참구하도록 하는 것이다. 또한 스스로 제자를 警覺하고 敎導하는 의미도 있다(提撕指授).

* **虛無會** : 허무주의로 조주 무자를 이해하고 참구해서는 안 된다는 말. 자각을 통한 지혜의 작용이 없고 무기공에 떨어지는 것. 선수행의 병폐로 虛無禪, 空心禪은 자각적인 지혜작용이 없이 멍청한 선수행을 말한다. 無念, 無心을 잘못 이해하고 아무 생각없이, 번뇌의 마음을 없애려고 수행하

는 것.

虛無의 無는 노장의 중심사상(불교의 空사상과 노장의 無사상의 차이점을 잘 알아야 함). 『管子』「心術 上」에「虛無, 形體 없는 것, 그것을 道라고 한다.」등 참조.

인간의 현실생활에서 지혜롭게 살아갈 수 있도록 제시하고 있는 현실성의 종교인 선불교의 정신을 잘 파악해야 한다. 지금 여기서의 자기가 지혜로운 삶을 창조적으로 영위하는 생활의 종교임을 잘 알아야 한다.

＊ 有無會 : 有無의 차별 분별심으로 이해하는 견해에 떨어지는 것. 萬有 세계의 본체는 항상 불멸한 존재(實有)로 보는「常見」을 有의 理會로 보고, 일체 현상은 필경 인연취합의 결과로 이루어진 것에 지나지 않는 것으로 죽으면 아무것도 없다고 보는 것을「斷見」이라고 한다. 이 斷見과 常見「斷常二見」을「有無의 차별심으로 이해하고 그렇게 참구하지 말라고 주의한 것.」

＊ 呑熱鐵丸 : 뜨거운 쇳덩어리를 입안에 넣고 어떻게 해야 할지 모르는 상황. 뱉아 버릴 수도 삼킬 수도 없는 경지. 차별심을 완전히 초월한 경지를 말함. 『임제록』시중에「이와 같은 무리는 모두 반드시 빚을 짊어지고 염라대왕 앞에 나아가 뜨거운 熱鐵丸을 삼켜야 할 날이 있을 것이다.」라고 말함.

＊ 惡知惡覺 : 일체의 번뇌망념, 사량분별심과 錯覺, 알음알이(知見解會) 등을 총칭한 것. 『대혜서』에서도 조주의 무자는 일체의 惡知惡覺을 쳐부수는 무기이며 지혜의 칼이라고 주장하고 있다.

＊ 純熟 : 불법의 수행은 體究研磨하여 익혀가는 것이다. 習性化하는 수행을 純熟이라고 한다. 『마조어록』에도「보살은 道業이 純熟하게 익어 모든 惡에도 물들지 않음에 비유할 만하다.」라고 설한다. 『대혜어록』제19권에 다음과 같이 설한다. 「불법을 수행하고자 한다면 하루 가운데 경계에 끄달려 번뇌망념이 일어났을 때 번뇌망념(惡念)이 계속되지 않도록 해야 한다. 망념이 일어난 것에 집착하지 않도록 자신을 잘 살펴서 마땅히 곧바로

망념이 일어난 사실을 자각(精彩)하여 망념을 깨달음으로 전향시키도록 하라. 만약 한결같이 망념을 따르고 망념이 계속되는 것을 끊지 못하면 佛道의 장애가 되며, 지혜인이라고 할 수 없다.

 옛날 위산스님이 란안(嬾安)에게 '그대는 하루를 어떻게 수행하는가?' 질문했다. 란안은 '소를 기르듯이 수행합니다.'라고 대답했다. 위산은 '그대는 어떻게 소를 기르는가?' 질문하자, 란안은 '한번 풀밭(번뇌망념)에 들어가면 곧장 소의 고삐를 끌어당겨 본래심으로 되돌이킵니다.' 하고 대답했다. 위산은 '그대는 진짜로 소를 기르는 수행(牧牛行)을 할 줄 아는구나!'라고 인가했다. 불도를 배우는 학인은 번뇌망념을 잘 제어하여 마땅히 란안의 소를 기르는(牧牛) 수행처럼 수행할 수 있다면 오래오래 저절로 잘 숙달되고 익어가게 될 것이다(旣學此道 十二時中 遇物應緣處, 不得令惡念相續. 或照顧不着 起一惡念, 當急着精彩, 拽轉頭來, 若一向隨他去. 相續不斷 非獨障道, 亦爲之無智慧人. 昔潙山問嬾安 汝十二時中 當何所務. 嬾云, 牧牛. 山云, 汝作麽生牧. 安云 一回 入草去, 驀鼻拽將回. 山云, 子眞牧牛也. 學道人 制惡念, 當如嬾安之牧牛則 久久自 純熟矣.)」(『大正藏』 47권 890쪽, 中).

 여기 「驀鼻拽將回(맥비예장회)」는 곧장 코를 끌어 당겨서 본래(청정한 마음)로 되돌이키는 것을 말한다. 여기서 코(鼻孔)는 마음의 비유인데, 번뇌망념이 일어나면 번뇌망념이 일어난 사실을 자각하는 것(念起卽覺 覺之卽失)이다.

 대혜는 또 19권에서 다음과 같이 설한다. 「학도인은 하루 종일 마음에 의식이 항상 적정하고 無事하게 하라. 또한 조용히 앉아(靜坐)서 마음을 게을리하지 말고 몸은 가볍게 동요되지 않도록 하라. 이렇게 오래 오래 익혀(純熟)가면 자연히 신심이 편안해지고 불도를 깨닫게 되리라.」라고 설한다.

 ＊ **啞子** : 벙어리가 꿈을 꾼 것처럼. 언어 장애가 있는 사람이 자신의 꿈 이야기를 남에게 전달할 수 없는 것처럼, 자각의 경지를 언어문자로 표현할 수 없는 것. 깨달음의 경지는 마치 물을 마신 사람만이 그 물이 따뜻하고

차가움을 자각하여 알 수 있다(冷暖自知). 그러나 자신이 자각한 그 자각의 경지를 그대로 남에게 표현할 수가 없기 때문에 불립문자라고 주장하는 것이다.

* 打成一片 : 조주의 무자공안이 자신과 혼연일체가 된 상태를 말함. 자기와 세계, 주관과 객관이 혼연일체 하나가 되어 버린 것. 대승불교에서 주장하는 삼매의 경지를 선불교에서는 이렇게 표현하고 있다. 또한 內外明徹, 主客一如, 萬法一如의 경지. 분별적인 心意識의 망념이 일체 끊어져 근원적인 본래심과 일체 萬法(경계)이 한 덩어리가 되어 버린 삼매의 경지.

* 關將軍大刀 : 중국 삼국시대 蜀 劉備의 신하로 威武를 떨친 關羽(?~219)를 말함. 關雲長이라고도 함. 『삼국지』제36권에 전함. 관우장군이 大刀를 손에 쥐고 일체의 모든 적들을 물리친 것처럼, 지혜의 검인 무자공안을 참구하여 일체의 분별, 차별의식, 망상, 망념을 끊어 버리도록 하는 것이다. 불법의 공부는 일체의 차별심, 분별심, 편견과 고정관념, 착각과 전도몽상까지 모두 텅 비워 버리는 空의 실천으로 반야의 지혜(大刀)를 체득하여 자유자재롭게 펼치기 위한 것이다.

불교에서는 반야의 지혜를 문수의 지혜에 비유한다. 그래서 문수는 칼로서 瞿曇(석가불)을 죽인다고 말하고 있는 것처럼, 부처라는 개념, 분별심, 권위의식 등을 모두 끊어버리는 말이다.

* 逢佛殺佛 逢祖殺祖 : 『임제록』시중에 「부처를 만나면 부처를 죽이고, 조사를 만나면 조사를 죽이고, 나한을 만나면 나한을 죽이고, 부모를 만나면 부모를 죽이며, 친척권속을 만나면 친척권속을 죽여야 비로소 해탈을 얻고 사물 경계에 걸리지 않고, 透脫 자유자재하게 되리라.」라고 설함.

일체의 부처에 대한 권위에 속박(佛縛: 佛見), 가르침에 속박(法縛: 法見)되지 않고, 자기 자신의 본래심만이 관계하는 자유자재한 절대 주체성을 말한 것.

* 生死苦海 : 生死는 마음 속에서 妄念이 일어나고 없어지는 것. 生滅과

같음. 중생이 살고 있는 사바세계인 此岸을 生死의 언덕이라고 하고 깨달음의 경지인 열반의 경지를 피안의 언덕이라고 함.

 * 六道四生 : 자신이 지은 행위(業)에 의해 生死流轉 윤회를 거듭하는 미혹한 중생의 사바세계를 말함. 육도는 지옥, 아귀, 축생, 인간, 천상, 아수라계, 육취라고도 한다. 이 가운데 지옥, 아귀, 축생을 三惡道라고 한다. 四生은 胎生, 卵生, 濕生, 化生의 네 가지로 일체중생이 출생하는 방법에 대한 불교적인 분류이다.

 * 遊戲三昧 : 어린아이들이 천진난만하게 자기들의 장난감을 가지고 놀이에 푹빠져 자유롭게 놀고 있는 것처럼, 無心의 경지에서 자신의 일과 하나가 되어 진리의 세계에 살고 있는 모습. 무애자재한 도인의 삶을 표현하고 있다. 각자의 본성에 내맡겨 일체의 망념을 모두 놓아버리고 인연에 따라서 지금 여기 자신의 일과 삼매의 경지에서 소요하는 것이 유희의 경지이며, 任運自在한 생활이다. 불법을 깨달아 如法하게 살 수 있는 지혜로 법계에 유희하는 생활이 되도록 해야 한다.

 * 好似 : 완전히 똑 같음. 너무나 잘 어울림.

 * 全提正令 : 全提는 숨김없이 전부를 드러냄. 본래면목(불성)을 모두 그대로 다 드러내는 것. 무자화두를 참구하는 것은 본래면목인 불성을 모두 다 드러내 밝히는 불법의 기본 법칙이라는 의미. 『운문광록』卷中에 「全提時節」 『벽암록』 6칙에도, 『종용록』 2칙, 35칙 등에 「全提正令」이라고 함.

지눌은 『간화결의론』에 화두는 「全提와 破病」의 두 가지 의미가 있다고 하면서 무자화두를 참구하는 간화선의 의미를 체계 있게 주장하고 있다. 全提는 무자화두를 때때로 제시하고 자각함으로써 본래면목을 밝히는 것이고, 또한 동시에 일체의 사량분별심과 일체의 선병(看話十種病)을 일시에 타파하는 파병의 작용이 있다는 수행의 의미를 제시하고 있다.

본 공안은 이 일절을 생명으로 하고 있다. 조주는 진실로 이 狗子 無字를 「全提正令」으로 하여 불성(본래면목) 전체를 제시하여 곧바로 佛祖의

正令을 실행하도록 했다. 즉 불성의 근본문제, 선불교의 極意를「無!」라고 하는 一箇의「無字」를 참구하는 수행으로 단번에 佛心을 깨닫도록 하였다. 이 無라는 한 字는 法王의 절대적인 올바른 號令(法令)이며 불성과 본래면목, 불법 전체를 일시에 제시하고 目前에 佛心의 지혜작용을 현전케하는 올바른 명령인 것이다.

　無!라는 본래심의 목소리를 자각하는 것이 깨달음이며, 불성의 본래면목을 具現(全提)함과 동시에 견성성불을 이루는 것. 동시에 일체의 번뇌망념이 일시에 타파(破病)됨으로서 生死解脫, 生死事大, 一大事了畢, 此事를 해결하게 되는 것이다. 즉 苦(불안, 근심, 걱정)에서 해탈하게 하는 것이다.

　無!라는 마음의 목소리는 자기의 목소리가 아닌 법신불의 法音인 것이다. 나라는 자아의식과 내가 무엇을 한다는 상대적인 의식도 없어지고, 我相, 人相도 없고, 자기도 없어진 無我, 無心의 경지에서 무자화두를 참구하는 참선을 하고 있는 것이다. 따라서 無!라는 마음의 목소리는 자기의 목소리가 아닌 법신의 法音이며, 또한 無!라는 법신의 法音을 또렷하게 듣고 자각하는 것이 법신의 지혜작용인 것이다.

　밀교에서 阿字나 옴(唵)!이라고 하는 말은 근원적인 언어(根源語)이다. 즉 사량분별과 어떤 사물에 대한 개념이 언어문자로 형성되기 이전의 본래심의 소리로서 언어의 시작임과 동시에 그곳에 언어 이전의 근원적인 법신의 법음인 것이다. 옴! 그 자체가 근원적으로 본래심의 소리로 나온 聖스러운 법음이며 자기 본분사의 지혜로운 깨달음의 일인 것이다.

　당대의 선종에서 실행한 할(喝)이나 笑, 방(棒)은 언어 이전의 근원적인 본래심의 지혜작용으로 펼쳐진 행위였다.

* 무자공안을 참구하는 방편의 의미

언제 어디서나 누구라도 쉽고 간단하게 실천 수행할 수 있어야 생활의 종교로 전개할 수 있는 것이다. 一行三昧와 수행의 단순화. 선과 생활종교.

실천수행의 단순화.

『坐禪儀』에서 「念起卽覺 覺之卽失」이라고 좌선의 요술을 설하고 있는 것처럼, 번뇌망념이 일어나면 즉시 번뇌망념이 일어난 그 사실을 자각(깨달음)하고 무자화두를 참구하여 번뇌망념의 숲(苦海)에서 해탈하도록 하는 것이다. 그래서 무자공안은 깨달음의 집으로 되돌아가기 위한 방편이며, 본래심의 집인 대문을 두드리는 기와조각(敲門瓦子)인 것이다.

* 공안공부의 의의

道元은 『正法眼藏』「春秋」에서 공안을 佛祖의 煖皮肉이라고 말하고 있다. 난피육이란 따뜻한 肉身이란 의미인데, 불조의 설법인 공안은 불조의 법신이지만 그 법신은 곧 이 육신이라는 의미이다. 즉 불조의 공안을 통하여 참구하고 사유하는 것은 직접 佛祖를 참문하는 것이다. 공안공부하는 것은 불조와 직접 문답하여 스스로 깨달음의 경지를 확고하게 만드는 공부(훈련)인 것이다. 공안공부는 불조의 안목과 風流, 風狂行爲로서 종교문학을 맛보게 하는 風雅의 훈련이 참선수행 가운데 있는 것이다.

제2칙. 백장화상과 여우 이야기(百丈野狐)

百丈和尙, 凡參次, 有一老人, 常隨衆聽法. 衆人退, 老人亦退. 忽一日不退. 師遂問. 面前立者, 復是何人. 老人云. 諾. 某甲非人也. 於過去迦葉佛時. 曾住此山. 因學人問. 大修行底人, 還落因果也無. 某甲對云. 不落因果. 五百生墮野狐身. 今請和尙代一轉語. 貴脫野狐. 遂問, 大修行底人還落因果也無. 師云, 不昧因果. 老人於言下大悟. 作禮云, 某甲

已脫野狐身, 住在山後. 敢告和尙. 乞依亡僧事例.

師令維那, 白槌告衆, 食後送亡僧. 大衆言議, 一衆皆安, 涅槃堂又無人病, 何故如是. 食後只見師領衆, 至山後巖下, 以杖挑出一死野狐, 乃依火葬.

師, 至晚上堂. 擧前因緣. 黃檗便問, 古人錯 祇對一轉語, 墮五百生野狐身. 轉轉不錯, 合作箇甚麽. 師云, 近前來, 與伊道. 黃檗遂近前, 與師一掌. 師拍手笑云, 將謂胡鬚赤, 更有赤鬚胡.

無門曰, 不落因果, 爲甚墮野狐, 不昧因果, 爲甚脫野狐. 若向者裏, 着得一隻眼, 便知得, 前百丈贏得, 風流五百生.

頌曰, 不落不昧, 兩采一賽. 不昧不落, 千錯萬錯.

【번 역】 백장화상이 설법할 때마다 한 사람의 노인이 항상 대중과 함께 백장화상의 설법을 들었다. 대중이 물러가면 그 노인도 물러갔다. 그런데 어느 날은 물러가지 않고 있었다. 백장선사는 드디어 그 노인에게 물었다. '면전에 서 있는 그대는 누구시오?' 그러자 그 노인은 말했다. '저는 사람이 아닙니다. 옛날 가섭불의 시대에 이 절의 주지였습니다. 그때 어떤 학인이 "깨달음을 체득한 훌륭한 수행자(大修行人)도 인과(因果)에 떨어집니까?"라고 질문하기에 나는 "인과에 떨어지지 않는다."라고 대답했기 때문에 오백 생 동안이나 여우(野狐)의 몸을 받게 되었습니다. 지금 간청하오니 화상께서는 깨달음을 이루는 한 말씀(一轉語)을 해 주셔서 여우의 몸을 벗어나게 해 주십시오.' 그리고 그는 질문했다. '깨달음을 체득한 훌륭한 수행자(大修行人)도 인과에 떨어집니까?'라고.

이때 백장선사는 '인과에 몽매(蒙昧)하지 않는다.'라고 말하자, 그 노인은 말을 듣는 순간 크게 깨달았다. 그리고 인사를 올리면서 말했다. '저는 이제 여우(野狐)의 몸을 벗어나 뒷산에 머무르고 있습니다. 감히 화상

께 간청합니다만, 원하옵건대 亡僧의 의식과 같이 장례를 치러 주시기 바랍니다.'

 선사는 유나에게 지시하여 대중을 모이게 하고, 점심 공양 후에 사망한 스님(亡僧)의 장례가 있다고 통보했다. 대중은 모두 '모든 대중이 이렇게 건강하지 않는가? 열반당(涅槃堂)에도 또한 환자가 없는데, 무슨 까닭으로 사망한 스님(亡僧)의 장례식이 있다고 하는가?'라고. 점심 공양 후 선사는 대중들을 이끌고 뒷산 바위 밑에 이르러 지팡이로 죽은 여우(野狐)를 끌어내어 사망한 스님(亡僧)의 장례로 화장(火葬)을 하였다.

 백장화상은 저녁에 법당에 올라서 낮에 있었던 일단의 인연 이야기를 말씀했다. 이때 황벽(黃檗)이 곧바로 질문했다. '옛 사람이 정법의 안목 없이 한 마디 잘못 대답(一轉語)하여 오백 생이나 여우(野狐)의 몸을 받게 되었다는데, 만약 그가 한 마디 한 마디 올바른 대답을 했더라면 도대체 그 노인은 무엇이 되었을까요?(무슨 몸을 받게 되었을까요?)'

 백장선사는 황벽에게 '그대는 앞으로 가까이 오도록 하라! 내가 그대를 위해 말해 주리라.' 하였다. 황벽은 드디어 백장선사 앞으로 다가가 손바닥을 한번 탁! 때려 보였다. 그러자 백장선사는 박수치고 웃으며, '달마의 수염이 붉다고 생각했었는데, 뭐야 여기에도 붉은 수염의 달마가 있었구나!'라고 말했다.

 무문이 말했다. 「인과에 떨어지지 않는다(不落因果)」라고 했는데, 어째서 여우(野狐)의 몸을 받는 과보에 떨어졌는가? 「인과에 몽매(蒙昧)하지 않는다(不昧因果)」라고 했는데, 어째서 여우(野狐)의 몸을 벗어나게 되었을까?(수행과 깨달음이 철저하지 못하여 불법의 안목을 갖추지 못하면 野狐身(疑心의 禪病)의 과보를 받고, 진실로 정법의 眼目이 구족된 수행인이라면 不落이나 不昧가 문제되지 않는다).

 만약에 이 공안의 핵심을 감파할 수 있는 정법의 안목(一隻眼)을 갖춘 수행자라면 이전에 백장산에서 살았던 노인이 실로 오백 생이라는 긴 야호신의 세월을 정법의 안목으로 법계에 유희하는 풍류(風流)의 생활을 하게 된 사실을 알 수 있을 것이다.

게송으로 노래하였다. 인과에 떨어지지 않는다는 不落과 인과에 몽매하지 않다는 不昧는 한 번 던진 주사위에 승부수가 똑같이 나타난 것처럼, 不昧와 不落은 아무리 봐도 승부에 이긴 것은 없다(不昧 不落 모두 초월해야 한다). 不昧와 不落의 차별심에 떨어지면 천번 만번 그릇된 수행자다.

【해설 및 역주】

이 일단의 공안은 『백장어록』 『오등회원』 제3권 「百丈大智章」에 보인다. 『선문염송』 184칙에도 수록하고 있으며, 역대 조사들의 착어를 수록하고 있으며, 道元의 『정법안장』 「深信因果」에도 언급하고 있다. 百丈野狐의 공안은 다음과 같이 3단으로 구성되어 있다.

제1단은 백장화상 → 亡僧의 장례에 따라서 화장해 주십시오.

제2단은 백장이 유나에게 지시하고 → 여우를 화장하는 일.

제3단은 저녁에 백장의 설법과 황벽과의 선문답이다.

* 제2칙 「百丈野狐」는 불교의 인연법과 인과론, 인과응보를 토대로 선불교에서 이 문제를 어떻게 이해하고 일상생활에서 지혜롭게 전개해야 할 것인가? 이러한 불교의 본질적인 문제를 백장이 학인들에게 제시하여 체득하도록 하고 있다.

백장은 여기서 여우(野狐)의 영혼(精靈)과 문답을 나누고 있는데, 사실이라고 할 수 없는 꿈같은 이야기이며 백장이 학인들을 위해서 만들어낸 방편의 연극이다. 그러나 백장이 죽은 여우를 끌어내어 亡僧의 장례로 화장하였다고 하는 것은 사실로 전해오는 이야기라고 인정할 수 있다.

여기서 백장이 학인들을 위하여 인과의 법칙과 정법의 안목을 가지고 수행해야 한다는 교육방편의 계획적인 수단을 간취해야 한다. 황벽이 一隻眼

의 안목으로 백장의 쓸데없는 연극을 간취하여 전광석화와 같은 한 방망이(一掌)를 제시하자 백장이 황벽의 지혜작용(禪機)에 손뼉치고 기뻐하면서 인가하고 있다.

* 百丈 : 百丈懷海(720~814) 선사. 馬祖道一(709~788) 선사의 제자로 『백장청규』를 제정하고 선원을 독립한 주역으로「하루 일하지 않으면 하루 식사를 하지 않는다(一日不作, 一日不食)」라고 주장하여 중국 선종이 생산노동과 참선수행을 병행하는 새로운 생산교단을 형성하도록 하였다.

그의 전기는『송고승전』제10권과『조당집』14권,『경덕전등록』제6권 등에 전기가 있으며, 그의 어록으로『백장광록』3권,『백장산대지선사어록』1권이 있다. 그의 문하에 위산영우와 황벽희운 등 걸출한 인물이 배출되어 후대에 마조 문하의 주역이 되었다.

* 參次 : 參은 參禪, 參問, 參集의 의미. 전 대중이 법당의 法座에 모이는 것. 선원에서는 주지의 상당설법을 參, 혹은 大參이라고 한다. 大參은 매월 1일, 5일, 10일, 15일, 20일, 25일에 실시하며, 5일마다 아침 죽을 먹은 뒤에 법당에서 정기 설법(五參上堂)과 주지와 선문답이 실시됨. 朝參, 早參, 晨參, 晚參, 小參, 등. 早參法益은 早晨坐禪이 실시되지 않을 때 주지가 경전과 어록을 강의하는 것으로 本講이라고 한다.

『祖庭事苑』제8권에「선문에서 말하기를 승당에서 설법하는 것을 早參이라고 하고, 저녁 무렵에 염송함을 晚參이라고 하며, 수시로 설법하는 것을 小參이라고 한다.」라고 함.

그리고 매월 4일, 14일, 24일과 9일, 19일, 29일은 放參으로 주지의 법문(參集)이 없다. 4일, 9일은 삭발 목욕일로서 개인적으로 방장에 入室하거나 獨參하거나 의문이 있는 사람은 자기 소견을 제시하여 점검 받기도 한다.

* 野狐 : 여우 혹은 들여우라고 함. 의심과 주의가 많은 동물로서 분별심과 의심을 떨쳐버리지 못한 것을 비유한다. 철저한 깨달음으로 확신을 얻지 못하여 언제나 의심과 분별심에서 살고 있는 수행자를 비유한 것.

선문에서는 百丈野狐의 공안이 언급되면서 선어록에 자주 사용되고 있다. 似而非禪者나 안목이 없는 가짜 선승들을 野狐精이라고 경멸하고 있다. 그 밖에 野狐精 見解는 정법의 안목이 없는 졸승의 견해를 말하고, 野狐涎唾는 안목 없는 가짜 선승의 잘못된 법문을 비난한 말이다.

野狐禪은 百丈野狐의 공안에 기인한 말로서 진실로 정법의 안목을 구족하지 못한 선승이 대선지식을 흉내내고 활약하는 것을 비난한 말이다. 진짜를 모방한 가짜선(似而非禪)으로 임제는 野狐精魅라고 비난하고 있다.

野狐의 이야기는 『백장광록』 『오등회원』 제3권 百丈大智章에 보인다. 아마도 『백장어록』에서 채택한 것이리라. 『백장어록』에 전하고 있는 내용과는 별다른 차이는 없으나 字句의 出入이 있다.

『語錄』에는 또 本則에 나오는 부분의 이야기 뒤에 위산영우가 당시 백장의 문하에서 典座(식사를 담당하는 직책)의 직책에 있었으며, 司馬頭陀라는 사람과 이 野狐의 이야기에 대한 문답을 하고 있는 장면이 있으며, 또 위산영우가 이 이야기를 황벽에게 묻고, 또 앙산에게 질문하고 앙산이 그에 대한 대답을 하고 있는 부분이 있다.

또 『조당집』 16권 南泉장(4-109)에 다음과 같은 일단이 보인다.

「(南泉)선사께서 어느 날 다음과 같이 말씀하였다. '내가 행각을 할 때에 어떤 노승이 나에게 말씀하시길, 근본에 돌아가고, 근원으로 돌아가라(返本還源) 하였는데, 위험한 일이었다. 나는 18세에 불법의 살림살이를 할 줄 알았고, 삼승십이분교가 내 것이 된 줄 알았다. 그러나 지금에 와서 삼승십이분교를 대하니, 또한 그렇지도 않았다. 그러므로 수행할 줄 아는 사람은 인과에 떨어지지 않고 수행할 줄 모르는 이는 인과에 떨어진다.'(師有時云, 我行脚時, 有一个老宿, 教某甲道. 返本還源, 噫禍事也. 我十八上解作活計. 三乘十二分教因我所有. 如今我向三乘十二分教, 且不是. 所以, 解修行底人, 不落因果, 不解修行底人, 落他因果.)」

『임제록』에 「不住根本」이라고 설하고 있는 것처럼, 근본에 되돌아가는 것은 당연하지만 그곳에 머물면 집착이 된다. 삼승십이분교가 모두 자기의 본심에서 나온 것이기 때문에 근본에서 수행해야 한다.

　이 공안에서 중요한 사실은 당시 불교계에 業과 해탈의 문제가 중심이 되고 있다. 즉 대승 불교도의 입장에서 현세에 있으면서 모면할 수 없는 인과의 법칙을 어떻게 벗어날 수 있을까?

　이 문제에 대하여 영가현각의 『증도가』에 「실상을 깨달으면 주관과 객관(人法)의 차별이 없으니, 찰나에 아비지옥에 떨어지는 업장을 멸각시킨다(證實相 無人法, 刹那滅却阿鼻業)」라고 읊고, 또 「깨달으면 업장은 본래 空한 것이며, 아직 깨닫지 못하면, 또한 반드시 宿債를 갚아야 한다(了卽業障本來空, 未了還須償宿債)」라고 하는 일절로서 알 수 있는 것처럼, 業(Karma)이라는 前世로부터 맺어진 因果의 쇠사슬도 자세히 규명해 보면 본래 空性임을 알 수 있다. 이러한 사실을 깨닫게 되면 그대로 인과의 쇠사슬은 해소된다. 그러나 그러한 사실을 알지 못하면 더욱 더 그 業障에 묶여서 前世로부터의 죄 값을 갚지 않으면 안 된다고 하고 있다.

　『돈오요문』 하권에도 「견성을 하지 못한 사람은 업장을 소멸하지 못한다. 만약 견성한 사람이라면 태양이 서리나 눈을 비추는 것과 같다. 또한 견성한 사람은 풀더미를 수미산과 같이 쌓아 둔다고 할지라도 하나의 별빛을 사용하는 것과 같다. 업장은 풀더미와 같고 지혜는 불과 같다.」라고 설한다.

　『유마경』 弟子品(優波離章)에 「죄의 본성은 안도 아니며 밖도 아니고 안팎의 중간도 아니다. 이것으로 분명한 것은 죄의 본성은 처소가 없으며, 처소가 없는 이것이 적멸처인 것이다(罪性非內非外 非兩中間者 此明罪無處所, 無處所者 卽是寂滅處.)」라고 설하고 있다. 또 『천수경』에도 「죄의 자성은 없으며 망심에 따라서 일어나는 것, 망심이 없어질 때 죄 역시 없어진다. 죄도 없고 망심도 없어져 이 둘이 모두 비워지면 이것이 참된 참회라고 할 수 있다(罪無自性從心起, 心若滅時罪亦亡, 罪亡心滅兩俱空, 是卽名爲眞懺悔)」라고 한다.

『마조어록』에도 「罪性이 본래 공함을 통달했기에 한 생각 한 생각에 不可得이며 自性이 없기 때문이다.」라고 함. 『법화경』 상불경보살품과 『금강경』 「能淨業障分」에 「또한 수보리야! 선남자 선여인이 이 경전을 수지독송하고 남에게 업신여김을 당한다면, 이 사람은 전생의 죄업으로 삼악도에 떨어져야 할 것인데 금생에 세상 사람들의 업신여김을 당하는 인욕행으로써 전생의 죄업이 소멸하고 위없는 正覺을 얻게 될 것이다(復次須菩提 善男子 善女人 受持讀誦此經, 若爲人輕賤, 是人 先世罪業 應墮惡道, 以今世人, 輕賤故, 先世罪業 則爲消滅, 當得阿耨多羅三藐三菩提).」라고 설하고 있는 것처럼, 대승경전에서는 한결같이 我相, 人相, 衆生相, 壽者相의 四相을 텅 비우는 空의 실천으로 일체의 업장을 소멸하는 수행을 설하고 있다.

이러한 주장은 혜능의 『金剛經解義』와 『신회어록』(27단) 『남종정시비론』(42-43단) 등에 많이 주장하고 있다. 道元의 『正法眼藏』 深信因果와 三時業 등에 자세히 논하고 있다.

　* 非人 : 梵語로는 amanusya. 인간이 아닌 것. 夜叉, 惡鬼, 神, 半神 등을 말함. 여기서는 幻化物.

　* 過去 迦葉佛 : Kasyapa-Buddha. 석존의 전세에 과거 七佛이 있었다고 하며, 여섯번째의 부처님이 迦葉佛. 이 부처님이 다시 태어나서 석가모니불이 되었다고 함. 『장아함경』 제1권(『大正藏』 1권 1쪽, 이하). 『增一阿含經』 제45권(『大正藏』 2권 790쪽, 上) 등 참조.

　* 大修行底人 : 견성성불하여 불법의 대의를 철저하게 大悟한 수행자로서 생사해탈하여 삼계를 초월한 사람을 말한다.

　* 因果 : 인연법에 의한 원인과 그 결과의 필연적인 관계. 여기서는 모든 존재(사물)를 지배하는 법칙으로서의 善因善果, 惡因惡果의 因果應報의 이치를 지적하고 있다.

　* 五百生墮野狐身 : 오백 생이라는 긴 세월을 생사에 윤회하여 여우의

몸을 받은 과보에 떨어졌다고 하는 말은 의심과 미혹의 생사 망념에 떨어져 생사윤회를 거듭한 사실을 말한다. 불법에 대한 확신을 얻지 못한 경지에서 의심과 미혹의 생사망념에 수없이 많은 생사윤회를 거듭한 것인가? 오백 생이라는 말은 정확한 숫자를 의미하는 말이 아니라 의심과 미혹의 생사망념의 숫자를 말한다.

* 一轉語 : 한 마디의 말로서 제자나 상대방의 미혹함을 굴려서 깨달음을 열 수 있도록(轉迷開悟) 하는 힘을 지닌 지혜의 한 마디 말씀. 학인이 깨달음을 얻을 수 있는 계기의 機緣을 만들어 주는 스승의 한 마디 지혜의 말씀을 말한다. 言下大悟라는 말은 스승의 한 마디 법문에 불법의 대의를 분명하게 깨닫게 된 사실을 말하는 것처럼, 선지식의 한 마디 법문은 학인들이 불법을 체득하는 열쇠와 같은 역할을 하기 때문이다. 여기서 말하는 轉은 唐詩의 사언절구 구조에서 말하고 있는 「起承轉結」의 轉과 같은 의미로서 미혹함을 깨달음으로 전환하고, 분별적인 의식을 깨달음의 지혜로 전환하는 논리적인 구조를 말한다. 轉換이 중생의 차별심에서 頓悟見性의 체험으로 완전히 상황을 바꾸는 것처럼, 구체적인 깨달음의 구조를 말하고 있는 것이다.

* 貴脫野狐 : 여기서 「貴」는 「한결같이, 오로지, 일편단심으로, 일념으로」라고 읽어야 한다. 여기서는 「일심으로 바라옵건대」라는 의미라고 할 수 있다. 『조당집』제7권 夾山장에 「한결같이 천리 만리 경전과 어록을 짊어지고 총림을 돌아다니는 학인은 가련하기 짝이 없네(貴持千里抄, 林下道人悲)」라고 하며, 『雲門錄』에 「한결같이 천하태평을 도모한다(貴圖天下太平)」라고 함. 경전과 어록을 통해서 불법을 자기 자신의 지혜로 만들어야 하는데 언어문자를 대상화하고 있기 때문이다. 따라서 주객의 대립과 자기와 경전의 상대적인 대립에서 벗어나지 못한다.

* 亡僧事例 : 승려가 입적하였을 때 화장으로 장례를 치르는 것. 속인의 장례와 승려의 장례가 다른 것이다. 여기서는 野狐身을 승려의 장례와 같

이 화장하여 치르는 것.

 * 維那 : Karma-dana.「維」는 대중을 통솔하는 직책.「那」는 범어의 音譯으로「知事, 授事」라고 漢譯함. 한 산중의 선원이나 총림의 紀綱을 총괄하고 관리하는 직책. 대중의 法悅을 유발시키기 때문에 悅衆이라고도 함.

 * 白槌(백퇴) : 白椎라고도 함. 槌는 손에 쥘 수 있을 정도의 나무를 말함. 선원에서 維那가 대중에게 모든 사항을 알리기 위해 사각이나 육각으로 깎은 나무를 서로 부딪쳐 딱! 소리를 내고 주의를 불러일으키는 것. 종을 망치로 때리거나, 목탁을 치는 등 소리로 신호를 보내는 도구. 白은 알리다 밝히다.「지금 상당설법이 있다. 오늘 門前에 청소가 있다. 공동 노동(普請)이 있다!」라고 대중에게 告知하는 것을 말함. 죽비나 목탁 종을 쳐서 대중에게 알리는 신호 도구.

 * 涅槃堂 : 병든 환자 승려가 치료를 받고 요양하는 건물(堂舍). 선원의 간병실로서 목숨을 연장시키는 곳이라는 의미로 延壽堂이라고도 함.

 * 上堂 : 상당설법. 방장인 주지가 법당에서 대중들을 위하여 설법하는 것.『백장청규』에「부처님을 봉안하는 불전을 세우지 않고 법당만을 세웠다.」라고 하는 것처럼, 당대 선종사원에는 佛殿이 없었다. 주지가 설법하는 법당을 중심으로 수행자들의 생활이 실행된 것이다. 송대의 선종에는 매월 5일, 10일, 15일, 20일, 25일, 30일에 정기적으로 상당설법이 있었지만 당대에는 수시로 대중들을 위하여 불법의 대의를 체득하도록 법문을 하였다.

 * 黃檗希運 : 黃檗希運(?~850년경 입적). 백장의 법을 계승함. 斷際禪師라고 함. 그의 전기는『송고승전』20권,『조당집』제16권,『전등록』9권 등에 있다. 그의 설법집으로는『傳心法要』1권,『宛陵錄』이 전하고 있으며, 그의 문하에 臨濟義玄이라는 걸출한 선승이 출현하여 선풍을 크게 떨치면서 임제종이라는 종풍이 번창하였다.

 * 祇對一轉語 : 祇對는「단지(다만) 대답함」이라는 의미. 단지 옛 사람이 一轉語를 잘못 대답한 과보로 五百生이라는 긴 세월을 생사에 윤회하고 野

狐身의 과보를 받았다. 황벽은 백장에게 「그가 올바른 一轉語를 제시했었다면 그는 지금 무엇이 되었을까요?」라고 근본적인 선문답의 급소를 찔러서 질문하고 있다.

백장의 「不昧因果」라는 一轉語를 듣고 언하에 대오한 노인이 순간에 五百生의 野狐身의 윤회에서 해탈하였다고 하는데, 해탈했다면 이미 野狐身이 아니다. 그는 지금 무슨 몸으로 어디에 轉生하였을까?라고 질문하고 있는 것이다.

백장이 황벽을 가까이 오도록 하고, 「그(伊)를 위하여 한 마디 해 주마」라고 한다. 여기서 말하는 그(伊)는 一轉語의 잘못이 없는 사람(본래인)을 지칭하고 있으며, 직접적으로는 言下에 大悟한 노인의 정체로서 황벽이 백장에게 제시한 문제의 급소이다.

황벽은 백장에게 가까이 다가가서 백장이 한 마디(一轉語)를 하기 전에 電光石火와 같이 손뼉(一掌)을 쳤다. 화상께선 낮에 不昧因果의 한 마디로 오백 생의 여우 몸을 해탈시키고, 대중을 데리고 죽은 여우를 亡僧의 장례로 화장하시더니, 이번에는 또 쓸데없이 무슨 말씀을 하려고 합니까? 얼빠진 행동은 그만 하세요! 라는 의미이다. 그러자 백장은 「손뼉을 치며 웃으며 말했다.」라고 하는 당시의 상황은 백장이 얼마나 황벽의 선기(禪機)에 만족하고 있는지를 알 수 있다.

* 將謂胡鬚赤, 更有赤鬚胡 : 胡는 중국인들이 변방의 야만인(野蠻人: 오랑캐)을 부르는 대명사. 赤鬚胡는 빨간 수염을 기른 오랑캐(외국인)라는 의미인데, 여기서는 부처나 달마를 가리킨다.

「오랑캐의 수염이 붉은 줄 알고 있었는데, 또다시 붉은 수염의 오랑캐가 있구나!」라는 말은 「까마귀가 검은 줄 알았는데, 검은 까마귀도 있네!」라는 말과 같다. 이 말은 서로가 서로의 경지를 잘 알고 있다는 사실을 의미한다.

이 말은 賊만이 賊을 안다는 말과 같은 의미라고 주석하고 있다. 「나야

말로 대단한 사람이라고 알고 있었는데, 자네도 또한 나를 능가하는 대단한 사나이로군!」「지금까지 한쪽 한 부분만을 인정하고 있었는데, 지금 보니 또 다른 한 쪽 부분까지 대단한 안목과 능력을 갖추고 있는 인물이군!」이라는 의미. 백장이 황벽의 안목과 능력을 칭찬하고 있는 知音同志의 말.

황벽이 제시한 급소의 질문에 대하여 백장이「그(伊)를 위해서 말해 주마!」라고 하는「그(伊)」가 누구인지 분명하게 직접 제시해 보여 주려고 황벽을 가까이 오라고 불렀다. 백장이 황벽의 선기를 시험해 보려고 하는 것을 황벽은 백장의 선기작용을 파악하고 먼저 一掌(손뼉)을 제시하고 있다. 이러한 황벽의 전광석화와 같은 선기에 백장이 감탄하여 황벽을 인가하면서 한 말이다.

* 『오등회원』제3권과 『선문염송』184칙에는 여기에 제시한 본칙의 대화에 이어서 潙山靈祐와 司馬頭陀와의 대화를 다음과 같이 수록하고 있다. 「이때 위산이 백장의 회상에서 典座(식사담당)의 직책으로 있었는데, 사마두타가 이 이야기를 전해 듣고 위산에게 질문했다. '전좌 스님은 이 문제를 어떻게 생각합니까?' 위산이 문짝을 세 번 움직이니, 사마두타가 말했다. '아주 거칠군요(大麤生).' 그러자 위산이 말했다. '불법은 이와 같이 여우(野狐) 이야기와 같은 것이 아니다.'」위산은 황벽과 더불어 백장문하의 최고제자이다.

* 一隻眼 : 하나의 눈(眼). 두 개의 肉眼으로는 보이지 않는 진실을 감파할 수 있는 깨달음의 慧眼. 肉眼 이외의 불법을 체득하여 정법의 안목을 구족한 지혜의 눈을 말하며, 一見識을 지칭한 것. 『임제록』에 普化가 임제선사를 평가하며, 「임제는 어린애지만, 도리어 정법의 안목을 갖추었다(臨濟小廝兒, 却具一隻眼).」라고 함. 선불교에서 말하는 法眼, 正法眼目, 眞正見解를 구족한 뛰어난 안목을 말한다. 무문도「一隻眼을 갖춘다면 前百丈도 五百生이라는 긴 세월을 깨달음의 세계에 유희하며 중생을 구제하는 風流생활로 보낼 수 있었을 것인데」라고 주장하고 있는 것처럼, 해결의 열쇠가 정법의

안목인 一隻眼이다. 차별의 두 눈과 달리 이마(頂門)의 눈(眼)이라고도 한다.

　*　者裏 : 不落과 不昧의 경지, 혹은 野狐에 떨어지는 것과 野狐를 벗어나는 일의 미묘한 소식을 분명히 파악할 수 있는 그 곳을 말한다.

　*　贏得 : 승부에 이긴 것. 영(贏)은 勝과 같은 의미. 승부에서 輸는 지는 것(負)이며 영(贏)은 이긴 것(勝)으로 利得이라는 의미로 사용하고 있다. 당대 杜牧의 시와 소동파의 시에도 贏得이라는 말을 사용하고 있다.

　*　不昧因果 : 「不昧因果라는 법문을 듣고는 野狐身을 벗어났다」라고 주장하는 것처럼, 인과의 법칙을 확실히 믿는 深信因果의 입장이다. 불법의 진실과 인연법, 연기법, 인과의 법칙 등을 분명하게 깨달아 정법의 지혜를 구족한 것. 不昧란 명확하고 분명하게 진실을 잘 알고 있는 지혜를 말한다. 『龐居士語錄』에 「방거사가 어느 날 마조선사에게 질문했다. '몽매하지 않는 본래인으로 간청하오니 화상께서는 눈을 높이 밝혀 주십시오.' 마조선사는 곧바로 쳐다보았다(士一日, 又問祖曰, 不昧本來人 請師高着眼. 祖, 直下覷)」 정법을 볼 수 있는 안목이 구족되어 미혹하지 않음. 不昧本來人은 임제가 주장하는 無依道人이며 無位眞人으로 불법의 대의를 분명하고 명확하게 깨달은 경지에서 지혜작용이 분명한 사람을 말한다.

　즉 불법의 근본 정신인 인연법과 인과법의 법칙을 통달하여 만법의 본질을 자각하고 정법을 바로 볼 수 있는 지혜를 구족한 사람을 말한다. 『전등록』 제30권에 澄觀은 마음의 본질을 「靈知不昧」라고 설하고 있으며, 『大學』에 明德을 설명하면서 「虛靈不昧」(『大學章句』 제1장)라고 하고 있으며, 『朱子語錄』 제5권에도 역시 마음에 대하여 「虛明不昧」라고 주장하고 있다.

　*　不落因果 : 「不落因果를 주장함으로서 야호신으로 오백 생이나 윤회하는 과보를 받았다.」라고 주장하는 것처럼, 악취에 떨어지는 견해이며 인과를 부정하는 撥無因果이다. 엉터리 안목으로 「훌륭한 수행인은 因果에 떨어지지 않는다.」라고 주장하는 野狐禪의 선병에 걸린 선승들이 많기 때문에 백장은 이러한 선병에 걸린 수행자들을 치료해 주기 위해서 이와 같은 이야

기를 창작하게 된 것이다.

『증도가』에도「텅 비어 아무것도 없이 인과의 도리를 부정하는 것은 허무한 空見에 떨어져 불법을 무시하여 재앙을 초래하게 된다(豁達空撥因果莽莽蕩蕩招災殃)」라고 읊고 있는 것처럼, 斷見과 空見은 인과의 연기법을 무시하는 선병이기 때문에 삼악도에 떨어지는 재앙을 초래하게 된 것이라고 주장하는 것이다.

일본의 道元도『정법안장』「深信因果」에「불법을 배우는 사람이 인과의 도리를 분명히 깨달아 알지 못하고 撥無因果를 잘못 이해하고 있다.」라고 지적하고「不落因果를 주장하는 것은 분명히 인과를 부정하는 撥無因果이며, 이러한 견해는 삼악도의 윤회(惡趣)에 떨어진다. 不昧因果는 분명히 인과를 깊이 믿는 것이며 이러한 수행자는 삼악도의 윤회(惡趣)를 벗어난다.」라고 주장하고 있다.

* 무문의 게송은「大修行人」의 주어를 전제로 하고서 읽어야 한다. 대수행인은 一隻眼을 구족한 사람이기 때문에 인과나 업보를 물과 얼음과 같이 보고 있는 것과 같다. 물과 얼음을 고정관념으로 잘못 보고 착각하여 삼악도에 떨어지는 악업을 짓지 않는다. 철저한 不昧因果의 입장이기 때문에 당연히 철저하게 인과에 떨어지는 일이 없다. 따라서 不落과 不昧의 二見의 차별적인 사고를 모두 초월한 입장이기 때문에 不落因果라고 말하는 것이나 不昧因果라고 말하는 차별적인 말이 모두 의미 없는 것이라는 주장이다. 대수행인의 입장에서「不落因果」와「不昧因果」는 똑같은 것임을 無門은 강조하고 있다.

* 兩采一賽 : 兩彩一賽라고도 함. 采는 주사위의 면에 새겨진 점눈(눈금자)을 말함. 賽는 주사위를 던져서 승부를 결정하는 것. 한 번 던진 주사위에 두 개의 주사위의 눈금자가 똑같은 숫자가 나타났다는 의미. 바꾸어 말하면, 두 사람이 서로 똑같은 입장이기 때문에 우열이 없다는 뜻이다.『조당집』18권 육긍대부(陸亘大夫)章(5-50)과『임제록』(43-2)에도 앙산이 황벽

문하에서 임제와 수좌의 경지를 「兩彩一賽」라고 평하고 있음.

여기서는 不落因果와 不昧因果가 완전히 같다는 것을 말한다. 一隻眼의 안목을 갖춘 대수행인의 입장에서 볼 때 똑같은 것이나, 안목이 없는 수행인이 볼 때 의심과 분별에 떨어져 다르게 보이는 것. 野狐에 떨어진 것과 野狐를 벗어난 것은 하나인가? 둘인가? 안목을 갖추어 살펴보라.

不落과 不昧, 墮野狐와 脫野狐 등의 二邊을 추구하는 것이나 이것 저것을 분별하는 것은 무의미한 것이다. 一隻眼을 갖춘 수행자가 되는 것이 일체의 차별을 초월한 경지에 살 수 있다.

* 인과론의 문제는 불성론과 마찬가지로 불교 수행자가 확실하게 깨달아 자신의 현실 생활에서 해탈하고 완전히 속박 없는 자유의 경지에서 자신의 삶을 전개해야 하며, 불교의 가르침인 인연법, 인과, 업보윤회의 문제를 현실생활에서 해탈하는 것이라고 할 수 있다.

불법을 통달한 수행인은 인과의 법칙을 벗어날 수 있는가? 인과의 법칙을 벗어날 수 없다면 불법수행의 의미는 무엇인가? 불도는 영험이 없는 것이 아닌가? 이러한 모순점의 문제를 어떻게 체득하여야 하는가? 깊이 불법의 대의를 체득하고 정법의 안목을 구족하여 사유하고 철저히 확신을 얻어야 한다.

제3칙. 구지화상의 一指禪(俱胝竪指)

俱胝和尙 凡有詰問, 唯擧一指. 後有童子, 因外人問, 和尙說何法要. 童子亦竪指頭. 胝聞, 遂以刀斷其指. 童子負痛號哭而去, 胝復召之, 童

子廻首, 胝却竪起指, 童子忽然領悟. 胝將順世, 謂衆曰, 吾得天龍一指頭禪, 一生受用不盡, 言訖示滅.

無門曰, 俱胝幷童子, 悟處不在指頭上. 若向者裏見得, 天龍同俱胝幷童子, 與自己一串穿却.

頌曰, 俱胝鈍置老天龍, 利刀單提勘小童, 巨靈擡手無多子, 分破華山千萬重.

【번 역】 구지화상은 언제나 어떤 사람이 불법에 대하여 질문하면 단지 한 손가락만을 세워서 보여 주었다. 뒤에 구지화상을 시봉하는 동자가 한 명 있었는데, 구지화상이 외출하였을 때에 어떤 사람이 찾아와서 '구지화상께서는 어떤 법문을 설하는가?'라고 묻자, 그 동자 역시 손가락을 세워 보였다.

이후에 구지화상은 이처럼 동자가 자기의 불법을 흉내내고 있다는 이야기를 전해 듣고, 어느 날 하루는 드디어 칼로써 동자의 손가락을 절단해 버렸다.

동자는 아픔을 참지 못해 통곡하며 달아나고 있을 때 구지화상은 동자를 불렀다. 동자는 머리를 돌려 화상을 쳐다보았다. 그때에 구지화상은 손가락을 들어 보였다. 이때 동자는 홀연히 깨달았다.

구지화상은 세상을 떠나려고 할 때에 대중들에게 다음과 같이 말했다. '나는 천용화상의 한 손가락을 세우는 일지두선(一指頭禪)을 배워 한 평생을 수용하여 사용하고도 다 활용하지 못했다.'라고. 이 말을 하고는 돌아가셨다.

무문선사가 말했다. 구지화상과 동자의 깨달음이 손가락에 있는 것은 아니다. 만약 이러한 사실을 잘 파악하여 깨달음을 체득했다면 천용과 구지와 동자, 그대 자신(자기)까지 하나의 꼬치(꾸러미)에 꿰매어 놓은 것처럼, 똑같은 깨달음의 경지를 체득한 사람이라고 할 수 있으리라.

　무문이 게송으로 읊었다.

　구지화상은 스승 천용화상의 가르침을 무시하고 날카로운 칼로써 동자의 허물(單提)을 점검(勘破)하였다.

　옛날 거령신(巨靈神)이 무심하게도 양쪽 팔을 들어 올려, 천만겹의 산을 화산과 수양산으로 나누어 버린 것처럼(무심의 경지에서 점검한 것이다).

【해설 및 역주】

　＊ 이 일단의 공안은 『전등록』 11권 「婺州金華山俱胝和尙傳」에 의거한 것인데, 『벽암록』 19칙, 『종용록』 84칙 등에도 싣고 있다.

　＊ 俱胝和尙 : 俱胝和尙의 전기는 『조당집』 19권, 『전등록』 11권 등에 보이지만, 생몰 연대나 속성 등은 잘 알 수가 없다. 『조당집』 19권 俱胝화상 전에 다음과 같이 전하고 있다.

　「천용의 법을 이었고 敬安州에 살았다. 그 밖의 행적은 알 수가 없어 기록하지 못한다. 선사가 암자에 살고 있을 때에 實際라는 비구니가 와서 삿갓을 쓰고 지팡이를 짚은 채 선사의 선상을 세 바퀴나 돌고는 석장을 우뚝 선사 앞에 세우고 서서 말했다. '화상께서 나의 질문에 대답을 하시면 삿갓을 벗겠습니다.' 선사가 대답을 하지 못하니 비구니는 그냥 떠나려고 했다. 이에 선사는 말했다. '날이 이미 저물었으니 하루 저녁 묵어가도록 하시오.' 비구니가 말했다. '제 질문에 대답을 하시면 묵어 가겠지만 대답을 못하시면 이대로 떠나겠습니다.'라고 말하고 떠나 가버렸다.

　이때 선사는 혼자 탄식하였다. '나는 명색이 사문이라고 하면서 비구니의 웃음거리가 되었다. 외람되이 장부의 형상은 갖추었으나 장부의 작용이 없구나! 이 산을 떠나 선지식을 두루 친견하리라.' 그리고 조용히 선정에 드니 갑자기 어떤 神人이 나타나 이렇게 말했다. '3, 5일 안에 큰 보살이 오셔서

화상께 설법해 드릴 것이요.' 그런 지 열흘이 지나지 않아 천용화상이 왔거늘 선사는 뛰어나가 말에 절을 하고 맞아들여 모시고 서서 앞에 일을 자세히 이야기한 즉 천용화상이 손가락 하나를 세워 보이니 당장에 활짝 깨달았다.

선사는 그 뒤로 대중에게 말할 때마다 이렇게 말했다. '내가 천용화상에게 一指禪을 얻은 뒤로 평생 동안 사용해도 다 사용하지 못한다.'」(5-109)

구지화상은 항상 俱胝觀音陀羅尼(『七俱胝佛母心陀羅尼經』)를 외우고 있었기 때문에 구지화상이라고 불렀다. 馬祖道一 → 大梅法常 → 天龍 → 俱胝화상으로 이어지는 법계를 계승하고 있다.

天龍화상에 대해서는 잘 알 수가 없는데,『전등록』제10권「천용화상장」에 상당법문으로「대중 여러분! 노승을 기대하지 말라. 예부터 일체의 모든 중생이 각기 화엄의 性海가 있으며 공덕과 무애자재한 광명을 구족하고 있으니 각각 잘 참구하여 체득하도록 하라.」라는 법문과 어떤 스님이「어떻게 해야 삼계를 초월할 수가 있습니까?」라는 질문에「그대는 지금 어느 곳에 있는가?」라고 반문하는 선문답을 수록하고 있을 뿐이다.

* 一指禪 : 一指禪의 이야기는『전등록』11권 구지화상전에 의함.『벽암록』19칙에는「擧, 俱胝和尚은 대개 질문을 받으면 단지 一指를 세웠다.」라고만 기록하고 있다. 言句는 행위의 기호에 지나지 않는다. 행위는 言句보다도 한층 더 깊이 있는 대화를 나눌 수가 있는 것이다. 천용화상이 一指를 세운 곳에 온 천지를 다 파악해서 봐야 하는 것이다.

一指禪은 근본제일의 불법을 제시한 것. 달마대사가 중국에 一心의 불법을 전한 것이라고 한 것.

본래심의 법문. 一心의 법문. 心地法門.『신심명』「萬法一如」『화엄경』에「一卽一切 一切卽一」重重無盡의 법계관. 森羅萬象의 모든 법은 하나(一)로 되돌아간다는 조주의「萬法歸一 一歸何處」의 법문도 같은 입장에서 설하고 있다.

『조당집』제7권 설봉장에 다음과 같은 일단이 있다.「위산과 앙산이 어느 날 저녁 이야기하는 도중에 위산이 앙산에게 질문했다. '그대가 밤새도록 사유(商量)하고 궁리하여 이룬 것이 무엇인가?' 앙산이 선뜻 한 획(불법의 大意)을 그어 보이니 위산이 말했다. '만약 내가 아니었다면 그대의 경지를 바로 파악하지 못했을 것이다.'라고. 어떤 사람이 장경에게 물었다. '앙산이 한 획을 그은 뜻은 무엇입니까?' 장경이 손가락을 하나 세워 일으켜 보였다. 또 順德에게 질문하니 순덕도 역시 손가락을 하나 일으켜 세웠다. 그러자 그 스님이 말했다. '불법은 불가사의하여 千聖이 같은 궤적을 달린다. 그 스님이 이 문제를 설봉스님에게 말하자 설봉선사는 말했다. '두 사람 모두가 옛 사람의 참된 뜻을 잘못 알았다.' 그 스님이 다시 설봉에게 그 까닭을 질문하니 설봉이 말했다. '그저 까닭 없는 일이었다.'라고」설봉은 이유나 조건 없이 無心의 경지에서 조작성이 없는 無事한 생활을 한 것이다.

　『벽암록』19칙「俱胝一指」의 垂示에 원오극근은「한 티끌이 일어나면 온 대지가 그 속에 들어가고, 꽃 한 송이 피어나니 그 속에 세계가 열린다.」라고 하고 평창에「한 티끌이 일어나자마자 대지는 전부 그 속에 들어가고, 꽃 한 송이 피어나니 온 세계가 열린다. 사자의 한 터럭에 백억 마리의 사자가 나타난다(一塵纔起 大地全收 一花欲開 世界便起. 一毛頭 獅子 百億毛頭現)」라는 樂普元安(834~898)의 말(『전등록』19권 운문장에「一塵纔擧 大地全收 一毛頭獅子 全身總是」)을 인용하여 一卽多의 융통과 大小無碍인 사실을 말하고 있다.

　『종용록』84칙에도「오직 一指를 사용하는 것은 簡易의 道로서 긴요하면서도 번거롭지 않다.『유마경』에도 한 터럭에 大海를 머금는다고 하여, 小不思議經이라고 하였다.『화엄경』에 법계를 머금는다고 하여 大不思議經이라고 한다.『능엄경』에 한 터럭(一毛端)에 두루 모두 시방국토를 含受한다고 한다.」여기서도『유마경』『화엄경』『능엄경』을 인용하여 微塵 가운데 대법륜을 굴린다는 사실을 들고서 구지화상의 一指頭禪을 평하고 있다.

『莊子』「齊物論篇」에「天地一指也, 萬物一馬也.」「天地與我幷生, 而萬物與我爲一」「天地同根萬物一體.」.『장자』內篇「德充符篇」에「萬物皆一」을 다음과 같이 주장하고 있다.「서로 다른 입장에서 본다면 한 몸안에 있는 간과 쓸개도 멀리 떨어진 楚나라와 越나라와 같고, 같은 입장에서 본다면, 만물은 모두 하나이다.」

* 痛號哭 : 痛悟는 無我, 無心의 경지에서 깨달음을 체험한 인연. 선어록에 痛悟의 체험을 전하는 사례는 많다. 예를 들면 『벽암록』 53칙에 백장의 깨달음을 전하는「百丈野鴨子」,『종용록』 86칙에는 임제가 大悟한 이야기를 전한다.『운문록』에는 陳尊宿 睦州가 문을 꽝 닫자 문짝에 발이 치어 아픈 경지에서 깨달은 雲門,『조당집』 10권에 현사사비가 돌 뿌리를 차고 피를 흘리면서 痛悟한 이야기 등을 전하고 있다. 痛, 笑, 哭은 無心의 경지.

* 童子回首 : 스승의 부름에 무심하게 머리를 돌리다. 밖을 향해서 치달리다가 스승의 부름에 자각하여 자기의 본래심으로 되돌아간 경지. 소의 머리를 풀밭에서 돌려 본래의 집으로 되돌아가게 하는 것과 같다. 무심의 경지로 되돌아간 상태. 형식과 흉내의 차별경계에서 불법의 정신을 망각한 동자가 스승의 참된 지도로 본래의 일심으로 되돌아가게 된 것.

* 忽然領悟 : 불법의 대의를 頓悟하는 것. 頓悟玄旨. 근원적인 一心의 법문을 자각하게 된 것.

* 順世 :『釋氏要覽』卷下에「釋氏의 죽음을 涅槃, 圓寂, 歸眞, 歸寂, 滅度, 遷化, 順世라고 하는데 모두 똑같은 뜻이다. 대개 세속인들과 다르게 하기 위한 것이다.」라고 하고 있다. 승려의 입적을 표현한 말로 涅槃, 圓寂, 歸眞, 滅度, 遷化와 같은 의미. 順世란 不滅의 법신을 체득하고 있으면서 세간에 隨順하여 죽음을 나타내 보이는 것. 示滅, 示寂도 같은 뜻.

* 天龍一指頭禪 一生受用不盡 :『조당집』 19권에서 구지화상이 한 말. 구지선사는 천용화상의 一指頭의 가르침을 체득한 인연으로 깨달음을 이룬 뒤 그 후로 一指頭를 세우는 법문으로 한 생애 동안 불법을 제시하였지만

모두 다 사용하지 못하였다는 의미. 즉 천용화상으로부터 배우고 체득한 一指頭禪이 고금의 불법을 모두 다 貫通하고 있다는 사실과 스승 천용화상에 대한 보은의 의미를 나타내 보이고 있음을 분명히 밝히고 있는 말이다.

진실한 것은 언제나 새로운 것이다. 구지화상의 일지두선은 스승 천용화상으로부터 전수받은 것이지만 구지화상 자신의 불법으로 매일 매일 새롭게 평생을 사용하여 중생을 교화한 것이다. 태양이 매일 아침 동쪽에서 솟아올라 저녁에 서쪽으로 지는 것처럼, 古今에 한결같이 똑같은 일을 반복하고 있지만 언제나 맑고 청정한 것이다.

지금 여기서 자기 자신의 깨달음의 생활이 언제나 불성의 본래면목을 지혜로 전개하는 삶인 것처럼, 선승이 평생 일지두선으로 지혜로운 깨달음의 생활을 하거나, 무자화두를 참구해도 다함이 없는 것이다. 염불 수행자가 「南無阿彌陀佛」을 염불하는 것도 마찬가지인 것이다. 一指頭禪으로 지금 여기서 자각적인 깨달음의 불법생활을 하는 것이 진실되고 참신하여 시시각각으로 자신의 창조적인 지혜로운 생활이 되고 있기 때문이다.

생활의 종교로 전개하는 참선수행은 간단하고 언제 어디서 누구라도 쉽게 실천할 수 있는 것.

* 悟處不在指頭上 : 구지화상이나 동자가 손가락 세우는 법문을 듣고 불법의 대의를 깨달았다고 하지만 진실로 깨달음은 손가락에 있는 것이 아니다. 손가락은 불법의 대의를 방편으로 제시한 것이기 때문이다. 손가락을 세운 一指頭禪의 참된 법문은 무엇인가? 이 공안을 읽는 사람도 이 점(者裏)을 분명히 밝혀서 깨닫는다면 불법의 대의를 체득할 수가 있으며, 천용화상, 구지화상, 동자의 깨달음과 같은 경지의 안목을 구족할 수가 있다.

* 무문의 게송 1구와 2구는 구지화상을 抑下하고 轉句와 4구는 무문 자신의 견해를 제시하고 있다.

* 鈍置 : 鈍致라고도 함. 愚鈍함. 사람을 바보로 취급하고 업신여긴다는 말이다. 『운문광록』卷中에 「사람을 바보 취급(鈍置)해 버린다.」라고 함.

여기서는 구지화상이 스승 천용화상의 가르침을 무시하고 동자의 손가락을 자른 것을 비판한 말. 선이 어디 손가락에 있는가? 구지화상은 천용화상에게서 一指頭禪을 배워 평생 사용하면서 손가락 하나만을 내세워, 선을 배우는 사람들을 가르치고 있다. 그것은 사람들이 선은 손가락에 있는 것을 能事로 생각하게 만든 것이며, 스승 천용화상을 바보로 취급하고 있는 것이다. 그래서 세상 사람들도 천용의 선은 손가락에 있는 것으로 착각하게 한 것이며, 동자도 불법은 손가락을 세우는 것뿐이라고 착각하면서 그렇게 스승의 일지두선을 흉내내게 된 것이다.

또한 구지화상은 천용화상의 손가락을 세우는 법문으로 찰나에 깨닫게 되었다. 결국 깨달음이란 밖에서 오는 것이 아닌데 그것을 천용화상으로부터 전해받은 것이라고 주장하고 있는 것은 천하의 모든 사람들을 바보로 취급하는 것이 아닌가?

뿐만 아니라 불법을 깨닫도록 제시한 천용화상의 일지두선의 법문을 올바르게 제시하지 않고, 동자의 손가락을 날카로운 칼로 절단해 버리는 소동을 벌이고 있는 것은 스승 천용화상을 바보로 취급하고 그의 가르침을 무시한 처사가 아닌가? 구지화상의 一指頭禪은 스승의 가르침을 그대로 잘 펼치는 교화가 아니라 잔인하기 짝이 없는 것 아닌가? 라고 비판하면서 칭찬하고 있는 것이다.

나 무문이라면, 동자 정도의 학인을 깨닫게 하기 위해 손가락을 절단해 버릴 정도까지 소란스럽게 하지는 않았을 것이라고 하는 의미가 내포된 말.

* 單提 : 소승율장에서 거짓말이나 兩舌 등 가벼운 죄를 범한 것을 말함. 이 죄를 범한 사람은 세 사람 앞에서 참회해야 한다. 『摩訶僧祇律』 제12권 (『大正藏』 22권 324쪽, 下).

동자가 스승 구지화상의 一指頭禪의 참된 정신을 알지 못하고 거짓 흉내낸 것은 가벼운 죄를 범한 것이라고 하고 있다. 구지화상이 동자의 손가락을 자른 것은 동자의 거짓 흉내(번뇌망념)를 지혜의 칼로 끊어버린 것이다.

거짓 번뇌망념을 떨쳐버리고 근원적인 본래심으로 되돌아간 동자에게 보여준 구지화상의 一指頭禪은 진실되고 근원적인 一心 불법의 경지를 제시한 것이었다. 동자가 참된 일지두선을 통하여 불법의 진실을 깨닫지 못했기 때문에 자신의 진실된 깨달음의 생활이 되지 못하고 거짓된 모습이 되고 만 것이다.

* 巨靈 : 중국의 천지 창조신화에 보이는 巨靈神을 말함. 華山과 首陽山은 원래 하나의 산이었는데, 황하에 흐르는 강물을 이 산이 가로막고 있어 흐를 수가 없었다. 거령신이 이 산을 양쪽으로 나누었기 때문에 황하의 강물이 이 두 산 사이로 흐르게 되었다는 신화에 근거를 둔 것. 거령신이 아무런 조작(無多子) 없이 무심하게 화산과 수양산을 나누어버린 것처럼, 구지화상은 칼로써 동자의 손가락(거짓 흉내禪)을 그냥 무심하게 절단해 깨달음의 경지를 열게 했다.

이 구절은『벽암록』32칙에 臨濟佛法大意에 대한 설두의 다음과 같은 게송을 그대로 인용함.「황벽(斷際)의 불법 지혜를 이어받았으니, 받은 것이 어찌 점잖을 리가 있을까? 거령신이 치켜든 손 일격에 천만 겹의 화산이 나누어졌네.」

* 無多子 : 복잡한 것 없이 단순하고 간단 명료한 것. 조작과 작위성이 없이 그냥 무심하게 작용하는 것. 구지화상이 동자의 손가락을 자른 것은 무심한 경지에서 펼친 것이다.『임제록』의 행록에 임제가 대우의 처소에 가서 황벽의 敎化眞義를 깨닫고,「뭐야! 황벽의 불법이 이렇게 간단하고 명료한 것인 줄이야!(元來 黃檗佛法無多子.)」라고 함. 불법은 心法이기 때문에 복잡한 중생의 차별, 분별심에서 간단 명료한 근원적인 불심(본래심)으로 되돌아간 경지에서 무심하게 지혜로운 자기의 삶을 살도록 제시한 것이다.

* 무문이 구지선사의 일지두선을 제시한 것은 동자가 구지선사의 교화를 흉내낸 허물(單提)을 칼로써 손가락을 절단하는 교훈으로 제시한 것이다. 참선은「實參實悟」하여 불법을 자기 자신의 지혜로 만들어서 자기의 불법

을 펼칠 수 있어야 한다. 경전의 말씀이나 선승들의 언어문자나 교화를 흉내내는 동자나 멍청한 선승들을 비판하고자 한 것이다. 임제는 남의 말을 익혀서 남에게 전달하는 이러한 선승들을 전구령놀이를 하는 녹음기와 같은 사람이라고 비판하고 있다.

제4칙. 달마화상의 수염(胡子無鬚)

或庵曰, 西天胡子, 因甚無鬚.
無門曰. 參須實參, 悟須實悟. 者箇胡子, 直須親見一回始得, 說親見, 早成兩箇.
頌曰, 癡人面前, 不可說夢. 胡子無鬚, 惺惺添懵.

【번 역】 혹암화상이 말했다. '서천의 오랑캐(胡子) 달마대사는 왜 수염(鬚)이 없는가?'
무문스님이 말했다. 참선은 반드시 직접 몸으로 익히는 **實參**이어야 하며, 깨달음은 반드시 실제로 직접 체험하여 깨달아야 한다. 여기 수염이 없는 달마대사를 알고자 한다면, 일단 직접 친히 달마대사의 얼굴을 친견해야 한다. 그러나 사실 친견한다고 말하지만 이미 자신과 달마라고 하는 두 얼굴의 대상에 떨어지고 만 것이다.
게송으로 읊었다.
어리석은 사람 앞에서 꿈 이야기를 하지 말라(어리석은 사람은 꿈을 진실로 착각하기 때문이다). (혹암스님은 꿈 이야기처럼) 달마대사가 수염이 없다고 말하여, 밝고 분명한 깨달음의 세계를 몽매하게 하고 있네.

【해설 및 역주】
　＊ 或庵 : 송대 임제종의 선승으로『속전등록』제30권,『오등회원』제20권에「鎭江府焦山或庵師體」라고 전하고 있는 或庵師體(1108～1179)를 말함. 그의 법계는 五祖法演 → 圜悟克勤 → 護國景元 → 焦山師體(或庵)로 이어진다. 혹암사체는 이 공안으로 유명한 선승이 되었는데, 여기에 수록된 수염이 없다는 無鬚의 이야기는『오등회원』20권에는 보이지 않는다.『속고존숙어요』제6권에 혹암선사의 법어를 수록하고 있으며,「禪林寶訓」하권에도 그의 뛰어난 행적을 전하고 있다.
　그는 임종에 즈음하여 다음과 같은 遺偈를 남겼다.
　「쇠 나무(鐵樹)에 꽃이 피고, 수탉이 알을 낳네. 72년의 생애(搖籃) 생명의 끈이 끊어지다.」
　＊ 西天胡子 : 여기서 말하는 西天胡子는 일반적으로 달마대사를 지칭한 것이다. 그러나 석가모니 부처님을 지칭한 해석도 있다. 그러나 그 누구를 지칭한 것이라고 해도 무방하지만, 여기서 문제로 삼는 것은 수염이 있고 없고, 有無의 차별심과 분별심을 여의고 참된 西天의 胡子를 친견해야 된다는 의미이다. 그것은 상대적인 어떤 존재로서의 西天의 胡子가 아니라 자신이 진짜 西天의 胡子 그 자체가 되도록 해야 한다는 것이 간요인 것이다. 참된 친견은 자신이 그렇게 되는 방법 이외에는 있을 수 없는 것이다. 胡子無鬚의 공안은 무문이 언급하고 있는 것처럼, 직접 實參하고 직접 깨달아 체득해야 한다는 사실을 제시하고 있다.
　『인과경』에「과거의 제불, 無上菩提를 성취하기 위해서 鬚髮을 깎았다.」라고 하고 있는 것처럼, 석가나 달마도 모두 수염을 깎았다. 수염이 있고 없고는 달마상에 대한 이야기인데, 그림으로 그린 달마상에 수염이 없는가?

여기서 或庵이 지적한 달마는 과연 수염이 있는 有相의 달마인가? 수염이 없는 無相의 달마인가?

* **實參 實悟** : 진실된 마음으로 직접 참선수행하여 체득하는 것. 착실하게 참구하지 않고서는 확실한 깨달음은 불가능하며, 實參해야 實悟가 이루어지는 것이다. 직접 확인하여 추호도 의심과 분별심이 없도록 하는 것을 말한다. 여기서는 수염이 없는 달마의 참된 본래면목을 체득해야 한다. 참선을 하면서 깨달아야지! 이러한 생각으로 참선하는 사람은 참된 깨달음을 체득할 수가 없다.

일본의 道元은「자기를 위하여 불법을 닦아서도 안 된다. 명예와 이익을 위해서 불법을 닦아서도 안 된다. 수행의 어떤 결과나 과보를 얻기 위해서 불법을 수행해서는 안 된다. 어떤 영험을 얻기 위해서 불법을 수행해서도 안 된다. 단지 불법을 위해서 불법을 닦아야 한다. 이것이 올바른 道인 것이다.」라고 주장하고 있다.

* **者箇胡子** : 這箇와 같이「이 사람으로 달마를 지칭한다.」箇는 성자의 의미이다. 달마를 친견하고자 한다면 실참 實悟가 아니면 親見할 수가 없는 無相의 달마이다. 또한 無相이라고 말하면 곧장 無에 떨어질 수 있다. 그러나 여기서 말하는 無는 有無의 상대적인 말이 아니고 有無를 모두 포용한 본래의 입장에서 말하는 如來라는 實相(法身)의 달마이다.

* **親見** : 親見한다고 설하면 벌써 차별에 떨어졌다고 주장하고 있는 것처럼, 친견이라고 말하면 보는 사람과 보는 대상이 나누어지고, 能見의 마음과 所見의 法이 대립하여 둘로 나누어진다. 나와 대상과 하나가 되고 차별 분별에서 절대의 자기와 하나가 될 때 친견이 이루어진다.

* **癡人面前** : 아직 깨닫지 못한 사람 앞에서는 꿈 이야기하지 말라. 진실과 꿈을 오인하기 때문이다.『임제록』에서 시인이 아니면 시를 논하지 말라는 말과 같은 것. 같은 경지에 있는 사람만이 상대방을 이해하게 된다는

것이다. 『열자』湯問篇에 나오는 伯牙와 鍾子期의 고사처럼, 「知音」의 동지가 되어야 진정한 대화가 될 수 있다는 말이다.

* 惺惺 : 자각적인 지혜작용으로 분명하고 확실하게 깨어 있는 모습. 明明白白하여 한 점의 어둠(暗影)이 없는 밝은 곳. 현명함. 선어록에 '惺惺着하라!'고 지시하는 것처럼, 깨달음의 지혜작용이 분명하도록 하는 것.

* 憒 : 憒은 懜자와 같음. 어두울 몽. 어리석음. 진실을 분명하게 알 수 없는 것. 혼란스럽고 어지러운 마음. 몽매하여 지혜의 작용이 없는 멍청한 상태를 말한다. 무문은 칠흑같이 깜깜하여 미혹이나 깨달음이나 아무 차별이나 분별심도 없는 사람의 心中에 어두운 그림자를 끼워 넣는 有害無益한 일을 한 것이라고 或庵을 비판하고 있다.

무문은 혹암을 비평하면서 혹암의 안목과 그의 견지를 높게 평가하고 있는 것이다. 혹암이 아니었더라면 이러한 공안을 누가 제시하여 학인들이 불법의 진실을 깨달음의 체험으로 재확인하고 의혹을 완전히 해결할 수 있도록 해 주었겠는가? 라는 반문의 의미가 있다.

이것은 마치 『운문록』卷中에 운문이 「석가불이 처음 출생하여 한 손은 하늘을 가리키고 한 손은 땅을 가리키며 두루 사방으로 일곱 걸음을 걷고 사방을 둘러보며 '天上天下 唯我獨尊'이라고 했는데, 내가 만약 그때 그러한 사실을 보았더라면 한 방망이로 때려 죽여 개한테 먹도록 던져 주었어야 천하태평하게 되었을 텐데!」(『大正藏』47권 560쪽, 中)라고 설한 것과 같은 역설적인 칭송인 것이다.

즉 천하태평의 시대에 붓다가 출현하여 天上天下唯我獨尊이라고 떠들고 불법이니 뭐니 주장하면서부터 천하가 시끄럽게 되었다는 의미. 천하의 모든 중생들이 붓다의 출현으로 불법을 제대로 알게 한 붓다를 칭송하는 말을 운문은 이렇게 역설적으로 표현하고 있다. 붓다의 업적을 강하게 주장하기 위한 역설적인 표현인 것이다.

* 수염이 있고 없는 有無의 차별경계와 有相, 無相의 달마가 아닌 참된

달마의 眞相과 자기와 하나가 되는 것을 참구해야 한다고 강조하는 것이다. 여래와 같이 살아있는 참된 달마의 眞相(法身)을 어떻게 친견해야 하는가?

제5칙. 향엄화상과 나무 위의 일(香嚴上樹)

　　香嚴和尙云, 如人上樹, 口啣樹枝, 手不攀枝, 脚不踏樹, 樹下有人, 問西來意, 不對卽違他所問, 若對, 又喪身失命, 正恁麼時, 作麼生對.
　　無門曰, 縱有懸河之辯, 總用不着. 說得一大藏敎, 亦用不着. 若向者裏對得着, 活却從前死路頭, 死却從前活路頭. 其或未然, 直待當來問彌勒.
　　頌曰, 香嚴眞杜撰, 惡毒無盡限, 啞却衲僧口, 通身迸鬼眼.

　　【번 역】향엄화상이 말했다. '만약 어떤 사람이 나무 위에 올라가서 입으로 나뭇가지를 물고, 손은 나뭇가지를 붙잡지 않고, 발도 나무를 밟지 않고 매달려 있을 때에 나무 아래서 어떤 사람이 "달마대사가 인도에서 동쪽 중국에 온 의도는 무엇입니까?"라고 질문하였다. 만약에 그 질문에 대답하지 않는다면 질문하는 사람의 뜻을 위배하는 것이 되고, 만약에 대답을 하게 되면 그 사람은 나무에서 떨어져 죽고, 목숨을 잃어버리게 될 것이다. 정말 이럴 때는 어떻게 해야 할 것인가?'
　　무문화상이 말했다. 예를 들어 폭포물이 떨어지는 것처럼 웅변을 잘해도 여기 이런 경우에는 아무런 소용이 없고, 부처님이 평생 설한 경전의 가르침을 모두 터득하여 설파한다고 할지라도 역시 여기서는 아무런 도움이 되지 못한다.

만약에 이러한 상황에 직면하여 꼭 들어맞는 답변으로 대응을 할 수 있다면 그는 이전에 죽은 지혜도 살릴 수가 있으며, 또한 지금까지 살아 있는 번뇌망념도 단번에 죽일 수도 있다. 그러나 이 질문에 올바른 대답을 할 수 없다면, 56억 7000만 년 뒤에 이 세상에 출현하는 미륵보살에게 물어보는 수밖에 없으리라(미륵의 출세까지 기다릴 수밖에 없다).

게송으로 읊었다.

향엄화상은 정말로 제멋대로 말하고 있네. 그가 퍼붓는 독설(惡毒)은 끝이 없다니까.

선승의 입을 틀어 막아 봉쇄(封鎖)해 놓고, 온몸(全身)으로 정법의 안목을 체득하도록 하네.

【해설 및 역주】

* 이 공안은 『전등록』 11권 향엄전에 전하고 있다.

* 香嚴 : 香嚴智閑 禪師(?~898)는 潙山靈祐(771~853)의 제자로 臨濟와 仰山慧寂(807~883)과 거의 동시대의 인물이다. 그의 전기는 『조당집』 19권 香嚴和尙章, 『송고승전』 13권, 『경덕전등록』 11권, 『연등회요』 8권, 『오등회원』 9권 등에 전하고 있다. 『전등록』 11권에는 향엄의 깨달음에 대한 인연을 다음과 같이 전하고 있다.

「향엄선사는 靑州 사람으로 세속을 싫어하여 부모를 하직하고 사방으로 다니면서 불도를 흠모하다가 위산영우 선사의 문하에 의지하였다. 영우화상은 그가 法器인줄 알고 지혜의 광명을 일깨워 주기 위해 어느 날 다음과 같이 말했다. '나는 그대가 평생 배워서 알고 있는 견해와 경전이나 책에서 기억하여 가지고 있는 것을 묻지 않는다. 그대가 아직 모태에서 나오기 이전과 東西를 분간하기 이전의 本分事를 말해 보라. 내가 그대에게 수기(인가)하겠다.'

향엄은 어리둥절하여 대답을 하지 못하다가 오래 생각한 끝에 몇 마디의 견해를 말했으나 위산은 모두 허락하지 않았다.

향엄은 위산에게 말했다. '화상께서 한 말씀 해 주십시오.'

위산이 말했다. '내가 말하면 그것은 나의 견해이다. 그대의 견해에 무슨 도움이 되겠는가?'

향엄은 이내 자기 방으로 되돌아가서 수집해 놓은 제방의 여러 선지식들의 말씀(言句)을 뒤져보았으나 한 마디로 대답할 만한 것이 없었다. 그래서 향엄은 탄식하며 말했다. '그림의 떡으로는 배고픔을 해결할 수가 없는 것이다'라고.

그리고는 지금까지 모은 모든 선지식의 言句들을 모두 불태워 버리면서 말했다. '금생에 불법을 배우지 못할 바에는 죽이나 밥이 되어 마음의 괴로움이나 면하리라!'

그리고는 위산을 하직하고 남양혜충 국사가 머물던 옛터에 가서 은거하였다. 어느 날 산에서 잡초를 베다가 기와조각을 던진 것이 대나무에 부딪쳐서 딱! 하는 소리가 나는 찰나에 자기도 모르게 미소를 지으면서 확연히 깨달았다. 곧바로 자기의 방으로 되돌아와서 목욕하고 향을 피우며 멀리 위산을 향하여 절을 하면서 찬탄하였다. '화상의 대자대비하신 은혜는 부모의 은혜보다 높습니다. 그 당시에 만일 저에게 설명하였다면 어찌 오늘과 같은 통쾌한 일이 있을 수 있겠습니까?'」

그리고는 게송(悟道頌)을 지었다. 「한 번 부딪쳐서 알았던 것을 잊으니, 다시는 닦고 다스리지 않게 되었네. 덩실덩실 옛길을 넘나드니, 초연한 기운에 떨어지지 않도다. 곳곳에 자취를 남기지 않고 소리와 빛은 위의(威儀) 밖이니 제방에 도를 깨달은 사람은 모두가 上上의 根機라고 하네.」

향엄은 기와조각이 대나무에 부딪치는 소리를 듣고 깨달음을 체득했기 때문에 聞聲悟道한 청각형이라고 하며, 동문인 靈雲志勤은 桃花를 보고 깨달았기 때문에 見色(明心)悟道로서 시각형이라고 분류할 수 있다.

여기에 수록된 공안은 『조당집』19권, 『전등록』11권, 『오등회원』9권 등에 전하고 있는데, 「그때 招상좌(虎頭의 招上座라고도 함)가 향엄선사에게 '나무 위에 오른 일은 묻지 않겠습니다. 나무에 오르기 이전은 어떻습니까?' 라고 되물었다. 그러자 선사는 허허! 하고 웃었다.」고 전한다.

문제의 해결은 문제가 일어나기 이전의 근원(본래)으로 되돌아가는 것이 근본적이고 유일한 해결 방법이다. 즉 번뇌망념의 괴로운 병을 해결하기 위해서는 잘못된 병을 치유하여 본래 건강한 상태로 되돌아가도록 하는 것이 선의 깨달음이다.

이 공안은 진실을 언어문자나 말로 표현하기보다는 말없이 마음으로 계합하는 것이 훨씬 진실에 가깝다는 사실을 제시하려고 하고 있음을 알 수 있다.

입으로 나뭇가지를 물고, 발을 떼고 손을 놓도록 함은 입으로 일체의 언어문자로 펼치는 논의를 벗어나, 四句를 여의고, 百非를 끊어버린 경지를 말한다. 일체의 언설과 문자로 논의를 부정하고 근원적인 본래심(父母未生 以前의 自己 本來面目)을 어떻게 체득해야 할 것인가? 라는 문제 제기이다.

四句百非를 떠나서 西來意를 直指해 주시요라는 법문은 『벽암록』제73칙에 「馬大師 四句百非의 이야기」에 수록하고 있는 법문인데 향엄은 마조의 법문을 토대로 하고 있다.

참고로 四句百非란 일체의 논의를 「有, 無, 非有非無, 亦有亦無」의 네 가지 명제로 종합하고 있는 논리이다. 예를 들면 神이 존재한다고 하는 것은 有句, 존재하지 않는다고 하는 것은 無句이며, 존재하는 것도 아니고 존재하지 않는 것도 아니라고 하는 것은 非有非無句이며, 존재하기도 하고 존재하지 않기도 하는 것을 亦有亦無句라고 한다. 이 四句에 각각 네 가지 경우가 있기에 4×4=16이 되며, 거기에 과거에 있었지만 현재에는 없다고 하든가, 미래에는 있다고 말하는 것처럼, 삼세에 걸쳐서 48이 된다. 또한 旣起와 未起로 나누어 96이 되며 여기에 근본의 四句를 합쳐서 百非라고 한다. 이러한 四句와 百非를 여의고 西來意를 말하도록 하고 있다.

* 西來意 :「如何是祖師西來意」의 줄임말로서 달마조사가 서역에서 동쪽 중국으로 온 까닭은 무엇인가? 이 질문은 선문답의 상용구로 선불교의 근본 정신을 대변하고 있는 말이다. 달마로부터 비롯된 중국 선종의 본질적인 정신을 체득하도록 제시한 문제이다. 이 문제는 『종경록』 97권에 전하고 있는 것처럼, 南嶽懷讓과 坦然선사가 처음 숭산 慧安國師를 참문하고 질문한 말이 최초라고 할 수 있는데, 그때 혜안국사는 '어째서 자기 자신의 의지를 묻지 않고 다른 사람의 의지를 질문해서 무엇 하려는가?'라고 반문하고 있다. 『마조어록』에도 어떤 스님이 '어떤 것이 조사가 서쪽에서 온 뜻입니까?'라는 질문에 마조는 '지금 그대 자신의 의지는 어떠한가(卽今是甚麽意)?'라고 반문한다.

선불교에서는 남의 의지를 묻는 것은 아무런 의미가 없다. 지금 여기 자기 자신의 의지(깨달음)를 문제로 삼고 있는 것이다. 달마의 의지를 묻는다고 해서 달마라는 인물을 대상으로 한 것이 아니라 인도에서 불법을 전한 달마의 一心이 곧 지금 자기의 一心이라는 사실을 깨닫도록 해야 하는 것이다.

* 正恁麽時 : 마침 그러한 때의 의미. 恁麽는 옛날에 與麽라고도 씀.

* 作麽生 : 如何와 같음. 作摩生, 做麽生, 什麽生, 似麽生, 作沒生, 作物生 등으로도 씀.

* 懸河之辯 :『晉書』 列傳19, 郭象傳에「곽상이 말하는 것을 들으면 폭포에 물이 떨어지는 것(懸河瀉水)과 같아서 고갈됨이 없었다.」라는 말에 의함.

* 用不着 : 着은 조사로 위의 동사가 제시하는 행동이 그 목적을 달성한 사실을 의미함. 不着은 그 반대. 여기서는「아무런 도움이 되지 못함.」「쓸모가 없음.」의 의미.

* 一大藏敎 : 붓다가 49년간 설한 교설. 경·율·논 삼장을 말함. 『벽암록』 제2칙 수시에「一大藏敎詮注도 미치지 못하고, 明眼의 衲僧도 自救不

了로다」라고 함.

  * 者裏對得着 : 者裏는 여기서 四句를 여의고 百非를 끊은 곳이며, 향엄이 말한「정말 이러한 때」이다. 즉 懸河의 웅변이나 대장경의 설법도 모두 쓸모 없는 경지에 즈음하여「대응할 수 있는 답변을 하는 것(對得着)」으로 언제 어디서나 정법의 안목을 구족하여 자유자재로 대응할 수 있는 사람을 말한다.

  * 活(死)却 : 却은 조사. 위의 동사의 작용이 완전히 완료한 것을 의미함. 여기서는 살려 버리는 것. 죽여 버리는 것.「對得着」은 조사의를 체득하여 정법의 안목을 구족한 경지에서 어떠한 경우에 어떠한 문제라도 자유자재롭게 대응할 수 있는 능력을 갖춘 자는 죽은 지혜(死路頭)를 살리고(活却), 살아 있는 번뇌망념(活路頭)을 죽이는(死却) 殺活自在의 지혜작용이 가능한 것. 逆境이나 順境의 근기에 임하여 자유롭게 대응(變應)하고 주고 빼앗음(與奪)을 자유자재로 사용할 수 있는 지혜를 말한다. 殺人刀와 活人劍을 종횡으로 후리치는 경지에 이른 사람이라는 의미.

  * 當來 : 당대의 속어. 未來, 將來와 같은 의미.

  * 彌勒 : Maitreya 慈氏라고 한역. 현재 보살로서 도솔천에서 天人을 위해 설법하고 있는데, 그의 수명이 4000세(인간에서는 56억 7000만 년)를 다한 뒤에 이 세상에 下生하여 龍華樹 아래서 성불한다고 함,『미륵하생경』에는 56억 7000만 년 미래에 이 세상에 출현하여 석존일대에 구제되지 못한 일체 중생 모두를 구제한다고 하는 보살.
  미륵의 출세를 기다려서 질문하라는 말은 천상의 달에게 물어보라!는 말과 같이 기약할 수 없는 것. 十二支에 당나귀 해가 없다는 驢年과 같은 말이다.

  * 杜撰 : 확실한 典據도 없는 것을 제멋대로 엉터리로 서술하는 것. 宋의 杜默이 시를 지을 때 거의 모든 시가 음운에 맞지 않기 때문에 당시 사람들이 대개 법식에 맞지 않는 것을 杜撰이라고 말했다는 데서 비롯됨. 사리

에 맞지 않고 운율에 맞지 않는 제 멋대로인 엉터리 시문. 杜禪和는 엉터리 선승. 향엄은 정말로 엉터리 선승이 아닌가? 수행자를 나무 위에 올라가게 하여 손과 발을 놓고 입으로 나뭇가지를 물고서 祖師西來意를 대답하게 하고 있다. 대답하면 喪身失命하고, 대답하지 못하면 질문하는 사람에게 설법하지 못하게 되는 것이니 정말 이러한 때에는 어떻게 상대해야 할 것인가? 이렇게 비판하면서 향엄의 법문을 칭송함.

　＊ 通身迸鬼眼 : 향엄선사가 죽은 사람의 눈에서 눈물이 솟아나게 하는 것처럼, 수행자를 전신에 땀을 흘리게 하여 대답할 수 없는 사람을 대답할 수 있도록 하고 있다. 鬼眼은 죽은 사람의 눈이란 말. 鬼眼은 인간의 사량분별의 情識이나, 차별심을 초월(非思量)한 정법(髑髏)의 안목. 生死大事를 해결한 안목. 여기서는 일체의 我相과 人相이 없고, 사량분별의 정식이 없는 無我, 無心의 경지에서 온몸(全身)으로 정법의 안목을 체득하도록 하여 지혜로운 인물이 되도록 지도하고 있다고 향엄을 평가하는 말이다.

　또 사람이 큰 일을 앞에 두고 광채를 발하는 무시무시한 눈이라고도 함. 一說에는 死者를 다시 蘇生시킨다는 의미도 있다. 迸은 솟아 나올 병(용솟음치다, 샘솟다, 내뿜다, 세차게 겉으로 나와 흐름). 정법의 안목을 갖춘 눈을 활동(작용)하도록 함. 頂門眼. 一隻眼.『조당집』10권 鏡淸화상장에서 말하는「遍身是眼」이나『벽암록』89칙에서 말하는「通身是手眼」과 같은 의미.

　＊ 생사문제의 절박한 迷路(딜레마)에서 생사를 벗어날 수 있는 유일한 방법은 생사를 초월할 수 있는 방향과 방법을 정확하게 알아야 한다. 정법의 안목이 있어야 문제가 어디에 있는지 파악할 수가 있고, 그 문제를 해결할 수 있는 방향과 방법을 제시할 수 있다.

제6칙 세존의 염화와 가섭의 미소(世尊拈花)
— 세존께서 꽃을 들어 보임 —

　世尊, 昔在靈山會上, 拈花示衆. 是時, 衆皆默然. 惟迦葉尊者, 破顏微笑. 世尊云, 吾有正法眼藏, 涅槃妙心, 實相無相, 微妙法門, 不立文字, 敎外別傳, 付囑摩訶迦葉.
　無門曰, 黃面瞿曇, 傍若無人. 壓良爲賤, 懸羊頭賣狗肉, 將謂多少奇特. 只如當時大衆都笑. 正法眼藏. 作麽生傳. 設使迦葉不笑, 正法眼藏, 又作麽生傳. 若道正法眼藏有傳授. 黃面老子, 誑謼閭閻. 若道無傳授. 爲甚麽獨許迦葉.
　頌曰, 拈起花來, 尾巴已露, 迦葉破顏, 人天罔措.

【번 역】 석가모니 세존이 옛날 영축산에서 설법하실 때에 한 송이의 꽃을 들어 올려 대중 앞에 보이셨다. 그러나 대중은 모두 말없이 가만히 있었다. 오직 가섭존자만이 얼굴에 가득 찬 미소를 지었다. 세존은 말씀하였다. '나에게 정법안장과 열반적정의 미묘한 마음, 만법의 참된 모습은 고정된 모양이 없다는 사실을 깨닫는 미묘한 법문이 있는데, 문자를 세우지 않고(不立文字), 언어와 문자로 전하지 않고 이심전심으로 마하가섭에게 부촉하노라.'
　무문이 비판하여 말했다. 金色의 석가모니는 많은 대중의 기대를 무시하고 있네. 순진한 농촌 사람을 천민(노예)으로 만들고, 양고기를 판다고 상점에 선전하면서 개고기를 팔고 있군. 나는 지금까지 세존은 너무나도 훌륭한 사람이라고 생각하고 있었는데, 뭐야 크게 실망했네.

그런데 만약에 그때 함께 있던 대중이 모두 미소를 지었다면 세존의 정법안장은 어떻게 전할 수가 있었을까? 또한 가섭존자가 미소를 짓지 않았다면 어떻게 후세에 정법을 전할 수가 있었을까? 만약에 정법안장이라는 것이 전할 수 있는 것이라면 석가모니 부처님(黃面老子)은 마을의 서민 일반 대중을 속이는 것이 되며, 만약 정법안장은 전하는 것이 아니라고 한다면 어떻게 가섭존자 한 사람에게만 전하게 되었을까?

무문이 게송으로 읊었다.

세존이 꽃송이를 들어 올렸을 때, 불법의 정체가 분명히 드러났다.

가섭은 그것을 보고 빙그레 웃었는데, 다른 대중과 천상의 신들도 어떻게 할 수가 없었네.

【해설 및 역주】

* 이 일단은 소위 말하는 三處傳心의 하나이다. 傳法의 의미를 잘 알아야 한다. 以心傳心.

여기서 말하는 꽃은 연꽃이라고 함. 꽃은 法을 표시함. 萬法, 諸法의 實相을 한 송이의 꽃으로 들어 보인 것. 法華, 華嚴은 法界를 대변한 말. 王維의 『六祖能禪師碑銘』에 「世界一花祖宗六葉」이란 말이 보인다.

* **世尊拈華** : 출처는 宋初에 편집된 『天聖廣燈錄』 제2권 가섭존자장 (『續藏經』 135권 306쪽, b)이며, 『宗門統要』 『聯燈會要』 『禪門拈頌集』 『五燈會元』 등에 발전하였다. 특히 영산회상 염화미소는 『大梵天王問佛決疑經』이라는 경전(僞經)을 출현하게 한 것이다. 이 경전이 위경이라는 연구보고는 忽滑谷快天의 『禪學批判論』(明治38년 11월 간행)에 음미되어 있다.

이 경전의 주장에 의거하여 『人天眼目』 제5권 「宗門雜錄」 상권에 「拈華」라는 제목에도 다음과 같이 싣고 있다. 『무문관』 제6칙은 이것에 의거함.

「왕형공이 불혜천 선사에게 질문했다. '선가에 소위 말하고 있는 세존께서 꽃을 들어 보인 것은 어느 경전에 나오고 있습니까?' 천선사가 말했다. '대장경에는 실려 있지 않습니다.' 왕형공이 말했다. '내가 한림원에 있을 때 우연히 『대범천왕문불결의경』 3권을 보게 되었는데, 그 경전 가운데 자세히 실려 있더군요. 즉 범천이 영축산에 이르러 금파라 꽃을 부처님께 올리고 자신의 몸을 법상의 좌석으로 하고 부처님께 중생을 위하여 설법해 주실 것을 간청하고 있습니다. 세존은 법좌에 올라앉아서 꽃을 들어 대중에게 보이시니 인천의 모든 사람이 어찌할 줄을 모르고 있었는데, 오직 金色두타(가섭존자)가 빙그레 미소를 지었습니다. 세존께서 말씀하시길, "나에게 정법안장과 열반묘심과 실상무상이 있으니 마하가섭에게 분부(부촉)하노라!" 하였습니다. 이 경전은 제왕의 일에 대하여 많은 이야기를 부처님을 청하여 질문하고 비밀리에 소장된 것이기 때문에 세간에서는 이 경전에 대한 소식을 들은 사람이 없습니다.'(王荊公 問佛慧泉禪師云, 禪家 所謂 世尊拈華 出在何典. 泉云, 經藏亦不載. 公云, 余頃在翰苑, 偶見大梵天王問佛決疑經三卷. 因閱之, 經文所載甚詳. 梵天至靈山, 以金波羅花獻佛, 捨身爲床座. 請佛爲衆生說法. 世尊登座拈花示衆. 人天百萬, 悉皆罔措. 獨有金色頭陀, 破顔微笑. 世尊云, 吾有正法眼藏, 涅槃妙心, 實相無相, 分付摩訶大迦葉. 此經多談帝王事佛請問. 所以 秘藏世無聞者.)」(『大正藏』 48권 325쪽, 中)

* 『대범천왕문불결의경』 「拈華品」 제2에는 다음과 같이 설한다. 「이때에 여래는 이 寶座에 앉아서 이 연꽃을 받아 설법도 없고(無說) 말씀도 없이(無言) 단지 연꽃을 잡고서 대중들 가운데로 들어갔다. 그때 8만4천이나 되는 많은 대중은 모두 침묵을 지켰다. 그때에 장로 마하가섭은 부처님이 꽃을 잡고 대중에게 佛事를 제시한 것을 보고 곧바로 확연하게 破顔微笑로 말했다. 부처님은 대중에게 말했다. '바로 이것이로다. 나에게 正法眼藏 涅槃妙心 實相無相 미묘한 법문이 있다. 不立文字 敎外別傳과, 總持任持. 대개 성불의 第一義諦, 이제 진실로 마하가섭에게 부촉하노라.' 말씀을 마치

시고 침묵하셨다.」(『속장경』 87권 976쪽, 上)

  * 世尊 : 범어 Bhagavat 의 한역. 세상에서 존경받는 사람. 尊師, 한역으로는 복덕을 구족한 사람이란 뜻. 붓다를 말하며 Buddha(깨닫다)의 명사 「자각한 사람」의 의미이다. 붓다가 특별히 如來, 應供, 正遍智(바른 지혜를 두루 갖춤), 明行足(지혜와 인격이 구족함), 善逝(완전한 깨달음의 경지에 잘 도달한 사람), 世間解(세간의 모든 중생의 고뇌를 잘 알고 있음), 無上師, 調御丈夫(자기 자신과 중생들을 잘 다스릴 수 있는 장부), 天人師, 佛 世尊 등의 十號가 있다.

  * 靈山 : 靈鷲山 耆闍崛山. 고대 인도 마갈타국의 수도 왕사성에 있는 산으로 붓다가 제자들에게 많은 설법을 한 곳이다. 많은『아함경전』을 이곳에서 설하였고, 대승불교 경전인『법화경』을 설한 곳으로 유명하다.

  * 迦葉尊者 : Mahakasyapa. 붓다의 십대제자 중에 少欲知足의 두타(修治苦行)제일이었다. 두타행은 번뇌의 망념을 떨쳐버리고 의식주의 집착을 여의며, 청정하게 불도를 수행하는 것인데 12두타가 있다. 항상 阿蘭若에 거주하고, 항상 乞食하며, 한 집에만 의존하지 않고 차례 차례로 걸식함, 하루 한 끼만 먹고, 음식의 양을 절제하며, 과다하게 음식을 먹지 않고, 나무 밑에서 一宿하며, 떨어진 옷을 입고, 단지 세 벌의 옷만 소유하며, 묘지에서 머물고, 나무 밑에 좌선하며, 앉기만 하고 눕지 않으며, 걸식 自活의 생활과 수행생활을 하는 것이다. 석존 이후 초기불교 교단은 수행자의 생활이며, 가섭이 철저하게 이러한 수행생활을 실행했기 때문에 존경받게 된 것이다.

  * 가섭에게 정법을 부촉한 말은『대반열반경』壽命品에「나는 지금 내가 지니고 있는 무상의 정법을 모두 마하가섭에게 부촉하노라. 가섭에게 항상 너희들이 크게 의지하게 하도록 하기 위해서.」라고 기록되어 있음.

  * 拈華示衆 : 大梵天王이 올린 金波羅라는 꽃을 한 송이 손에 들고 대중에게 보인 붓다의 無言의 설법.『大梵天王問佛決疑經』拈華品에 의거하여『人天眼目』에서 금파라화라고 함.

無門關 83

* 破顔微笑 : 가섭존자가 부처님께 보인 미소(飮光佛示微笑). 선불교에서 주장하는 일체의 언어문자로서 불법을 전하지 않고, 以心傳心과 敎外別傳으로 불법을 전한 사실을 부처님의 염화와 가섭의 미소로서 전하고 있다. 寒山拾得의 微笑는 선불교의 상징이라고 할 수 있다. 웃음은 일체의 번뇌망념과 차별 분별심을 여읜 깨달음의 경지.

* 正法眼藏 : 불법의 근본정신을 완전히 체득하여 정법을 올바르게 볼 수 있는 지혜의 안목을 구족하는 것. 불법의 지혜를 체득한 法眼, 佛眼, 慧眼과 같은 의미이다. 정법안장의 부촉은 師資間에 以心傳心으로 敎外別傳한 사실의 내용을 말하고 있는 것인데, 『보림전』 제1권 석가모니불전에서 최초로 다음과 같이 주장한 것이다.

「항상 제자 마하가섭에게 말씀하시길, '나는 清淨法眼, 涅槃妙心, 實相無相의 미묘한 정법을 이제 그대에게 부촉하노라. 그대는 잘 호지하도록 하라.'라고 하셨다. 아울러 아난에게도 명령하시길, '가섭의 전법과 교화를 잘 도와서 불법이 단절되지 않도록 하라.'라고 하시며, 부처님은 가섭존자에게 게송을 설하였다. '법은 본래 無法(空)을 법으로 한다. 無法의 법 또한 법인 것이다. 지금 無法의 법을 부촉할 때 법과 법이 어찌 또한 법이 될 수 있으랴!'」

이와 비슷한 내용이 『보림전』 제1권 가섭존자장에도 전하고 있고, 이후의 전등서인 『조당집』과 『전등록』을 거쳐 송대의 『天聖廣燈錄』에서 체계 있게 주장하고 있으며, 이것을 토대로 宋初에 만들어진 僞經 『大梵天王問佛決疑經』「拈華品第二」(『續藏經』 제87책에 수록)에서 부처님의 설법으로 강조한 것이다. 정성본 『중국 선종의 성립사 연구』 768쪽 참조.

* 涅槃妙心 : 일체의 탐·진·치 삼독심과 번뇌의 불꽃이 완전히 소멸된 열반적정(nirvana)의 경지를 체득한 마음. 佛心의 경지로서 心體에 불가사의한 지혜의 묘용이 있기 때문에 미묘한 마음이라고 한 것. 즉 一心의 미묘한 작용이란 불법의 지혜와 인격을 이루는 주체적인 힘을 형용한 말. 마음

을 텅 비워 일체의 번뇌망념이 없는 眞空의 경지에 반야의 묘한 지혜(妙有)가 작용하는 입장이라고 할 수 있다.

  * 實相無相 :『법화경』에서 설한 諸法實相. 일체의 萬法은 인연법에 의한 것으로 존재하고 있는 것이다. 일체의 모든 법은 인연법으로 이루어진 것이기 때문에 生住異滅, 혹은 生老病死를 거쳐 본래의 상태인 空으로 되돌아간다. 대승불교에서 주장하는 일체의 모든 존재는 본래 空한 것이라고 말하는 一切皆空은 만법의 본질을 설한 것이기에 제법의 참된 실상은 모양이 없는 無相(空)인 것이라고 한다.

  * 不立文字 教外別傳 : 깨달음의 경지는 언어문자로 설하거나 표현할 수 없다는 말이며, 따라서 불법의 깨달음은 본인이 직접 체득해야 한다는 의미이다. 부처님의 설법을 기록한 경전을 통해서 불법을 체득하는 방향과 방법을 분명히 잘 알고서 본인이 직접 실천 수행하여 깨닫는 것이 교외별전이다.『신회어록』에「육대의 조사는 以心傳心하였고 문자를 여의었다.」라고 주장하며, 종밀의『都序』나『원각경대소초』등에「以心傳心, 不立文字」로 발전하고 있다.『혈맥론』과『祖庭事苑』등에서 선불교의 대표적인 말로 강조하고 있다.

  * 黃面瞿曇 : 석존을 지칭한 말. 석존의 몸이 황금색으로 빛나고 있었기에 黃面이라 함. 다른 해석으로는 석존의 출신지인 카피라성(Kapilavastu)이 黃色(혹은 黃赤色)이라는 의미이기 때문에 黃面瞿曇이라고 하는 주장이 있고, 카피라에서 출생한 석존을 예부터 黃面, 혹은 黃面老子, 黃老, 黃頭라고도 불렀다. 또한 黃面을 황색인종이라는 의미로 불렀다고 하고, 혹은 金色의 불상에서 연상되어 黃面色光의 面相이라는 말에서 유래된 것이라고도 한다. 선승들의 언어가 난폭한 표현을 많이 사용하고 있기 때문에 석가를 黃面 혹은 黃頭라고도 하고 있다. 마치 달마를「碧眼의 胡僧」「西天胡子」라고 칭하는 것과 같다. 瞿曇은 Gotama 석가종족의 姓. 석가모니를 지칭함.

* 傍若無人 : 주위에 있는 사람들의 기대를 완전히 무시하는 것. 훌륭한 세존의 설법을 듣기 위해 모인 인천의 모든 대중들의 기대를 완전히 무시한 처사라는 의미이다.

* 壓良爲賤 : 『資治通鑑』 後晉記에 유래된 말이다. 원래는 양민의 신분을 무리하게 격하시켜서 천민으로 만드는 것. 천민은 당대의 신분제도로서 노비를 지칭한 것이다. 억지로 사람을 천민으로 만들고 악인으로 취급하고 있다. 『동산록』에 다음과 같이 전한다. 「남전이 말했다. '이 사람은 젊지만 (後生) 옥을 쪼개어 잘 조각할 수 있는 능력이 있다.' 동산양개 선사가 말했다. '양민을 천민으로 만들지 마십시오.'」 즉 본래 구족된 진여자성을 지혜로 작용시키지 않고 범부의 잡된 수행을 하도록 하고 있다는 의미이다.

불성의 작용을 중생의 번뇌망념으로 만들지 마십시오. 여기서는 부처님의 설법을 듣기 위해 모인 사람들의 기대를 무시한 것. 일체중생이 모두 불법을 깨닫고 불법을 전수받을 수가 있는데 여기에 모인 훌륭한 제자들과 인천의 안목을 구족한 대중들을 무시하고 가섭에게만 정법안장을 전수하고 있는데 대한 비판의 말.

* 懸羊頭 賣狗肉 : 양고기를 판다고 그럴 듯하게 선전하고 속으로는 개고기를 파는 것. 겉으로는 그럴 듯하게 내세우지만 속으로는 음흉하기 짝이 없는 비유.

세존의 위대한 설법이 있다고 해서 人天의 많은 대중이 모였는데, 좋은 설법은 한 마디도 없고 연꽃 한 송이만 들어 보이고 말았다. 도대체 무슨 설법을 한 것인가? 대중은 멍하니 아무것도 알지 못하고 실망한 채 법회가 끝나게 된 당시의 상황을 무문이 비판한 말.

* 석가가 꽃을 들어 보였을 때에 영산회상의 8만4천 대중이 모두 가섭과 같이 미소를 지었다면 도대체 정법안장은 어떻게 전하려고 했을까? 정말 개고기의 한 토막도 팔지 못했을 것이다.

또한 가섭이 미소짓지 않았다면 정법안장은 어떻게 될까? 석존은 개고기를 처분하기에 괴로움이 많았을 것이라고 무문은 심하게 야유를 하고 있다.

또한 무문은 세존이 정법안장을 부촉하는 전수를 문제로 삼고, 왜 가섭에게만 전하는가? 정법안장이라는 것이 以心傳心과 拈華微笑 등의 다양한 방법으로 전수가 가능하다면 왜 가섭에게만 전하고 있는가? 석존의 십대제자가 있고, 1천2백 아라한이 있고, 8만4천의 대중이 있었는데 어찌 하필 가섭에게만 전하는가? 그때의 모든 대중을 바보로 취급하고 있는 것이 아닌가?

* 多少奇特 : 석가 세존은 훌륭한 사람이라고 생각하고 있었는데, 오늘 너무나도 실망했다는 의미. 奇特은 특별히 뛰어나고 훌륭함. 多少는 강조의 語氣를 띠고 있는 용법.

* 閭閻(여염) : 시골마을의 입구(門). 시골의 촌마을에 살고 있는 순박한 사람(農民, 庶民)이라는 의미. 誑(광)은 속이다, 기만하다는 말이고, 譁(호)는 부르짖고, 외치는 것을 말한다. 세존이 나는 정법안장이 있다고 큰소리치면서 시골의 촌사람들에게는 전하지 않고 기만하고 있다는 의미이다. 『임제록』 示衆에 「그대가 이와 같은 身心을 가지고 이르는 곳마다 입술(兩片皮)을 나불거려서 촌사람(閭閻)들을 속인(誑譁)다. 鐵棒을 맞을 날이 있을 것이다.」라고 함.

즉 세존이 나는 정법안장이 있다고 큰 소리로 외치고서 순박한 촌사람들을 기만하고 있는데, 만약 세존이 정법안장이 전수할 수 있는 것이라면 왜 가섭 한 사람에게만 전하고 있는가? 라는 힐문이다. 무문이 추궁하는 점을 학인들이 이 문제를 분명히 잘 깨닫고 확실히 파악해야 한다는 교육적인 의미의 노파심이 있기 때문이다.

* 尾巴 : 巴는 뱀(蛇)의 이름. 大蛇. 『山海經』에 「巴蛇」. 즉 뱀의 꼬리와 머리를 보고, 불법의 전체, 正法眼藏, 涅槃妙心이 그대로 감춤 없이 전체를 모두 다 드러내고 있다는 의미. 「나타내다」라는 말로서 「尾毛」라고도 함. 즉 세존이 꽃을 들어 보이는 그 당처(當處)에 부처님의 正法眼藏과 涅槃妙

心이 모두 그대로 드러나고 있다는 말이다. 불성이 全體作用되는 그 곳에 본래면목이 전부 제기된 것이다. 가섭은 그러한 부처님의 참된 교화를 보고 빙그레 미소(破顔微笑)를 짓게 된 것이다.

　＊ 人天罔措(망조) :『인천안목』과『대범천왕문불결의경』에「世尊登座 拈花示衆. 瞬靑蓮目, 人天百萬, 悉皆罔措. 獨金色頭陀, 破顔微笑.」라고 하는 말을 사용한 것. 罔措는 어떻게 해야 좋을지 알 수가 없음. 어떻게 할 수가 없는 것. 손을 쓸 수가 없음.

　영산회상에 모인 人天의 모든 대중이 8만4천인데 그 많은 대중이 세존의 염화와 교외별전의 의미를 파악하지 못했기 때문에 손도 쓰지 못하고 멍하게 있었다.

　＊ 靈山會上에 대한 선문답은『전등록』18권 현사사비장,『조당집』11권 제운화상장,『조당집』10권 장경혜능장,『조당집』8권 운거장 등에도 전하고 있다.

제7칙. 조주화상과 발우(趙州洗鉢)

　趙州, 因僧問, 某甲乍入叢林, 乞師指示. 州云, 喫粥了也未. 僧云, 喫粥了也. 州云, 洗鉢盂去. 其僧有省.

　無門曰, 趙州開口見膽, 露出心肝. 者僧聽事不眞, 喚鐘作甕.

　頌曰, 只爲分明極, 翻令所得遲, 早知燈是火, 飯熟已多時.

【번 역】 조주스님에게 어느 때 한 스님이 질문했다. '저는 총림에 온 것은 처음입니다. 잘 지도해 주십시오.' 조주스님이 말했다. '그대는 아침에 죽을 먹었는가?' 그 스님은 '예! 죽을 먹었습니다.'라고 대답했다. 조주스님은 '그러면 발우를 씻게나!'라고 말했다. 그 스님은 불법의 대의를 자각(自省)하게 되었다.

무문스님이 말했다. 조주스님이 입을 열어 쓸개(膽)를 보이고, 심장(心)과 간장(肝)까지 드러내 보였다. 그 학인 스님은 조주가 제시한 불법의 지시를 듣고도 진실을 모르니, 종(鐘)을 가리켜 항아리(甕)라고 착각하고 있다.

게송으로 읊었다. 불법이 너무나 분명하게 드러나 있기 때문에 도리어 그것을 체득하는데 시간이 걸리게 된 것이다. 등(燈)이 곧 불(火)이라는 사실을 빨리 알아차렸다면, 솥에 밥은 이미 다 되었을 것인데.

【해설 및 역주】

* 조주가 학인에게 「차 한 잔 하게나(喫茶去)!」와 식사한 후에 그릇을 깨끗이 씻게! 그리고 운문의 「날마다 좋은 날(日日是好日)」은 일상생활에서 자각적인 선의 생활이 되도록 가르치고 있는 유명한 설법이다. 중국의 고전에 매일매일 잠시도 쉬지 않고 사용하고 있으면서도 사용하고 있다는 사실을 알지 못한다는 「日用而不知」라는 말이 있다. 너무나 일상적인 일이기 때문에 진리라고 생각하지 않는 것이다. 진실은 인간의 구체적이고 일상생활을 하는 생활 속(삶)에 있다. 現成公案이라는 말처럼, 지금 여기서 자기의 일상생활을 전개하는 일이 매사 진실된 깨달음의 생활이 되도록 하라는 의미이다.

진리가 너무 가까이 있기에 볼 수 없는 것처럼, 매일 시시각각으로 사용하면서도 알지 못하고 사는 범부의 無知한 삶을 자각시켜 주는 일단이라고 할 수 있는데, 禪은 行住坐臥 語默動靜 매일의 일상생활을 하는 그 가운데에 있다. 매일매일 반복하는 일상생활의 茶飯事가 불법의 생활이 되도록 해야하는 것이며, 生死의 一大事는 지금 여기의 자기 일에서 해결해야 되는 것이다. 그래서 선불교에서는 지금 여기 자기의 발밑을 잘 살펴서 자각(照顧脚下)하고, 자기의 지금 일을 지혜롭게 잘 하라는 말이다.

『조당집』 18권에 조주가 남전의 법을 잇게 된 인연을 다음과 같이 전하고 있다.

「조주가 남전화상에게 질문했다. '어떤 것이 도입니까?' 남전이 말했다. '평상심이 도이다.' '향해 나아갈 수 있습니까?' '망설이면 어긋난다.' '망설이지 않을 때에 어떻게 그것이 도인줄 알겠습니까?' '도는 알고 모르는데 속하지 않다. 안다면 망령된 깨달음이요, 모른다면 無記이다. 만일 망설이지 않는 도를 참으로 통달한다면, 마치 허공이 툭 트인 듯하게 되리니 그 어찌 옳고 그름을 따지리요?' 선사는 남전선사의 이 말씀에 현현한 진리를 활짝 깨달아 마음이 보름달같이 밝았다.」『전등록』 제10권 조주전과 『무문관』 제19칙에도 싣고 있다.

조주가 남전화상의 법문을 듣고 깨달았다고 전하고 있는 것처럼, 마조로부터 새롭게 전개하고 있는 일상생활의 종교인 선불교의 참된 정신이 「平常心이 道」라는 점이다. 이러한 일상생활을 깨달음의 생활(道)로 전개하는 선불교의 정신을 조주는 일상생활 속에서 깨닫도록 제시하고 있는 것이다. 이 공안은 우리들이 일상생활하는 가운데 일상생활의 모든 일을 마음으로 자각하라는 수행공부로 하고 사회 생활하는 가운데서도 자기를 잃어버리지 말고 자신의 하는 일과 혼연일체가 되어 지혜롭게 정신차려서 잘 하도록 제시하고 있는 설법이다.

특히 조주의 교화는 임제의 喝이나 덕산의 棒처럼 거칠고 난폭한 일체의 도구를 사용하지 않고 三寸의 부드럽고 유연한 혀(舌)로서 일상생활의 언어로 수행자들을 자유롭게 지도한 선승이다. 그래서 송대의 원오극근은 조주의 입술에는 아무런 문제가 없다고 하여 조주의 선은 口脣皮禪이라고 평가하고 있다(『대혜어록』 16권 대혜의 普說에 언급함).

　* 趙州(778~897) : 중국 당나라 임제종 승려. 속성은 학(郝)씨. 이름은 종심(從諗). 당나라 조주(曹州) 사람. 조주의 관음원에 있었으므로 조주라 함. 남전보원(南泉普願)의 제자이다. 어려서 조주의 호통원(扈通院)에서 출가하였으나 계는 받지 않고, 지양(池陽)에 가서 남전을 친견하였다.

　조주스님의 행장이나 어록 등을 전하는 것으로는 『고존숙어록』 13권, 「趙州眞際禪師語錄幷行狀」(『續藏經』 118권 152쪽, 上), 『조당집』 18권 「조주화상전」, 『聯燈會要』 6권, 『오등회원』 4권, 南泉願禪師法嗣(『續藏經』 138권 614쪽, 中), 『송고승전』 11권, 唐趙州東院從諗傳(『大正藏』 50권 775쪽, 下), 『傳燈錄』 卷10(『大正藏』 51권 276쪽 下) 등에 전하고 있다.

　『조주록』에는 조주가 남전을 친견할 때의 이야기를 다음과 같이 전한다.

　「남전화상이 마침 방장실에 누워 있는데 조주가 오는 것을 보고 '어느 곳에서 왔는가?'라고 질문하자, 조주는 '서상원(瑞像院)에서 왔습니다.'라고 대답했다. 남전화상은 '상서로운 모습을 보았는가?'라고 묻자, 조주는 '서상은 보지 못하고 누워 있는 여래는 보았습니다.'라고 대답했다. 남전은 곧 일어나서 다시 '그대는 주인이 있는(有主) 사미냐? 주인이 없는(無主) 사미냐?'라고 묻자, 조주는 '주인이 있는 사미입니다.' 남전이 '주인이 누구인가?'라고 묻자, 조주는 '동짓달은 매우 춥습니다. 바라건대 화상께서는 몸조심하십시오.'라고 말했다. 남전이 기특하게 생각하고 입실을 허락하였다.」

　조주화상은 숭악(嵩嶽)의 유리단(瑠璃壇)에 가서 戒를 받고 남전에게 돌아왔다. 뒤에 대중이 청하여 조주 관음원에 머물게 하니, 이곳을 동원이라고도 하며, 교화를 크게 떨치다가 당나라 건녕 4년 120세에 입적했다. 시호는 眞際大師.

　『조주록』(271단)에는 조주의 설법을 다음과 같이 전한다.

「'제방의 스승들은 모두 입으로 말씀하십니다. 화상께서는 어떻게 사람을 교시하십니까?' 스님은 발뒤꿈치로 화로를 툭 차서 이것(불법교시)을 나타내 보였다. '결국 그것이군요'라고 말하자 조주는 '바로 나의 발뒤꿈치를 알아보았구나!' 하였다. 「認得老僧脚跟」이란 말은 廻光返照와 같은 의미로서 조주가 화로를 발뒤꿈치로 찬 것은 照顧脚下하라는 교시를 입이 아닌 행동으로 보인 것이다.

『조주록』(371단)에도 「학인이 '저는 총림에 처음 들어왔습니다. 스님께서 지시를 내려 주십시오.' 조주화상이 '蒼天蒼天' 하였다.」여기 蒼天蒼天은 탄식하는 말이다. 진리는 자기 발 밑의 일상생활하는 그 가운데 있는 것이야! 그것을 그대의 마음 밖에서 구하려고 하면 안 된다. 스스로 자기 자신이 생활하는 매사의 삶(일) 그 가운데서 자각하고 지혜롭게 자신의 일을 잘 하는 것이다.

『조주록』(426단)에는 다음과 같은 일단도 보인다. 「학인이 '저는 총림에 처음 들어와서 아무것도 모릅니다. 스님께서 지시해 주십시오.'라고 하니, 조주는 '총림에 들어오기 전에는 더더욱 몰랐을 거야. 총림에 들어왔으니 그 정도로라도 물을 수 있게 된 것이야. 총림이라는 곳은 가르치는 곳이 아니라 스스로 수행하고 자각하는 곳이야. 가르침을 바라지 말고 수행하는 가운데 자신이 자각하여 깨달음의 생활이 되도록 해야 한다'는 말이다.」

* 乍入叢林 : 乍는 「~막 하고 난 뒤」의 뜻을 나타내는 접속사. 乍入叢林은 막 총림에 수행하러 온 신참의 학인을 말한다. 叢林은 vindhyavana. 檀林이라고도 함. 불타의 설법 가운데 草木茸聚(초목즙취)의 의미로 화합한 승가의 집단을 비유한 것이다. 「풀무더기처럼, 수풀처럼 사람들이 모여서 수행하는 도량」이라는 의미.

『大乘義章』제13권에 「사유를 수습하는 것을 선이라 하고, 또한 그것을 공덕총림이라고 한다.」이 말을 근거로 총림은 선원을 총칭하는 고유명사로 사용됨. 총림은 禪林이라고도 함, 『禪林寶訓』에서 선과 총림을 합하여 선림이라고 한 데서 유래되었다.

 * 喫粥了也 : 그대는 아침에 죽을 먹었는가라는 의미. 아침에 죽을 먹은 주체는 누구인가? 자기의 주체를 자각해야 한다고 지시하는 말이다. 조주는 이 한 마디로 불성의 전체작용을 제시해 보였다. 본래면목의 지혜작용을 지금 여기 자신의 일상생활 속에서 깨달음의 생활로 전개해야 한다는 법문을 제시하여 보도록 한 것이다.

선불교에서 주장하는 本分事를 해결했다는 말은 자기 자신이 지혜로운 깨달음의 생활을 할 수 있는 불법의 근본정신(대의)을 체득하여 지금 여기 자기의 본래심(불성)으로 자신의 일을 깨달음의 삶으로 살 수 있도록 하는 것이다. 임제는 주위의 경계나 차별심에 떨어지지 말고, 자신이 곳에 따라서 주인이 되어 살도록 주장하고 있다.

 * 洗鉢 :『조주록』에 洗鉢의 이야기가 있다.「질문, '어떤 것이 학인의 자기입니까?' 조주화상이 말했다. '죽을 먹었느냐?' 그 스님은 '죽을 먹었습니다'라고 대답하자. 조주스님은, '발우를 씻게!'(問 如何是學人自己. 師云 喫粥了也未. 云, 喫粥也. 師云, 洗鉢盂去)」. 또한『傳燈錄』10권에는「僧問 學人迷昧乞師指示. 師云 喫粥也未 僧云 喫粥也 師云 洗鉢去」(『大正藏』51권, 277쪽, 下)로 되어 있다. 앞의「如何是學人自己」와「學人迷昧乞師指示」의 두 문장은 같은 맥락으로 쓰인다.「乍入叢林」이란 말은『조주록』에는 없다.

자기가 아침에 죽을 먹었으면 발우를 씻는 일은 당연한 자기 자신의 일이다. 자기 자신의 일을 지혜롭게 전개하는 주체를 일상생활 속에서 자각하라고 지시한 법문이다.

이 선문답은 지극히 평범한 조주풍의 대화이지만, 일상생활 속에 불법을 실천한다는 것은 지극히 어려운 것이다. 현실의 사건 경계에 埋沒되기 쉬워서 자신을 自覺하기 어렵기 때문이다.

종교의 극치는 인간의 평범한 일상생활을 여읜 것이 아니다. 일상 매사의 평범한 생활 가운데 불법 불도의 생활을 하는 것이다. 식사하고 차 마시고 일하고 사람과 대화하는 일상 생활이 바로 우리들 각자 자기생명의 구체적인 모습이 실현되고 있는 현장이기 때문이다.

『운문광록』卷中에는「운문이 조주의 법문을 인용하여 제시한 뒤에 雲門이 '자! 여러분들은 말해 보게! 조주의 어떤 지시(법문)가 있었는가? 지시가 없었는가? 만약 조주화상의 지시(법문)가 있었다고 말하면 조주는 그에게 무엇이라고 말했고, 만약에 없었다고 한다면 그 스님은 어떻게 깨닫게 된 것인가?'라고 문제를 제기하고 있다.(擧. 僧問趙州. 某甲乍入叢林, 乞師指示. 州云, 喫粥了也未. 僧云, 喫粥了也. 州云, 洗鉢盂去. 師云, 且道有指示 無指示. 若道有指示, 向他道什麽. 若道無指示, 者僧何得悟去).」(『大正藏』47권 554쪽, 中)

* 鉢盂 : 범어 pātra로, 식기라는 말이다. 선문에서는 持鉢이라 한다. 鉢盂의 鉢은 범어 patra의 음역인 鉢多羅, 鉢和羅의 약어이며 발우라고도 쓴다. 흔히「바루」「바리」라고 하며 승려들이 항상 지녀야 할 도구의 하나로 식기를 말한다. 재료 색깔 량은 규정된 법에 따라야 하므로 應器, 應量器로도 해석하고 철제(鐵製)로 만들어진 것을 철발(鐵鉢), 흙으로 구워서 만든 것을 瓦鉢, 泥鉢, 土鉢이라 한다. 발우를 지니고 다닐 경우에 사용하는 주머니를 낭(曩), 鉢袋이라 하고 발우가 넘어지지 않도록 하는 鉢袋를 鉢支라 한다. 石鉢은 부처님(佛)에게만 허용되었다. 후세에는 木鉢이나 옻칠한 발우도 사용되지만 본래의 규정은 아니다. 파손(破損)된 헌 발우(鉢)를 보수하는데 五種의 방법이 있으며 혹은 오철(五綴, 一綴은 兩指間의 폭을 약 二寸)의 길이 이하의 補修의 경우는 新鉢을 구하지 않고 수리하여 사용하도록 되어 있는데 이것을 五綴鉢이라고 한다. 우리나라에서는 근세에 이르러 나무로 만들어 옻칠을 했으며 네 개 혹은 다섯 개를 한 벌로 사용하고 있다.

* 食器를 鉢盂 혹은 應量器라고도 한다. 大, 中, 小가 있어 그 사람의 체격에 맞게 사용한다. 무슨 일이라도 분수에 맞게 사용하는 것이 올바른 길이다. 身分不相應한 생활을 하면 파멸의 원인이 된다. 우주는 應量器이기 때문에 身分不相應은 대자연이 허용하지 않는다. 덕을 쌓고 자기 자신을

연마하여 자기의 器量 즉 인물을 크게 한다면 그에 응한 경우가 자연히 그의 몸에 갖추어지게 되는 것이다.

* 有省 : 자각함. 불법의 대의를 자각하여 체득하게 된 것이라는 의미로, 大悟와 같다. 조주가 불성의 전체작용으로 불법의 대의를 제시한 사실을 자각하게 된 것을 말한다.

* 趙州開口見膽 : 조주는 그 학인스님에게「죽을 먹었는가?」라는 한 마디로 본래심의 지혜작용을 숨김없이「平常心是道」의 경지를 전부 제시해 보여 주었다. 見은 現과 같은 의미로「드러내 보이다」라는 뜻이다.

* 聽事不眞 : 조주가「아침에 죽을 먹었는가?」라는 말을 이 스님은 단순히 일상적인 인사말로 이해하고 조주의 佛法指示(敎示)라는 사실을 깨닫지 못하고 있는 것. 조주 법문의 眞意를 체득하지 못하고 단순한 인사말로 착각해 버린 것. 불법은 평범한 인간의 일상생활 매사에 실행되고 있는 것이다. 平常心是道는 일상 매사를 자각된 깨달음의 생활로 하도록 제시한 것이며, 道는 깨달음의 마음으로 실행되는 것이다.

* 喚鐘作甕 : 지금 여기 자기 자신의 발 밑을 잘 살펴라!(照顧脚下) 廻光返照하라! 불성의 작용을 철저히 자각하라!는 조주의 불법지시를 단순한 일상생활의 인사말로 착각해 버린 이 스님은 鐘을 옹기로 착각한 것과 같군. 즉「아침에 죽을 먹었는가?」라는 조주의 말을 단순히 인사말로만 받아들였다. 그래서 무문은 鐘을 가리켜 항아리로 착각해 버린 것이라고 평가하고 있다. 鐘과 옹기는 모양이 비슷해 보이지만 같은 것은 아니다. 선불교에서는 烏와 鳥. 물과 아지랑이(陽炎) 나귀와 말(認驢爲馬)을 착각하는 사람을 주인과 하인도 몰라보는 奴郎不辨이라고 비판하며 정법의 안목이 없는 졸승(拙僧)이라고 비난하고 있다.

『보림전』제2권 阿難章과 『조당집』서문과 권1의 阿難章 등에 언급하는「수학(水涸)의 混亂」도 같은 내용이다. 즉『祖庭事苑』제6권『法眼語錄』의「水涸」에 대하여『毗奈耶雜事』에서 다음과 같이 인용하여 주석을 첨부하고 있다. 水潦은 水潦鶴(혹은 水鶴老. 水老鶴. 水白鶴) 비구를 말한다. 「阿難陀가 여러 비구들과 함께 竹林園에 있을 때에 水潦鶴이라는 비구가 '若人壽百歲 不見水潦鶴 不如一日生 得見水潦鶴'이라고 게송을 읊었다. 이 말을 들은 아난이 그에게 말하기를 '세존은 若人壽百歲 不了於生滅 不如一日生 得了於生滅이라고 설했다'고 바로 가르쳐 주었다. 그들은 아난의 가르침을 듣고 그의 스승에게 보고했다. 그 비구의 스승이 말하기를 '아난은 늙고 몽매해져 기억력을 상실해 버렸기 때문에 반드시 그의 말을 신뢰할 필요가 없다. 그대는 나를 의지하여 이와 같이 외우고 지니도록 하라'라고 말했다.」(『續藏經』 113권 88쪽, 中).

* 只爲 : 「다만 그것뿐인 이유로」라는 의미. 「爲~」는 이유를 나타내는 접속사.

* 分明極 : 「분명한 것이 한계에 도달했다」는 뜻이다. 너무나 자명한 사실이라는 의미로서 平常心是道가 분명하게 드러난 것을 말한다. 즉 죽을 먹고 발우를 씻는 일상생활 그 속에 도가 있다는 것으로 감춤이 없이 완전이 드러난 사실을 말한다. 매일 똑같은 일을 반복하면서 일상생활하는 그 가운데 진실된 도가 분명히 여실하게 전개되고 있다는 사실을 말하고 있다.

* 翻令所得遲 : 翻은 「뒤집어 엎어져서. 안팎이 바뀌어서, 도리어」 등의 뜻을 가진 부사. 아침에 죽을 먹고 그릇을 씻는 일이 너무나도 자명한 일상생활상의 茶飯事이기에 그 속에서 불법의 참된 정신을 깨닫기가 더욱 어려운 것이다.

* 早知燈是火 飯熟已多時 : 옛날에 중국의 한 어리석은 사람이 있어 해가 저물어 밥을 지으려고 하는데, 솥가마에 불씨가 없음을 알고 등에 불을 붙여서, 꽤 멀리 떨어진 옆집까지 불을 구하러 갔다는 이야기에 기본을 둔 것. '자기가 들고 있는 등불이 불이라는 것을 알아차리기만 했다면 밥은 벌써 지어져 있었을 것인데'라고 하는 얘기다.

早는 「벌써」라는 뜻의 부사이고, 已는 「이미 ……해버렸다」라는 의미의 부사이다.

「燈是火」는 손에 들고 있는 등이 사실 자기가 찾고 있는 불 그 자체라는 것. 다음 句의 벌써 「밥이 다 되어 있었을 텐데」라는 말은 결국 「벌써 자신이 成佛해 있었을 것이다.」라는 뜻이다.

日用而不知라는 말이 있다. 道는 가까이 있다. 조주의 지시가 너무나 일상적인 일로서 제시하고 있는 것이기 때문에 도리어 불법의 진의를 체득하기 힘들었다는 의미.

生死事大의 一大事는 지금 여기의 자기 자신의 일(삶)에 있는 것이며 佛性의 全體作用으로 전개되는 것이 깨달음의 생활이라는 사실을 철저하게 자각해야 한다.

우리들은 항상 자기 자신의 일을 번뇌망념 없이 불심으로 잘 살고 있으면서 자신이 그러한 사실을 확신하지 못하고 있기 때문에 언제나 자기의 마음 밖을 향해서 불심을 구하려고 하고 진리를 추구하려고 하는 것이다.

즉 무문도 佛行을 하면서도 자각하지 못하고 있는 중생의 어리석음을 비판하고 있는 말이다. 자기 자신이 불법을 실행하면서도 그러한 사실에 확신을 갖지 못한다면 평생 불법을 자기 자신의 지혜로운 삶으로는 실행하지 못하는 가련한 중생이 되고 만다.

제8칙. 수레의 발명자 해중(奚仲造車)

月庵和尙, 問僧, 奚仲造車一百輻. 拈却兩頭, 去却軸. 明甚麽邊事.
無門曰, 若也直下明得, 眼似流星. 機如掣電.

頌曰, 機輪轉處, 達者猶迷, 四維上下, 南北東西.

【번 역】 월암화상이 어떤 스님에게 질문했다. '해중이라는 수레 만드는 기술자가 수레를 백 대(輛) 만들었다. 그는 수레의 두 바퀴를 들어내고, 또 그 바퀴를 연결하는 수레의 축(軸)을 제거했다. 도대체 무엇하려고 한 것인가?'
　무문화상이 말했다. 만약 월암화상의 법문을 곧바로 분명히 깨달아 아는 사람이라면 그의 안목(法眼)은 유성과 같이 빠르고, 그의 지혜 작용(機)은 섬광(閃光)처럼 번쩍이며 빛날 것이다.
　게송으로 읊었다. 지혜의 수레바퀴를 자유롭게 굴리는 곳에는 불법을 체득한 달인이라도 어리둥절하게 되리라.
　지혜의 작용은 동서남북 사유상하 시방세계에 자유자재하게 전개된다 (정법의 안목을 체득한 사람의 지혜작용은 수레바퀴가 자유롭게 시방세계에 구르듯 자유자재하게 펼칠 수가 있으리라).

【해설 및 역주】
　＊ 이 공안은 『오등회원』 20권 월암화상의 법문에 실려 있다.
　＊ 월암화상은 해중(奚仲)의 수레를 빌려 우리들의 몸에 갖추고 있는 요소, 불성의 성질과 지혜의 능력 작용 등을 제시하여 우리들에게 자각을 재촉 하려고 한 것이다. 이러한 공안을 어떤 사물(사건)을 빌려서 사물의 진실을 체득하도록 하는 차사문의(借事問義)라고 하는데, 해중이라는 수레 만드는 명인과 수레의 해체를 비유로 사용하여 無心의 지혜작용을 제시하고 있다.
　『종경록』에 18空의 하나인 散空(지혜로 분해하면 空이 됨)에 대하여 다음과 같이 설한다.

「散空이란 散은 別離相이라고 이름한다. 제법은 화합으로 이루어진 것과 같이 수레(車)의 바퀴 살(輻) 車輛과 끌채와 바퀴통(轅轂)의 집합으로 수레가 되는 것과 같다. 만약에 수레의 부품들을 분리해서 각자 하나씩 그 부품을 놓아둔다면 수레라고 할 수 없는 것이다. 우리들 인간도 色受想行識이라는 오온(五蘊) 화합의 인연으로 이루어진 것이다. 만약 오온의 화합이 흩어지면 사람이라고 할 수 없는 것이다.」

인간도 身心으로 이루어진 것이고, 육체도 地水火風의 四大와 五蘊의 집합으로 이루어진 것이다.

이렇게 사물의 존재를 분석하고 해체하여 空에 도달하는 것은 초기불교의 입장으로 이것을 소승의 析空觀이라고 하여 법을 분석하여 空을 관하는 것이다.

대승불교는 존재(有) 그대로를 本體空이라고 觀하는 體空觀에 들어가, 有라고 하면 有, 공이라고 하면 空, 有도 아니고 공도 아닌 非有非空, 亦有亦空의 妙를 체득하는 경지에 이르도록 하는 것을 眞空妙有라고 한다. 『반야심경』에서 설하고 있는 「色卽是空 空卽是色」의 경지를 체득하여 제법의 실상을 본래 그대로 파악하는 것이 반야의 지혜이다.

여기서는 어떠한 사물(수레, 객관)과 자기(주관)를 나누어 대립적이고 상대적, 차별적으로 인식하는 중생심을 텅 비워버리고 자기와 사물이 혼연일체가 되도록 하는 참선공부를 제시하고 있는 공안이다. '나'라는 고정관념(我相)과 사물이라는 상대적인 차별심(人相) 등의 四相을 없애고, 고정관념, 편견, 차별, 대립을 모두 초월하여 자아의식을 완전 분해하고 해체시켜 텅 비워버리는 설법이다. 자기와 사물이 하나가 되도록 하는 主客一如는 我相과 人相을 텅 비우는 空의 실천을 통해서만이 가능한 것이며, 본래의 청정한 마음(본래심)으로 되돌아가는 것을 말한다.

이러한 경지를 선불교에서는 번뇌망심(我相, 人相, 차별심, 분별심 등)이 없는 無心의 경지라고 한다. 無心의 경지가 되어야 지금 여기 자신의 일에 자유자재하게 자기의 마음을 사용할 수가 있는 것이다.

수레의 두 바퀴(차별, 대립)와 바퀴를 고정시키는 축(마음, 깨달음)을 제거하고 분해해버렸을 때 수레로서의 기능은 없어진다. 그러나 수레가 어디로 가버린 것이 아니고 본래 그대로 있는 것이다.

또한 수레를 해체해 버리면 수레의 명인이 명인이라고 할 수 없게 되는 것이 아닌가?

그러나 한편 생각해보면, 아무것도 없는 곳에서 만들어 내는 것이 참된 명인이 되는 것이며, 有가 있기에 無가 있는 것이 아니라 無 가운데에 有가 함장되어 있는 것이다.

마찬가지로 우리들이 我相, 人相과 차별심, 분별심을 텅 비워 버렸다고 해서 자기가 없어진 것이 아니다. 번뇌망념의 자기가 없어지고 본래의 참된 모습인 진실의 자기가 드러나게 되는 것이다. 차별, 분별, 대립을 초월하고 절대의 깨달음의 경지까지 내 버린 뒤에 참된 자기가 수레가 되어 시방세계를 무애자재하고 자유롭게 갈 수가 있는 것이다.

이 공안은 『노자』 11장에서 주장하는 다음의 일단에 근거를 두고 있다.

「서른 개의 바퀴 살이 한 바퀴통을 함께 한다. 그 텅 빈 공간을 수레로서 사용할 수 있다. 찰흙을 이겨서 그릇을 만들어 그릇의 빈 공간을 그릇으로 사용할 수 있다. 문과 창을 만들어 방을 만들면 그 빈 공간을 방으로 사용할 수 있다. 그러므로 빈 공간이 있는 것이 이로움이 되는 것은, 빈 공간을 사용하기 때문이다(三十輻共一轂, 當其無 有車之用. … 故有之以爲用. 無之以爲用.)」

『노자』의 이 일단은 無用章이라고 말하고 있는 것처럼, 無用의 작용을 주장하고 있는 것이다.

형체가 있는 기물이 형체가 있는 도구로서 역할을 충분히 하기 위해서는 형체 없는 것(빈 공간), 혹은 형체가 없는 그 빈 공간이 바탕이 되어 있지 않으면 불가능하다는 주장을 수레의 바퀴통, 옹기 그릇, 집의 방 등 소박한 비유를 들어서 설명하고 있다.

『莊子』「외물편」에도 「방에 빈 공간이 없으면 며느리와 시어머니가 서로 다투고, 마음에 자연의 자적함(天遊)이 없으면 육근의 욕정(六鑿: 耳, 目, 口, 鼻, 心, 知의 감각기관)이 서로 거역하며 다투게 된다(室無空虛則婦姑勃豀 心無天遊則六鑿相攘)」라고 했고, 또 「소용없는 것이 실제로 사용되는 것임이 분명하다(無用之爲用也)」라고 하고 있다. 또 「知北遊편」에 「쓰는 것은 쓰지 않는 것을 빌린 것이다.」라고도 주장하고 있다.

노장자의 공간, 공백의 無用之用에 대한 논리는 송대의 산수화나 서예, 소동파의 白紙贊에 「無一物處無盡藏」 등에서도 한결같이 주장하고 있는 공간철학이다.

　＊ 月庵 : 月庵善果(1075~1152)는 大潙善果라고도 함. 그의 전기는 『보등록』 17권, 『연등회요』 17권, 『오등회원』 20권, 『속전등록』 29권에 실려 있지만 자세히 알 수가 없다. 송대 임제종 楊技派. 黃龍派의 死心悟新을 참문하고 인가 받았지만, 뒤에 開福道寧의 법을 이었다. 五祖法演의 법손으로 圜悟와 大慧宗杲의 시대에 살았다. 즉 그의 법계는 五祖法演 → 開福道寧 → 月庵善果 → 大洪祖證 → 月林師觀 → 無門慧開로 이어진다. 그의 어록을 모은 『월암선과어록』 1권이 있다.

이 공안은 『오등회원』 20권 월암선과장에 다음과 같이 보인다. 「上堂. 奚仲이 수레를 만들기 일 백 輻, 수레의 양 바퀴를 떼어내고 수레의 중심축(軸)도 떼어냈다. 주장자를 가지고 일원상을 그리며 말했다. 잠시 착각하여 정반성을 인정하지 말라. 주장자를 한 번 치고는 법좌에서 내려왔다.」

이 일단의 법문도 대중에게 질문한 것인데, 무문은 이 가운데 중요한 일부를 채택하여 문제제기하고 있는 것이다.

일원상은 불성삼매로서 마음을 말한다. 정반성(定盤星)을 인정하지 말라는 말은 사람들이 각자 본래 구족하고 있는 불성을 인정하지 않고 쓸데없는 餘他의 다른 것(언어문자 등)을 인정하여 실체가 있는 것으로 착각하지 말라는 의미이다.

여기서 말하는 定盤星은 天稱(天平秤) 저울의 중앙 막대의 기점에 있는 별 표시(星印)를 말한다. 이 별 표시는 천칭 저울에 물건의 무게를 달고 저울질하는 물건의 무게 輕重에는 전혀 관계없는 것으로 저울의 중앙을 표시하는 장식품인 것이다. 때문에 주의할 필요가 없는 별 표시에는 신경 쓰지 말고 집착하지 말라는 의미이다. 선에서는 쓸데없이 언어문자에 집착하지 말라는 의미로 비유하여 사용하고 있다.

『보등록』17권 남암승장에「상당하여 불자를 들어 대중에게 보이시며 말했다. '저울의 물건을 잘 파악해야지 저울의 별 표시에 신경 쓰지 말라. 알겠는가?'(上堂. 擧拂子, 示衆曰. 識取鉤頭意. 莫認定盤星. 會麽.)」라고 설하고 있다. 『종용록』17칙에도「諸方道領取鉤頭意. 莫認定盤星」이라고 인용하고 있는데, 鉤頭는 저울(天秤)에 물건을 올려놓거나 거는 낚시 모양의 갈고리를 말한다. 저울에 물건의 무게를 달 때에는 물건이 걸려 있는 갈고리를 정신차려 잘 살펴봐야지 쓸데없이 定盤星에 집착하고 정신 팔려서는 안 된다는 말이다.

즉 언어문자에 집착하지 말고 그 언어문자에서 제시하고 있는 의미를 정확히 파악해야 한다는 주의로서 사용하고 있다.「문장의 의미(행간)를 잘 읽고 파악하라!(read between the lines)」는 말과 같다. 마음은 저울질로 측정할 수가 없는 것이다.

* 奚仲 : 중국 고대 夏나라 사람. 『山海經』에 중국에서 처음으로 수레(車)를 발명한 사람이라고 함. 또『古史考』에「황제의 시대에 해중이 수레를 만들고 또한 牛馬에 의해 수레를 끌어가도록 한 것은 처음이다.」라고 한다. 또『說文』에도「車는 車輛의 총칭이다. 夏后의 시대에 해중이 만든 것이 象形이다.」라고 하고 있다.『장자』天道篇에는 齊나라의 桓公과 수레를 만드는 匠人 輪扁과의 수레를 만드는 비결에 대한 대화를 나누고 있다.

* 拈却 : 拈却은 잡아서 들어 올리는 것. 去却은 제거하는 것. 却은 조사로 위의 동사 움직임을 완전히 끝마친 사실을 나타냄. 여기서는 수레의 중심축과 두 바퀴를 집어 올리고 제거하여 완전히 해체해 버린 것으로 고장난 부분을 점검하는 것을 말한다.

『설두송고』 제6칙 「운문의 날마다 좋은 날」에 「하나(一)를 제거하고(去却), 일곱(七)을 들어 올리니, 上下나 사방(四維)에 상대할 것이 없다.」라고 읊고 있다. 여기서 말하는 一은 근원적인 것, 七은 구체적인 자연의 모든 것을 말한다. 또『운문광록』卷中에도 「어느 날 하루 운문선사는 설법하였다. '불법을 버린다면 그대들이 세간의 법을 알고 있는가에 대해서는 문제로 삼지 않겠다'(一日云, 佛法拈却, 我不問你還有識世諦法麼.)」라고도 설하고 있다.

* 兩頭 : 수레의 두 바퀴. 두 가지 차별적이고 상대적인 견해. 對立된 견해. 生死, 迷悟, 主客 등.『종용록』30칙에 「일체의 모든 상대를 끊고 두 가지 차별도 차단하다(絶諸對待, 坐斷兩頭)」라는 말이 있다.

* 明甚麽邊事 : 여기서 월암이 제시한 문제의 핵심은 남악이 마조를 詰問하는 내용과 같다. 수레를 해체(拈却去却)하여 무엇을 분명히 밝히려고 하는 것인가? 이 문제를 분명히 잘 파악하도록 사유하고 공부해야 한다. 남악이 마조의 좌선수행을 비판하면서 수레가 움직이지 않으면 수레를 때려야 하는가? 소를 때려야 하는가? 라고 詰問하고 있다. 문제의 근본을 잘 사유하여 체득해야 한다.

* 眼似流星 :『벽암록』33칙 垂示의 말. 직관적으로 사물의 진상을 파악하는 鑑識眼. 지혜의 안목. 여기서는 해중이 수레를 해체하는 것은 무엇을 분명히 밝히려는 것인가? 이러한 일을 확실히 파악하여 무용의 작용, 무심의 지혜작용을 분명히 체득한 사람의 눈은 유성과 같이 빠르고 그의 지혜작용은 전깃불과 같이 신속할 것이다. 불법을 간파하는 지혜의 안목(法眼)이 뛰어난 것을 형용한 말이다.

* 機如掣電(철전) : 『벽암록』 37칙 수시의 말로서 조금도 二邊에 떨어지지 않고 곧바로 작용하는 마음의 움직임이 빠른 모습을 표현한 것. 철전은 전깃불(電光)의 섬광과 같이 번쩍거리는 것을 말하는데, 막혔던 것이 확 뚫고 나오는 거센 힘의 표현이기도 하다.

* 機 : 心機, 마음의 지혜작용. 餘勢 氣勢처럼, 마음이 움직이는 지혜작용을 말함. 禪機, 機鋒, 機根 등으로 말하고 있는 것처럼, 모두 똑같이 마음의 지혜작용이 작동되고 있는 상황을 말함.

* 機輪 : 『벽암록』 65칙의 평창에 「機는 곧 千聖의 靈機, 輪은 바로 지금까지(從本已來) 현재 모든 사람의 정신(命脈)이다.」라고 말한다. 機는 心機로 마음의 지혜작용을 말하며 수레바퀴는 一身의 樞要로 수레의 回轉과 같이 빠르기가 전깃불(電光)이나 石火와 같아서, 최고의 지혜를 구족한 사람(上上根機)이라도 그러한 경지를 볼 수가 없다는 말이다.

(참고로 器는 사람(마음)의 力量, 能力을 말함. 마음 씀씀이의 力量을 형체로 표현한 것. 『노자』에서 말하는 「大器晚成」은 위대한 사람은 지혜와 인격이 이루어지는 모습이 보이지 않고 이루어진다는 의미이다.)

* 『종용록』 77칙에 「機輪轉處 智眼猶迷」라고 하는 말을 응용한 것이다. 『노자』는 수레의 軸이 텅 빈 것을 최상으로 한다. 수레의 축을 제거한다고 하는 것은 수레가 자유자재하게 굴러갈 수 있게 하기 위한 것이다. 수레의 축에 묶여 있으면 수레가 원활하게 굴러갈 수가 없다. 지혜의 수레바퀴를 자유롭게 굴리는 곳에는 수레를 만드는 達人도 또한 곤혹스럽게 된다라고 읊고 있는데, 여기서 말하는 「迷」는 중생의 미혹이 아니라 주관적인 입장에서 펼치는 지혜작용을 아무리 깨달음을 체득한 부처라고 할지라도 객관적인 차원에서 파악할 수 없다는 말이다. 수레는 앞뒤로 굴러가지만 마음의 수레는 전후나 좌우 동서남북과 상하를 자유롭게 굴러가는 것이다.

『寶林傳』 제22조 摩拏羅존자의 傳法偈에 「心隨萬境轉, 轉處實能幽. 隨流認得性, 無喜亦無憂.」라고 읊고 있는 말도 참고가 된다.

* 四維 : 四方의 구석(隅). 維는 구석, 귀퉁이라는 뜻으로 間方. 乾(西北), 坤(西南), 艮(간: 東北), 巽(손: 東南)을 말함. 여기에 東西南北 四方과 上下의 二方을 합친 十方을 전 空間이라고 말한다.

『碧巖錄』 60칙에 「東西南北 四維上下」라고 하는 것처럼, 十方을 말한다.

* 무문의 게송은 無의 작용. 空의 실천적인 中道의 묘용을 제시한 것이다. 수레의 車輛, 輻, 轅, 軸을 모두 제거한 마음의 수레는 동서남북 사유 상하, 그 어느 곳이라도 자유자재하게 굴러다닐 수가 있는 것을 말한다. 불법의 대의(軸)를 체득하여 반야의 지혜를 구족한 사람은 언제 어디서라도 무심의 경지에 무애자재하게 활동할 수 있는 것을 수레에 비유한 것이다.

제9칙. 대통지승불(大通智勝)

興陽讓和尙, 因僧問, 大通智勝佛, 十劫坐道場. 佛法不現前, 不得成佛道時如何. 讓曰, 其問甚諦當. 僧云, 旣是坐道場, 爲甚麼不得成佛道. 讓曰, 爲伊不成佛.

無門曰, 只許老胡知, 不許老胡會. 凡夫若知, 卽是聖人. 聖人若會. 卽是凡夫.

頌曰, 了身何似了心休. 了得心兮身不愁. 若也身心俱了了, 神仙何必更封侯.

【번 역】 흥양의 청양화상에게 어떤 스님이 질문했다. '대통지승불은 十

劫이라는 긴 세월 동안 깨달음의 장소(道場)에서 좌선을 하고 계시며, 아직도 불법을 실현(現前)하지도 않고, 불도를 완성하려고도 하지 않았다고 하는데, 이것은 도대체 무슨 의미입니까?'

그러자 청양화상이 말했다. '그대는 제법 이치에 맞는 분명한 질문을 하는군!' 그 스님은 질문했다. '이미 깨달음의 도량에서 좌선하고 있는데 어째서 불도를 이루지 않는 것입니까?' 청양화상이 말했다. '그 대통지승불은 성불하려 하지 않기 때문이다.'

무문이 말했다. 다만 老胡(대통지승불)의 반야지혜 작용은 인정하지만, 老胡의 상대적인 분별(會)은 인정하지 않는다. 범부가 만약 이 반야의 지혜를 얻으면 즉시에 성인이 되며, 성인이 만약 대상으로 이해(會)한다면 즉시에 범부가 된다.

게송으로 읊었다. 몸을 요달하는 것이 어찌 마음을 깨달아 쉬는 것과 같으랴! 마음을 깨닫기만 하면 몸은 걱정할 것 없다. 만약 몸과 마음을 모두 함께 요달했다면, 신선에게 제후(부처)가 부러울 것이 있겠는가.

【해설 및 역주】

＊ 興陽淸讓 : 홍양청양 선사의 생애는 잘 알 수가 없으며『전등록』13권,『오등회원』9권에는 그의 이름이 보이며, 백장이 죽은 해(814년)에 태어났다고 하고 있으나 입적에 대해서도 알 수 없다.『오등회원』홍양전에는『無門關』9칙에 수록한 공안을 인용하고 있는 정도이다.

그의 법계는 百丈 → 潙山靈祐 → 仰山慧寂 → 南塔光涌 → 芭蕉慧淸 → 興陽淸讓.

＊ 大通智勝佛 : 원래『법화경』「화성유품」에 다음과 같이 전한다.「부처님이 여러 비구들에게 말했다. '대통지승불의 수명은 5백 40만 나유타겁이다. 그 부처님께서 처음 도량에 계셔 마구니를 타파하고 아뇩다라삼먁삼보

리를 얻으려 하나 모든 불법이 현전하지 않으므로 1소겁부터 10소겁 동안 가부좌를 하고 앉아 몸과 마음이 동요되지 않으니 역시 불법을 현전하지 않았다.'

大通智勝佛은 하근기의 제자를 위해서 석존이 자기의 本地를 밝히고 무한한 과거에 출현한 대통지승여래 시대 이후의 인연을 설한 것. 이 게송은 일찍부터 선종에서 주목되어 『백장광록』『조당집』17권 岑和尙전.『전등록』제4권 天柱山 崇慧(?~779)전 등에 문답이 있다. 『임제록』示衆(13-37)에는 다음과 같은 일단이 있다.

「'대통지승불은 十劫이란 긴 세월을 道場에 앉아 좌선하였으나 불법이 현전하지 않아 불도를 이루지 못하였다고 합니다. 이것은 무슨 의미입니까? 선사의 지시를 바랍니다.' 임제선사가 말했다. '대통이란 바로 자기 자신이니 처처에서 만법의 無性과 無相을 요달하는 것을 말하고, 智勝이란 일체의 모든 곳에서 한 점의 의심도 없고 한 법도 얻을 것이 없는 것을 말한다. 부처란 마음이 청정한 것이며 광명이 법계에 투철하기에 부처라고 하는 것이다. 十劫이란 긴 세월을 도량에 앉아 좌선하였다고 함은 즉 십바라밀을 닦은 것이다. 불법이 現前하지 않았다고 함은 부처란 본래 不生이며, 法은 본래 不滅이니 어찌 또다시 현전함이 있겠는가? 불도를 이루지 않았다고 함은 부처가 또다시 부처가 될 필요가 없는 것이다.' 古人이 말하기를 '부처는 항상 중생과 함께 있으나 세간법에 오염되지 않는다.'」라고 하였다(『大正藏』47권 502쪽, 中).

여기서 말하는 10바라밀은 육바라밀에 善巧方便, 願, 力, 智의 4바라밀을 합친 것. 이러한 10종의 실천덕목이 영원하고 청정(空)한 것을 말함.

그리고 古人의 말은 문수보살을 지칭한다. 『如來莊嚴智慧光明入一切佛境界經』卷下에「佛常在世間, 而不染世間法」(『大正藏』12권 248쪽, 上)이라고 문수보살이 말하고 있는 구절로 당시 널리 일반화 되고 있었다. 『歷代法寶記』와 『백장어록』 등에도 보인다.

『무문관』에서는 대통지승불이 十劫이란 긴 세월 동안에 道場에 앉아 불도를 이루지 않았다고 하는 문답의 구도 자료이다. 이 공안에 대통지승불은 중생계의 한 사람이라도 미혹한 사람이 있으면 성불하지 않고 부처라는 이름도 바라지 않고 10겁이란 긴 세월을 道場에 앉아 수행하였다고 하는 것이다. 요컨대 학인 자신으로 하여금 각자 자기의 법신인 대통지승불을 체득하도록 하는 것이다.

　* 十劫 : 劫은 kalpa의 音寫로서 무한히 긴 시간을 말한다. 인도의 시간을 나타내는 말로서 가장 긴 시간을 겁이라고 하고 가장 짧은 시간을 찰나(ksana)라고 표현한다.『무량수경』에도「五劫의 思惟」라든가「十劫의 正覺」이라는 말이 보인다. 겁이란 단지 긴 시간이라는 의미인데 숫자로 셀 수 있는 시간으로 이해하면 안 된다. 시작도 끝도 없는 영원한 시간을 말한다. 따라서 시작도 없고 마침도 없는 긴 시간이며, 그 시간은 永劫의 멀고 먼 옛날이나 과거, 혹은 미래라고 생각해서도 안 된다. 실재로는 무한의 현재라는 의미이며, 영원한 지금으로서 일체의 모든 시간을 지금 이라는 찰나에 집중시키고 있는 것이다.

　그래서『화엄경』「離世間品」에「無量劫이 一念이며, 一念이 無量劫」이라고 설하고 있다. 신라 의상대사는 이 일절을 근거로 하여『법성게』에서「一念卽是無量劫」이라고 읊었다.

　『아미타경』에서도「아미타불이 현재도 설법하고 계신다.」라고 설하고 있는 것처럼, 법장비구의 원력과 성불을 과거의 이야기로 생각하면 안 된다. 그것은 시간으로 흘러간 역사적인 이야기가 아니라 지금 현재의 실화인 것이다. 누구나 지금 현재에 자기의 법신(아미타불)이 진실을 구현하는 자기의 이야기인 것이다. 지난 과거의 시간으로 생각하면 번뇌망상의 시간과 거리에 빠지고 만다.

　* 坐道場 :『유마경』보살품에「본래의 마음(直心)이 바로 도량이다. 헛되고 가식됨이 없기 때문이다. 깨달은 그 마음이 바로 도량이다. 능히 모든

사물을 잘 판단하기 때문이다. 깊은 본래의 마음이 도량이다. 일체의 공덕을 증가시키기 때문이다(直心是道場. 無虛假故. 菩提心是道場, 能辦事故. 深心是道場, 增益功德故.)」(『大正藏』14권 342쪽, 下)라고 설하고 있다. 대통지승불이 부처의 경지에서 청정한 깨달음의 경지에 앉아 있다는 사실을 말한다.

「이미 坐道場에 계신다면 어째서 불도를 이루지 않고 있는가?」라고 추궁하는 학인의 질문이다. 그 학인은 『법화경』에서 설하고 있는 대통지승불에 대한 이야기를 지식으로 알고 있을 뿐, 불법의 대의를 체득하여 지혜있는 안목으로 본인이 대통지승불을 친견하지 못하고 있다. 자기 본래의 법신인 대통지승불을 보지 못하기 때문이다.

* **諦當** : 諦當은 분명하다는 뜻이다. 『법화경』의 말씀에 의거하여 지당한 논리로 분명하게 질문하고 있는 것.

* **爲伊不成佛** : 그는 성불하려고 하지 않기 때문이다. 여기서 말하는 그는 대통지승불이기 때문에 이상할 것도 없이 대답하고 있다. 여기서 그(伊)를 삼인칭으로 부르고 있는데, 질문한 스님은 이 의미를 알고 있을까? 이 스님은 대통지승불을 마음 밖에 대상으로 설정해 두고 그에 대한 인연을 질문하고 있으며, 화상은 그를 接化하여 자기본래의 법신불을 깨닫도록 대답하고 있는 것이다.

대통지승불은 본래 부처이기 때문에 또다시 부처가 되려고 하지 않으며 부처가 되는 일이란 있을 수 없다. 원래 미혹이 없기 때문에 깨달음을 추구하는 일도 없는 것이다. 좌도량하고 있는 그대로가 부처(成佛)이기 때문에 또다시 성불할 일이 없는 것이다.

『임제록』에도 「임제선사가 말했다. 대통이란 바로 자기 자신이니 처처에서 만법의 無性과 無相을 요달하는 것을 대통이라고 한다. 智勝이란 일체의 모든 곳에서 한 점의 의심도 없고 한 법도 얻을 것이 없는 것을 智勝이라고 한다. 부처란 마음이 청정한 것이며 光明이 법계에 투철하기에 부처라고 하는 것이다.」라고 설하고 있다.

『무문관』의 주석서에도「大는 절대의 진리, 즉 법신이며, 通은 통달하고 응용하는 應身이요, 智는 걸림 없고 막힘 없는 報身이다. 또한 大는 법신이요 通은 해탈, 智는 반야로서 제법 가운데 이 법이 최고로 수승한 것이다. 그래서 사람들이 각자 이 법을 구족하고 원만히 이루기 때문에 부처라고 한다.」고 해석하고 있다.

즉 대통지승불은 바로 우리들 각자의 自性本覺의 天眞佛인 것이다. 대통지승불이 성불하지 않는다고 하는 것은 본래 天眞佛이기 때문이다. 여기서 우리들은 수행해서 부처를 이루고, 부처가 되려는 마음은 번뇌망념이라는 사실을 자각해야 한다. 수행(修)과 깨달음(證)은 하나(修證一如)인데, 修와 證을 둘로 나누는 것은 二見의 禪病에 떨어져 중생심이 되고 만다.

일본의 道元이『정법안장』「辨道話」에서「修證은 하나가 아니라고 생각하는 것은 外道의 견해이다.」라고 주장하고, 또「불법은 修證이 하나(一等)이다. 지금 깨달음의 분상에서 수행하기 때문에 초심의 辨道는 곧 本證의 전체인 것이다.」라고 주장한다.

중생은 본래 부처의 입장이기에 本覺 혹은 本證이라고 하며, 本證 그 위에 수행하는 것을 妙修라고 말하여 本證妙修를 좌선 수행의 근본으로 한다.

十劫이란 긴 세월을 坐道場하고 있다는 것은 본래 부처인 대통지승불이 本證妙修의 경지에서 있음을 말하고 있다.

범부는 좌선해서 부처가 되려고 하고 있다. 그것은 마치 마조가 부처가 되려고 좌선하고 있는 모습을 보고 회양이 기왓장을 갈아서 거울을 만들려고 하고 있는 사례(磨塼作鏡)로서 비판하고 있는 것처럼, 수행하여 깨닫고 부처가 되려는 二元, 二邊의 대립적 상대적인 차별사고를 떨쳐 버리지 못하고 있는 것이다.

修證을 나누어서 보는 차별심에 떨어져 있고 부처라는 고정 관념에 빠져 있다. 修證一如, 범부와 부처, 중생과 부처가 둘이 아닌 것이며 그러한 사실을 자기 자신의 법신이 깨달아 체득해야 하는 것이다.

질문한 학인은 대통지승불을 자신의 마음 밖에 두고서『법화경』의 이야기에 근거하여 그에 대한 인연을 묻고 있다. 홍양화상은 이러한 학인을 바로 지도하기 위해서 대통지승불은 自性本覺의 天眞佛이기 때문에 각자 自己本有의 대통지승불을 자각해야 하는 것이며, 중생 본래성불의 입장을 체득해야 한다고 지시한 것이다.

* 只許老胡知, 不許老胡會 : 원래 이 말은『벽암록』제1칙 頌의 평창과 47칙, 51칙 등에 언급한 말이다.『벽암록』에서 老胡는 달마를 지칭하지만, 여기서는 대통지승불을 지칭한 것으로도 볼 수 있다.

『無門關冠註』에도「老胡는 본칙의 대통지승불을 가리킨다. 대통지승불은 不生不滅, 無始無終의 老胡이다.」라고 해석하고 있다. 老胡의 知는 달마가 체득한 반야의 지혜이며, 老胡의 會는 대통지승불의 지혜를 상대적인 대상으로 이해하는 것으로 분별 판단하여 납득하는 것을 말한다. 불도는 단지 반야의 지혜를 체득하는 것은 인정하지만 대상으로 이해하고 분별적인 판단으로 이해하는 것은 인정하지 않는다는 말이다.

* 知와 會 : 선어록에서는 대개 知는 분별심인 알음알이(知見解會)로, 會는 일단 불법의 깊은 정신을 체득하는 의미로 사용하고 있으나, 여기서는 般若無知의 知로서 根本智를 말하는 知며 참된 眞知이며, 會는 사물의 모양과 만법을 대상으로 이해하는 상대적인 분별로서 차별경계에 떨어진 것을 말한다.

승조의『조론』「般若無知論」에 다음과 같이 설한다.「대개 인식하여 아는 대상이 있다면 인식이 미치지 못하는 대상은 알지 못한다(이것은 범부의 망정이다). 성인의 마음은 반야의 지혜로서 아는 것이 없기 때문에 모르는 것도 없다. 그래서 一切知라고 한다. 그래서 경전(『思益經』)에 '聖心은 아는 것도 없고, 알지 못하는 것도 없다.'라고 설했는데 믿을 만한 말이다. 그러므로 성인은 마음에 번뇌의 미혹을 비우고 진실을 관조하여 종일토록 알아도 일찍이 아는 것이 아니다. 그 때문에 말없이 마음의 광명을 비우고 텅 빈 마음으로 현묘한 반야의 지혜광명을 비추어 지혜와 총명함을 막고서 홀로 깨달아 그윽하게 할 뿐이다. 그런즉 반야의 지혜에는 그윽함을 비추는 반야의 지혜작용이 있으나 인식의 사량으로 아는 것(知)이 없으며, 신령한 觀照般若는 외연에 감응하여 이해(會)하는 작용은 있으나 사려는 없는 것이다. 마음에 사려가 없기에 세간 밖에서 홀로 가장 존귀할 수 있고, 반야는 아는 것(知)이 없기 때문에 사물 밖에서 현묘하게 비추는 작용을 할 수 있다.」

不知의 知(반야의 지혜)란 사물과 자기가 하나가 되어 버린 경지이며, 새가 허공을 날면서 새가 허공의 존재를 잊고, 고기가 물속에 있으면서 고기가 물의 존재를 서로 잊고 있는 것과 같은 경지로서 主客一如의 경지이다. 자기와 불법이 하나가 된 것이 眞知이며, 아직 자기와 불법이 하나가 되지 못한 대립적인 관계에서 이해하는 것이기 때문에 知見會解의 경지를 벗어나지 못한 것이다.

말하자면 知는 근본지의 입장에서 대통지승불과 하나가 된 一如의 경지를 인정하는 것이고, 會는 대통지승불을 대상화하여 이해하려고 하는 것을 말한다.『선어록』에「佛祖는 道를 알(會)지 못하고 단지 도를 行할 뿐이다.」라고 주장하고,『돈오요문』에도 해회선사가「나 역시 선을 알(會)지 못한다.」라고 주장하고 있는 것처럼, 會는 불도를 대상화하고 있는 것으로 道와 禪을 직접 자기 자신이 체득하지 않고 대상으로 하여 이해하고 판단하는 것을 말한다.

여기서는 대통지승불과 자기가 하나 된 경지를 체득하는 것이 반야 無知의 입장이고, 학인이 대통지승불을『법화경』을 통해서 대상으로 이해하려고 하는 점(會)을 비판하고 있는 말이다.

* **凡夫若知 云云** : 성인과 범부를 대립시키고, 知와 會를 대립시켜 제시한 말이다.

『오등회원』제8권에 있는 龍濟紹修(修山主) 선사의 다음과 같은 示衆에서 채용한 말이다. 「범부의 법을 구족하지만 범부는 (자신이 범부인 줄) 알지(知) 못한다. 성인의 법을 구족하지만 성인은 자신이 성인인 줄 대상화하지 않기에 그러한 사실을 알지(會) 못한다. 성인이 만약 (자신이 성인인 줄) 대상으로 이해(會)한다면 곧 바로 범부이며, 범부가 만약 (자신이 범부인 줄) 안다면 바로 성인이다(上堂, 具足凡夫法, 凡夫不知. 具足聖人法, 聖人不會. 聖人若會 卽是凡夫, 凡夫若知, 卽是聖人.)」(『續藏經』138권 154쪽, 上).

대통지승불은 부처이면서도 자신이 부처라는 사실을 잊고 있는 것이 般若無知의 知이며 만법과 하나된 一如의 경지에서 일체의 분별 차별심이 없는 본래의 입장에서 도량에서 좌선하고 있다.

세상 사람들은 범부와 성인을 구분하여 차별하고 대립하고 대상으로 이해하려고 한다. 凡聖과 善惡, 美醜, 主客 등이 하나이며 一如인 사실을 깨닫는 것이 성인이다. 자기와 부처를 나누고 중생과 부처를 구분하여 부처나 중생을 대상으로 이해하려고 하고 있다. 자기의 마음이 부처이며, 중생심과 불심이 하나라는 사실을 깨닫지 못하는 사람은 범부이다. 즉 자기와 대통지승불이 하나라는 사실을 깨닫고 차별이 없음을 아는(知) 것이 성인이며, 자신이 대통지승불을 대상으로 이해하는 것(會)은 범부가 된다고 주장하고 있다.

* 了身 : 몸을 깨닫는 것보다 마음을 깨닫는 것이 훨씬 좋다고 身心을 둘로 나누어서 깨달음의 優劣을 노래한 것이다. 지금 대통지승불이 十劫이나 道場에 앉아서 성불을 구하고 있는 것은 몸을 깨달으려고 하는 것이지만, 마음은 몸의 근본이다. 이러한 근본을 잊어버리고 몸을 깨달으려고 하는 것보다 곧바로 마음을 깨닫는 것이 근본적인 문제인 것이다. 몸을 깨닫는 것은 필경 불법을 대상으로 이해하는 會이며, 아직 근본(대통지승불)과 하나가 된 知의 경지에 도달하지 못한 것이다. 마음을 깨닫는 것(了達)은 반야의 眞知에 도달하는 것이니 이러한 경지에서 깨달음의 경지를 체득할

수가 있다.

「마음을 깨달으면 몸은 걱정할 것 없다.」라고 하는 것처럼, 마음이 평안하면 몸도 평안한 것이다. 그러나 여기에 몸과 마음을 둘로 나누고 있기 때문에 완전한 깨달음의 경지라고 할 수가 없다. 身心一如로서 몸은 마음에 영향 주고 마음은 몸에 영향 주고 있기 때문에, 몸이 병들면 마음이 편하지 못하고, 마음이 즐거우면 몸도 건강한 것이다. 이처럼, 몸과 마음이 서로 밀접한 상관관계이지만 마음이 몸에 절대적인 영향을 주고 있다.

「몸과 마음을 함께 깨달으면 신선이나 부처도 부러울 것이 없다.」여기서 말하는「身心俱了了」는 身心脫落을 말한다. 身心一如의 경지에서 身心을 모두 함께 초월(脫落)하는 경지가 선불교의 깨달음이라고 할 수 있다.

무문은 대통지승불이 어째서 성불하지 않는가? 라는 의문에 떨어져 방황하고 있는 스님에게 身心 모두 脫落하고 成佛과 不成佛의 상대적인 분별의식을 모두 함께 떨쳐버리도록 게송으로 읊고 있는 것이다.

* 封侯 : 爵位를 수여하는 것. 여기서는 부처가 되는 의미.

제10칙. 조산화상과 청세의 청빈수행(淸稅孤貧)

曹山和尙, 因僧問云, 淸稅孤貧, 乞師賑濟. 山云, 稅闍梨. 稅應諾, 山曰, 靑原白家酒, 三盞喫了, 猶道未沾脣.

無門曰, 淸稅輸機, 是何心行. 曹山具眼, 深辨來機. 然雖如是, 且道. 那裏是稅闍梨喫酒處.

頌曰, 貧似范丹, 氣如項羽. 活計雖無, 敢與鬪富.

【번 역】 조산본적 화상에게 청세스님이 질문했다. '저 청세(淸稅)는 너무나도 가난(孤貧)합니다. 선사께서는 저에게 좀 베풀어 주십시오.' 조산스님은 '청세 사리여!'라고 불렀다. 그러자 청세스님은 '예!'라고 대답했다. 조산스님은 '술의 명산지인 청원의 白씨 집의 술을 석 잔이나 마시고도 아직 입술에 젖지도 않았다고 하느냐!'라고 말했다.

무문화상이 말했다. 청세(淸稅)가 가난(孤貧)하다고 하면서 법문을 청하는 것은 도대체 무슨 마음인가? 조산스님은 정확하게 법안을 구족하여 그의 행동을 깊이 통찰하고 있네. 그러나 청세스님이 유명한 술(名酒)을 마셨다고 하는 것은 무슨 의미인가?(그것을 말해 보게나!)

게송으로 읊었다.

청세의 가난은 저 유명한 범단(范丹)의 가난함과 같네. 그러나 그의 기세는 호걸 항우(項羽)와 같네. 한 푼 없는 살림살이로도, 당당하게(조산스님과) 부귀(法力)를 다투고 있네.

【해설 및 역주】

* 청세가 가난하다고 함은 마음을 텅 비웠음을 말하며, 空의 경지(本來無一物, 我空法空. 畢竟空)에 있는 나에게 어떤 법을 한번 설해 주시겠습니까? 기세 등등하게 법문으로 도전하고 있는 것이다.

그러자 조산은 이러한 청세의 도전을 곧바로 알아차리고, 淸稅사리!라고 그의 이름을 불렀다. 청세는 순간적으로 예!라고 대답하게 되었는데 조산이 던진 선문답의 시험에 걸려 든 것이다.

그래! 그대는 일체를 텅 비웠다고 하면서 청세라고 그대의 가짜 이름을 부르는데 왜 대답을 하는가? 청세라는 이름(名相, 我相, 人相에 탐착된 것. 固定觀念.)을 비우지 못했군! 無一物의 경지가 아닌 청세사리의 존재가 엄연히 존재하고 있군! 술을 세 잔이나 마시고 취해 있으면서 아직 입술에 젖지도 않았다고 쓸데없는 소릴 하고 있군! 번뇌 無明의 술잔에 自家陶醉(名相에 떨어진 미혹)되어 있는 청세사리를 한 방망이 때려 주고 있는 말이다.

* 曹山本寂(840~901) : 중국 泉州人으로 속성은 黃氏이다. 19세에 출가하여 동산양개의 법을 이었다. 뒤에 동산과 조산의 이름을 따서 曹洞宗이 성립될 정도로 당시 유명한 선승이었다. 그의 전기는 『조당집』 8권 조산화상전과 『경덕전등록』 17권, 『송고승전』 13권 등에 전하고 있고, 그의 어록은 『조산본적선사어록』(『大正藏』 47권 535쪽), 『조산록』(『續藏經』 119권 887쪽, 이하)이 있다.

여기에 제시하고 있는 공안은 『연등회요』 22권, 『오등회원』 13권 曹山本寂章에 의거한 것으로 간주되는데, 『전등록』 17권 조산전에는 다음과 같이 전한다. 「僧淸銳問. 某甲孤貧, 乞師拯濟. 師曰, 銳闍梨 近前來. 銳近前. 師曰, 泉州白家酒, 三盞猶道未沾唇.」 여기에서는 이름이 청예(淸銳)라고 하고, 應諾이 近前으로, 靑原이 泉州로 되어 있는 등 『무문관』의 내용과는 약간의 차이가 있다.

* 淸稅 : 淸稅(혹은 淸銳)에 대해서는 자세히 알 수 없는데, 조산화상에게 法戰을 도전한 수행자의 한 사람이라고 할 수 있다. 『전등록』 17권 조산전에 전하고 있는 것처럼, 원래는 청세가 아니라 「淸銳」인데 세월이 흐르고 필사하는 과정에서 「淸稅」로 바꾼 것 같다. 『오등회원』에는 淸稅이다.

* 孤貧 : 외롭고 가난함. 淸貧은 無所有와 같은 의미이다. 여기서는 단순히 물질적인 貧困과 정신적인 빈곤을 말하는 것이 아니다. 탐진치 삼독과 五慾望, 迷悟, 凡聖 등 일체의 차별심을 모두 다 텅 비워버린 本來無一物의 心境을 제시하고 있는 것이다. 마음을 텅 비운 本來無一物의 경지에서 무애자재하게 살 수 있으며, 無一物中無盡藏한 보배가 있는 것이다.

『증도가』에 「가난한 불제자로서 입으로는 가난하다고 하네. 진실로 몸은 가난하지만 道는 가난하지 않다네. 가난한즉 몸은 항상 떨어진 옷을 입지만 도는 마음속 깊이 無上의 보배로 간직하고 있네(窮釋子 口稱貧. 實是身

貧道不貧. 貧則身常被縷褐. 道則心藏無價珍)」라고 하고 있다.

『조당집』제19권 향엄장에 향엄지한이 깨닫고 난 뒤에 동문 앙산혜적에게 자신의 경지를 다음과 같은 게송으로 읊고 있다.「지난해의 가난함은 가난이 아니다. 금년의 가난은 참으로 가난하네. 작년에는 송곳을 세울 자리도 없었지만, 금년에는 송곳마저 없도다(去年未是貧, 今年始是貧, 去年無錐卓之地, 今年錐也無)」. 여기서 말하는 가난은 일체의 번뇌망념을 텅 비워버린 무념의 경지를 표현한 말이다.

　＊ 賑濟 : 재물 등을 가지고 자연재난과 흉년에 힘든 사람들을 구제하는 것. 賑救라고도 함. 여기서는 물질적인 도움을 청하고 있는 것이 아니다. 청세는 조산선사에게 자기는 불법 수행으로 일체의 번뇌망념을 텅 비워버린 本來無一物의 경지인데 이러한 자신을 선사의 법문으로 특별히 지도해 주십시오. 내가 체득한 경지를 어떻게 상대해서 한 말씀 해 주시겠습니까? 라는 의미로 선문답을 청하고 있다.

　＊ 闍梨 : acarya의 音寫, 阿闍梨의 약칭. 正行 혹은 軌範이라고 번역함. 일반적으로 師僧의 호칭.

조산은 '稅闍梨!'라고 부르자, 그는 '예(諾)!'라고 대답하고 있는데, 無一物이라고 하면서 '예!'라고 대답하는 놈은 또 누구야! 완전히 無一物의 경지라고 하면서 청세라는 이름에 끄달려서 '예!'라고 대답하고 있는 것은 텅 비우지 못한 그대 모습 아닌가? 조산의 안목에 청세의 잘못된 견해가 걸려 버린 것이다.

　＊ 靑原白家酒 :『전등록』에는「泉州白家酒」라고 함. 靑原이나 泉州 모두 술의 명산지. 白家는 술집의 명문 백씨의 양조장을 말하는 것이라고 할 수 있다. 청세가 名相에 떨어진 것을 비유한 것.

　＊ 猶道未沾唇 : 술을 마시고도 마시지 않은 것처럼 말하고 있군. 無明의 술을 석잔이나 마시고 취해서 아직 제대로 정신 못차리고 있군. 본래 무일물의 경지를 체득한 자신의 입장에서 법문으로 도전하더니 아직 名相에서

無門關　117

벗어나지 못하고 있는 그대는 無明의 술잔에 취해서 헤매고 있는 꼴이 아닌가? 라는 조산화상의 날카로운 비판이다.

* 輸機 : 輸는 수영(輸贏)의 輸로서 이기고 지는 승부를 걸다는 의미이다. 청세가 '나는 지극히 가난하니 도와 주세요'라고 法論(法戰)을 걸면서 승부에 도전하는 것. 방심할 수 없는 淸稅의 禪機를 말한다.

* 曹山具眼 : 조산화상의 안목은 一隻眼으로 청세의 投機(禪機: 來機)를 완전히 감파하고 있는 것이다. 즉 '청세사리!'라고 그의 이름을 부르는 것은 청세의 禪機를 파악하는 안목이다.

* 어떤 것이 淸稅闍梨가 술을 마셨다고 하는 것(喫酒處)인가? 청세사리가 술을 마셨다고 하는데, 도대체 언제 어느 곳에서 마셨는가? 이 술에 취하여 헤매고 있는 사람이 청세뿐만 아니라 미혹의 탁주에 취하고 깨달음의 淸酒에 취한 것은 술집에서 술 마시고 술에 취한 사람과 모두 마찬가지이다. 無明의 술집을 완전히 탕진하여 그 근원을 감파해야 하는 것이다.

* 心行 : 마음의 작용. 마음 씀. 마음으로 의도하는 것.

* 范丹 : 범염(范冉)이라고도 함. 字는 史雲, 貞節先生이라고 시호함. 『後漢書』列傳 71에 그의 전기가 있다. 赤淸貧의 생활 가운데서도 태연자약하게 살았다고 함.

청세는 일체의 번뇌망념을 텅 비운 佛道의 수행을 물질적으로 빈곤한 범염의 청빈한 사례를 들어 게송을 읊고 있다.

* 項羽 : 秦末 초나라의 유명한 장수.『史記』의 項羽本紀 제7에 전기가 있다. 漢의 高祖와 천하를 다투다가 패배함. 여기서는 청세가 조산에게 법전을 제기하고 있는 용기를 항우에다 비유하고 있다.

* 活計雖無 : 活計는 생활의 살림살이. 사는 計略, 살림살이는 없지만 청세는 조산과 부(불법의 法寶)를 다투려고 했다. 이 말은『전등록』30권 蘇溪和尙의『牧護歌』에 있는「活計雖無一錢 敢與君王鬪富」라는 일절을 줄인 것이다. 청세는 范丹과 같이 가난하지만, 그가 조산에게 법문으로 도전한

그의 정신은 항우와 같이 기세가 대단한 인물이었다. 청세는 本來無一物의 孤貧으로 조산의 無盡藏한 富에 도전한 것을 비유한 말이다. 雖는 청세의 용기를 칭찬한 것.

　＊ 敢與鬪富 : 富를 다툰다고 한 것은 진나라의 王愷(왕개:『晉書』93권)는 장군이 되어 石崇(晉나라 때의 富者. 商客에게 航海를 경영하게 함.『晉書』33권)과 富를 다투었다. 왕개는 석숭의 적수가 되지 않았지만, 감히 그에게 도전하여 싸웠다. 청세가 불법(孤貧)을 체득한 法寶(富)가 어찌 조산의 법보에 견줄 수가 있겠는가? 그러나 청세는 감히 조산에게 항우와 같은 용기로 도전하여 선문답으로 法戰을 도전하고 있는 것이다.

　＊ 일체를 비웠을 때 清貧하고 자유자재하며 일체를 포용하는 것이다. 천하를 자기 것으로 만드는 용기는 자기를 청빈하게 하는 것. 자기를 텅 비우는 것. 無一物中無盡藏. 자기가 없어졌기에 천하가 자기와 하나가 된 것. 萬物一體, 萬法一如의 경지를 읊고 있다. 임제가 말한 것처럼 하루에 황금 만냥을 마음대로 쓰는 부자가 되어야 한다.

제11칙. 조주화상과 암자의 주지(州勘庵主)

　趙州到一庵主處問, 有麼有麼. 主竪起拳頭. 州云, 水淺不是泊舡處. 便行. 又到一庵主處云, 有麼有麼. 主亦竪起拳頭. 州云, 能縱能奪, 能殺能活. 便作禮.

　無門曰. 一般竪起拳頭, 爲甚麼肯一箇, 不肯一箇. 且道, 誵訛在甚處. 若向者裏下得一轉語, 便見趙州舌頭無骨, 扶起放倒, 得大自在. 雖然如

是, 爭奈趙州却被二庵主勘破. 若道二庵主有優劣, 未具參學眼. 若道無優劣, 亦未具參學眼.

頌曰, 眼流星, 機掣電, 殺人刀, 活人劍.

【번 역】 조주화상이 어떤 스님이 사는 암자에 이르러, '계십니까?'라고 말했다. 암자의 주인은 주먹을 쥔 손을 들어서 내밀었다. 조주화상은 '물이 얕아서 여기에는 배가 머물 수 없는 곳이로군!' 하고 말하면서 곧장 떠나갔다.

또 다른 한 암자에 이르러 '계십니까?'라고 말했다. 암자의 주인 역시 주먹을 쥔 손을 들어서 내밀었다. 조주화상은 '주기도 하고 뺏기도 하고, 죽이기도 하고 살리기도 하고 자유자재하군!' 하면서 곧장 인사를 올렸다.

무문화상이 말했다. 두 사람의 암주가 똑같이 주먹을 쥔 손을 들어서 내 밀었는데, 한 쪽은 긍정하고 다른 한 쪽은 왜 긍정하지 않는가? 말해보라! 그런데 이런 혼란스러운 판단(勘弁)의 문제점은 무엇인가?

만약 이 공안에 대하여 꼭 들어맞는 올바른 한 마디(一轉語)를 할 수 있는 사람이라면, 곧바로 조주의 자유자재한 법문을 체득하여 지혜의 작용을 일으키기(扶起)도 하고, 번뇌망념을 떨쳐버리기(放倒)도 하는 대자유를 얻을 수 있을 것이다.

그런데 또한 혹시 조주화상이 두 사람의 암주에게 시험(勘破) 당한 것은 아닌지? 만약 그대들이 두 암주의 우열이 있다고 생각한다면 아직 참선 수행의 안목이 없는 것이다. 혹은 만약 이 두 암주의 우열이 없이 동등하다고 생각할지라도 그 역시 참선 수행의 안목이 없는 것이다.

게송으로 읊었다. 깨달은 사람의 안목은 유성과 같이 신속하고, 지혜작용은 번갯불과 같이 빠르다. 그는 지혜의 칼로 중생심인 번뇌망념을 죽이고 불심의 지혜를 살리는 작용을 자유자재로 한다.

【해설 및 역주】

* 이 일단의 공안은 『조당집』과 『전등록』 등 옛 자료에는 보이지 않고 『오등회원』에 처음 수록하고 있다. 『조주록』 권하(496단)에는 다음과 같이 수록하고 있다.

「師行脚時, 到一尊宿院庵, 纔入門相見, 便云, 有麼有麼. 尊宿豎起拳頭. 師云, 水淺舡難泊. 便出去. 又到一院 見尊宿. 便云, 有麼有麼. 尊宿 豎起拳頭. 師云, 能縱能奪, 能取能撮. 禮拜便出去.」

여기에서는 庵主를 「尊宿」이라고 하고, 「能殺能活」을 「能取能撮」이라고 하고 있다. 여기에는 조주가 행각할 때에 산중의 암자에 살고 있는 여러 선지식들을 참문하고 상견한 뒤에 조주의 안목(禪機)으로 법론을 제기한 선문답(輸機)이다. 당시의 상황을 간접적으로 전해 주고 있는데, 『무문관』에서는 이러한 상황을 생략하고 있다. 아마도 優劣, 긍정과 부정에 대한 차별과 분별을 초월해야 한다는 입장을 제시하고 있기 때문이리라.

* 庵主: 철저히 수행하여 깨달은 선승이 법당을 開堂하지 않고, 홀로 산중 암자에서 은거하는 사람. 중국 총림에서는 東庵主, 西庵主라는 이름이 보인다.

* 有麼有麼:「암주가 있습니까? 계십니까?」라는 인사를 묻는 말이 아니다. 암주는 주인(본래인)을 상실하지 않고 선(깨달음)의 경지에 살고 있는가? 라는 질문을 제시한 것이다. 자각의 주체를 상실하지 않고 살고 있는가? 암자에 살고 있는 암주는 安身立命의 삶을 살고 있는가?

* 拳頭: 주먹을 드러내 보임. 자기 자신의 불법에 대한 안목(禪境)을 드러내 보인 것. 선승의 모든 행위는 그대로 불성(본래심)의 지혜작용이다. 『무문관』 제3칙의 一指頭禪 참조.

조주는 첫번째 암주가 주먹을 드러내 보인 것에 대하여 「이 선승의 불법에 대한 지혜의 바다가 이렇게 얕아서 어떻게 큰 배를 정박시킬 수가 있나!」 하고 곧바로 떠나가 버렸다.

 * **能縱能奪 能殺能活** : 선지식이 학인의 근기에 맞추어서 주고 뺏고, 죽이고 살리는 지혜를 마음대로 활용할 수 있는 것. 殺活自在. 能은 능동, 자율적으로 주체적인 의미이며, 縱은 상대방을 자유롭게 하는 것이다. 『조주록』에는 「能取能撮」이라고 하는데, 取撮은 「散撮」이 아닐까?

대개 선지식은 참선학인들의 지혜의 안목을 열어주고 깨달음을 체득하도록 도와주는 시설방편으로 종사들이 갖추어야 할 內外의 일곱 가지 일(七事)을 들고 있다. 외형적인 有形의 七事는 주장자, 拂子, 禪板, 几案, 如意, 竹篦, 木蛇 등의 法具이다. 안(內)으로 七事는 大機大用, 機辨迅速, 語句의 妙靈, 殺活의 機鋒, 博學廣覽, 鑒覺不昧, 隱顯自在이다.

『벽암록』 제15칙 「雲門倒一說」의 평창에 원오극근 선사는 다음과 같이 주장하고 있다. 「七事를 갖추어 몸에 배도록 하고 같이 살고 같이 죽도록 해야 한다. 높은 것은 낮추고, 낮은 것은 높이며, 모자라는 것은 채워주고 깨달음(孤峰)에 안주하는 사람은 중생의 세계(荒草)에 들어가도록 하고, 중생의 세계에 떨어진 사람은 깨달음의 경지를 체득하도록 한다.」 원오는 『노자』의 말을 토대로 하여 학인들을 지도하는 선지식의 역할을 강조하고 있다.

 * **一般** : 똑 같이. 한결같이. 마찬가지로. 동일하게라는 의미.

 * **一箇** : 一箇 聖者라는 의미. 석도안과 습착지와의 「一箇半個」라는 고사에 의거한 말이다.

 * **誵訛** : 誵는 효(殽)와 마찬가지로 난잡한 것. 訛는 잘못된 것. 무엇인가 잘못이 포함되어 복잡하게 되어버린 것. 뒤섞여 잘못된 것. 즉 이 말은 錯誤, 誤謬, 難解 등의 의미로서 올바름과 그릇됨을 판단하기 어려운 상황을 말하고 있는 것이다. 『벽암록』 제7칙의 평창에 「節角誵訛處」라고 하고

있는 것처럼, 선어록에는 자주 언급되고 있는 말이지만 세속에는 거의 사용하지 않고 있다.

* 一轉語 : 깨달음으로 전환하도록 제시한 한 마디 말. 근원으로 되돌아가는 깨달음의 한 마디 말. 당시의 기승전결에서 말하는 轉句로서 상황을 일시에 변화시키는 말. 『임제록』에도 「師云, 飯頭不會, 請和尙代一轉語」라고 함.

* 舌頭無骨 : 산뜻하고 시원시원한 말솜씨. 막힘이 없이 자유자재하게 불법을 설파하는 것. 舌頭는 혀. 無骨은 거침없이 매끈매끈하게 자유스러운 것을 표현한 말이다. 能殺能活과 같음.

* 扶起放倒 : 지혜의 작용으로 부추겨 일으켜 세우는 것과 번뇌망념을 내밀쳐서 넘어뜨리는 것. 긍정과 부정. 把住와 放行. 殺人刀와 活人劍을 자유자재롭게 사용하여 학인을 지도하는 선승의 大機大用을 말함. 이 일절은 조주의 뛰어난 선기를 평하고 있는 말이다. 무문은 「者裏를 향해서 一轉語를 할 수 있으면」이라고 말하고 있는데, 여기서 말하는 「者裏」는 조주의 활발한 지혜작용(禪機)을 파악할 수 있도록 제시한 말이다.

* 『무문관』 26칙에 法眼선사가 손가락으로 주련을 가리키자 당시의 두 스님이 동시에 일어나 동시에 주련을 말아 올리는 것을 보고, 법안이 「한 사람은 얻었고, 한 사람은 잃었다(一得一失)」라고 평하고 있다.

『임제록』에 동서 양당의 제1좌가 서로 상견했을 때에 두 사람이 동시에 일할(一喝)하였다. 이러한 사실을 본 임제선사는 「빈주가 분명(歷然)하다」라고 평하고 있다. 그리고 임제는 대중에게 「賓主의 句를 알고자 한다면 堂中의 두 수좌에게 문취하라!」라고 말하고 있다. 즉 누가 주인이고 누가 손님인줄 알고자 한다면 동시에 고함을 친(一喝) 그 제1좌에게 물어보라고 한 것이다.

천동굉지 선사도 법안의 지시에 두 스님이 주련을 걷어올린 得失에 대하여 「영리한 납승이라면 법안의 수단을 간취하리라!」라고 말하고 있다.

결국 이러한 상황에서 일어난 복잡한 문제(話訛), 판단하기 어려운 문제는 법안, 임제, 굉지, 무문 등의 선사도 그 문제에 대하여 직접 明示할 수 없는 것이다. 두 암주가 똑 같이 주먹을 내민 것에 대하여 조주가 한쪽은 긍정하고 한쪽은 부정하며, 주고 뺏는 작용을 종횡으로 펼치는 살아 있는 선기를 나타낸 곳에 대하여 무문은 「그곳(者裏: 兩拳 拳頭)을 향해 一轉語를 내린다면…」이라고 한 것은 각자의 선기(禪機)작용을 요구하는 수밖에 없는 것이라고 말하고 있는 것이다. 즉 이것은 당시의 상황에서 선문답으로 商量을 전개한 선승들 당사자들의 心機에 계합된 것을 전하고 있는 것이다.

* 勘破 : 선과 악, 옳고 그름에 대하여 날카롭게 그 참된 眞相을 지혜의 안목으로 분명하게 파악하는 것. 점검, 검사, 看破 등의 의미가 있음. 선승들의 불법의 안목에 대한 眞僞를 점검하고 검사하는 것. 여기서는 두 암주가 주먹을 들어서 내민 禪機에 대한 조주의 점검(감파)이라고 할 수 있다. 단지 주먹을 들어 보인 두 암주에 대하여 조주의 행동과 언어에 기준을 두고 두 암주의 우열과 행동을 판단하려고 해서는 안 된다. 이 공안을 읽고 공부하는 학인은 각자 자기의 안목으로 볼 수 있는 능력을 갖추도록 해야 한다.

『무문관』31칙에도 조주가 오대산 가는 길목의 노파를 감파한 인연을 전한다.

* 眼流星 : 『벽암록』33칙의 垂示에 「有時眼 似流星, 還道伊惺惺麽」. 여기서 말하는 眼은 一隻眼으로 정법안장을 구족한 조주의 안목이다. 참선수행으로 구족한 정법의 眼目이 신속하게 작용되고 있는 상황을 표현하고 있다.

* 機掣電 : 『벽암록』37칙 垂示에 「번개치는 듯한 선기를 생각으로 헤아리려고 한다면 헛수고이며, 허공에 내려치는 천둥소리는 귀를 막아도 되지 않는다(掣電之機, 徒勞佇思 當空霹靂 俺耳難諧)」라고 한다. 掣電(철전)은 번쩍이는 번갯불이 빛나는 것을 말함. 몹시 짧은 시간의 비유로도 표현하

며, 電掣(전철)이라고도 한다. 掣는 끌 체. 끌어당길 철. 여기서 말하는 機는 禪機로서 마음의 지혜작용으로 깨달음을 체득한 禪機의 지혜이다.『說文』에「발동(發)하는 것을 주관하는 그것을 機라고 한다.」라고 하고 있다. 마음에 지혜의 작용이 발동하는 것인데, 여기서는 암주의 대응에 대한 조주의 禪機가 발동하는 모습이 마치 전깃불과 같이 신속하게 빛난다는 의미이다.

* 殺人刀 活人劍 : 선지식이 一喝, 一棒, 一言, 一句를 제시하여 학인들을 미혹함에서 깨달음으로 전향(轉迷開悟)시키며, 번뇌망상을 제거(殺人刀)하고 진여 자성으로 되돌아가 지혜롭게 살(活人劍)도록 하는 교화방편의 지혜작용을 말함.

이 말은 당말의 선승 夾山善會가 동시대의 石霜慶諸와 巖頭全豁, 이 두 선승의 機語를 평하면서,「석상은 殺人刀는 있으나 또한 活人劍이 없고, 암두는 또한 殺人刀는 없지만 活人劍은 있다.」라는 말이 선어로서 최초로 사용하게 된 것이다.

『벽암록』제12칙 원오선사의 垂示에도「殺人刀 活人劍, 이것은 곧 上古의 風規이며 또한 今時의 樞要인 것이다.」라고 말하고 있다.

* 앞의 二句 조주화상의 안목과 心機 발동의 신속함을 읊은 것. 殺人刀는 앞의 암주의 拳頭를 인정하지 않고 떠난 것이며, 活人劍은 두번째 암주의 拳頭를 인정하고 인사 올린 것.

* 본래심의 경지에서 긍정과 부정, 有優劣과 無優劣 등 차별과 분별을 초월하게 함. 조주도 없고 두 암주도 없고 오직 一拳頭의 지혜작용만 있을 뿐 두 암주의 拳頭에 優劣이 없고, 분별도 없는 것. 두 암주의 우열에 대한 차별심이 있으면 參學의 안목이 없는 것이다.

無門關

제12칙. 서암화상과 주인공(巖喚主人)

瑞巖彦和尙 每日, 自喚主人公. 復自應諾. 乃云, 惺惺着, 喏. 他時異日, 莫受人瞞. 喏喏.

無門曰, 瑞巖老子, 自買自賣, 弄出許多神頭鬼面. 何故. 㘞. 一箇喚底, 一箇應底. 一箇惺惺底, 一箇不受人瞞底. 認着依前還不是. 若也傚他, 總是野狐見解.

頌曰, 學道之人不識眞. 只爲從前認識神. 無量劫來生死本. 癡人喚作本來人.

【번 역】 서암화상은 매일 자기 자신을 향해서 '어이 주인공!'이라고 부르고서는, 스스로 '예! 예!'라고 대답하였다. '깨어 있는가!' '예!'라고. '언제 어디서라도 다른 사람에게 속임을 당해서는 안 된다.' '예! 예!'라고 하면서, 항상 이렇게 자신에게 질문(自問)하고 자신이 대답(自答)하였다.

무문화상이 말했다. 서암 노인은 자기가 자기를 사고 팔고 하면서 허다한 도깨비 장난같이 혼자서 연극을 하고 있네. 도대체 무슨 까닭인가? 그렇지(㘞)!

한 사람은 부르는 역할, 한 사람은 대답하는 역할, 한 사람은 깨어 정신 차리도록 하는 역할, 한 사람은 다른 사람에게 속임을 당하지 않도록 하는 역할을 하고 있다.

그러나 그러한 역할을 하는 사람이 따로 따로 존재한다고 인정한다면 여전히 중생심의 경지를 초월할 수가 없는 것이다. 또한 서암화상 흉내를 내어서 한 사람(一人)이 두 사람 역할(二役)이라도 한다면 모두 삿된 분별심(野狐)에 떨어진 것이다.

　게송으로 읊었다. 불도를 수행하는 사람이 진실을 알지 못하는 것은, 단지 이전의 상대적인 의식을 진실로 잘못 알고 있기 때문이다. 무량한 과거 이래로 생사 윤회의 근본인 분별심(識神)을 어리석은 사람은 본래인으로 착각하고 있네.

【해설 및 역주】

　* 이 공안은 『오등회원』 제7권에 의함. 『무문관』 12칙(『大正藏』 48권 294쪽, 中) 『대혜서』 「答李寶文」(『大正藏』 47권 935쪽, 下)과 道元 『正法眼藏三百則』 247칙에도 인용하고 있음.

　* **瑞巖師彦**(생몰년 미상)에 대해서는 『조당집』 제9권에는 烏巖화상이라고 함. 『송고승전』 13권, 『전등록』 17권, 『오등회원』 제7권 등에 그의 약전을 전하고 있다. 그의 법계는 德山宣鑑 → 巖頭全豁(827~887) → 瑞巖師彦. 서암선사는 스승 암두선사로부터 「내 쉬는 숨, 들이마시는 숨과 대소변하는 곳에 본래 자연히 영원불멸의 진리가 나타나고 있는 것이다. 모두 각자 자기 발 밑을 잘 살피고 廻光返照하여 잘 비추어 봐라!(出息, 入息 阿屎送尿하는 곳에 本來法爾로서 常住의 理가 현전하니 自己脚跟下을 照顧하라)」라는 교시를 잘 받아들였다.

　『오등회원』 제7권 서암화상전에 의하면, 서암화상은 매일 남이 보면 愚人처럼 반석 위에 앉아서 스스로 「주인공아!」라고 부르고, 또 스스로 「예!」라고 대답하고, 스스로 「정신 차리고 있는가? 다른 때, 다른 날 남에게 속임을 당해서 안 된다.」라고 스스로 경계시키고, 또 스스로 「예! 예!」라고 대답하였다고 전한다.

　이것은 스승의 가르침에 따라 발밑을 照顧하고 깨달음을 체득하는 참된 자기의 본래심. 주인공에 의해 살려고 하는 서암화상의 氣魄을 나타내고 있는 것으로 후학들에게 구도자의 정신을 심어 주는 일단의 공안이다.

* 主人公 : 자기 자신의 본래인. 자각의 주체인 불성을 스스로 자칭하여 부르는 것. 『자경문』에도 「주인공아! 내 말을 잘 들어라! 많은 사람들이 불법의 문 가운데서 불도를 이루었는데, 그대는 왜 아직까지 삼계의 고해에서 윤회하고 있는가?」라고 자각시키고 있다.

* 惺惺着 : 불법의 도리를 깨닫고 마음이 안정되고 조용한 것. 분명히 깨어있는 지혜의 작용. 『열반경』에서 말하는 「了了見佛性」이나 「了了常知」로 항상 분명히 깨어 있도록 해야 한다는 것. 깨달음의 지혜작용을 惺惺이라고 하고, 着은 명령의 어조사.

* 喏 : 諾의 옛 글자(古字). '예! 예!'라고 응답하는 말.

* 他時異日 : 다른 때나 他日에. 지금 여기 이후라는 의미.

* 莫受人瞞 : 남의 말이나 言行 교설 등을 그대로 받아들여 속임을 당하지 말라는 경책. 일상생활하는 가운데 일체의 경계에 끄달려서 자기를 잃어버리고 매몰되는 일이 없도록 하라! 자기의 주체를 상실하고 사람의 말(人惑)과 경계에 끄달림(境惑)이 없도록 하라는 자각적인 경책이다.

* 自買自賣 : 자기 자신이 물건을 팔고 자신이 그 물건을 사는 것. 自問自答하는 것.

* 聻 : 니(聻)는 어조사로서 힐문하는 말의 餘聲. 어떤 사물을 지시하는 것에 대하여 반문하거나 주의를 재촉하는 간투사. 그것, 그래, 등과 같은 기세를 나타내는 말. 고함(喝), 쯧쯧(咄), 크게 부르다(咦), 모두 드러남(露), 흩어버려라(散) 등과 같이 선어로 자주 사용하고 있는데, 여기서는 부적의 의미로 사용하고 있다.

『五音集韻』에 「부적은 귀신과 재앙을 쫓기 위해 대문 위에 써 붙이는 그림 문자이다」라고 함. 『유양잡조(酉陽雜俎)』에 「門上畵虎頭, 書聻字.」부적을 의미하는 부적 聻(적). 무문이 神頭鬼面이란 말밑에 이 「聻」이라는 한 자를 사용하고 있는 것은 다음과 같은 고사에 의거한 것이다.

즉 『張續宣室志』라는 책에 실려있는 것인데, 「옛날 裵漸이라는 사람이 황하의 上流, 伊水 근처에 홀로 인간의 속세를 떠나 선인과 같이 隱士로서 생활하고 있었다. 道士 李君이 그를 찬탄하기를 '요즈음 귀신을 제압함에 漸보다 훌륭한 사람은 없다'(當今制鬼, 無過漸耳)」라고 말했다.

이 말이 세상에 알려지고 파문을 불러일으키면서 「漸耳」라는 두 글자가 합쳐져서 聻이라는 한 글자로 만들어져서 귀신을 제압하는 의미의 글자가 되어, 이 글자를 篆書로 써서 각 가정의 대문에 붙이게 되었다고 한다. 즉 귀신과 재앙, 재화를 기양하는 부적 같은 의미로 사용하게 된 것이다.

무문의 평에서 「瑞巖老子는 자기가 팔고 자기가 사며, 귀신 도깨비 장난(神頭鬼面을 賣弄)을 하고 있는 것이다.」라고 언급하는 의미를 참조해 볼 필요가 있는 것이다. 즉 서암화상이 '주인공아!'라고 부르고 스스로 '예!'라고 대답하는 자각적인 수행은 번뇌망념의 분별심(識神)적인 작용을 봉쇄하고 본래면목을 드러내는 부적과 같은 것이다.

간화선에서 조주의 無字를 참구하는 것도 「無!」라고 자신이 마음의 목소리를 내고 자신의 목소리를 듣고 자각하는 것은 禪病인 번뇌망념을 차단(破病)함과 동시에 본래면목을 전부 드러내는 全提의 수행구조와 똑같은 것이다. 사실 간화선은 서암화상의 주인공을 부르는 공안을 토대로하여 주장한 것이라고 할 수 있다.

* **認着依前還不是** : 서암화상이 도깨비 장난처럼 부르는 사람, 대답하는 사람, 깨어 있으라고 하는 사람, 남의 속임을 받지 말라고 말하는 사람 등을 따로 따로 존재한다고 그대로 인정하면 중생심의 차별적인 경지를 초월하지 못한다. 認着은 肯定 혹은 措定하는 의미. 着은 조사. 『임제록』 시중에 「그대 이 꿈과 幻化의 상대자(육체)에 집착해서는 안 된다.」라고 주의하고 있다.

* **野狐見解** : 엉터리 안목없는 似而非 선승의 견해를 말한다. 『무문관』 제2칙에 언급한 「百丈野狐」에서 유래된 말인데, 불법의 대의와 정법의 안

목을 확립하지 못하고 의심과 분별심으로 선을 설하고 있는 선승. 깨달음의 체험도 없고 정법의 안목이 없는 暗證禪師라고도 한다.『임제록』에도「이 모두 野狐의 精魅이다. 모두가 眞佛이 아니다.」라고 함. 眞正見解의 반대. 진실로 참선하지 못하고 깨달은 체하며 남을 기만하는 무리의 견해를 野狐에 비유한 것. 잘못된 견해.

한결같이 서암화상의 흉내만 내면서 매일 스스로「주인공아!」하면서 부르고 스스로「예!」라고 대답하는 놈은 野狐禪者이다. 고칙 공안은 옛 사람의 수행하는 모습만 흉내낸 것으로 모두 귀신과 도깨비(神頭鬼面) 장난이다. 단지 고인의 수행하는 모습(形體)만을 모방하여 자기를 그 형체에 집어넣고 끼워 맞추려고 하는 것은 흉내내는 似而非禪, 野狐禪이 되고 만다. 귀신과 도깨비(鬼面)를 잘 파악하고 野狐禪을 타파하여 참된 자기의 주인공을 자각하고 자기에서 탈피해야 무애자재한 지혜작용이 된다.

* 불도를 배우는 사람이 참된 불법의 대의를 진실로 알지 못하고 있다. 무문의 게송「學道之人不識眞. 只爲從前認識神. 無量劫來生死本. 癡人喚作本來人」은『전등록』10권 장사경잠전에 보이는 長沙의 게송(無始劫來生死本. 痴人喚作本來身)(『大正藏』51권 274쪽, 中)을 그대로 인용하고 있다. 참선하여 불도를 수행하는 사람이 진실된 불법의 정신을 제대로 알지 못하고 있다. 眞은 불법의 참된 정신. 불법의 대의를 말한다. 여기서는 本來心, 主人公을 잘못 알고 있다고 지적한 것.

* 識神 : 중생의 분별심, 차별심인 업식과 같다. 여기서는 중생의 분별심과 불성을 착각하고 있으며, 불성과 영혼에 대한 착각을 지적하고 있다. 불교경전에서도 영혼을 인정하는 것이 아닌가 하는 의문을 불러일으키기 쉬운 부분이『대무량수경』에 보인다.「형체를 바꾸고 道를 바꾸며, 받는 수명이 혹은 길고, 혹은 짧으며, 魂神 精識이 자연히 이것으로 나아간다.」

이것은 중국적인 사고로 경전을 번역한 것인데, 魂神 精識의 영혼이 불성으로 착각하기 쉬운 오해를 불러일으키고 있다. 즉『위서』釋老志에「모두

行業에 의해 일어난다. 과거, 현재, 미래가 있어 삼세를 다해도 識神은 항상 滅하지 않는다.」라고 하고 있는 말도 영혼과 불성을 착각하고 있다. 영혼은 우파니샤드에서 주장하는 윤회의 실체이며, 불멸의 존재이며, 의식, 업식으로 업에 의해 생기고 삼세에 걸쳐 인과 윤회에 떨어져 헤매는 것이다.

불성은 지금 여기서 자기 자신의 자각적인 주체이며 지혜와 인격을 형성하는 주체이지만 영혼과 같이 영원히 존재하며 불변하는 실체가 아니다.

『연등회요』제6권 장사경잠장에 다음과 같은 구절이 보인다.「竺尙書가 질문했다. '지렁이(蚯蚓)를 두 동강이로 절단했을 때 양쪽이 모두 움직이고 있는데 불성은 어느 쪽에 있습니까?' 선사는 '망상 일으키지 말라(莫妄想)!'라고 했다. 축상서가 '그러면 어째서 지렁이가 움직이고 있습니까?' 선사는 '四大 화합이 아직 완전히 흩어지지 않았기 때문이다.'라고 대답하고 있다.」불성을 영혼으로 착각하여 실체시하는 잘못을 명쾌하게 부정하고 있는 선문답이다. 영혼이나 精靈도 인간 망상의 결정인 것이라고 하면서 장사스님은「莫妄想!」이라고 단호하게 말하고 있다.

無量劫來로 생사 윤회의 근본인 분별심, 차별심, 중생심(識神)을 本來人(佛性: 主人公)으로 착각하는 것을 비판한 것이다. 佛性과 靈魂 識神의 오해는 중국 선종의 중심과제이며 불법과 외도의 견해에 대한 비판의 대상이 되고 있다.

『전등록』28권 남양혜충 국사의 법문에「몸은 죽어 없어지지만 마음은 영원하여 없어지지 않는다(身滅心不滅)」라고 주장하는 남방의 종지를 비판하면서 先尼外道의 견해라고 비난하고 있다. 이 문제는 道元의『正法眼藏』「卽心卽佛」에도 인용하여 비판하고 있다. 임제가『임제록』에「無位眞人, 이 무슨 똥덩어리(乾屎橛) 같은 말이야!」라고 무위진인을 실체시하는 학인을 비판하고 있는 법문을 잘 사유해야 한다.

『전등록』제10권 장사경잠전에 그의 유명한 설법으로 다음과 같이 전한다.「내가 만일 매양 종교만을 선전한다면 법당 앞에 풀이 한 길이나 자라게 된다. 그러므로 나는 부득이 그대들에게 말하노니 시방세계가 온통 사문의 눈이요(盡十方世界是沙門眼), 시방세계가 온통 사문의 全身이요(盡十方世界是沙門通身), 시방세계가 온통 자기 광명이며, 시방세계가 온통 자기 광명 속의 것이며, 시방세계가 온통 자기 아닌 사람이 없다.」

「대사가 하나의 게송을 지어 보였다. 백 길 장대 끝에 요동치 않는 사람을 깨달았다 하지만 귀중치 않는 것. 백 길 장대 끝에서 걸어 나가야 시방세계가 비로소 자기 몸이 되리라(百丈竿頭不動人. 雖然得入未爲眞. 百丈竿頭須進步. 十方世界是全身.)」

무아 무심의 경지가 되어야 일체의 만법과 하나가 되며 시방세계가 자기 자신의 눈이 되고 몸이 되는 것이다. 萬法一如. 萬物一體.

* **本來人** : 『마조어록』에도 방거사가 「不昧本來人」이라고 말하고 있는 것처럼, 분명하게 현재 여기에 깨어 있는 자각의 주체로서 임제가 주장하는 無位眞人 無依道人 無事人을 말한다. 「곳에 따라 주인이 되어야 자신이 있는 그곳이 진실된 세계가 되리라(隨處作主 立處皆眞)」라고 주장하고 있는 주인과 같다. 중국 선종에서는 佛性, 如來藏, 眞如, 自性 등과 같은 불교 경전의 언어를 사용하지 않고 중국인들이 누구나 쉽게 이해할 수 있는 언어로 바꾸어서 주장하고 있다.

제13칙. 덕산화상의 탁발(德山托鉢)

德山, 一日托鉢下堂. 見雪峰問, 者老漢, 鐘未鳴, 鼓未響, 托鉢向甚處去. 山便回方丈. 峰擧似巖頭. 頭云, 大小德山, 未會末後句. 山聞, 令

侍者, 喚巖頭來. 問曰, 汝不肯老僧那. 巖頭密啓其意. 山乃休去. 明日陞座. 果與尋常不同. 巖頭至僧堂前, 拊掌大笑云, 且喜得老漢, 會末後句. 他後天下人, 不奈伊何.

　無門曰, 若是末後句, 巖頭 德山, 俱未夢見在. 撿點將來, 好似一棚傀儡.
　頌曰, 識得最初句, 便會末後句. 末後與最初, 不是者一句.

【번 역】덕산화상이 어느 날 하루 발우를 들고 식당으로 내려오고 있었다. 설봉은 덕산화상의 이러한 모습을 보고, '어르신(老漢)! 아직 식사 시간을 알리는 종도 치지 않았고, 북도 울리지 않았는데, 발우를 가지고 어디로 가십니까?'라고 하자, 덕산화상은 곧장 방장실으로 되돌아갔다.

　설봉이 암두에게 이러한 이야기를 하니 암두가 말했다. '저렇게 훌륭한 덕산화상 같은 분도 아직 불법의 궁극적인 한 마디(末後句)로 여법하게 교화를 하지 못하고 있군!'

　덕산화상이 암두가 비평한 이러한 소식을 전해 듣고 시자를 시켜서 암두를 불러 오도록 했다. 덕산화상은 암두에게 물었다. '그대는 노승이 펼친 불법의 궁극적인 교화(末後句)를 인정하지 않는 것 같군?' 암두는 덕산화상의 귀에다 가만히 그의 의지를 말씀드렸다. 암두의 말을 들은 덕산화상은 그의 의도를 파악하고 더 이상 추궁하지 않았다.

　덕산화상은 그 이튿날 법좌에 올라 설법하였는데, 과연 그의 행동은 그가 평상시에 펼친 교화방법과는 완전히 달랐다. 이러한 모습을 보고 암두는 승당 앞에서 손뼉치고 크게 웃으며 말했다. '정말 다행스러운 일이야! 덕산 어른(老漢)이 불법의 궁극적인 한 마디(末後句)의 교화를 제시할 줄 알았다. 이제부터 천하의 어떤 사람도 덕산화상의 교화에 대하여 어떤 허물이 있다고 말할 수가 없을 거야!'라고.

　무문화상이 말했다. 만약 이것이 불법을 깨닫게 하는 궁극적인 한 마디(末後句)의 교화라고 한다면 덕산, 암두 이 두 사람 모두 꿈에서도 그러한 경지를 볼 수 없다. 그들의 정체를 자세히 점검해 보면 덕산, 암두 모두가 한 무대위의 꼭두각시 인형놀이를 하는 것과 같네.

게송으로 읊었다. 최초의 一句를 안다면, 최후의 一句도 안다. 최후의 一句와 최초의 一句, 모두가 궁극적인 一句가 아니다.

【해설 및 역주】

* 이 일단의 이야기는 『전등록』과 『오등회원』 등에 전하고 있다.
* 德山宣鑑(782~865) : 靑原下 龍潭崇信의 제자. 그의 전기는 『송고승전』 12권, 『조당집』 제5권, 『전등록』 15권, 『오등회원』 제7권 등에 전하고 있으며, 그의 성은 周씨 사천(蜀) 성도의 劍南 출신 사람이다. 『금강경』을 연구한 인물로 그의 성을 따서 「周金剛」이란 異名이 있다. 그는 『金剛經靑龍鈔』를 짊어지고, 강서 호남에서 선불교가 번창하고, 직지인심 견성성불을 주장하는 선승들을 불교의 성스러운 가르침을 모독하는 마구니의 주장이라고 혼내주기 위해 고향인 사천(蜀)을 출발하여 노파에게 『금강경』 「과거심, 현재심, 미래심의 不可得」이라는 한 마디에 막혀서 용담숭신을 찾아 친견하고 그의 법을 계승한 이야기는 유명하다. 덕산이 용담선사를 찾아가 깨닫게 된 이야기는 『무문관』 제28칙에 자세히 전하고 있다.

『벽암록』 제4칙에는 젊은 덕산이 위산영우 선사를 참문하고 과감하게 선시를 과시하는 용기있는 일단은 덕산의 기질을 그대로 드러내고 있는 것으로 주목해야 한다. 그는 항상 주장자(방망이)를 가지고 제자들을 지도하였기 때문에 「덕산의 방망이(棒)」로 유명한데 「임제의 고함(喝)」과 함께 당대의 쌍벽을 이룸.

* 德山托鉢 : 德山 托鉢의 이야기는 『전등록』 16권 암두장과 『오등회원』 7권 암두장에는 「설봉이 덕산의 문하에서 식사 당번(飯頭) 직책으로 있

을 때 하루는 식사준비가 늦었는데 덕산이 발우를 받쳐들고(擎鉢) 법당을 내려왔다. (略)그렇다고 하지만, 단지 삼 년만 살았을 뿐이야! 덕산은 과연 삼 년 후에 示寂하였다.」라고 전한다. 이로 볼 때 덕산이 입적하기 삼 년 전의 일이었음을 알 수 있다. 이 공안의 내용은 지극히 어려운 것으로 예부터 여러 가지 견해가 있지만, 결국 궁극적인 것은 덕산의「末後向上一句」가 중심 문제가 되고 있다.

삼 년 전이라면 덕산은 81세, 설봉은 41세, 암두는 35세가 된다. 설봉과 암두 사제지간 사이에서 일어난 선문답은 제일 우직한 설봉에게 불법의 궁극적인 깨달음을 이루도록 제시한 한 마디의 법문, 최종적인 불법의 향상종지(末後一句)를 깨닫게 하기 위해 덕산과 암두의 연극으로 볼 수 있다(무문의 評을 참조).『종용록』제55칙에도 인용하고 있다.

암두는 뒤에 설봉을 비판하기를「설봉은 나와 함께 똑같은 경지에서 살았지만, 나와 똑같이 죽지 않았다. 안타까운 것은 그가 末後句를 말하지 않았다는 점이다.」라고 술회하고 있다.

* 托鉢 : 원래 탁발은 걸식을 하기 위해 마을로 내려가는 것을 말한다. 『오등회원』제7권 암두장에는「경발(擎鉢)」로 되어 있는데 여기서는 걸식을 위한 것이 아니라, 식사를 위해 방장실에서 승당으로 발우를 들고 내려온 것을 말함.

* 擧似 : 지난 問答 商量 등의 내용과 이야기를 다른 사람에게 그대로 들어서 제시하는 것. 說似, 呈似, 見似와 같은 말이며, 또한 擧向이라고도 한다. 似나 向은 모두 동작을 실행하는 방향을 나타내는 전치사 擧와 결합하여 동사가 된 것이다.

* 雪峰義存 : 雪峰義存(822~908)에 대한 기본 자료는 黃滔가 지은 『福州雪峰山故眞覺大師碑銘』(『全唐文』826권)이 있고,『송고승전』12권,『조당집』7권,『전등록』16권 등에 그의 전기를 전하고 있으며,『설봉어록』(『續藏經』119권에 수록)도 전하고 있다. 설봉은 암두보다도 6살 위지만, 불법의 깨달음은 암두

의 지시로 개발되었다. 설봉이 깨닫게 된 기연으로 유명한 오산성도(鰲山成道)의 이야기는 여러 자료의 설봉전에 한결같이 전하고 있다.

「즉 덕산의 입적 후에 설봉, 암두, 欽山 셋이 행각할 때에 호남 예주 오산진에서 눈이 많이 쌓여 어느 민가에 머물게 되었다. 흠산과 암두는 잠을 자고 있었지만 설봉은 한결같이 철야 좌선수행하고 있었다. 이러한 모습을 본 암두가 여러 가지로 선승들의 기연과 선문답을 제시하여 설봉의 견해를 되묻곤 하였다. 암두가 말했다. '자네는 문으로 들어온 것은 참된 집안의 보물이 될 수 없다(從門入者 不是家珍)는 말을 들어보지 못했는가? 만약 불법을 크게 드날리고자 한다면 지금까지 배운 모든 불법을 하나 하나 모두 자기 것으로 만들지 않으면 안 된다. 그리고 일체의 불법을 자기 가슴(胸襟)에서 유출시켜야 천지와 내가 하나가 될 수 있는 것이다.' 설봉은 이 말에 깨닫고 사형에게 예배드리고 고함쳤다. '사형! 오늘 비로소 오산(鰲山)에서 불도를 이루었다.'라고.」

지금까지 불법을 경전이나 스승의 말씀을 통하여 언어나 문자의 대상으로 이해하고 있었던 설봉이 암두의 지시를 받고 철저히 자기 것으로 만들었다. 불법의 자기화는 철저한 체험으로 이루어지는 것이다. 이러한 체험을 본인이 직접 물을 마시고 물이 차가운지 따뜻한지 자각하라는 冷暖自知를 강조하고 있는 것이다.

설봉은 구도 행각을 통하여 많은 선지식을 참문한 구도자로서도 유명한데, 「三到投子九至洞山」이라고 한 것처럼, 세 번이나 투자산 대동선사를 참문하고, 아홉 번이나 동산양개 화상을 참문하여 수행하였다고 한다. 뒤에 덕산의 문하에서 수학하여 덕산의 법을 이었다.

덕산의 문하에서 설봉은 식당 책임자(典座)의 직책으로 있었다. 설봉은 선원의 典座, 즉 공양주 역할로 항상 주걱을 가지고 다녔다고 함. 그리고 묵묵히 화장실 청소 등으로 은덕을 쌓는 수행자였기에 雪隱이란 말이 생겼다.

* 巖頭 : 巖頭全豁(828~887)은 설봉과 더불어 덕산선감의 법을 이은 당

대의 名僧이다. 그의 전기는 『조당집』 7권, 『전등록』 16권 등에 전하고 있는데, 그의 성은 柯씨 복건성 泉州 출신이다. 덕산의 문하에서 당시 암두는 知客의 소임을 맡고 있었다.

『조당집』 제7권 암두전에는 다음과 같이 암두가 덕산의 인가를 받은 대화를 전한다.

「암두선사가 덕산화상을 하직하니 덕산이 말했다. '어디로 가는가?' 선사가 대답했다. '잠시 화상을 하직할 뿐입니다.' '그대는 뒤에 어찌할 것인가?' '잊지 않겠습니다.' '이미 그렇다면 어째서 나를 긍정하지 않는가?' '이런 말을 들어보지 못했습니까? 지혜가 스승보다 뛰어나야 비로소 스승의 가르침을 전할 수 있습니다. 지혜가 스승과 같다면 스승의 덕을 뒷날에 깎아 내리게 된다고 했습니다(智慧過師方傳師教, 智慧若與師齊 他後恐減師德).' 이에 덕산이 말했다. '옳은 말이지. 그대는 잘 보호해서 지니도록(護持) 하게나!」여기서 인용한 말은 『벽암록』제11칙에도 백장의 말로 전하고 있고, 明本 『전등록』 제6권에는 백장이 황벽에게 한 말로서 전하고 있지만, 실제로는 『임제록』에서 언급하고 있는 것처럼, 위산의 말이 최초라고 할 수 있다.

* 大小德山 : 저렇게나 훌륭한 덕산화상. 송대에는 「大小大 …」라고 함. 「과연」이라는 해석은 잘못된 것.

* 末後一句 : 본 공안의 안목은 「末後一句」에 있다. 이 말은 불법의 궁극적인 안목을 체득한 경지에서 나타내는 선승의 마지막 한 마디의 말이다. 선승의 구경적인 최후의 心境(一句)은 일생 동안 수행한 모든 지혜를 응집한 전 생명이며 모든 불법의 정신을 제시한 결정적인 한 마디인 것이다. 부처의 형상과 이름, 권위에 속박되지 않고, 불법의 가르침 등의 속박에서 벗어나 일체의 집착을 초월한 깨달음의 경지를 말한다. 불법의 대의를 체득(自內證)한 단적인 一句이며, 자기 向上의 一句이다. 근원적인 본래심의 경지에서 설하는 一聲이며 法音이다.

선승이 체득한 末後一句는 사실 제자와 중생구제를 위한 교화의 설법인 것이다. 덕산이 설봉을 깨달음으로 인도하는 교화방법이 末後一句이다. 암두가 덕산이 末後一句를 모른다고 한 말은 설봉을 깨달음으로 교화하지 못한 것을 비판한 말이며, 덕산이 末後一句를 알았다고 하는 말도, 설봉을 위하여 여법하게 설법한 사실을 인정하고 있는 말이다.

이 말은 선승이 죽을 때 하는 한 마디의 말이라고 설명하는 사람이 있는데 잘못된 견해이다. 선불교는 미래의 종교, 죽음을 위한 종교가 아니라 지금 여기, 자기 자신의 깨달음으로 불법과 정법의 안목을 구비하여 지혜로운 생활을 하는 것이다.『좌선의』에서도「만약 선정의 수행으로 지혜로운 사유가 없으면 자신의 일상생활하는 매사에 멍청하게 살게 되리라(到這裏總須忘緣)」를「저 죽음에 임하여 혼연 멍청하게 되리라」라고 번역하고 있는데 선불교의 본질을 모르는 말이다.

암두는 설봉이 불법의 대의를 체득하지 못하고 있는 것(未悟)에 대하여 간접적으로 덕산이 설봉을 교화하는 설법, 末後一句를 모른다고 비판하면서 실제로는 설봉의 심장을 찌르고 자극시키고 있는 것이다. 불법의 안목을 철저하게 체득하지 못한 설봉에 대한 배려이기도 하다. 암두가 덕산에게 비밀리에 말한 내용도 그러한 사실을 뒷받침하고 있다.

* 汝不肯老僧那 : 그대는 나의 선법(교화 방법)에 대하여 불만이라도 있는가? 그대는 나의 禪風을 인정하지 않고 있는가? 라는 의미. 那는 耶나 乎와 같이 의문조사이다. 그러자 암두는 비밀리에 그의 의도를 덕산에게 말했다. 여기서 암두가 덕산에게 비밀리에 말한 내용이 무엇인지 알 수는 없다. 아마도 암두가「덕산은 末後의 一句를 모른다!」고 말한 그 이유를 덕산에게 비밀리에 말한 것이리라. 그렇기 때문에 암두의 말을 듣고 덕산은 이 말에 더 이상 문제삼지 않고 말하지 않았다는 것이다.

* 密啓 : 가만히 비밀리에 알림. 암두가 덕산화상에게 비밀리에 말한 것이 문제가 된다. 암두가 자기 뜻을 덕산에게 비밀리에 알린 것. 덕산화상의

변칙적인 교화로는 너무나 착실하고 여법한 수행을 실천하는 설봉에게는 통하기 어려운 일이니 여법한 상당설법으로 교화방편을 바꾸도록 제시한 것이라고 할 수 있다.

　＊ 休去 : 休歇 몸을 편안하게 함. 일체를 놓아 버림. 암두의 말을 듣고 추궁하는 말을 끝내다.

　＊ 明日陞座 : 陞座는 대중의 간청으로 선사가 설법하기 위해 법상(須彌壇)에 오르는 것. 스승이 대중을 위해 설법하는 것을 말한다. 이튿날 덕산은 법상에 올라 설법하는 모습이 다른 날과는 전연 달랐다고 한다. 그것은 암두가 덕산에게 설봉을 교화하기 위해서 여법한 설법(末後一句)을 요청한 것을 비밀리에 말씀 올리고 난 이후의 변화를 말하고 있다.

　덕산의 상당설법이 다른 때와 어떠한 변화로 설한 것인지? 아무 말도 하지 않은 설법이었는지? 전연 알 수 없다. 그러나 암두는 지금까지 형식과 법칙을 무시한 변칙적인 교화(末後一句)설법한 모습과는 전연 다른 덕산의 如法한 설법으로 교화하는 모습을 보고 손뼉을 치고 웃으면서, 덕산 노인이 末後一句를 알았다고 큰소리치고 있다.

　덕산은 설봉을 위하여 여법한 상당설법으로 末後一句의 교화를 제시한 것이다.

　＊ 且喜得 : 축하할 만한 일이다. 경하할 일이다.

　＊ 一棚傀儡 : 괴뢰(傀儡)는 나무로 만든 인형. 하나의 선반 위에 늘어놓은 인형. 『列子』에 「周의 穆王시대에 巧人 偃師라는 사람이 있었다. 그는 木人을 만들어 歌舞하도록 하였다. 이것이 인형(傀儡)의 시작인 것이다.」라고 함. 『당서』에도 「楊思齊로 하여금 傀儡를 만들도록 하였다.」고 기록함. 『임제록』의 三句說法에도 보임. 一棚은 인형놀이 무대. 여기서 무문은 덕산과 암두가 末後句를 화제로 하여 여러 가지 조작을 하고 있는 것이 마치 하나의 인형놀이 연극을 하고 있는 모습이라는 것.

　＊ 最初句 末後句 : 最初와 最後를 모두 초월함. 처음과 끝이라는 상대적

인 차별심을 모두 다 초월해야 한다는 주장이다. 『화엄경』 제8권 「범행품」에 「初發心時 便成正覺」이라는 말과 『열반경』 제38권 「가섭보살품」에 「發心畢竟二不別, 如是二心先心難」이라고 설하고 있는 것처럼, 초발심이 구경의 정각인 것이다. 출발지와 목적지가 똑같은 것이다. 불성에서 출발하여 불성으로 되돌아가는 것과 똑같다. 즉 여기서 말하는 末後一句는 最初一句인 것이다.

『벽암록』 제51칙에 암두가 「末後의 句를 알고자 한다면 단지 바로 이것일 뿐(只這是)!」이라고 하고 있는 것처럼, 末後句는 암두의 상투문자이다. 불법의 대의는 지금 여기서 자기 자신의 자각적인 생활인 것이다.

* 덕산화상이 늙은 몸으로 죽기 전에 설봉을 깨닫게 하기 위해 발우를 들고 식당으로 내려갔다(덕산의 작용은 평상무사한 일상생활을 펼치고 있다. 배고프면 식사하고, 잠 오면 잠 자고, 피곤하면 쉰다. 불성(본래심)의 전체작용). 설봉의 불법 見處가 어느 정도인지 발우에 담아 볼 심산으로 飯頭(공양주)로 일하고 있는 설봉을 점검하러 내려간 것이다.

* 덕산이 식사 시간을 알리는 종소리도 나기 전에 발우를 들고 늙은 노구를 끌고서 식당으로 내려오는 그 일이 온몸으로 설봉에게 불법을 보여 주고 설하고 있는 末後句의 法門인 것이다.

설봉은 이러한 덕산의 모습을 한 마디로 자신만만하게 「이 늙은이! 발우를 들고 어디를 가는가?」라고 힐문하고 있다.

그러나 기백 넘친 덕산은 한 마디의 대꾸도 없이 그냥 자신의 거처인 방장실로 되돌아간다. 본래의 자기 거처(집)로 되돌아간다는 것은 근원적인 자기의 불성을 자각하여 일체의 경계나 사물에 집착됨이 없도록 지시하고 있는 법문이다. 덕산은 설봉에게 식사 종소리 이전의 근원적인 본래의 세계를 깨닫도록 행동으로 보여 주고 있는 법문이다. 식사 시간을 알리는 종소리는 형식과 틀에 짜여진 일상생활이기에 자각적인 정신이 없이 무의식적으로 형식과 틀에 매몰된 삶이 되고 있다.

그러나 설봉은 식사 시간을 알리는 종도 울리지 않았고 북도 치지 않았는데 벌써 식사하러 오다니, 여법한 일이 아님을 용기 있게 지적하고 있다. 설봉은 이러한 이야기를 암두에게 의기양양하게 말하고 있다. 설봉은 단순히 덕산이 행동하는 모습을 보고 의례 의식과 형상에 끌려 있을 뿐이다.

암두의 「末後一句」는 덕산의 비판을 통해서 설봉을 자극한 비수라고 할 수 있고, 또한 이 공안을 읽는 우리들을 향하여 불법의 대의를 체득하도록 문제제기를 하고 있는 것이다.

암두는 덕산화상에게 화상의 변칙적이고 돌발적이며, 여법하지 못한 그러한 방법으로는 설봉을 깨달음으로 이끌 올바른 교화(末後句)가 되지 못함을 지적하고 如法하게 교시를 내리도록 상의하고 있다. 왜냐하면 설봉은 착실하고 여법한 수행자로서 원칙을 벗어난 덕산화상의 교화방편을 이해하기 힘든 사람이라는 사실을 암두가 덕산화상에게 가만히 귓속말로 전해 주고 있는 것(密啓)이다.

이튿날 덕산의 상당 설법은 덕산이 방망이를 사용하는 등 변칙적인 교화 설법이 아니라, 엄숙하고 여법하게 형식과 위의를 갖춘 교시로 설법(末後句)을 한 것이다. 그래서 암두는 덕산화상도 여법한 교화로 불법의 대의를 설할 수 있는 선승이라고 평가하고 있다.

제14칙. 남전화상과 고양이 살해사건 (南泉斬猫)

南泉和尚, 因東西兩堂爭猫兒. 泉乃提起云, 大衆道得卽救, 道不得卽斬却也. 衆無對. 泉遂斬之. 晚趙州外歸. 泉擧似州. 州乃脫履安頭上而

出. 泉云, 子若在卽, 救得猫兒.
　無門曰. 且道. 趙州頂草鞋意, 作麼生. 若向者裏下得一轉語, 便見南泉令不虛行. 其或未然, 險.
　頌曰, 趙州若在, 倒行此令. 奪却刀子, 南泉乞命.

【번 역】 남전화상이 선원의 동당과 서당 선승들이 고양이 한 마리를 가지고 다투고 있었기에, 남전화상은 고양이를 잡아 들고서 말했다. '자! 여러분이 만약 불법의 대의를 체득한 한 마디 말을 하면 이 고양이를 살려주고, 말하지 못하면 죽이리라!' 대중은 모두 말이 없었다. 남전화상은 곧 그 고양이를 칼로 베었다.

　저녁 때 조주스님이 외출했다가 돌아왔다. 남전화상은 조주에게 낮에 선원에서 일어난 일과 고양이를 죽인 그 이야기를 말했다. 조주는 곧장 짚신을 벗어 머리에 이고 문 밖으로 나갔다.

　남전화상이 말했다. '그대가 만약 있었더라면 그 고양이를 죽이지 않아도 되었을 것인데!'

　무문화상이 말했다. 자 말해 보라! 조주가 짚신을 머리에 얹은 것은 무슨 의미가 있는 것인가? 만약 이러한 조주의 행위에 대한 진의를 파악하여 깨달음으로 전향할 수 있는 한 마디(一轉語)를 한다면 곧 남전이 고양이를 죽인다고 한 명령이 헛된 일이 아니었음을 알 수 있을 것이다. 만약 한 마디라도 할 수 없다면, 위험하고 위험하다(고양이와 마찬가지로 그대도 남전의 한 칼에 兩斷되는 처지가 될 것이다).

　게송으로 읊었다. 조주가 만약 그 자리에 있었다면, 그 남전의 명령은 반대로 실행되었을 것이다(남전화상에게 한 마디 해 보라고 했을 것이다). 조주가 그때 그 자리에 있어 남전의 칼을 빼앗었다면, 남전이라도 목숨을 살려달라고 구걸해야 했을 것이다.

【해설 및 역주】

* **南泉普願** : 南泉普願(748~834)은 마조도일의 제자.『조당집』14권,『전등록』제6권 등에 전기가 있다. 속성은 왕씨 南泉에 거주하였기 때문에 王老師라고 불렸다. 그의 문하에는 조주종심을 비롯하여 장사경잠 육긍대부 등 위대한 제자가 배출되었다.『벽암록』28칙, 31칙, 40칙, 63칙, 64칙, 69칙 등에 등장하고 있다. 이 공안은『벽암록』63칙「南泉兩堂爭猫」와 64칙「南泉問趙州」에 나누어서 싣고 있으며,『宏智頌古』제9칙에도 싣고 있다. 본 공안의 출처는『조주록』권상.『전등록』제8권 남전장 등에 전하고 있는데,『조당집』제5권 덕산장에는 다음과 같은 원형을 전한다.

「남전화상 문하에 제1 수좌가 고양이를 길렀는데, 옆에 있는 스님이 고양이의 다리를 부러뜨렸다. 이로 인해 싸움이 일어나서, 이 일을 남전화상에게 아뢰니 화상이 당장 내려와서 고양이를 번쩍 들고 외쳤다. '누군가 한마디(불법의 대의를 체득한 궁극적인 一句) 말할 수 있으면 이 고양이의 목숨을 구제할 수 있다.' 대중 가운데 대답하는 이가 없자 남전화상은 칼을 들고 고양이를 두 토막으로 잘라 버렸다.

설봉이 이 이야기를 들어서 덕산선사에게 질문했다. '남전화상이 고양이를 벤 뜻이 무엇입니까?' 덕산선사는 설봉을 밀어내면서 때리니 설봉이 달아났다. 이에 덕산선사는 다시 설봉을 불러 세우고 '알겠는가?' '모르겠습니다.' '내가 그대를 위해서 그토록 애썼는데 그대는 모르는구나!'」

「덕산선사가 암두에게 말했다. '알겠는가?' '모르겠습니다.' '모르는 것을 잘 지니는 것이 좋겠도다.' '이미 모르거늘 잘 지닐 것이 무엇입니까?' 이에 덕산이 말했다. '그대는 마치 무쇠 말뚝 같구나!'(2-33~34)」

南泉斬猫와 똑 같은 구조의 선문답으로『백장광록』에 다음과 같이 전한다.

「마조화상이 사람을 시켜서 편지와 간장 항아리 세 개를 보내왔다. 백장스님은 법당 앞에 나란히 놓아두라고 지시하고, 법당에 올라 설법(上堂)

할 때에 대중이 모이자 주장자로 항아리를 가리키며 말했다. '자! 누군가 불법의 대의를 체득한 말을 한 마디 한다면 이 항아리를 깨뜨리지 않을 것이요, 말하지 못하면 곧 깨뜨릴 것이다.' 대중이 말이 없자, 백장스님은 곧장 항아리를 깨뜨리고 방장으로 되돌아갔다.」

『오등회원』 제9권 앙산장과 『禪林類聚』 16권 「鏡扇門」 앙산장에 앙산이 거울을 깨뜨린 「撲鏡」 이야기를 다음과 같이 전한다. 「앙산스님은 스승 위산화상이 하나의 거울을 보내온 인연에 대하여 거울을 받아들고 상당 설법하였다. '자! 말해 보게나! 이것은 위산의 거울인가? 앙산의 거울인가? 만약 위산의 거울이라고 한다면 앙산의 손 가운데 있고, 만약 앙산의 거울이라면 이것은 위산이 보내준 것이다. 말할 수 있으면 타파하지 않겠지만, 말하지 못한다면 타파해 버리겠다.' 세 번이나 질문했지만 대중이 말이 없자, 앙산은 드디어 거울을 깨뜨려 버렸다.」(『禪苑蒙求』 卷中. 『宗門葛藤集』 159칙 참조)

남전은 「異類中行」(스스로 축생도에 떨어져 불도를 행하도록 하는 가르침)의 설법을 설한 선승으로도 유명한데, 축생도에서는 축생으로 응현하여 불법을 수행하도록 하는 남전의 異類中行은 살생과 불살생은 문제가 되는 것이 아니다.

 * 東西兩堂 : 선원의 구조가 東堂과 西堂으로 나누어져 있음. 동서 양당의 수행자들이 고양이 한 마리에 시비하고 있는 것은 각자가 본래심을 상실하고 고양이라는 色 경계(境惑)에 떨어져, 向外馳求하며 생사망념에 헤매고 있는 모습을 남전이 고양이를 잡고 불법을 자각하도록 명령을 내린 것.

 * 道得 : 불법의 궁극적인 경지(대의)를 깨달아 자기 것으로 만든 절대의 한 마디(末後一句)를 말할 수 있다면 고양이를 살릴 수 있다. 고양이의 생사를 구제할 수 있는 생사초월된 경지의 불법을 체득한 一句를 말하라!라는 명령어. 그것은 수행자들에게 자기 자신의 생사존망을 내 건 생사초월의 경지, 생사대사를 마친 경지를 一句로 말하라고 지시한 명령이다.

 * 南泉斬猫 : 동서 양당 수행자들의 생사망념, 차별심, 분별심을 끊어버

리도록 부득이 고양이를 죽이면서까지 제시한 교육 행위. 生死妄念을 끊는 지혜의 劍. 殺人刀. 劍刀上事.

자기를 죽일 것인가? 살릴 것인가? 이와 똑같은 생사문제를 고양이를 제시하여 수행자들에게 절감케 하고 있는 것이다. 즉 출가하여 生死大事 一大事를 해결하기 위해 身命을 내걸고 수행해야하는 수행자들이 자신의 본분사를 망각하고 고양이(境惑)에 끄달려 쓸데없이 밖을 향해서 진실을 추구하는 제자들에게 직접 지혜의 殺人刀로서 일체 생사망념을 차단하도록 제시한 것. 남전은 자신이 학인들에게 제시한 한 마디(一句)의 문제를 직접 행동으로 보여 주고 있는 것이다.

* 趙州 : 이 일단의 공안에 조주가 등장한 것은 『전등록』 제8권 남전장이다. 사실 남전이 말하고 있는 것처럼, 조주는 이 일단의 사건을 해결하는 구제자로서 등장하고 있는데, 고양이를 구제하기보다도 남전을 구제한 인물이다.

* 脫履安頭上 : 짚신(草鞋)을 벗어 머리 위에 올려놓는 것. 여러 가지 견해가 있으나 本末顚倒와 그 밖의 의미가 내포되어 있다. 언구나 형식, 틀에 박힌 격식과 고정관념을 초월함. 전도몽상과 착각(錯覺)을 초월하도록 행동으로 직접 보여 주고 있는 것이다.

선원의 동당 서당의 양당에 모인 출가 수행자가 생사대사를 해결하는 올바른 수행을 하지 않고 고양이 한 마리를 가지고 다투고 있는 것은 수행자로서 너무나 전도된 행위이다. 또한 남전이 불살생의 계율을 지켜야 할 출가인이 고양이를 칼로 죽여 살생한 것도 전도된 행위이다.

조주스님이 신발을 벗어 머리 위에 올려놓은 것은 낮에 일어난 이러한 선원의 사건이 수행자들의 전도된 행위를 비판하고 있는 것이라고 할 수 있다. 이러한 전도몽상과 착각을 벗어나야 한다고 하면서 문 밖으로 나가버리는 조주의 행위는 言詮 不及, 전도를 떨쳐 버리도록 하는 직접적인 행동이라고 할 수 있다. 즉 일체를 초월하는 수행자의 정신을 행동으로 보여 주고 있다. 부득이 고양이를 죽인 남전화상의 쓸데없이 지나친 수단(마음)도 떨쳐버리도록 하고 있다.

조주가 짚신을 머리 위에 얹고 문 밖으로 나간 것은 수행자들이 일체의 본분사를 망각하고 전도몽상과 생사심, 斷見과 常見, 고정관념, 착각, 사량분별심을 초월한 해탈의 경지(깨달음)에서 자유자재롭게 살아야 한다고 행동으로 직접 보여 주고 있다. 생사를 초월한 경지에서 자유롭게 살고 있는 모습을 자신의 몸으로 직접 보여 주고 있는 것이다.

논쟁의 씨앗이 존재하지 않는 것을 직접 보여 준 수단으로 남전화상은 고양이를 죽인 것이다. 조주가 짚신을 머리 위에 얹고 문 밖으로 나가는 것은 남전화상의 수단이 쓸데없이 지나친 살생 행위에 대한 것을 행동으로 보여 주고 있는 것으로 짚신을 머리 위에 올리는 것과 같이 쓸데없는 지나친 행동이다.

남전은 만약 그대가 낮에 그 자리에 있었더라면 나 역시 그렇게 쓸데없는 행동은 하지 않았을 것인데 ……라고 말하는 것은 조주가 남전을 구제해 주는 인물임을 간접적으로 표현한 말이다.

* **者裏** : 이곳, 여기, 혹은 그곳이라는 의미. 가까운 장소를 나타냄. 「那裏」에 상대되는 말. 여기서는 조주가 짚신을 머리에 이고 밖을 나간 의미는 무엇인가? 그러한 조주의 행동에 대하여 한 마디 할 수 있다면 남전의 명령은 무의미한 것이 되고 말았을 것이다.

* **一轉語** : 불법의 대의를 체득한 궁극적인 한 마디. 대화하는 상대의 미혹함을 깨달음으로 전향시킬 수 있는(轉迷開悟) 힘이 있는 한 마디의 교시. 唐詩의 起承轉結에서 유래된 말이다.

* **南泉令** : 정부의 명령이나 軍令의 의미를 빌려서 남전이 학인들에게 내린 명령을 말함. 즉 불법의 대의를 체득한 한 마디의 궁극적인 경지를 말한다면 이 고양이를 살려주고 말하지 못한다면 죽이겠다고 한 말.

* **虛行** : 헛된 행동. 쓸데없는 일.

* 險 : 불법의 대의를 체득한 한 마디의 말을 제시하지 못한다면 그대 역시 그 고양이처럼, 남전의 칼날에 두 동강이가 나고 말 것이다. 그대 역시 생사의 망념에 떨어져 고해의 고통을 받는 신세가 되고 만다. 생사에 타락되어 고통 받는 중생이 되고 말 것이다.『임제록』에서는「칼날 위의 일(劍刀上事)」이라고 하고 있다.

* 倒行 : 倒行逆施로서「반대로 상대방에게 실행하게 하는 것」. 완전히 다른 방법으로 올바르게 대답하는 것. 此令은 남전의 명령.

*『불유교경』에「축생을 기르지 말라」고 말하고 있는 것처럼, 선원이나 사찰에서 짐승을 기르는 것을 금지하고 있다. 그러나 당대의 선원에서는 곡식을 탕진하는 쥐를 잡기 위해 고양이를 길렀다. 선원에서 一大事, 生死大事를 해결하기 위해 모인 구도자들이 한 마리의 축생인 고양이 경계에 떨어져 생사망념에 허덕이고 있는 모습을 보고 남전화상은 제자들을 각성시키기 위해서 부득이 고양이를 죽이고 있다.

남전이 고양이를 죽인 것은 학인들과 구도자들이 전도몽상에 허덕이고 생사망념에 떨어진 수행자들의 생사망념의 근본을 끊어 버린 행위이다(殺人刀).

조주가 짚신을 벗어 머리 위에 올리고 문 밖으로 나간 행동은 남전도 살리고 학인들도 살린 것(活人劍)이라고 할 수 있다.

제15칙. 동산의 수행과 깨달음(洞山三頓)

雲門因洞山參次, 門問曰, 近離甚處. 山云, 查渡. 門曰, 夏在甚處. 山云, 湖南報慈. 門曰, 幾時離彼. 山云, 八月二十五. 門曰, 放汝三頓棒.

山至明日却上問訊, 昨日蒙和尙放三頓棒, 不知過在甚麼處. 門曰, 飯袋子. 江西湖南, 便恁麼去. 山於此大悟.

無門曰, 雲門當時, 便與本分草料, 使洞山別有生機一路. 家門不致寂寥. 一夜在是非海裏. 著倒直待天明, 再來又與他注破. 洞山直下悟去, 未是性燥. 且問諸人, 洞山三頓棒合喫不合喫. 若道合喫, 草木叢林皆合喫棒. 若道不合喫, 雲門又成誑語. 向者裏明得, 方與洞山出一口氣.

頌曰, 獅子敎兒迷子訣, 擬前跳躑早飜身, 無端再敍當頭着, 前箭猶輕後箭深.

【번 역】 운문화상은 동산수초(洞山守初, 910~990)가 처음 참문하러 왔을 때, 곧장 '지금 어디서 왔는가?'라고 물었다. 동산은 '사도(查渡)에서 왔습니다.'라고 대답했다. 운문화상은 '이번 하안거는 어디에서 지냈는가?'라고 묻자, 동산은 '호남의 보자사에서 지냈습니다.'라고 대답했다. 운문화상은 '언제 그곳에서 출발했는가?'라고 묻자, 동산은 '8월 25일 출발했습니다.'고 대답했다.

그러자 운문화상은 '그대에게 60 방망이(三頓棒)를 때리는 벌을 내린다.'라고 말했다.

동산은 날이 새자 그 이튿날 곧장 운문화상에게 나아가 인사를 올리고 질문했다. '어제 화상께서는 나에게 60 방망이(三頓棒)를 때리는 벌을 내린다고 하셨는데 도대체 저의 허물이 어디에 있었습니까?' 그러자 운문화상은 '이 밥통 같은 녀석아! 너는 멀리 강서나 호남을 왔다 갔다 하면서 세월이나 보내고 말 것이냐?'라고 꾸짖었다. 동산은 이 말을 듣고 깨닫게 되었다.

무문화상이 말했다. 운문화상은 그때 동산에게 본분을 깨닫도록 좋은 법문(草料)을 설하여 동산에게 특별히 활기 있는 한 사람의 선승의 길을 체득하도록 하여 운문종의 한 가풍(禪門)이 실추되지 않도록 하였다.

동산은 그날 하루 밤중에 '이것도 아니고, 저것도 아니고' 허물이 어디에 있었는지 사유의 바다에 깊이 빠져서 궁리하였다. 그리고 날이 밝기를 기다렸다가 다시 운문화상을 찾아갔을 때, 운문화상은 동산을 위해서 주의 주면서 문제점을 감파(勘破)하도록 하였다. 그렇게 해서 동산이 곧바로 깨달음을 얻었다고 할지라도, 이것은 아직 완전한 경지에 이르지 못한 것이다.

잠시 여러분들에게 질문해 보자. 도대체 동산이 60 방망이(三頓棒)를 얻어맞아야 할 것인가? 아니면 얻어맞지 않아야 할 것인가? 만약 얻어맞아야 한다면 산천초목과 세계의 모든 수행자가 모두 얻어맞아야 할 것이다. 만약 얻어맞지 않아야 한다면, 운문화상은 사람을 기만하는 거짓말을 한 것이 되고 만다.

이 문제를 분명히 밝힌다면 진실로 동산과 함께 호흡을 같이 할 수 있을 것이다(동산과 같은 깨달음의 경지를 체득할 수 있다).

게송으로 읊었다. 사자가 새끼를 교육시키기 위해 천 길의 벼랑에 떨어뜨린다고 한다(운문이 동산을 궁지에 떨어뜨린 것. 철저한 자각의 기회를 제공한 것). 사자의 육아법이야말로 어리석은 자식을 바르게 인도하기 위한 비결인 것이다.

사자 새끼는 계곡에 떨어지는 그 순간 재빨리 몸을 뒤집어 도약한다. 뜻밖에도 운문이 던진 두번째의 설법은 동산의 마음을 정통으로 명중시켰네. 첫번째 화살(三頓棒)은 얕게 박혔으나, 두번째 화살(이 밥통아! 云云)은 아주 깊이 박혔네.

【해설 및 역주】

* 이 공안은 洞山守初 선사가 처음 雲門文偃 선사를 참문하고서 깨달음

을 체득한 인연을 제시한 것이다. 운수행각은 제방의 선지식을 참문하여 불법을 깨닫고 지혜를 체득함은 물론 선지식들의 훌륭한 인격을 흠모하여 익히는 구도생활이다. 본래심의 자각적인 구도이지 여기저기 다니며 구경하면서 세월을 보내는 단순한 유람 행각이 아닌 것이다.

* 雲門 : 雲門文偃(864~949)은 韶州(廣東省 曲江縣) 운문산에서 교화를 펼쳐서 운문종의 開祖가 된 선승이다. 그의 전기는 『조당집』 11권, 『전등록』 19권 등에 자세히 전하고 있다. 그리고 陳守中과 雷嶽이 지은 비문과 『운문선사어록』에도 전하고 있다. 운문의 법계는 靑原行思 → 石頭希遷 → 天皇道悟 → 龍潭崇信 → 德山宣鑑 → 雪峰義存 → 雲門文偃 → 洞山守初로 이어진다.

운문의 문하에는 많은 제자들이 배출되었다. 『벽암록』 83칙에는 80여 명의 선지식이 배출되었다고 하고, 『전등록』 22권 23권에는 그의 법을 이은 제자 61명의 이름을 싣고 있으며, 『오등회원』 15권에는 76명을 기록하고 있다. 그 가운데 본칙에 등장하는 洞山守初와 智門師寬, 德山緣密, 香林澄遠을 운문 문하의 四哲이라고 한다.

* 洞山 : 洞山守初(910~990)는 宗慧禪師라고 하는데, 양주의 동산(湖北省)에 거주하게 되어 동산선사로 통칭하고 있다(조동종의 개조인 균주의 동산에서 활동한 양개선사와 가끔 혼동하고 있는데, 주의할 필요가 있다). 『무문관』 18칙 「麻三斤」 공안으로 유명한 선승이다. 그의 전기는 『전등록』 23권, 『오등회원』 15권 등에 전함. 이 공안은 『오등회원』 15권 동산수초전에 전한다.

* 近離甚處 : 어디서 왔는가? 최근 어디에서 공부하고 왔는가? 운문은 동산을 처음 보고 상투적인 질문을 하면서 동시에 그가 法器인지 그의 기량을 파악하기 위해 던진 말이다. 선지식은 한 마디의 질문과 대답으로 학인의 인물됨을 감파할 수 있는 것이다.

동산이 말한 査渡라고 하는 곳이 어디인지 알 수는 없지만 아마도 운문이 거주하고 있는 광동성의 소주로 가는 도중의 어떤 지명이라고 볼 수 있다.

  * 夏安居 : 安居는 인도의 여름 우기철 4월부터 7월까지 3개월 간을 걸식과 행각을 하지 않고 일정한 사원에서 거주하며 自恣와 布薩의 수행을 한다. 안거를 범어로 varsika라고 하는데, varsa(雨)라는 말에서 만들어졌다. 빠알리어 vassa(안거)도 비(雨)라는 의미이다. 중국에서는 동하안거가 실행되었다. 5세기 중기의 작품으로 간주되는 『범망경』(제39輕戒)에는 「불자들은 언제나 일체중생을 교화하여야 한다. 승방을 건립하고, 산림에 전답을 마련하고 불탑을 세우며, 동하안거 할 때에 좌선할 처소와 일체의 불도를 닦을 장소를 마련해야 한다.」라고 동하안거를 최초로 언급하고 있다.

  * 三頓棒 : 『임제록』 등에도 언급되고 있는 것처럼, 삼돈봉은 스승이 주장자(棒)를 가지고 학인을 제접교화하는 수단을 말한다. 여기서 말하는 頓은 횟수를 나타내는데, 원래 중국에서 죄인을 다스리기 위해 몽둥이(곤장)로 때렸는데, 20봉을 一頓이라고 했다. 형법의 一頓은 20 방망이라고 말하는데, 선가의 삼돈봉은 반드시 횟수로서 60방망이를 때린다는 것을 의미하는 것은 아니다.

  一頓은 한번이라는 정도의 의미라고 할 수 있으며 삼돈은 세 번이라는 의미로 볼 수 있다. 한번의 식사를 「一頓食」이라고 하고 한번에 먹는 약을 「頓服」이라고 하는데, 「삼돈봉」은 세 번의 痛棒이라고 할 수 있다.

  그리고 「그대에게 三頓棒을 때리는 벌을 내린(放)다」라고 말하는 것은 선어록에 「放」을 「打」의 의미로 사용한 예는 없지만, 그에 상당하는 벌칙을 내린다는 의미이다.

  운문이 동산수초의 유람행각으로 세월을 보내고 올바른 깨달음의 참선수행을 하고 있지 못한 점을 지적하여 삼돈봉을 때리는 벌칙을 내려서 선병을 지적하여 바로 잡아 주고 있는 것이다. 선승이 수행자에게 교육적인 차원에서 내린 강한 경책의 표현이다.

  * 飯袋子 : 이 밥통아. 밥이나 먹어 치우는 녀석! 올바른 참선수행을 하

지 않고 자각과 지혜의 안목도 없이 하는 일 없으면서 밥만 먹어 치우는 놈이라고 비난하는 말이다. 여기저기 돌아다니면서 짚신만 낭비하며, 시주의 은혜만 소비하고 세월만 헛되이 보내는 한심한 놈이라고 질타하는 말이다.

동산의 입장에서는 제방의 선지식을 찾아다니며 불법을 배우고 익히는 구도행각의 수행을 하고 있는 것이었다. 그러나 운문의 삼돈봉을 때리는 벌을 내린다는 말에 동산은 자신의 과오가 어디에 있는지 밤 새워 자신의 구도행각에 대하여 반성하고 비판하고 사유하게 된 것이다. 동산의 솔직한 대답에서 순수한 구도행각의 정신이 드러나고 있다. 純一無雜한 구도자의 모습이다.

그러나 운문의 입장에서 볼 때 동산은 훌륭한 수행자이지만 불법의 현지를 알지 못하고 여기저기 선지식을 찾아다니며 세월만 보내고 있는 한심한 놈이다. 불법의 현지는 밖에서 찾는 것이 아니라 자기 자신에게서 찾아야 하는 것인데, 이러한 사실을 모르고 여기저기 선지식들에게 불법을 찾아 헤매고 있었던 것이다.

제방의 선지식들에게서 약간의 불법 지식을 익히고 배웠다고 할지라도 자신이 이를 사유하고 깨달아 자신의 지혜로 만들지 않으면 자기의 보물이 될 수가 없는 것이다. 多年에 걸친 운수행각이 아무리 훌륭한 수행이 된다고 할지라도 불법의 현지를 깨닫지 못한다면 아무런 의미도 없이 세월만 보내는 유람 행각이 되고 마는 것이다.

즉 운문의 안목으로 볼 때 동산의 모습은 『법화경』에 나오는 窮子比喩처럼, 멀리 타국에서 불법의 보물을 구걸하고 돌아다니는 窮子(거지)로 보이는 것이다. 한갓 쓸데없이 방황하며 세월만 보내는 무의미한 동산의 구도행각이 운문의 삼돈봉에 불법의 현지를 체득하게 된 인연을 얻게 된 것이다.

선지식은 학인의 禪病이 어디에 있는지를 파악해야 이 선병을 치료해 줄 수 있는 것이다.

　＊ 本分草料 : 草料는 말에게 먹이는 식량. 乾草와 콩 보리 등으로 만든 짐승 먹이로 좋은 사료를 말한다. 여기서는 인간의 마음을 食糧에 비유한 것으로, 선승들이 자주 사용하고 있는 방망이(棒)나 고함 소리(喝)로서 학인들을 지도하는 것이 본분의 草料이다. 학인들이 갈망하는 구도심을 파악하고 참된 불법의 대의를 체득할 수 있도록 바른 길과 방법을 분명하게 제시하는 선지식의 교화를 말한다. 즉 학인들의 禪病을 파악하고 지적하여 치료하면서 생사대사의 일대사를 깨닫도록 제시한 機緣(인연)을 말한다.

　＊ 洞山別有生機一路 : 동산은 活機있는 독자적인 길을 개척하여 운문의 똥덩어리나 치우는 뒤치닥거리에 머물지 않고 독자적인 불법을 펼쳐서 중생구제의 역할을 담당하여 그의 법손이 길게 번창하여 운문종의 가풍이 끊어지지 않게 되었다는 평가.

　＊ 一夜在是非海裏着倒 : 운문의 三頓棒을 얻어맞는 벌칙을 선고받고 동산은 어째서 내가 삼돈봉을 맞아야 하는 과오를 범하게 된 것인가? 밤새도록 자신의 과오를 반성하고 불법의 대의에 대하여 깊이 사유한 것. 내가 옳은가? 운문선사가 옳은가? 是非 妄想 분별의 바다 속에서 사유하고 이튿날 운문화상을 참문하여 자신의 의문점을 해결하게 된 것이다. 着倒는 그 문제에 부딪쳐서 二次, 三次로 깊이 있게 나아가 그 문제에 봉착되고 빠져서 깊이 궁리하고 사유하게 된 것을 의미한다.

　＊ 注破 : 동산의 과오에 대하여 지적하고 注意주면서 문제점을 분명히 파악하도록 하는 것. 운문은 동산(他)을 위해서「이 밥통아!」여기저기 돌아다니며 불법을 구걸하는 동산의 禪病을 지적하고 자신의 잘못된 구법수행을 勘破하도록 하고 있다.

　＊ 性燥 : 燥를 懆(憂愁, 불안, 근심하다)로 하는 것도 있지만 옳지 않다. 燥는「마르다, 말리다」의 의미로 불이 빨리 붙는 것. 性燥는 성질이 급하고, 화를 잘 내는 조급한 성격.

未是性燥는 본성이 아직 완전히 乾燥하지 못한 것으로, 아직 수행이 익지 않고 완전한 경지(깨달음)에 이르지 못하고 있는 것이라는 의미. 아직은 불법의 대의를 확실하고 분명하게 파악하지 못한 경지의 인물이라고 평가한 것. 완전히 연소하여 자취도 남기지 않는 몰종적(沒蹤跡)의 경지에 도달하지 못한 사람.『벽암록』제7칙「수시」에도「未是性燥漢」이라고 말하고 있다.

 * 出一口氣 : 동산과 같이 호흡을 할 수 있을 것이다. 동산과 똑같은 경지의 깨달음을 체득할 수 있을 것이다.

 * 獅子敎兒迷子訣 : 운문을 사자에다 비유하고 동산을 지도한 교화수단을 사자가 새끼를 키우는 육아법에 비유한 것이다. 사자는 새끼를 데리고 천 길의 벼랑에 올라가 그 곳에서 새끼들을 골짜기 계곡으로 밀어 떨어뜨린다. 사자의 새끼는 땅바닥에 떨어지기 전에 몸을 일으켜 어미 사자가 있는 천 길의 벼랑을 다시 올라간다. 그러나 계곡에서 벼랑을 오르지 못한 약한 녀석은 올바른 사자 새끼로 성장하지 못한다. 百獸의 왕이라는 사자의 용기와 기세를 잘 전하고 있다.

迷子는『법화경』「신해품」에 나오는 窮子 迷子 이야기로 미혹한 아들을 위해 방편을 제시한 부친의 자비인데 여기서는 동산을 지칭한 것. 즉 운문이 어리석은 아들 동산을 위해 베푼 자비의 교육을 가리킨다. 訣은 秘訣로서 불법의 대의를 체득하게 하는 교육 방법의 오의를 말함.

 * 擬前跳躑早飜身 : 사자 새끼가 천 길의 벼랑에서 땅에 떨어지기 전에 몸을 뒤집어 일으켜 다시 오르는 것. 飜身은 몸을 완전히 뒤집는 것. 여기서는 운문의 지시로 벼랑에 떨어진 동산이 궁지에서「이 밥통아!」라는 한 마디에 미혹한 마음을 뒤집어 깨달음을 체득하게 된 轉迷開悟를 말하고 있다.

 * 無端 : 생각지도 않게. 뜻밖에도. 운문화상이 동산을 위하여 무심하게 제시한 법문.

* 當頭着 : 當頭着은 바둑에서 검은 돌을 놓으면 흰 돌이 막고, 흰 돌을 놓으면 검은 돌이 막아서 이제 더 이상 손쓸 수가 없는 경지에 도달한 것을 말함. 여기서는 동산이 이튿날 운문에게 나아가 힐문하였지만, 운문이 「이 밥통아! 강서와 호남을 이렇게 왔다갔다 하는가?」라고 꾸짖는 말에 꼼짝달싹 할 수가 없게 된 것을 말한다.

* 前箭猶輕後箭深 : 이 말은 『벽암록』 제93칙 설두의 게송인데, 『벽암록』 29칙 본칙에는 원오의 착어로도 인용하고 있다. 무문은 설두의 게송을 인용하여 화살(弓箭)의 비유로 결론을 맺고 있다.

운문과 동산의 대화에서 전일의 네 번 문답은 운문이 가볍게 응수했기 때문에 운문이 동산에게 날린 화살의 상처는 가볍고 심하지 않았다. 그러나 이튿날 운문이 동산에게 던진 「이 밥통아! 云云」이라고 내던진 한 마디(一言)의 화살은 동산의 골수에 깊이 박혀 아픈 상처를 남기게 된 것이다.

동산의 골수에 깊이 박힌 화살의 상처로 동산이 깨닫게 된 운문의 교화방편을 무문은 獅子와 바둑, 화살(弓箭) 등의 세 가지 비유를 사용해서 七言絶句의 게송으로 읊고 있다.

제16칙. 운문화상과 종소리(鐘聲七條)

雲門曰 世界恁麼廣闊 因甚向鐘聲裏披七條.

無門曰, 大凡參禪學道, 切忌隨聲逐色. 縱使聞聲悟道, 見色明心, 也是尋常. 殊不知, 衲僧家騎聲蓋色, 頭頭上明, 著著上妙. 然雖如是, 且道, 聲來耳畔, 耳往聲邊. 直饒響寂雙忘, 到此如何話會. 若將耳聽應難

會, 眼處聞聲方始親.
頌曰, 會則事同一家, 不會萬別千差, 不會事同一家, 會則萬別千差.

【번 역】 운문화상이 말했다. '세상이 이렇게 넓고 광활하여 자유스러운데 무슨 까닭으로 그대들은 종소리가 울리면 가사를 걸치고 위의를 갖추게 되는가?'

무문화상이 말했다. 대개 참선수행을 하며 불도를 닦는 사람들이 가장 주의해야 할 것은 주위에서 일어나는 소리에 따르고, 모양을 쫓는 등 경계에 집착하지 말아야 한다. 설사 향엄화상이 기와조각이 대나무에 부딪치는 소리를 듣고 깨달음을 얻었다(聞聲悟道)고 하며, 영운화상이 복사꽃을 보고 마음을 밝혔다(見色明心)고 하지만, 그러한 일은 누구나가 일상생활에서 일어나는 당연한 일인 것이다.

참선 수행을 하는 선승들은 외부에서 들려오는 소리에 집착하지 않고, 일체의 경계를 자기 마음대로 활용하며, 형색에 집착하지 않고 이러한 경계를 완전히 받아들여(그러한 소리나 모양을 모두 자유자재로 사용하여) 일체의 모든 사물 하나 하나에 대하여 진실을 구명하며, 그 하나 하나의 경계에 불가사의한 작용이 있다는 중대한 사실을 파악하지 못하고 있다.

그것은 그렇다고 하고 이 공안을 읽는 그대는 어떻게 생각하는가? 한 번 말해 보게나!

도대체 소리가 귓전에 찾아 왔기에 소리가 들리는 것인가? 아니면 귀가 소리를 향해 찾아갔기 때문에 소리가 들리는 것인가? 설사 소리(音響)나 고요함(靜寂)의 차별을 모두 한꺼번에 초월해버린 경지를 얻은 사람일지라도 그러한 경지를 어떻게 설명할 수 있을까?

만약 귀로서 소리를 듣는다고 한다면 이러한 경지를 전혀 알 수가 없을 것이다. 오히려 눈으로 소리를 듣는 정도의 기량을 갖출 때에 비로소 깨달음의 경지와 일체가 된다고 할 수 있을 것이다.

　게송으로 읊었다. 깨닫고 보면 일체의 모든 것이 똑 같은 깨달음의 한 집안 일(평등세계)이지만, 깨닫지 못하면 일체의 모든 것은 제각기 차별세계이다. 깨닫지 못할지라도 일체의 모든 것은 똑 같은 깨달음의 한 집안 일이지만, 깨닫고 보면 하나 하나 모든 것이 각기 개성을 지니고 있다(깨닫고 보면 모든 것이 같고, 깨닫지 못하면 전부가 제각기. 깨닫지 못했지만 모든 것은 똑같고, 깨닫고 보면 모든 것은 제각기).

【해설 및 역주】
　* 雲門 : 雲門文偃(864~949)에 대해서는 『무문관』 제15칙에서도 언급한 것처럼, 『조당집』 11권, 『전등록』 19권 등에 전기를 전한다.
　운문 선사상의 배경은 화엄철학이라고 할 수 있다. 화엄의 우주관인 一卽一切, 一切卽一, 一切卽一의 본체인 理와 현상인 事事物物이 서로 主가 되고 伴이 되어 相卽相入하고 있을 뿐만 아니라 事와 事가 서로 相依相關하여 一多相卽하고 있다고 설하고 있다. 이러한 화엄철학을 四法界로서 전개하고 있다.
　事法界 → 現象(現相)
　理法界 → 本體
　理事無碍法界 → 본체와 현상이 서로서로 융통하여 걸림이 없는 것.
　事事無碍法界 → 현상의 사사 물물도 또한 서로서로가 융통하여 걸림이 없는 것.
　운문의 선사상은 화엄의 사법계관인 화엄철학을 토대로 하여 학인들을 접견하고 지도하고 있다.
　* 鐘聲七條의 공안은 『운문광록』 卷上, 『오등회원』 제15권 운문장 등에

전하고 있다. 종소리가 들리면 가사를 걸치고 법당에 간다고 하는 것은 선승들의 일상생활이 몸에 배어 있는 일이지만 타성에 젖어 있는 수행자세를 타파하고 本分事를 자각할 것을 제시하고 있는 공안이다.

또한 일상의 자유스러운 세계에 살면서도 제멋대로 방종이 아닌 규칙(如法)이 있다는 사실을 제시하고 있으며, 동시에 여법한 규칙생활의 배후는 여법한 본분사를 주제하는 본래인의 지혜작용이 無限하고도 자유스럽게 전개되고 있다는 사실을 설하고 있는 공안이다.

* 七條 : 가사. 七條는 三衣(五條, 七條, 九條) 가운데 中衣로서 鬱多羅僧이라고도 한다. 출가승려들의 가사는 원래 세속 사람들이 버린 옷감을 주워서 만든 옷이기 때문에 糞掃衣라고 하고, 더러운 것을 씻어버린 옷이기 때문에 離塵衣, 혹은 無垢衣라고도 한다. 그리고 세간 사람들의 옷(素衣: 白衣)과는 달리 間色으로 염색을 한 옷이기 때문에 染衣, 間色衣라고도 한다.

『悲華經』에 가사의 다섯 가지 공덕을 설하고, 『심지관경』에도 가사의 열 가지 이익(十利)을 설하고 있다. 불교도는 출가 재가를 불문하고 가사는 佛身이며, 佛心이며, 번뇌와 罪障을 해탈하는 옷이며, 모든 善根을 增長하는 福田衣이며 나아가 광대무변의 法身, 法性을 나타내는 無相衣며, 無上衣라고 하여 공경 귀의하고 受持頂戴하였다.

가사를 입을 적에는 가사를 들고 정상에 올리고 합장하여 「위대한 해탈의 복장이며, 모양 없는 복전의 옷으로서 여래의 가르침을 받들어 널리 모든 중생을 제도하리라(大哉解脫服, 無相福田衣, 披奉如來教, 廣度諸衆生)」라는 게송을 마음으로 읊는 작법을 하도록 하고 있다.

선원에서는 예불이나 공식적인 의식에 나아갈 때 가사를 착용한다. 여기서는 예불을 알리는 종소리를 듣고 수행승이 모두 칠조 가사를 걸치고 예불 드리기 위해 법당(佛殿)으로 향하는 규칙생활을 자각적으로 전개하도록 제시한 것이다.

* 世界恁麽廣闊 : 불교의 세계는 무한한 공간으로 무한의 시간이 존속하

고 있는 전 우주를 의미함과 동시에 우주에 편만하고 있는 광대무변한 청정법신불을 지칭한다. 즉 우주의 본체는 전 우주의 모든 삼라만상 일체를 말하며 일체의 모든 존재가 인연법으로 이루어진 세계라는 의미로 법계라고도 한다. 왕유가 지은『육조혜능대사비문』에「世界一花 祖宗六葉」이라고 말하고 있다.

『화엄경』에 佛身充滿於法界라고 설하고 있는 것처럼, 佛身은 법계에 충만되어 어느 곳에서 어느 때나 佛身을 증득할 수 있는 기회는 많다. 그런데 왜 하필 종소리를 듣고서 가사를 걸치는 경우에만 불신(佛身)을 증득할 기회가 있는 것이 아니지 않는가? 라는 의미가 이 한 마디 말의 배경에 깔려 있다.

운문의 示衆은 종소리를 듣고 가사를 걸치는 등 소리나 모양(聲色) 등의 경계에 속박되는 것을 비판하는 것처럼 말하고 있다. 그러나 운문의 眞意는 자세하고 자질구레한 총림의 규칙생활을 하는 가운데서 규칙생활이 몸에 배어, 습성화된 깨달음의 생활 속에서 규칙이 자기를 규제하지 않고 규칙이 있는지 없는지조차 의식하지 않은 무심의 경지에 도달하여 스스로 광활한 자유세계를 발견한다면 그것은 똑같은 종소리를 듣고 가사를 걸친다고 할지라도 소리나 모양(聲色) 등의 경계에 속박(繫縛)되는 것이 아니라 오히려 聲色을 使役하여 佛作 佛行이 되는 것이라고 말하고 있는 것이다. 즉 소리나 모양의 경계를 자기 마음대로 활용하여 깨달음의 생활이 되고 부처의 삶이 되도록 하는 것이다.

 * **恁麼** : 與麼와 같다. 이와 같이. 그와 같이 라는 의미의 부사. 그와 같은, 이와 같은 의미의 형용사로 사용하기도 한다.

 * **參禪學道** : 참선수행으로 불도를 배우는 것은 근원적인 본래심으로 일체의 경계에 집착하지 않고 일체의 모든 존재는 모두 고정된 실체가 없다(一切皆空)는 불법의 대의를 체득하여 차별심, 분별심, 편견과 고정관념 등의 착각을 벗어나 반야의 지혜로운 생활을 하는 것이다. 佛道는 마음(불심)

으로 깨달아 반야의 지혜로운 삶을 사는 것이다.

　＊ 隨聲逐色 : 소리나 모양 등 외부의 감각적인 경계에 끄달려서 자아의 주체성을 상실하는 것. 여기서 말하는 소리는 鐘聲이며 色은 가사를 말하는데, 객관적인 外境(色聲香味觸法)을 대표하여 聲色의 두 경계를 들고 있는 것이다. 종소리를 듣고 칠조 가사를 걸치는 일. 불교에서는 聲色의 경계에 속박되지 않도록 하는 것이 불도수행의 근간으로 하고 있다. 『금강경』에 「若以色見我 以音聲求我 是人行邪道 不能見如來」라는 말을 참조.

　참고로 色은 단순한 색깔을 말하는 것이 아니라 일체의 모든 형체가 있는 존재로서 육안으로 볼 수 있는 대상을 말한다. 聲은 일체의 음성으로 귀로서 듣고 인식할 수 있는 모든 소리, 香은 냄새로 코를 통하여 인식하는 것, 味는 혀를 통해서 인식하는 맛, 觸은 손과 발 육체의 촉각을 통해서 인식하는 것으로 딱딱한 것, 부드러운 것을 인식하는 대상이다. 法은 볼 수도 없고, 들을 수도 없기 때문에 괴롭고 힘들다든가 즐겁고 기쁨을 느끼고, 쾌감과 불쾌감을 인식하는 것을 말한다. 그래서 의식(意)으로 法(사물)을 인식한다고 하는 것이다.

　원효가 간밤에 목이 말라 그릇에 있는 물을 마시고 시원함을 느꼈는데, 아침에 일어나 보니 그 물이 해골에 담긴 것을 보고 구역질이 났다고 하는 것은 더러운 생각의 망념이 일어나니 구역질이 나게 된다는 『기신론』의 주장을 직접 체험하게 된 것이다.

　＊ 聞聲悟道 :『전등록』제11권 향엄지한 선사가 혜충국사의 유적지에 은거하며 청소하다가 작은 돌멩이가 대나무에 부딪치는 소리를 듣고 깨닫게 되었다는 이야기. 선문에서는 청각형의 전형으로 자주 거론되고 있다. 향엄지한에 대해서는 『무문관』 제5칙에 「香嚴上樹」의 공안을 참조.

　＊ 見色明心 :『전등록』 11권 靈雲志勤 선사가 복사꽃을 보고 본래심을 깨닫게 된 이야기. 선문에서는 시각형의 전형으로 거론됨. 붓다가 曉星을 보고 깨쳤다는 것 등.

『종경록』 제1권 「삼계는 오직 마음뿐이다. 경전(불설법구경)에 말씀하였다. '삼라 만상은 한 법(一心)으로 나툰 것이다.'라고. 대개 色을 본다고 하는 것은 모두 이 마음이 보는 것이다. 마음은 스스로 마음이라고 할 수 없고, 色에 인연한 마음이며, 色은 스스로 色이라고 할 수 없고, 마음에 인연한 色인 것이다. 그래서 경전에 말씀하시길, '見色은 곧 見心이다.'라고 했다(三界唯心. 經云, 森羅及萬像 一法之所印. 凡所見色, 皆是見心. 心不自心, 因色故心, 色不自色, 因心故色. 故經云, 見色卽是見心.)」(『大正藏』 48권 418쪽, 下)라고 주장하고 있다. 『전심법요』에도 마음에 대하여 「경계를 만나면 곧 있고, 경계가 없으면 없다.」라고 하며 色과 境에 말을 바꾸어서 설명하고 있다. 「見色見心」은 위산영우와 동산 등이 자주 거론하고 있다.

* **隨聲逐色** : 소리나 모양의 경계를 따르고 추구하는 것. 소리나 경계에 끄달리고 집착하여 자각의 주체를 잃어버리는 것을 말한다. 騎聲蓋色과 반대의 입장.

* **騎聲蓋色** : 소리를 올라타고 모양을 덮다. 즉 외부적인 경계나 대상을 주체적인 자기가 주인이 되어 마음대로 사용하는 것. 외부의 경계에 끄달리거나 현혹되어 주체를 상실하지 않고 자기가 주인이 되어 일체의 경계를 자유자재로 활용하는 지혜작용을 말한다.

『전심법요』에 「하루 종일 일체의 모든 일을 떠나지 않고, 일체의 경계에 속박되지 않는 사람을 자유자재한 사람이라고 한다.」고 설하고 있다.

『임제록』(13-11)에는 임제가 色聲香味觸法의 세계에 살면서 일체의 경계에 속박되는 人惑과 境惑을 받지 않고, 일체의 모든 경계를 마음대로 활용하는 사람을 無依道人이라고 설한다. 임제는 그러한 사람을 일체의 경계를 마음대로 활용하는 사람(乘境底人)이라고 하고, 無位眞人이라고 한다. 無位眞人은 언제 어디서나 지금 여기서 자기 자신이 자기의 주체인 본래심으로 주인이 된 지혜로운 삶을 자유롭게 사는 사람이다. 그래서 「隨處作主 立處皆眞」이라고 주장한다.

* 頭頭上 : 하나하나 모든 것에서. 일체의 모든 사물에서.
* 著著上 : 다음에서 다음으로 순서를 쫓아서 라는 의미. 一着一着, 一手一手(한 수 한 수) 一着은 바둑의 용어로 一手를 말함.
* 話會 : 설명하는 것.
* 聲來耳畔 :『수능엄경』제3권에「아난아 그대가 이 기타원에서 밥이 마련되면 북을 치고 대중의 모임에는 종을 쳐서 종소리 북소리가 전후로 상속함을 듣게 되는데, 어떻게 생각하는가? 이것은 소리가 귓가(耳邊)에 오는가, 귀가 소리나는 곳(聲處)으로 가는가? 만약에 소리나 귀의 來往이 없으면 또한 들을 수가 없다. 그러므로 분명히 알아라. 들음(聽)과 音聲이 모두 처소가 없어서 들음(聽)과 소리(聲) 二處가 허망하여 본래 인연도 아니요 자연의 性도 아니다.」(『大正藏』19권 115쪽, 下)라고 함.

이러한 경우「종이 소리를 내는 것인가? 종 망치의 나무가 소리를 내는 것인가?」라는 의문을 제기할 수 있는데, 종과 종 망치, 종과 귀라고 하는 두 가지 사물을 차별로 보기 때문에 미혹이 일어나는 것이다. 종과 종 망치, 종 소리와 귀가 하나가 되고 萬物一體, 萬法一如가 되면 이러한 차별 분별심과 경계에 집착하는 미혹은 일어나지 않게 된다.

* 若將耳聽應難會 眼處聞聲方始親 :『전등록』15권 동산양개 화상이 雲巖의 문하에서 無情說法의 공안을 참구하여 깨닫고 난 뒤에 읊은 게송이다.「무정설법은 정말 불가사의하다(無情說法不思議). 만약 귀로서 들으려고 하면 결국 알기 어렵고, 눈으로 소리를 들어야 비로소 알 수 있다.」일반적으로 눈으로 보고, 귀로 듣는다는 고정관념과 차별 분별의 인식작용을 초월하여 본래심으로 되돌아 갈 때 소리에 응하고, 사물(色)에 응하는 분별 이전인 자각(본래심)의 주체가 작용하게 된다는 것.

『벽암록』제89칙에 도오선사가 천수천안 관세음보살을「온몸이 바로 손과 눈(通身是手眼)」이라고 하고 있으며,『조당집』7권에는 설봉이「전 우주의 모든 존재가 바로 나의 눈(盡乾坤是一箇眼)」이라고도 주장하고 있다.

「눈으로 듣는다」라고 하는 것은 온몸이 귀가 되고 六根圓融하여 事事無碍의 경지에서 조금도 걸림 없는 지혜의 작용이 전개되는 모습을 말함. 盡十方世界가 자기의 귀가 되고 눈이 되고, 전 우주가 사문의 一隻眼이 되어 일체의 차별상을 여읜 경지, 절대 평등의 세계에서 진실로 聲色의 본성을 철저하게 깨닫고 자유자재의 묘용을 현현하는 것을 의미한다.

『임제록』에도「불성의 전체작용을 하는 곳이 눈에 있을 때는 보고, 귀에 있을 때는 듣고, …… 손에 있을 때는 물건을 잡고, 발에 있을 때는 움직인다. 본래 一精明이지만, 나누어서 六和合이 된다.」라고 설하고 있는 것도 똑같은 내용인 것이다. 원래 이 말은『전등록』달마장의 주장이다.

* **會則事同一家** : 깨달으면 즉 매사가 同一家로서 일체의 차별과 분별심이 없어진 경지. 깨닫고 보면 일체의 모든 일이 한 집안(자기 자신의 마음)의 일이라는 의미. 萬物一體, 萬法一如의 입장. 一切皆空의 경지. 會는「眼處에 소리를 듣는」깨달음을 체득하는 것이고, 「소리를 타고 모양을 끌어 안는다」고 하는 묘용을 會得한다는 의미.

「事同一家」는 우주간의 삼라만상이 각각 차별 歷歷하게 있는 事事物物이 마치 동일가족의 사람들과 같이 서로 相依相關 관계로서 살고 있는 것처럼, 절대평등의 세계를 이루고 있는 것.

「不會」는 아직 깨달음의 경지를 체득하지 못한 경우는 일체의 모든 존재가 서로 모두 각기 따로 존재하는 千差萬別의 세계.

* **不會事同一家** : 悟와 未悟에 관계하지 않는다. 우주의 실상은 평등의 본체에서 말하면 사사물물이 서로 동일가족처럼 상의 상관하고 있기 때문에 눈으로 소리를 들을 수가 있고 귀로 모양을 볼 수가 있었다. 또한 차별의 현상에서 말하면 철저한 차별로서「깨달으면 천차만별」로 깨달은 사람의 눈으로 볼 때 사사물물이 천차만별로서 조금도 혼잡하지 않다.『조당집』제1권 제다가존자의 게송에서 말하는「깨닫고 보면 깨닫기 이전과 같다(悟了同未悟)」라는 소식인 것이다.

山是山 水是水 → 色(경계에 집착) → 未悟의 경지.

山是非山 水是非水 → 空(空見. 空病. 虛無에 떨어짐)

山是山 水是水 → 色空超越. 諸法實相. → 悟後의 경지

이 게송에서 앞의 二句는 깨닫지 못한 미혹의 경지에서 읊은 것이고, 뒤의 二句는 깨달은 차원에서 읊은 것이다.

미혹의 입장은 깨달으면 일체가 평등하지만, 깨닫지 못하면 일체가 제각기 통일을 잃어버린다.

깨달음의 입장은 깨닫지 못할지라도 일체는 평등한 것이기에 깨닫고 보면 일체 모든 것이 각기 빛을 발한다.

* 사찰에서 사용하는 종이나 북, 경쇠, 목탁, 죽비 등의 법구는 소리를 내는 도구이다. 법구의 소리는 인간의 분별심과 차별심을 초월한 깨달음의 法音이다. 따라서 이 법구의 법음을 듣고 깨달음의 생활이 자연스럽게 일상생활 속에 실행되도록 하고 있다.

또한 사찰에 살고 있는 수행자뿐만 아니라 일체중생이 법음을 듣고 자각하여 중생심을 벗어나도록 하는 의미로서 종을 치고 북을 울리는 의식이 실행되고 있다. 예를 들면 사찰에서 새벽에 종을 치면서 외우는 의식은 다음과 같은 종성염불이 있다.

聞鐘聲 煩惱斷 智慧長 菩提生 離地獄 出三界 願成佛 度衆生.

願此鐘聲徧法界 鐵圍幽暗悉皆明 三途離苦破刀山 一切衆生成正覺.

즉 법계의 일체 중생이 이 종소리의 법음을 듣고 깨달음을 이루어 離苦得樂하도록 염원하는 게송이다. 법계의 일체중생들이 깨달음을 체득하도록 하기 위한 법음을 울리는 의식이다.

종소리를 듣고 자각하여 일상생활을 깨달음의 생활이 되는 경지를 제시하고 있는 공안이다.

제17칙. 혜충국사와 시자(國師三喚)

 國師, 三喚侍者, 侍者三應. 國師云, 將謂吾辜負汝, 元來却是汝辜負吾.
 無門曰, 國師三喚, 舌頭墮地. 侍者三應, 和光吐出. 國師年老心孤, 按牛頭喫草. 侍者未肯承當, 美食不中飽人飡. 且道, 那裏是他辜負處. 國淸才子貴, 家富小兒嬌.
 頌曰, 鐵枷無孔要人擔, 累及兒孫不等閑, 欲得撑門幷拄戶, 更須赤脚上刀山.

 【번 역】혜충국사가 '시자야!'라고 세 번이나 시자를 부르면 시자는 세 번 모두 '예'라고 대답했다. 그러자 국사는 '정말 지금까지 내가 그대를 등진(辜負) 것이 아닌가?'라고 생각했었는데, 뭐야! 그대가 나를 등지(辜負)고 있는 것이 아닌가?'라고 말했다.
 무문이 말했다. 혜충국사가 '시자야!' 하고 시자를 세 번이나 불렀는데, 시자를 부르는 가운데 무심히 진실을 말해 버렸네. 시자는 세 번이나 '예!' 하고 대답하였는데 뜻하지도 않게 속마음을 드러내 보였네.
 혜충국사도 나이가 들어 마음에 고독을 느끼고 있었던 것일까? 억지로 소의 머리를 붙잡고서 풀을 먹이려고 하고 있다. 그러나 시자는 전혀 그것을 받아들이지 않고 있네. 아무리 맛있는 음식이 차려져 있을지라도 배가 부른(飽食) 상태에서는 식욕이 일어나지 않는다.
 자 말해 보게나! 도대체 시자가 국사의 자비심(뜻)을 받아들이지 않고 등진(辜負) 것은 어떤 점인가? 세간에서는 '나라가 태평스러우면 재주 있는 사람이 존경받고, 부잣집에 태어난 아이는 재롱을 부리는 모습이 보기 좋다.'고 한다.

게송으로 읊었다. 국사는 구멍이 없는 쇠로 만든 칼(項鎖: 죄인의 목에 씌우는 형틀)을 사람의 머리에 씌우려고 하네. 그 영향이 후대의 자손에게까지 미치게 되어 적당히 제멋대로(엉터리) 살아갈 수 없게 되었다. 만약 그대가 참된 선종의 법문을 바로 세워 지탱하려고 한다면, 그야말로 맨발로 칼의 산(劍樹刀山)을 오르는 뼈저린 수행을 해야 하리라.

【해설 및 역주】

* 이 일단의 공안은『전등록』제5권(『大正藏』51권 244쪽, 上),『오등회원』제2권 남양혜충국사전에 전하고 있다.『전등록』과『오등회원』에는 辜負가 孤負로 되어 있다. 이 말은「등지다, 위배하다」라는 의미이다.『무문관』본칙의 표현이 간단하여 이해하기 힘들지만, 전통적으로는 혜충국사가 제자에 대한 자비의 말씀으로 해석되고 있다.

* 慧忠國師 : 혜충국사(?~775)는 육조혜능의 제자로 남양(河南省) 백애산 당자곡에 살았다. 40여 년 간 산문을 내려오지 않고 남방의 선을 비판하며, 교학을 중시하지 않았다. 그의 전기는『조당집』제3권,『송고승전』제9권,『전등록』제5권 등에 전하고 있다.『벽암록』제18칙에는 혜충국사가 숙종황제에게 이음새가 없는 무봉탑(無縫塔)을 만들도록 부탁하는 문답을 수록하고 있으며, 혜충국사가 입적(775년)한 뒤에 황제는 그의 제자 탐원에게 혜충국사의 의도를 질문하고 있다.

* 侍者 : 혜충국사의 시자는 應眞 耽源을 말한다. 탐원의 전기는 잘 알 수 없으나『오등회원』『벽암록』18칙 등에 국사의 시자로 전하고 있다. 응진은 뛰어난 시자로서 이미 깨달음의 경지를 체득한 인물이다.

불교에서는 유명한 시자로 선타파(仙陀婆)가 있는데, 말, 물, 소금, 그릇

(馬水鹽器)의 네 가지 의미를 주인의 부름에 응하는 영리한 시자이다. 즉 주인이 현관에서 '선타파!'라고 시자의 이름을 부르면 말을 대기하고, 세면장에서 부르면 물을, 식당에서 부르면 소금을, 그릇을 대기하여 제시할 줄 아는 시자이다. '시자야!' 부르면 '예!'라고 대답만 할 줄 아는 사람은 멍청한 시자이며, 스승이 무슨 일로 부르고 있는지 즉시에 알아차려야 한다.

　＊ **辜負** : 孤負와 같다. 모처럼 마음씀을 허무하게 하는 것. 혹은「사람의 기대를 배반한다, 실망시키다」라는 의미. 내가 그대를 등지고 외면한 것이라고 생각했었는데, 뭐야! 그대가 나를 등지고 외면하고 있었구나! 도대체 이것은 무엇을 등지고 외면한 것인가? 국사가 시자를 부르면 대답한다. 국사가 시자를 부르는 것은 간절한 노파심으로 시자에게 불법의 진수를 깨닫도록 하는 본래면목인데 시자는 건성으로 예! 예!라고 대답한다.

　국사는 내가 그대에게 불법을 잘못 가르쳐서 시자가 나의 뜻을 등지고 외면한 것이 아닌가?라고 생각했었는데, 이제 보니 그대 시자가 예! 예!라고 대답하고 있는 것은 자신이 불법을 체득하여 나의 간절한 노파심도 필요가 없다는 사실을 이제야 알게 되었다는 의미이다. 시자는 지금 여기 자신이 깨달음의 삶에 몰입하고 있기 때문에 국사의 자비심을 살펴 받아들일 여유가 없다.

　＊ **舌頭墮地** : 혀가 썩어서 땅에 떨어진 것. 너무 말을 많이 해 버린 것.
　＊ **和光** :『노자』제4장에「和光同塵」이란 말에 의한 것. 자기의 광명을 온화하게 하여 감추고 상대방에 맞추는 것. 吐出은 뜻하지도 않게 속마음을 드러내 보이는 것. 속셈을 내뱉아 보이는 것.
　＊ **按牛頭喫草** : 여기서 按은 어루만지다. 쓰다듬다. 잘 보살피다 라는 의미. 소를 어루만지며 풀을 먹게 함. 잘 보살펴 길러 줌.
　＊ **美食不中飽人飡**(飡: 손) : 아무리 맛이 있는 음식일지라도 배가 부른 사람에게는 필요가 없는 것. 혜충국사의 자비도 상대에 따라서 받아들이기도 하고 받아들이지 않기도 하는 것이다. 시자는 지금까지 혜충국사로부터

세 번이나 부름을 받는 등 너무나도 많이 받았던 자비에 익숙해 있었기 때문에 자비로 받아들이지 않는다. 그것은 깨달음의 경지에 있는 시자가 더 이상 국사의 노파심과 자비를 받아들일 필요가 없기 때문이다. 자신의 독자적인 깨달음의 경지에서 불법을 펼치고 있는 시자의 입장에서는 국사의 지나친 자비가 의미 없는 것이라는 사실을 표현하고 있다.

『고존숙어록』 제39권 「智門光祚禪師語錄」의 上堂에 다음과 같이 보인다.

「問, 國師三喚, 侍子意志如何. 師云, 憐兒不覺醜. 進云, 國師辜負侍子意旨如何. 師云, 美食不中飽人飡. 進云, 侍子辜負國師意旨如何. 師云, 粉骨碎身未足酬.」(『續藏經』118권 332쪽). 『속등록』 제2권 智門光祚禪師(『續藏經』136권 28쪽, 下)에도 보인다.

무문은 지문광조의 법문을 채용해서 읊고 있다.

『오등회원』 14권 投子義靑章에 「투자의청이 浮山法遠의 문하에서 大陽의 대부를 얻은 후에 圓通法秀의 처소에 갔지만 항상 식사 후에는 앉아서 졸기만 하였다. 원통이 왜 참선하지 않고 법문도 청하지 않는가? 나무라자 '美食不中飽人喫'이라고 대답하여 이미 法味에 포만하고 있기에 參禪 問法 할 것이 없다.」라고 말했다. 그로부터 그의 이름이 천하에 알려졌다. 『禪門類聚』 11권 장경장에도 언급하고 있다.

＊ 國淸才子貴 家富小兒嬌 : 이 말은 『명심보감』에 태공망의 말로서 송대에 유행한 속담이다. 나라가 태평스러우면 재주 있는 사람이 존경받고, 부잣집의 애들은 귀엽고 재롱을 부린다는 의미.

兩句 모두 국사의 노파심과 자비가 너무나도 지나친 모습을 표현한 것이다. 시자도 불법의 대의를 체득한 안목 있는 인물이기 때문에 또다시 깨달음을 구하는 쓸데없는 일을 할 필요가 없다. 불법의 안목으로 배가 든든한 상태이기 때문에 국사의 지나친 자비심의 교화도 받아들일 필요가 없어진 것이다. 이것이 시자가 국사를 등지고 있는 내용이다.

혜충국사는 국가가 평안하고 풍요롭기 때문에 국사로서 존경받고, 시자도 재주 있는 어린애(小兒)로 출현하여 재롱부리는 모습이 보기 좋은 풍경이다. 국사는 국사로서 자비심을 베풀고, 시자는 시자로서 각자 자신의 깨달음의 생활에 몰입하고 있는 것이다. 국사나 시자가 서로 자신의 일에 몰입하고 있는 경지를 辜負라고 표현하고 있는 것이다.

* 鐵枷無孔 : 선승은 불법을 비유하여 구멍이 없는 鐵枷라고 부른다. 철가는 죄인의 목에 씌우는 首枷(칼). 붓다가 짊어진 칼(枷)이란 의미이다. 鐵枷無孔은 無孔鐵鎚와 같은 것으로 구멍이 없기 때문에 어깨에 짊어지는 수밖에 없다. 이 공안은 국사가「내가 그대를 등지고(辜負) 있는가 생각했었는데, 그대가 나를 등지고(辜負) 있구나!」라고 말하고 있는 것으로 어느 곳에도 목을 끼어 넣을 구멍이 없는 鐵枷이다.

이 말을 선불교에서는 사량분별로 측량할 수 없는 경지를 의미한다. 無孔笛子, 無孔笛, 無影樹, 無根樹, 鐵橛子 등도 같은 의미이다. 또한 이 말은 고칙 공안을 용이하게 알음알이 분별심으로 알아낼 수 없는 것을 말한다. 즉『벽암록』14칙에「雲門의 對一說」에 대하여 圜悟克勤 선사는「구멍 없는 철추이다(無孔鐵鎚)」라고 코멘트를 붙이고 있다.

* 鐵枷無孔要人擔, 累及兒孫不等閑 : 국사는 구멍이 없는 쇠로 만든 칼(項鎖: 죄인의 목에 씌우는 형틀)을 사람의 머리에 씌우려고 하여, 그 영향이 후대의 자손에게까지 미치게 되어 적당히 제멋대로(엉터리) 살아갈 수 없게 되었다. 국사는 구멍이 없는 鐵枷(본래면목)를 시자에게 짊어지게 한 것뿐만 아니라 후세에 선을 참문하는 자손들에게까지 짊어지게 하고 있는 문제인 것이다. 그래서 선문의 후손들이 이 문제를 떠맡게 됨으로써 제멋대로 엉터리 수행자로 살 수 없게 되었다. 부처님의 혜명을 계승하여 전하게 된 사실을 말한다.

『전등록』제5권 혜충국사전에 이 공안을 실은 뒤에 후대의 현사와 운거, 현각 등의 선승들이 이 문제에 대하여 언급한 내용을 기록하고 있다 (『大正藏』51권 244쪽, 上).

* 赤脚上刀山 : 赤脚은 맨발. 刀山은 칼을 거꾸로 나란히 세워 놓은 모양이 숲과 같은 지옥의 산. 劍樹刀山. 刀輪地獄의 四面에 있으며, 지옥의 難所라고 말함.『觀佛三昧經』(『大正藏』15권 670쪽, 下).

* 선문의 종지를 세우려면 맨발로 검수도산에 올라가서 수행하는 정신이 있어야 한다고 주장한 것. 무문의 입장에서는 국사와 시자의 경우 선문이 기울고 있는 모습을 걱정하고 있다. 나라가 태평스러워 재주 있는 사람이 존경받고, 가정이 부유하여 어린애가 재롱부리는 상태인 것이다.

불조의 자손으로서 선문을 바로 세우려면 맨발로 劍樹刀山에 오르는 기백으로 어떠한 고난이라도 참고 견디는 정신으로 수행하지 않으면 안 된다고 주장하는 것이다.

일본의 도쿠가와(德川家康)는 다음과 같이 말하고 있다.

「사람의 일생은 무거운 짐을 짊어지고 먼 길을 가는 것과 같다. 급히 서둘지 말라. 불편함을 당연한 것으로 생각하면 부족함이 없으리. 마음에 욕망이 일어나면 곤궁했던 때를 생각하라. 참고 견디는(堪忍) 것은 無事 長久의 토대가 되니, 성냄을 적으로 생각하라. 싸움에 이기는 것만 알고 패한다는 사실을 알지 못하면 그 해는 자신의 몸에 미친다. 자신을 책망하고 남을 책망하지 말라. 미치지 못함은 지나침보다도 수승하다.」

제18칙. 동산화상과 麻三斤(洞山三斤)

洞山和尙 因僧問. 如何是佛. 山云, 麻三斤.

無門曰, 洞山老人, 參得些蚌蛤禪, 纔開兩片, 露出肝腸. 然雖如是,

且道. 向甚處見洞山.

頌曰, 突出麻三斤, 言親意更親, 來說是非者, 便是是非人.

【번 역】 동산화상에게 어떤 스님이 '어떤 것이 부처입니까?'라고 질문했다. 동산화상은 '마포 세 근(麻三斤)이다'라고 대답했다.

무문화상이 말했다. 동산 노스님은 대합조개와 같은 선(방합선: 蚌蛤禪)을 체득한 것처럼, 조개껍질이 조금 입을 열었는가 했는데 간장(肝腸)까지 모두 다 드러내 보였다. 그러나 그렇다고 해서 여러분들은 어느 곳에서 동산의 본래면목을 친견할 수 있는지 말해 보라!

게송으로 읊었다. 동산이 곧장 마포 세 근(麻三斤)이라고 한 그의 말은 부처로서의 대답이지만, 그의 마음은 부처의 법신 그 자체였네.

부처에 대하여 이러쿵저러쿵 따지는 사람은 시비의 차별심에 떨어진 중생이다.

【해설 및 역주】

* 洞山守初(910~990)화상. 운문문언의 제자이며, 그의 생애는 『무문관』 15칙 「洞山三頓」에서 언급했다. 「麻三斤」의 공안은 『전등록』 23권 「隋州雙泉山師寬明教大師傳」(『大正藏』 51권 386쪽, 下), 『오등회원』 15권 洞山守初傳과 『고존숙어요(古尊宿語要)』의 「洞山初錄」에도 수록하고 있다. 특히 『벽암록』 12칙(『雪竇頌古』 12칙)에도 수록하고 있는 유명한 공안이다.

* 如何是佛 : 여기서 말하는 부처는 어떤 부처를 말하고 있는가? 부처의 삼신(法身, 報身, 化身) 가운데 어떤 부처인가? 석가불인가? 아미타불인가? 비로자나불인가? 부처란 무엇인가? 라는 질문은 실로 어려운 문제이다. 그런데 동산은 곧장 「마포 세 근」이라고 대답했고, 『무문관』 21칙에 운문은

「똥 젖는 막대」라고 대답하고 있다.『벽암록』제7칙에는「혜초가 법안선사에게 '어떤 것이 부처입니까?'라는 질문에 법안은 '그대는 바로 혜초이다.'라고 대답하고 있다.」

여기서 질문하는 스님은 부처란 고귀하고 위대하고 존엄하고 청정하신 부처의 이미지를 가지고「부처란 무엇입니까?」라고 질문하고 있다.

* 麻三斤 : 당대에 三斤의 麻絲가 하나의 단위. 한 뭉치 麻絲의 무게가 三斤이었다. 그리고 동시에 가사 한벌(승복)의 재료이었다. 당시 마포(삼베)로 가사나 승복을 만들었다.

동산의 스승인 운문문언의『비문』에도「兩斤麻 一段布」혹은「三斤麻 一匹布」라는 문답이 있다(常盤大定,『支那佛敎史蹟記念集』108쪽, 112쪽, 117쪽 등).『운문광록』卷下「遊方遺錄」,『고존숙어록(古尊宿語錄)』에 수록하고 있다.

『전등록』10권 조주장에「어떤 스님이 질문했다. '만법이 하나로 돌아간다고 했는데, 하나는 어디로 돌아갑니까?' 조주선사가 말했다. '노승이 청주에 있을 때 한 벌의 승복을 만들었는데 마포의 무게가 7근이나 되었지.'(僧問, 萬法歸一 一歸何所. 師云, 老僧在青州, 作得一領布衫重七斤.)」(『大正藏』51권 278쪽, 上)라고 전하고 있는데, 이 일단은『벽암록』45칙에도 인용하고 있다.

『通典』제6권「賦稅」下에 다음과 같은 기록이 있다.

「唐 高祖 武德 2년(619)에 제정한 세금 규정에, 견직과 명주로 짠 옷감은 각 지방에서 생산된 량에 따른다. 견직과 명주 각각 二丈, 麻布는 二丈 五尺을 세금으로 낸다. 그리고 실크(絹絲)와 명주 실은 三兩을 납부해야 한다. 그리고 마포(麻布)는 麻三斤이며 麻布는 五丈을 한 단으로 한다. 綿은 六兩을 한 屯으로 하고, 綿絲는 五兩을 한 絢로 삼는다. 麻絲(삼베)는 三斤을 실 한 타래(一緎麻)로 한다(准武德二年之制. 其調絹絁布, 竝隨鄉上所出, 絹絁各二丈. 布則二丈五尺. 輸絹絁者綿三兩. 輸布者, 麻三斤. 布五丈爲端. 綿六兩爲

屯. 絲五兩爲絇. 麻三斤爲綟)」

여기서 잠시『벽암록』12칙에 이 공안을 싣고 있는 원오극근의 설명을 들어 보자.

「이 공안은 꽤 많은 사람들이 잘못 알고 있다. 이것은 참으로 씹기 어려워 입에 갖다 댈 수가 없다. 왜냐하면 담박하여 맛이 없기 때문이다. 옛 사람들은 부처에 대한 질문에 많은 대답을 하였다. 어떤 사람은 '대웅전 안에 계신 분'이라고 하였고, 어떤 사람은 '삼십이상을 갖춘 분'이라고 하고, 어떤 사람은 '장림산 밑에 있는 지팡이'라고 했다. 그러나 동산스님은 '麻三斤'이라고 했으니 참으로 옛 사람의 혀를 꼼짝달싹도 하지 못하게 했다고 할 수 있다. 사람들은 흔히 이런 말 저런 말 둘러대어, '동산스님이 그때 창고에서 마포(麻)를 저울질하고 있었는데, 어떤 스님이 부처란 무엇입니까?라고 질문했기 때문에 麻三斤이라고 대답한 것이다'라고 하고, 또는 '東問西答을 하였다'고 한다. 또는 '그대가 부처인데 다시 부처를 물었기 때문에 동산스님은 빙 둘러서 대답한 것이다.'라고도 말하고 있다. 더욱이 안목 없는 녀석들은 한결같이 '麻三斤이 바로 부처이다.'라고 말하고 있으나 전혀 맞지 않는 소리다. 너희들은 만약 이처럼 동산스님의 말을 더듬거렸다가는 미륵부처가 下生할 때까지 참구해도 불법을 깨닫지 못할 것이다.」

즉 '부처란 무엇인가?'라는 질문에「三斤의 麻絲로 만든 가사(승복)를 걸친 한 사람의 스님」이란 의미이며, 즉 다름 아닌「그대가 바로 부처일세!」라는 의미이다. 법안이「그대가 바로 다름 아닌 혜초일세!」라고 대답한 것처럼, 부처를 밖에서 찾아도 찾을 수가 없고 얻을 수도 없다. 또한 부처란 어떤 형체가 있는 존재도 아니다. 결국 부처란 자기 자신에게서 체득해야 하는 것이다. 여기서 말하는 부처는 불법의 대의를 체득한 지혜의 당체이며 자각의 주체인 자기의 참된 본래면목인 법신불을 말한다.

『금강경』에서「모든 모양을 모양이 아닌 것으로 파악해서 볼 수 있는 반야의 지혜를 구족한다면 곧바로 여래를 친견할 수 있다(若見諸相非相卽見

如來)」라고 설한다. 여기서 말하는 여래도 외부에 존재하는 여래가 아니라 각자 자기 자신의 깨달음의 당체인 법신 여래를 말한다.『금강경』에서 음성으로나 모양으로 여래를 볼 수 없다고 설하고 있는 말씀도 잘 사유하고 음미해야 한다.

　　* **蚌蛤禪(방합선)** : 대합조개가 입을 벌리면 내장이 완전히 드러나 보이는 것처럼, 어떤 스님이「어떤 것이 부처입니까?」라는 질문에 동산은 그 스님에게 자기가 체득한 불법의 모든 것을「마포 세 근」이라는 한 마디로 대답하여 모든 불법의 정신을 전체 다 숨김없이 드러내 보여 준 것이라는 의미로 동산의 대답을 평가한 말이다. 동산수초의 선법을 무문이 방합선(蚌蛤禪)이라고 평한 것이다.

　　* **向甚處見洞山** : 이 법석의 자리에 모인 대중들에게 동산이 숨김없이 드러내 보인 본래면목을 어떻게 친견할 것인가? 경고하고 있다. 동산이 숨김없이 모두 다 드러내 보인 방합선을 그대들은 어떻게 봐야 할 것인가? 과연 동산의 본래면목을 친견할 수 있는가?

　동산이 말한「마포 세 근」이라는 말을 알지 못하면 동산의 면목을 친견할 수가 없다. 드러내 보여도 볼 수 있는 눈(안목)이 없으면 볼 수 없다. 이것이 부처라고 말해도 알 수 없는 사람, 믿지 않는 사람에게는 통하지 않는 것이기 때문이다. 불법의 진실을 볼 수 있는 지혜의 안목과 철저한 깨달음의 확신이 있어야 말이 통하는 법이다.

　　* **言親意更親** :「부처란 무엇인가?」라는 스님의 질문에 동산은「麻三斤」이라고 대답했네. 스님의 질문에 꼭 들어맞는 대답을 해 준 부처의 말이지만 동산의 마음은 부처 그 자체인 것이다. 질문과 대답이 꼭 들어맞는 하나의 경지로서 麻三斤의 부처가 광명으로 빛난다. 부처가 麻三斤 그 위에서 나타났고 麻三斤은 동산이라는 부처와 하나가 되어 버렸다.

　여기서 말하는 親은 麻三斤과 부처와 동산이 일체가 된 것을 말한다. 親은 親近, 親切등과 같이 萬法一如, 打成一片, 萬物一體의 경지를 표현한 말이며 일체의 차별과 분별심을 초월한 깨달음의 경지와 하나가 된 것.
『전등록』제7권 대매법상전에 다음과 같은 일단이 있다.
「夾山과 定山이 같이 길을 가면서, 협산이 말했다. '生死 가운데 부처가 없으면 生死가 아니다.' 정산은 말했다. '生死 가운데 부처가 있으면 생사에 미혹하지 않는다.'라고 했다. 두 사람이 같이 법상선사를 찾아와 협산이 선사께 이야기하고 다음과 같이 질문했다. '우리 두 사람의 견해에 어느 쪽이 옳습니까?' 선사가 대답했다. '하나는 親하고 하나는 성글(疎)다.' '어느 쪽이 親합니까?' 선사가 말했다. '갔다가 내일 오게!' 협산이 이튿날 다시 찾아와 선사께 질문하니 선사는 대답했다. '親한 사람은 묻지 않고, 묻는 사람은 親하지 않다.'」시비를 초월한 사람이 親한 사람이며 그가 다름 아닌 부처라는 설법이다.

* 來說是非者 便是是非人 : 이 二句는 『보등록』제11권 오조법연장에 보이는 말이다. 즉 법연의 제자 淸素가 百丈野狐의 공안에 대하여 질문했을 때 대답한 말인데, 是非 善惡에 대하여 이것저것 따지고 주장하는 사람이야말로 是非 善惡의 상대적인 차별 세계에 떨어진 사람이라는 의미이다. 부처란 무엇인가? 부처가 어디에 있는가? 등의 문제에 대하여 시비로 따지는 사람은 부처를 알지 못하는 중생이다라는 의미.

제19칙. 남전화상의 평상심 법문(平常是道)

南泉, 因趙州問, 如何是道. 泉云, 平常心是道. 州云, 還可趣向否. 泉云, 擬向卽乖. 州云, 不擬爭知是道. 泉云, 道不屬知, 不屬不知. 知是妄

覺, 不知是無記. 若眞達不疑之道, 猶如太虛, 廓然洞豁. 豈可强是非也. 州於言下頓悟.

無門曰, 南泉被趙州發問, 直得瓦解氷消, 分疎不下. 趙州縱饒悟去, 更參三十年始得.

頌曰, 春有百花秋有月, 夏有凉風冬有雪, 若無閑事掛心頭. 便是人間好時節.

【번 역】 남전화상은 어느 날 조주가 '어떤 것이 도입니까?'라는 질문을 받고는 '평상심이 바로 도이다.'라고 대답했다.

조주는 '그러면 힘쓰고 노력해야 그 도에 나아갈 수 있습니까?'라고 질문했다.

남전화상은 '그 도에 나아가려고 마음먹고 힘쓰면 도와는 더욱더 어긋나고 멀어질 뿐이다.'라고 말했다.

조주는 '그러면 그 도에 나아가려고 힘쓰지도 않고 어떻게 그 도를 알 수 있습니까?'라고 질문했다.

남전화상은 다음과 같이 말했다. '도라고 하는 것은 아는 것에도 속하지 않고 알지 못하는 것에도 속하는 것이 아니다. 안다고 하는 것은 망령된 깨달음이요, 알지 못한다고 하는 것은 자각적인 지혜작용이 없는 것이다. 만약에 참으로 의심 없는 그 도를 깨닫고 보면, 마치 太虛(허공)와 같이 텅 빈 것이다. 이러한 도에 대하여 옳고 그름을 따질 수가 있겠는가?'

조주는 남전화상의 설법을 듣고 단번에 깨닫게 되었다.

무문화상이 말했다. 남전화상은 제자 조주의 질문을 받고 平常心이 道라고 말하자, 조주는 곧장 기와조각이 깨어지는 것처럼, 얼음이 녹아버리는 것처럼, 어떠한 손도 쓸 수 없이 불법을 깨닫게 되었다. 조주가 비록 여기서 깨달음을 체득하였다고 하지만, 정말로 그 깨달음이 몸에 배기까지 또 30년이나 더 참선을 해야 한다.

　게송으로 말했다. 봄에는 백화가 만발하고, 가을에는 달이 있네, 여름에는 서늘한 바람이 있고, 겨울에는 흰눈이 있다. 만약 쓸데없는 일을 마음에 두지 않는다면, 그야말로 이 사람의 생활은 매일매일 행복한 날이 되리라.

【해설 및 역주】

　* 이 일단은 『조주록』 권상, 『전등록』 제10권, 『오등회원』 제4권 조주종심장에 전하고 있는데, 末尾에 「선사는 언하에 玄旨를 돈오하고 마음이 밝기가 달과 같이 되었다.」라고 하고 있다. 조주의 깨달음에 대해서는 『무문관』 제7칙 「조주세발」에서도 언급했다.

　* 平常心是道 : 이 말은 마조도일의 설법으로 유명한 말인데, 남전화상도 平常心是道의 설법으로 조주를 깨닫도록 인도하고 있다. 마조 → 남전 → 조주로 이어지는 平常心是道의 법문을 계승하여 조사선의 사상적인 법통을 강조하고 있음을 알 수 있다.

　잠시 『전등록』 28권에 전하고 있는 마조의 설법을 살펴보자.

　「道는 수행을 해서 이룰 수 있는 것이 아니다. 다만 번뇌망념에 오염되지 않도록 하라. 무엇이 오염인가? 생사의 번뇌망념을 일으키고 무엇을 하려고 마음으로 조작하고, 도에 나아가려고 하는 마음(趣向)이 모두 오염이다. 올바르게 그 불도를 알고자 한다면 평상심이 바로 도인 것이다. 평상심이란 조작이 없고 시비의 분별심도 없고, 취하고 버리려는 차별심도 없고, 편견과 고정관념도 없고, 범부나 성인에 대한 차별심도 없는 그 본래의 마음이다.」

　『신심명』에서 「지극한 도는 조금도 어려운 일이 아니다. 오직 차별하고 간택하는 분별심이 없으면 그대로가 도이다(至道無難, 唯嫌揀擇)」라고 읊고 있는 것처럼, 평상심이란 근원적인 우리들의 청정한 본래의 청정심이며, 진여자성, 불성을 말한다. 조사선에서는 이러한 평상심을 번뇌망념이 없는 無心이라고 하고, 『동산록』에서는 「도는 무심한 사람에 계합되고 사람은 무심해야 도를 이룬다(道無心合人, 人無心合道)」라고 주장하고 『완릉록』에서도 「無心이 바로 道(無心是道)」라고도 설하고 있다.

　『전등록』 제5권 혜능의 설법에도 「道는 마음으로 깨닫는 것, 어찌 좌선하는 곳에 있겠는가?(由悟心道 豈在坐也)」라고 설하고 있는 것처럼, 불법의 진실을 본래심으로 자각하는 그 깨달음의 마음이 불도라는 사실을 설하고 있다. 그래서 일상생활을 영위하는 평범한 인간의 그 본래심이 바로 불도라고 주장하고 있으며, 평상심으로 인간의 일상생활 매사를 깨달음의 지혜로운 생활이 되도록 주장하고 있는 설법이다.

　* 趣向 : 어떤 일정한 목적을 마음에 품고, 그 도의 경지에 나아가려고 마음먹는 것. 취향이란 도를 이루기 위해서 도에 나아가고, 깨달음을 이루기 위해서 깨달음에 나아가려고 하는 조작된 마음이며 범부에서 성인이 되려고 하는 마음이다. 미혹에서 깨달음으로 나아가려고 하는 마음이 번뇌망념이기 때문이다. 그래서 남전이 「나아가려고 하면 벌써 도와는 위배된다.」라고 설한 것이다.

　또한 지향하려고 하는 목적을 대상으로 삼고 있기 때문에 자기와 목적이 둘로 나누어지는 이러한 입장은 두 가지의 상대적인 분별과 차별적인 견해를 떨쳐버리지 못한 소승선적인 정신이다. 이미 『유마경』에서 유마힐이 사리불의 좌선을 비판하고 있고, 신회의 남종선이 북종선을 비판하고 있다. 대승선은 번뇌와 보리, 생사와 열반을 동시에 텅 비워버리고 초월하는 실천정신이다. 흔히 한국불교에서 일부의 사람들이 교학을 던져버리고 선수행으로 나아간다고 주장하는 捨敎入禪이라는 주장은 소승적인 견해이다.

　* 知와 不知 : 도를 안다고 하는 것은 번뇌망심으로 주장하는 깨달음이

지 참된 불도의 깨달음은 아니다. 즉 知解의 분별적인 착각을 말한다. 깨달음의 경지는 언어문자로 설명할 수 없기 때문에 「不立文字」라고 주장하고 있는 것이다. 그런데 자기가 깨달았다고 하고 도를 안다고 주장하는 말은 번뇌망념의 착각으로 망상된 주장일 뿐이라는 의미이다.

또한 도를 깨달아 체득하지 못한다고 하는 것은 자각적인 지혜작용이 없는 멍청한 無記인 것이다. 불도는 깨달음의 종교, 지혜의 종교이다. 자각과 깨달음은 바로 평상심(본래심)의 지혜작용인 것이며, 그러한 평상심의 지혜로운 생활이 도의 경지인 것이다.

* 無記 : 범어 avyakrta. 붓다가 외도로부터 14가지의 형이상학적인 질문을 받고 침묵으로 대답하지 않았다. 여기서는 단순히 無自覺으로 멍청하여 지혜의 작용이 없는 백지상태에 지나지 않는 부정적인 의미이다(『구사론』제2권에「無記」: 본성은 善惡 상대의 言句로 기록할 수가 없다. 言詮不及이기에 無記라고 한다고 함).

* 不疑之道 : 『조당집』 제18권 조주화상전과 어떤 『무문관』 주석서에는 疑를 擬로 하고 있다. 「擬」로 할 경우 의미는 「목적을 삼는 것이 없는 道」가 되는데, 이것이 오히려 더 좋은 것으로 생각된다. 여기서는 「疑」 그대로 이해해 보자.

* 直得 : 그러한 결과가 되고 말았다는 의미.

* 南泉被趙州發問 : 남전화상은 조주의 질문을 받고 기왓장이 깨어지고 얼음이 모두 녹아버린 것처럼, 무심의 경지에서 무엇이라고 설명할 수가 없게 되었다. 平常心是道라고 말한 남전화상의 경지를 읊고 있다.

조주는 남전의 이 한 마디를 듣고 의문점이 완전히 해결되었기 때문에 막힌 곳이 확 뚫린 것을 표현한 말이다. 문제가 완전히 해결된 상황을 무문은 瓦解와 氷消로 표현하고 조주가 진실로 佛道를 체득하여 물이 막힘이 없이 잘 흐르게 된 것이라고 읊고 있다.

따라서 조주가 무엇이라고 어떤 말을 할 수 없게 되었다는 의미가 分疎

不下이다. 分은 나누는 것이고, 疎는 疏와 같이 물을 유통시키는 의미이다. 즉 分疎는 변명하고 辨解하는 것이지만, 分疎不下는 무엇이라고 설명할 수가 없고 해명할 수가 없다는 의미이다.

 이 일단에 대해서는 예부터 『무문관』을 강의하는 사람들에 따라서 견해가 다양하지만, 무문은 남전의 입장을 비판하고 뒷 구절에서는 조주를 비판하면서 높게 평가하고 있다고 봐야 한다.

 * 조주가 남전의 설법을 듣고 깨달음을 체득하였다고 하지만 또다시 30년을 잘 참구해야 한다고 무문이 이 공안에 대하여 평하고 있다. 무문은 조주가 비록 돈오의 경지를 이루었지만 이제부터 30년간을 實參 참구해야 한다고 주장한 것은 남전의 설법으로 참된 불도의 완성이라고 착각해서는 안 된다. 평상심이 도라는 사실을 몸으로 완전히 체득하여 익혀야 한다고 주장한 말이다. 30년이라는 기간은 불도 수행의 시간적인 단위이며 인간의 한 생애, 평생이란 의미이다. 평상심이 도라는 불법을 체득했기 때문에 이제부터 평상심이 도의 생활이 되도록 해야 한다는 의미이다.

 『조당집』 제17권 대자화상이 「一丈의 설법은 一尺의 실행만 못하고, 一尺의 설법은 一寸의 실천만 못하다.」라고 주장한 말을 상기해 봐야 한다. 평상심이 도라고 말한 것은 도의 본질을 말한 것이지 道 그 자체의 실행은 아니다. 그리고 道라는 것은 물과 같이 항상 흐르고 유통되어야 하는 것이지 정지상태란 있을 수가 없다. 평상심이 도라는 사실을 직접 생활 속에서 실행해야 평상심이 도인 그 경지에서 살 수 있는 것이다.

 * 春有百花秋有月 : 봄에는 꽃이 만발하고 가을에는 높은 밤하늘의 달이 유난히 밝다. 또한 더운 여름철에는 시원한 바람이 좋고, 겨울에는 하얀 흰눈이 천지를 바꾸고 있다. 이러한 사계절의 변화속에 우리들은 평상심으로 번뇌망념 없이 언제나 즐겁고 행복한 삶을 살고 있는 것이다.

 무문이 「만약에 쓸데없는 번뇌망념에 신경 쓰지 않는다면 곧 인간의 좋은 시절이 되리라.」라고 읊고 있는 것처럼, 일상생활하는 우리들의 마음에 번뇌망념이 없이 無心하게 平常心으로 살아야 道의 경지에서 즐거운 삶이 될 수 있다.

날마다 좋은 날이 되고 즐거운 인생의 삶이 되는 길은 평상심으로 지금 여기서 자기 자신의 일이 깨달음의 지혜로운 삶이 되도록 해야 하며 자신의 일과 혼연일체가 되어야 한다.

제20칙. 송원화상과 대력량인(大力量人)

松源和尙云 大力量人, 因甚擡脚不起. 又云, 開口不在舌頭上.
無門曰, 松源可謂, 傾腸倒腹. 只是缺人承當. 縱饒直下承當, 正好來無門處喫痛棒. 何故, 聻. 要識眞金, 火裏看.
頌曰, 擡脚踏翻香水海, 低頭俯視四禪天, 一箇渾身無處著, 請, 續一句.

【번 역】송원화상이 말했다. '불법의 수행으로 뛰어난 지혜와 인격(力量)을 갖춘 사람이 어째서 가부좌한 다리를 풀고서 좌선하는 자리에서 일어나지 않는가?' 또 말했다. '(불법의 수행으로 훌륭한 지혜와 인격(力量)을 갖춘 사람이) 어째서 입을 열고 혀를 사용해서 설법을 하지 않는가?'

무문화상이 말했다. 송원화상은 배를 열어 내장을 다 드러내 보였다고 말할 수 있는데, 단지 유감스러운 것은 송원의 설법을 이해하고 깨달은 사람이 없다.

만약 설사 송원화상의 설법을 그대로 받아들여 깨달은 사람이 있다고 할지라도 역시 이 무문의 처소에 와서 방망이(痛棒)를 얻어맞아야 한다. 왜 그런가? 잘 보게나! 진금인지 아닌지를 식별하기 위해서는 용강로 (精鍊)의 불 속에 넣어 보면 제일 잘 알 수가 있기 때문이다(순금인지 가짜인지는 불 속을 통과해 보면 잘 알 수가 있는 법이야! 나에게 와서 점검을 받아야 한다).

게송으로 읊었다. 불법의 지혜와 인격을 갖춘 사람은 가부좌한 다리를 풀고서 세계의 바다를 뒤집어버리고, 머리 숙여 온 우주(四禪天)를 내려다본다. 이와 같은 불법의 지혜와 인격을 갖춘 훌륭한 사람(大力量人)의 온몸(全身)은 온 우주 그 어디에도 있을 장소가 없다.

자 어떤가? 이 게송에 최후의 一句를 첨가해 보게나(마지막 一句를 그대의 안목으로 만들어서 이 게송을 완성해 보게나).

【해설 및 역주】

* 이 공안은 불법수행으로 지혜와 인격을 구족하고 중생구제의 능력을 갖춘 선지식은 좌선수행의 자리문과 중생교화의 이타문을 모두 실행해야 한다는 정신을 제시하고 있다. 자신의 수행(自行)과 중생교화(他化)를 함께 실행하여 각행원만을 성취해야 한다고 주장하고 있는 것이다.

『무문관』제9칙의 대통지승불처럼, 불법의 지혜와 인격을 구족한 대력량인은 가부좌한 다리를 풀고 자리에서 일어나려고도 하지 않고, 설법하려고도 하지 않고, 무심의 경지에서 조작 없이 살고 있는 것. 그런데 왜 그렇게 살고 있을까? 대력량인의 입장과 작용을 파악하도록 제시하고 있다.

* 松源崇嶽(1132~1202) : 송대 임제종 양기파의 밀암함걸(1118~1186) 선사의 법을 계승하였다. 그의 전기는『속전등록』35권,『대명고승전』제8권 등에 전하고 있는데, 그는 23세에 출가하여 경산의 대혜종고 선사 등의 여

러 선지식을 참문하였다. 항주(杭州) 영은사에 거주하면서 불법을 펼친 선승으로 그의 면밀한 선풍은「松源黑頭의 선법」이라고 불린다. 그의 어록을 모은『송원숭악선사어록』2권이 전하고 있다.

송원은『무문관』에 등장하는 선승으로서는 최후대의 인물이며, 무문혜개와 거의 동시대의 선승이다. 즉 송원화상이 71세에 입적했을 때 무문은 20세였다.

* 이 일단의 공안은『송원숭악선사어록탑명』과『속전등록』제35권,『대명고승전』에는 송원화상은 위에서 제시한「두 가지의 법문(二則 垂語)을 가지고 찾아오는 학인들의 수행과 안목을 점검(點檢)하고 시험하였다. 불법의 지혜와 능력(力量)이 있는 사람이 어째서 다리를 풀고서 좌선하는 자리에서 일어나지 않는가? 입을 열고 말하는 것은 혀로서 말하는 것이 아니다.」라는 말을 기록하고 있다.

『枯崖漫錄』卷中에는「불법의 안목을 구족한 능력 있는 사람(大力量人)이 어째서 다리(脚根下)에 붉은 선(紅線)을 끊지 않고(不斷) 있는가?」라는 일절을 첨가하여「송원의 三轉語」라고 하고 있다. 무문혜개는「明眼人이 어째서 脚下의 紅系線 끊지 않는가?(不斷)」라고 한다. 여기서 말하는 紅絲線이란 사량분별과 남은 습기 餘習을 말한다. 송원의 삼전어는 후대에 만들어진 것이며 본래는 여기서 제시한 두 가지 문제가 송원의 설법이라고 할 수 있다.

『무문관』20칙에서 제기한 두 가지 문제는 분명히 寂靜주의 禪病에 떨어진 당시의 선승들을 향하여 송원이 비판한 것이며, 무문에 의해 첨가된 세번째 문제도 아마 이러한 발상에서 나온 것이리라 생각된다.

* 擡脚不起 : 擡脚은 발을 들어 올리는 것으로 좌선하고 있는 가부좌의 자세에서 다리를 풀고 자리에서 일어나지 않는 것을 말한다. 이 일단은 수행인의 자행을 주장하고 있는 일절이다. 선불교의 수행은 좌선의 수행을 기본으로 하여 본인이 직접 참선하고 본인이 직접 깨달음을 체득해야 한다는

實參 實悟를 강조한다.

　좌선수행으로 깨달음을 얻었다고 해서 자신의 깨달음에 도취되어 깨달음의 세계에 안주하는 것은 참된 수행자가 아니며 참된 깨달음을 이룬 것도 아니다. 그것은 깨달음의 함정에 빠져 지혜의 작용이 죽어서 아무데도 쓸모 없는 사람이 된 것이다. 깨달음을 체득한 사람은 깨달음의 함정에 빠진 선병(悟病)의 환자가 되었기 때문에 자기 자신의 가부좌한 다리를 풀 수가 없는 부자유인이 된 것이다.

　무문이「왜 그럴까?」라고 의문을 제기하고 있는 것처럼, 百尺竿頭에 다시 한 발자국 더 내밀어서 깨달음의 경지를 초월하지 않으면 안 된다고 경책하고 있는 것이다. 즉 上求菩提의 向上門이다.

　* 不在舌頭上 : 진실은 언어문자에 있는 것이 아니다. 본인이 직접 깨달음의 체험을 통하여 마음으로 체득하는 것이다. 즉 不立文字나 言語道斷의 경지를 잘 체득해야 한다(『벽암록』 84칙에 유마의 沈默과 65칙의 世尊良久도 같은 입장이다).

　자기 자신이 불법의 대의를 체득한 사람은 경전이나 언어문자에 의존하지 말고 중생교화의 법문을 하지 않으면 안 된다고 주의하고 있는 것이다. 즉 下化衆生의 向下門이다.

　* 傾腸倒腹 : 오장 육부를 전부 다 드러내 보이다. 송원이 자신이 체득한 불법의 안목과 본래면목을 온전히 다 드러내 보이다. 『무문관』 제7칙에 나오는「趙州 開口見膽, 露出心肝」이나 18칙의「露出肝腸」도 같은 의미이다. 즉 송원화상의 법문은 선수행의 自行門과 중생교화의 利他門, 自利利他, 向上向下의 두 방면으로 전체를 열어 보였다고 송원화상을 칭찬하고 있다.

　* 直下承當 : 송원화상이 설법한 불법의 가르침을 그대로 곧장 받아들이다. 그대로 곧장 납득하고 수긍하는 것. 송원의 설법을 듣고 불법의 진실을 체득하여 자신의 것으로 만드는 사람이 없어 안타깝다고 무문은 말한다. 그

러나 온 천지에 한 사람도 없다고 말할 수 없다. 그래서 송원이 제시한 본칙 공안의 대의(玄旨)를 깨닫고 불법을 체득한 사람이 있다면 나한테 와서 자신 있게 말해 봐라. 나는 면전에서 곧장 방망이로 때려 줄 것이다. 즉 송원은 인정할지 몰라도 나 무문은 그 정도의 경지는 인정하지 않는다는 기세이다. 왜 그런가? 그러한 사실을 무문은 「聻」라고 대답했다.

* 聻 : 부적 니. 힐문하는 말의 여운이 있는 소리. 무엇인가를 지시하는 것에 의해 반문하거나 그것에 주의를 재촉하는 간투사인데, 이 「聻」에 대한 해석은 『무문관』 12칙을 참조바람.

『무문관』에 「진금인지 확인해 보기 위해서는 용광로 속에 금을 집어넣어 봐야 한다.」라고 주장하고 있는 것처럼, 여기서는 「그래(聻)! 진짜로 역량을 갖춘 올바른 수행자인지 내가 방망이를 후려쳐서 한번 시험해 볼까?」라는 의미이다. 무문이 점검해 보겠다는 의지가 담겨 있다.

* 香水海 : 『화엄경』「화장세계품」과 『능엄경』 제5권에 있는 연화장(蓮華藏) 세계의 설화에 의거한 것으로 노사나불의 장엄된 국토가 있고, 그 국토는 하나의 큰 연꽃 가운데 있으며, 이 세계의 최하부에 풍륜(風輪)이 있고, 그 위에 향수해가 있다고 한다. 수미산을 둘러싼 9山 8海 가운데 7번째 바다이다. 8海 가운데 한 바다(一海)만이 염분을 함유하고 있는 함수(鹹水)이고 나머지 일곱 바다는 香水로 되어 있다고 한다. 대력량인은 온 우주의 법계와 하나가 된 입장에서 향수해를 뒤집어 차버리고 머리 숙여 사선천(四禪天)을 쳐다볼 수가 있는 것이다.

* 四禪天 : 고대 인도의 세계관에서는 중생이 살고 있는 욕계, 색계, 무색계의 삼계 중에 색계에 初禪天, 二禪天, 三禪天, 四禪天이 있다고 하며, 욕계에 있는 중생은 좌선수행을 닦음으로 인하여 사선천에 태어날 수가 있다고 믿었다.

* 一箇渾身 : 향수해를 뒤엎고 사선천을 내려다보는 大力量을 발휘하는 사람의 주체(법신)를 말한다. 대력량인은 온 우주 법계와 하나가 되고 일체

가 된 경지이기 때문에 어디에도 몸을 숨길 곳이 없는 것이다. 萬法一如, 萬物一體의 입장이다.

＊ 無處著 : 大力量人은 어느 한 곳에 거주하는 장소가 없고, 머물 곳(住處)이 없다. 어느 한 곳에 머무르지 않고, 수미산을 중심으로 말하는 불교의 우주와 더불어 일체의 모든 곳에 함께 하고 있기 때문이다.『화엄경』「여래현상품」에「불신은 법계에 충만하여 널리 일체중생들 앞에 나툰다. 인연에 따라서 감응하니 두루하지 않는 곳이 없다. 그러나 항상 언제라도 깨달음의 당처에 자리하고 있다.」라고 설하고 있는 말을 토대로 한 것이다. 온 우주와 허공과 함께하고 있는 자기의 법신은 萬法一如, 天地同根, 萬物一體의 경지에 살고 있기 때문이다.

＊ 請續一句 : 게송의 마지막 한 구절은 무문 자신이 만들지 않고 독자에게 각자 한 번 만들어서 이 게송을 완성해 보라고 한 것. 向上一路의 게송을 만들어 보라. 자기 자신이 체득한 불법의 안목으로 한 마디 읊어 보게나!

＊ 불법을 수행하여 깨달음으로 불법의 대의를 체득하고 지혜와 인격을 구족한 훌륭한 사람(大力量人)은 중생제도를 위해서 좌선하는 그 자리에서 다리를 풀고 일어나 여기저기 다니면서 중생교화를 위한 설법활동을 해야 한다고 주장하는 법문이다.

송원은 송대의 간화선의 대성자인 대혜종고와 묵조선의 진헐청료나 천동굉지와 거의 동시대에 살았다. 당시 간화선과 묵조선의 논쟁이 일어나고 있었기 때문에 이러한 당시 선종의 병폐를 지적하고 올바른 선수행의 정신을 천명하고자 이러한 법문을 하게 된 것이라고 할 수 있다.

묵묵히 좌선중심의 일행삼매로 불법 전체를 구현한다는 조동선풍은 아무런 지혜의 활동과 사회성이 없으며, 중생구제의 보살도 정신이 부족한 묵조선을 枯木無心, 無爲無事를 존중하는 외도선, 소승선이라고 비판하였다.

묵조선에서는 默然靈照의 경지, 달마의 廓然無聖과 不識의 삼매, 正傳佛法의 전체를 현성하는 선이라고 주장하고 있다.

대혜는 스승 원오극근의 교시를 받아 古人의 화두를 參看하라는 지시로 무자화두를 참구하는 간화선을 주장하고 있다. 묵조선에서는 간화선을 待悟禪이라고 비판하고 하나의 공안을 통과(透過)하고 또다시 다른 공안을 참구하여 투과하며, 다음 공안으로 옮기는 사다리형식의 선을 梯子禪과 같다고 비판한다. 本來無一物, 天然自性心에 迷悟의 망념은 없다는 견해에서 깨달음을 기대하는 간화공부만 하고 있는 것은 바보 같은 수행이다. 그래서 묵조선에서는 간화선을 學習禪이라고 비판한다.

제21칙. 운문화상과 마른 똥막대기 (雲門屎橛)

雲門因僧問, 如何是佛. 門云, 乾屎橛.
無門曰, 雲門可謂, 家貧難辨素食, 事忙不及草書. 動便將屎橛來, 撑門拄戶. 佛法興衰可見.
頌曰, 閃電光, 擊石火, 眨得眼, 已蹉過.

【번 역】 운문화상은 어떤 스님이 '어떤 것이 부처입니까?'라는 질문에 '똥 젖는 막대기!'라고 대답했다.

무문화상이 말했다. 운문화상은 말하자면, 집이 너무나 가난해서 조잡한 식사라도 제대로 할 수가 없었고, 일이 너무 바빠서 초서(草書)로 휘갈기며 정서할 여유도 없었다.

그는 걸핏하면 똥 젖는 막대기를 가지고 넘어지는 선문(禪門)을 지탱하며 禪家를 떠받치고 있다. 운문은 불법의 흥망성쇠를 훤히 보고 있었던 것이다.

게송으로 읊었다. 부처가 무엇인가라는 질문에 똥 젖는 막대기라고 대답한 운문의 지혜작용은 번쩍이는 전깃불과 같고, 돌이 부딪쳐 튀는 불꽃과 같이 빠르다. 운문이 말한 똥 젖는 막대기에 대하여 사량분별하면, 눈 깜짝할 그 사이에 이미 벌써 본래심을 잃어버린다.

【해설 및 역주】

* 雲門文偃에 대해서는『무문관』15칙「洞山三頓」제16칙「鐘聲七條」에 언급했다.

운문의 법문은 간단하면서 명료하게 제시하고 질문에 곧장 응답하는 모습은 전광석화와 같이 신속하다. 특히 그는 一字關의 법문으로 유명하다.

「어떤 것이 정법의 안목입니까?」라는 질문에「普」라고 대답하고,「어떤 것이 吹毛의 劒입니까?」라는 질문에「骺」라고 대답한다.

「부모를 죽이면 부처님전에 참회하지만 부처와 조사를 죽이면 어디서 참회해야 합니까?」라는 질문에는「露」라고 대답하고 있다.

『전등록』22권 운문의 제자인 덕산연밀 선사는『전등록』제22권에 운문의 설법 一句에는 函蓋乾坤, 截斷衆流, 隨波逐浪의 三句가 구족되어 있다고 설명하고 있다.

여기서 말하는 函蓋乾坤은 함과 함의 뚜껑이 서로 일치되어 약간의 간격이 없는 것처럼, 天地乾坤이 서로 합하여 틈이 없는 것을 의미한다. 즉 운문의 한 마디 말이지만 그 말에는 理事가 계합되어 不二인 것이며 理事無碍한 사실을 제시하고 있다.

截斷衆流는 학인의 잡념 분별심, 번뇌망상심의 물줄기(衆流)를 일시에 절단해 버리는 작용을 말한다.

隨波逐浪는 밀려오는 파도에 거역하지 않는다는 의미인데, 학인의 근기에 응하여 학인을 제접하는 스승의 수단을 말한다.

운문의 乾屎橛 이야기는 『운문광록』卷上에 「問, 如何是釋迦身. 師云, 乾屎橛.」(『大正藏』47권 550쪽, 中)이라 전하고 있는데, 일반적으로 「如何是佛」이라는 질문으로 사용하고 있다. 이렇게 질문이 바뀐 것은 아마도 『宗門武庫』에서 시작된 것이 아닌가 생각한다.

이 일단의 문답은 『무문관』 18칙에 동산화상에게 어떤 스님이 「부처란 무엇입니까?」라는 질문에 동산은 「麻三斤」이라고 대답한 것과 똑같은 형식이라고 할 수 있다. 「乾屎橛」을 「麻三斤」으로 바꾸어 놓은 것과 같다. 앞에서 살펴본 것처럼 동산수초는 운문의 제자이다.

* 乾屎橛 : 지금까지 乾屎橛을 화장실에서 똥을 휘젖는 나무, 혹은 똥 닦는 나무 주걱. 마른 똥덩어리 등으로 번역하고 있는데, 어디나 흔히 볼 수 있는 똥덩어리, 혹은 똥 젖는 막대기를 말한다. 즉 냄새나고 더럽고 보기 싫어하는 하찮은 물건이라는 의미이다.

『임제록』에도 「無位眞人이라고 무슨 똥덩어리 같은 소리인가?」라고 말하고 있다. 『조당집』 19권 임제장에는 똑같은 법문을 「無位眞人이 무슨 不淨之物인가?」라고 기록하고 있다. 즉 乾屎橛은 「똥젖는 막대기」 혹은 「더러운 똥」이란 말임을 알 수 있다.

운문도 「부처란 무엇인가?」라고 질문하자 「乾屎橛」이라고 대답했다. 『운문광록』에는 「요즘 여러 곳에서 세상에 나와 이론적으로 불법을 주장하는 자가 많다. 그대들은 왜 그 사람들에게 가지 않는가? 여기서 무슨 乾屎橛을 구하려고 하는가?」라고 설한다. 또한 「악업의 중생이 모두 여기서 무슨 乾屎橛을 찾아서 씹으려고 하는가?」라고도 설하고 있는 것처럼 운문은 乾屎橛을 자주 사용하고 있다.

운문뿐만 아니라 선어록에는 똥 오줌의 표현이 많이 보이는데, 부처나 無位眞人이나 일체의 모든 존재의 성스러운 권위나 깨끗하다고 하는 형체에 사로잡혀서 자기를 잃어버리는 것을 비판하고 있는 말이다. 부처라는 위대하고 성스럽고 청정한 고정관념과 편견을 乾屎橛이라는 한 마디로 떨쳐 버리도록 하고 있다. 성스럽고 위대한 부처에 대한 고정관념은 결국 부처를 대상화하여 불교를 이해하는 자신의 한계를 벗어나지 못한다. 자신이 부처가 될 수 있는 가능성을 스스로 차단하고 있는 것이다.

　* 辨素食 : 기름(肉食)기가 전혀 없는 채소반찬으로도 끼니를 제대로 때우기 어려운 식사. 청빈한 생활을 표현하고 있으며, 또한 본래 청정한 깨달음의 경지에서 살고 있는 모습을 말함. 淸貧은 일체의 번뇌망념을 텅 비우고 本來無一物의 경지, 一切皆空의 경지에 사는 것을 말한다.

　운문은 손님에게 식사도 제대로 준비해 주지 못할 정도로 가난한 선승인가? 여기 똥 젖는 막대기라고 대답한 것처럼, 똥 묻은 막대기를 손님에게 대접한 것은 너무 지나친 것 아닌가?

　운문의 불법은 너무 빈곤한 것이 아닌가? 너무 가난해서 손님에게 좋은 대접을 하지 못하는 것은 어쩔 수 없는 일이다. 그러나 뭔가 손님을 위해서 좀 좋은 대접을 해서 만족시켜 주면 좋겠는데, 그는 자신의 일에 몰입하여 너무 바쁜 생활을 하는 사람이라서 좋은 문장으로 아름답고 예의를 갖춘 편지를 써서 보낼 여가도 없다. 그래서 초서로 날려 쓴 메모지를 본래 그대로의 모습으로 꾸밈없이 즉시에 제시하고 있는 것이다.

　즉 학인이「무엇이 부처입니까?」라는 질문에 운문이 즉시에「똥 젖는 막대기(乾屎橛)」라고 말한 것은 무심의 경지에서 즉시에 제시한 법문을 갈겨 쓴 메모지로 비유하고 있다.

　* 不及草書 : 초서(草書)로 흘려 쓸 틈도 없다. 초서는 원래 원고의 초안. 문장은 草案을 다듬고 정돈하여 사람에게 제시하는 것인데, 운문의 대답은 초서로 갈겨 쓴 메모용지를 사람에게 제시하고 있는 것이다. 똥 젖는 막대기라고 말한 것은 좀 지나친 것 아닌가? 라는 의미를 내포한 말이지만 운문이 아니면 그 누가 이런 경지를 말할 수 있겠는가? 극찬한 말.

즉 배가 고파서 찾아온 손님에게 조금이라도 빨리 음식을 제공하여 시장기를 면하게 해야 한다는 지극한 자비심이 무심의 경지에서 작용하고 있음을 말하고 있다. 무문이 운문의 「乾屎橛」에 대하여 오해하지 말도록 변호하고 있는 게송이라고 할 수 있다.

　*動便將屎橛來 : 운문은 걸핏하면 곧장 「乾屎橛」이라는 「똥 젖는 막대기」를 들고 나와서 넘어지려고 하는 불법의 가문을 지탱하고 禪家의 집을 떠받치고 있다. 운문이 아니면 누가 이런 일을 할 수 있겠는가? 『운문어록』에 운문은 학인의 질문에 「乾屎橛」이라고 대답한 말이 여러 차례 보인다. 그래서 무문은 이렇게 평하고 있다.

　*撐門拄戶 : 門戶를 지탱하고 떠받치는 것. 불법의 보존과 계승을 한 몸(一身)으로 짊어지는 것을 말한다. 『무문관』 제17칙에도 사용하고 있다. 무문은 乾屎橛을 똥 젖는 막대기로 이해하고 있다. 이 똥 젖는 막대기로 선문을 지탱하고 있는 운문의 역할을 칭찬하고 있는 것이다.

　*佛法興衰可見 : 운문은 불법의 興衰를 가히 알 수 있었다. 당시 불법을 잘못 수행하고 있는 선승들을 무문이 一針 놓고 있는 말이다. 문제는 운문의 똥 젖는 막대기 그 자체에 있는 것이 아니라, 똥 젖는 막대기를 부처라고 말한 운문의 지혜작용(法身)이 부처인 것이다. 그러한 법안을 열지 못한 지금의 凡僧들이 아무리 똥 막대기를 둘러보고 쳐다봐도 불법은 흥성될 수 없다는 사실이다. 좌선이나 참선은 본래심을 깨닫고 견성해탈하는 것이다. 마음의 눈(法眼)이 열리고 진실을 바로 볼 수 있는 지혜의 안목이 참선수행의 본질임을 알아야 한다. 心眼이 열리면 바로 자기가 부처인 것이다.

　*閃電光, 擊石火 : 번갯불이 번쩍 하는 순간, 돌이 부딪치며 일어나는 불꽃. 이 게송은 운문의 민첩한 禪機의 지혜작용을 표현한 것이다. 일체의 알음알이가 일어나기 이전의 본래심의 작용인데, 학인이 「부처란 무엇입니까?」라는 질문에 곧바로 학인의 禪病을 진단하고 「乾屎橛」이라는 처방을 내리는 운문의 지혜작용을 칭찬한 것이다.

* 眨得(잡득)眼 : 눈을 깜박거리다. 사량분별심을 일으키다. 눈을 깜박거리는 순간 사량분별심을 일으키면 벌써 본래심과 어긋나고 만다. 눈 깜박하는 사이에 번갯불이 지나가듯 그 순간에 알아차리지 않으면 안 된다는 의미. 한 순간의 방심, 망념도 허용하지 않는 것이다.

운문이「乾屎橛」이라고 말한 것에 대하여 의심을 가지고 분별심으로 이해하려고 하면 벌써 본래심과 어긋나게 되어 중생심으로 전락하게 되며, 절대로 眞佛을 친견할 수가 없다는 말이다. 운문을 칭찬하면서 이 공안을 참구하는 학인들을 경책하고 있는 것이다.

* 已蹉過 : 이미 지나가 버린 것. 스쳐 지나가다. 눈 깜박하는 사이에 벌써 스쳐 지나가 버린 것. 때를 놓쳐버리고 기회를 잃어버린 것. 擬心卽差, 動念卽乖라는 말처럼, 잠시 번뇌망념을 일으키면 중생심으로 전락하게 된다는 말. 선어록에서는 이와 같은 의미의 표현을「화살이 신라로 날아갔다.」「화살이 서천으로 날아갔다.」라고도 표현한다.

제22칙. 가섭존자와 아난존자의 전법(迦葉刹竿)

迦葉因阿難問云, 世尊傳金襴袈裟外, 別傳何物. 葉喚云, 阿難. 難應諾. 葉云, 倒却門前刹竿著.

無門曰, 若向者裏下得一轉語, 親切便見靈山一會儼然未散. 其或未然, 毘婆尸佛早留心, 直至而今不得妙.

頌曰, 問處何如答處親, 幾人於此眼生筋. 兄呼弟應揚家醜, 不屬陰陽別是春.

【번 역】 어느 날 아난이 가섭존자에게 질문했다. '석가세존께서는 가섭존자께 금란가사(金襴袈裟) 이외에 또 무엇을 전하였습니까?' 그러자 가섭은 '아난이여!'라고 불렀다. 아난은 '예!'라고 대답하니 가섭존자는 '문전의 찰간(刹竿)에 있는 깃발을 내리도록 하게!'라고 말했다.

무문화상이 말했다. 만약 이와 같은 대화를 통해서 불법을 체득하는 한 마디의 말을 할 수 있다면 곧 영산회상에서 세존이 정법을 전한 설법은 아직도 엄숙하게 끝나지 않고 지금까지 계속되고 있다고 할 수 있다. 그렇지 못하면, (그대는) 불법이 시작된 옛날(久遠劫)의 비바시불의 시대부터 전심전력으로 수행하고 있음에도 불구하고 아직도 불법의 진실을 체득하지 못한 것이다.

게송으로 읊었다. 아난의 질문보다 가섭의 대답이 깨달음의 경지에 일치(계합)된 것이다.

예부터 얼마나 많은 사람들이 이 본분사의 일을 위해 두 눈을 부릅뜨고 참구하였는가?

형이 부르고 동생이 대답하니 형제 두 사람이 사이 좋게 가문의 영광(추태)을 천하에 드러냈다.

여기 음양의 변화와 시절인연에 관계없는 깨달음의 생명이 넘치는 특별한 봄빛이 가득하네.

【해설 및 역주】

* 이 공안은 『오등회원』 제1권 아난장에 보이는 이야기이다.

가섭존자에 대해서는 『무문관』 제6칙 가섭염화에서 언급한 것처럼, 부처님이 영산회상에서 꽃을 들어 대중에게 보이자 가섭이 미소로 대답하여 부처님의 정법안장을 부촉받게 된 이야기를 전한다. 여기 찰간의 공안은 『무문관』 제6칙 가섭염화에 석존이 가섭에게 정법안장을 부촉하고 전법한 이야기와 연결되는 이야기이며, 또한 제23칙의 육조혜능의 전법 문제와도 연관되고 있다. 모두 선의 전통적인 전법의 본질을 나타내고 있는 공안으로 이미 황벽의 『전심법요』에도 이 이야기를 언급하면서 「이것은 즉 바로 조사의 표방이다.」라고 주석하고 있다.

 * 阿難 : Ananda. 歡喜, 慶喜, 無染 등으로 번역함. 부처님의 십대제자로 다문제일이라고 함. 석존을 20여 년 간 옆에서 시봉하고 가섭존자와 더불어 불법을 홍포할 것을 부촉받았다(『무문관』 제6칙의 주석을 참조). 제1회 경전의 결집은 아난의 기억에 의거하고 있다. 『조당집』 제1권, 『전등록』 제1권 등에 선종 전등설의 입장에서 아난의 전기를 기록하고 있다.

즉 가섭은 석존으로부터 영축산에서 염화미소로 부처님의 정법을 부촉받았지만 아난은 부처님이 열반에 든 이후에도 정법의 부촉을 받지 못했다. 그래서 어느 날 아난은 가섭존자에게 가서 질문한 것이다. 「세존이 가섭존자에게 금란가사를 전하여 불법을 부촉한 사실은 누구나 잘 알고 있습니다. 그 가사 이외에 또 비밀리에 무슨 불법을 전한 것이 있습니까?」라고 확인해 보는 것이다.

외부적으로 누구나 잘 알 수 있는 가사를 전해 받은 것 이외에 안으로 참된 어떤 불법을 전해 받은 것이 있는가? 가섭이 석존의 불법을 전해 받은 사실이 거짓이 아닌가? 확인하는 질문이다.

이러한 아난의 질문에 가섭은 단지 「아난이여!」라고 아난의 이름을 부르자, 아난은 「예!」라고 대답했다. 아난의 이름을 부르고 「예!」라고 대답하는 것은 가섭과 아난의 본래면목이 전부 드러난 것이다. 그때에 가섭은 「문전에 있는 찰간의 깃발을 내려라!」라고 지시한 것이다.

 * 刹竿 : 사람들이 많이 모이는 법요식이나 설법 등을 알리기 위해 사찰의 문전에 세운 깃발이다. 인도의 관습에 설법이나 논의를 하는 장소에 하나의 깃발을 세워서 사람들에게 알리는 표시로 했다. 지금 가섭은 아난에게 찰간의 그 깃발을 내리라고 한 것은 설법은 이미 끝난 것이다. 설법할 필요

가 없다라는 의미이다. 가섭이「아난이여!」부르고 아난이「예!」라고 대답한 그것으로 설법이 모두 끝난 것이다. 以心傳心의 전법이 이루어진 것이다.

이 공안은 영산회상에서 석존이 꽃을 들어 보이자 가섭이 미소로 대답하여 당처에서 불법을 전해받고, 세존이「정법안장, 열반묘심, 실상무상, 미묘한 법문을 마하가섭에게 부촉한다.」라고 한 사실을 계승한 입장이다. 여기서는 가섭이「아난이여!」부르고, 아난이「예!」라고 대답한 것은 영산에서 세존의 염화와 가섭의 미소와 같은 것이며, 가섭이「문전 찰간의 깃발을 내려라!」고 한 말은 가섭이 아난에게 부촉한 獅子吼인 것이다. 즉 세존과 가섭의「염화미소(拈華微笑)」에 이은 가섭과 아난의 전법의 내용이「도각찰간(倒却刹竿)」인 것이다.

* **者裏下得一轉語** : 무문은 이러한 문제점을 감파하는 한 마디를 할 수 있으면 하고 이 공안의 문제를 파악할 수 있는 안목을 요구하고 있는데「者裏」는 과연 어떤 곳을 말하고 있을까? 가섭이 부르고 아난이 대답하는 것을 말하는 것인가? 가섭이「문전 찰간의 깃발을 내려라!」고 한 것을 말한 것인가?

여기서는 가섭이 부르고 아난이 대답한 그 두 사람의 以心傳心의 전법을 의미하고 있는 것이다. 가섭이「문전 찰간의 깃발을 내려라!」고 한 것은 아난에게 불법을 전한 사실을 인가한 말이다.

* **靈山一會** : 석존이 영축산에서 설법하실 때의 회석.『무문관』제6칙의 전법 무대이며,『법화경』등을 설법한 장소이다.『법화경』「여래수량품」의 게송에「중생이 이미 믿고, 솔직하고 그 마음이 유연하게 되어, 일심으로 부처님 뵙기를 원하여 스스로 身命을 아끼지 않는다면, 그때에 나와 대중이 영취산에서 중생들에게 말하기를 '나는 항상 불멸하며, 이 곳에 머물며 不滅하지만 方便의 힘으로 滅과 不滅이 있다'고 나타낸 것이다.」라고 설한다.

『선림류취』에「천태지자 대사는 법화삼매를 깨닫고 선다라니를 호지하여, 영산의 一會가 엄연하게 아직도 흩어지지 않았음을 보았다.」라 하고 있다. 무문은 이 말을 그대로 채용하고 있음을 알 수 있는데, 이것은 각자의 마음(心地)에서 살아있는 부처를 표상하는 대승불교적인 이야기인 것이다.

무문이 가섭과 아난의 전법의 사실을 감파할 수 있다면,「영축산의 설법은 아직도 엄숙하게 끝나지 않고 계속되고 있다고 할 수 있다」고 말하는 것은 세존이 가섭에게 가섭이 아난에게 불법을 전하는 정법의 상황이 여전히 그대의 안목에서 실행되고 있다는 것을 강조하는 말이다.

여러분이 공안의 문제핵심을 간취하지 못한 사람이라면 과거 구원겁의 시대에 출현한 비바시불의 법석(會席)에서 지금까지 많은 수행을 했다고 하지만 이 공안의 정신을 체득하지 못했다고 한 말이다.

* 毘婆尸佛 : Vipasyin의 音寫. 淨觀, 勝觀 등으로 번역하는데, 석가모니불의 출현에 앞서 과거칠불의 제일불. 역사의 최초에 출현하신 부처로, 그 부처가 영원히 마음을 집중하여 노력했다고 하는 것이다.『조당집』제1권,『전등록』제1권 등에 전하고 있다.

여기서는 무문이 이 공안을 감파하는 사람은 영산회상에서 석존이 설법하는 법석에 동참할 수 있지만, 이 공안의 본질을 감파하지 못한 사람은 구원겁에 등장한 비바시불의 회상에서부터 지금까지 오랜 세월 동안 불법을 배우고 수행해도 정법을 체득하지 못한 사람이다.

즉 무문의 평창은 가섭이 아난을 부르고, 아난이 대답한 그 당처에서 불법을 계합하지 않으면 영원히 깨달음을 체득할 수 없다는 주장이다.「靈山一會未散」이라고 표현하고 있는 것은 불법은 시간과 공간을 초월하여 언제 어디서고 불법을 체득한 그대의 안목에서 현전하게 된다. 그러나 그렇지 못한다면, 영원히 불법을 체득할 수가 없다는 비유를 세존의 영산회상과 비바시불의 법석을 비교하여 시간적인 비유로서 제시하고 있는 것이다.

* 問處如何答處親 : 아난이 가섭에게「세존이 금란가사 이외에 다시 어떤 무엇을 전한 것이 있는가?」라고 질문한 것이「問處」이고, 가섭이「아난이여!」라고 부른 것이「答處」이다. 아난의 질문은 의심이 있기 때문에 깨

달음에 철저하지 못한 것이고 가섭의 대답은 佛心의 지혜작용으로 친밀하고 진실에 철저한 입장이다.『고존숙어록』제2권 수산성념장에「問處分明 答處親」이라는 말이 있다.

* 眼生筋 : 눈동자의 근육이 늘어질 정도로 一心으로 눈을 부릅뜨고 응시(凝視)하는 것을 말함.『벽암록』66칙에는「眼裏生筋」「眼筋」이라고 한다. 즉 진실을 꿰뚫어 볼 수 있는 안목을 말한다. 여기서는 요즈음 선승들 가운데 가섭과 아난의 전법을 파악할 수 있는 정법의 안목을 갖춘 사람이 몇명이나 될까? 라고 무문이 안타깝게 생각하고 있는 말이다.

* 형제가 가문의 추태를 드러냈다. 형인 가섭과 아우인 아난이 세존으로부터 전한 불문의 정법을 계승하여 천하에 불법을 전하게 된 것을 표현한 말이다. 선승은 이러한 폄하하는 말투로서 도리어 칭찬하고 있다. 역설적인 효과를 제시한 것. 이러한 것을「抑下의 托上」이라고 한다.

* 不屬陰陽別是春 : 이 말은 무문의 一轉語라고 할 수 있다. 사계절의 변화와 자연의 만법은 음양 二氣의 교감에 의해서 이루어진다. 그러나 시간과 공간을 초월한 깨달음의 경지는 일체의 음양과 상대적인 차별의 세계마저도 초월한 절대 영원한 봄(陽春)의 세계이다. 불혜명(佛慧明)은 이러한 경지에서 생명을 발휘한다.

제23칙. 육조혜능의 법문(1)(不思善惡)

六祖, 因明上座, 趁至大庾嶺. 祖見明至, 卽擲衣鉢 於石上云, 此衣表信, 可力爭耶. 任君將去. 明遂擧之, 如山不動. 踟躕悚慄, 明曰, 我來求

法, 非爲衣也. 願行者, 開示. 祖云, 不思善, 不思惡. 正與麼時, 那箇是明上座本來面目. 明當下大悟, 遍體汗流, 泣淚作禮. 問曰, 上來密語密意外, 還更有意旨否. 祖曰, 我今爲汝說者, 卽非密也, 汝若返照自己面目, 密却在汝邊. 明云, 某甲雖在黃梅隨衆, 實未省自己面目, 今蒙指授入處, 如人飮水, 冷暖自知. 今行者, 卽是某甲師也. 祖云, 汝若如是, 則吾與汝, 同師黃梅, 善自護持.

無門曰, 六祖可謂, 是事出急家, 老婆心切, 譬如新荔支剝了殼去了核, 送在爾口裏, 只要爾嚥一嚥.

頌曰, 描不成兮畫不就, 贊不及兮休生受. 本來面目沒處藏, 世界壞時渠不朽.

【번 역】 육조는 혜명상좌가 대유령(大庾嶺) 고개까지 뒤쫓아온 모습을 보고, 오조화상으로부터 물려받은 가사와 발우를 바위 위에 올려놓고 말했다. '이 가사는 전법의 신표(信標)이기에 무력으로서는 가히 빼앗지 못할 것이다. 그대가 갖고 싶으면 가지고 가시오!'

그러자 혜명상좌는 그 가사와 발우를 들려고 하였지만, 마치 산처럼 움직이지 않았다. 혜명은 망설이다가 두려워하면서 말했다. '내가 여기까지 그대를 뒤쫓아온 것은 불법을 구하기 위한 것이지, 가사와 발우를 욕심낸 것은 아니요. 행자는 나를 위하여 불법을 설해 주기 바라오.'

그래서 육조는 '선도 생각하지 말고, 악도 생각하지 말라. 선악을 모두 함께 생각하지 않을 때 어떤 것이 혜명상좌 그대 본래면목인가?'라고 다그쳐 질문했다.

혜명상좌는 이 말을 듣고 곧바로 대오하고, 전신은 땀으로 젖고, 눈물을 흘리면서 예배하며 말했다. '지금 가르침을 받은 비밀스러운 말씀과 마음 이외에 또다시 어떤 깊은 의지(意旨)가 있습니까?'

육조는 말했다. '내가 지금 그대를 위해서 제시한 법문은 비밀스러운 것이 아니다. 만약 그대 자신이 그대 자신의 본래면목을 자각(照顧)해 본다면 비밀스러운 것은 그대 자신에게 있을 것이다.'

혜명상좌는 말했다. '나는 황매산 오조홍인 대사의 문하에서 대중들과 모두 함께 수행했습니다만, 지금까지 자기 자신의 진실(면목)을 깨닫지 못했습니다. 오늘 행자로부터 불법의 진실을 교시받고, 마치 물을 마시고 그 물의 차고 따뜻한 맛을 스스로 알 수 있는 깨달음을 체험했습니다. 이제 행자는 나의 스승입니다.'

육조는 말했다. '만약 그렇다면 나와 그대는 모두 똑같이 황매산 오조홍인 대사를 스승으로 합시다. 자기 자신과 불법을 잘 간직(護持)하도록 합시다.'

무문화상이 말했다. 말하자면 육조가 불법을 개시하지 않을 수 없었던 것은 혜명이 본분사를 참구하는 긴급한 상황에 직면했기 때문이었다. 육조는 친절하게도 혜명상좌에게 불법을 펼쳐 보였다.

마치 신선한 여지(荔支)라는 과일의 껍질을 한 겹 한 겹 벗기고 씨앗까지 없앤 뒤에 혜명상좌의 입에 넣어주면서 먹도록 한 것이 아닌가? 그 뒤에 할 일은 혜명상좌가 그 과일을 한입에 씹어 삼키는 일 뿐이다.

게송으로 읊었다. 본래면목은 모양을 본뜰 수도 없고, 그림으로 그릴 수도 없다. 칭찬하는 말을 첨가할 수도 없는 것, 쓸데없는 신경은 쓰지를 말아라. 본래의 면목이란 것은 어디에도 감출 수가 없으니 설사 세계가 붕괴된다고 해도 그 (본래면목)는 썩지도 않으리라.

【해설 및 역주】

* 六祖慧能(638~713) : 오조홍인(601~674)의 불법을 계승한 중국 선종의 사실상의 조사. 王維의 『육조능선사비명』 『조계대사전』 『육조단경』 등에

혜능의 약전과 설법을 전하고 있다.

　* 慧明 : 혜명의 존재가 최초로 등장한 것은『신회어록』혜능전에 陳慧明으로 등장하고『조계대사전』『역대법보기』등에서도 한결같이 혜명이라고 하지만 돈황본『육조단경』에는 과거 출가하기 전에 四品장군 출신으로 성질이 난폭하고 거친 陳慧順이라고 하고 있다.『조당집』제2권 홍인장에는 혜능의 법문을 듣고 깨달아 道明이라고 이름을 고치고 袁州蒙山에서 교화를 하였다고 전한다. 이러한 선종의 주장을 토대로『송고승전』제8권 몽산혜명전과『전등록』제4권에도 몽산혜명(道明)의 전기를 수록하고 있지만 실제 인물이라고 보기는 어렵다.

　* 大庾嶺 : 江西와 廣東 二省에 걸쳐 있는 산으로 옛날에는 산의 남쪽을 영남, 북쪽을 영북이라고 했다. 山上에 梅實이 많아 梅嶺이라고도 했다. 台嶺이라고도 함.『조계대사전』『육조단경』등 참조.

　* 衣鉢 : 가사와 발우. 즉 오조홍인으로부터 인가받은 육조혜능이 인가증명으로 물려받은 가사와 발우를 말한다. 달마로부터 전래된 가사를 인가증명으로 삼았다고 주장한 것은 하택신회가 북종선을 공격하면서 최초로 주장한 것이다.『신회어록』과 돈황본『육조단경』에서는 가사와 불법(衣法)이라고 하는데,『조당집』제2권 홍인장과 19권 앙산장에 처음으로 대유령 고개에서 혜명이「衣鉢」을 뺏으려고 했다고 주장하고 있다.

　* 踟躕悚慄 : 주저주저하면서 망설이고 두려워서 벌벌 떨고 있는 모습.

　* 不思善 不思惡 : 돈황본『육조단경』에는 이 일단의 이야기를 자세히 전하지 않고 있지만, 후대에 편집된『단경』에서는『무문관』의 주장처럼, 혜능이 대유령 고개에서 혜명상좌에게 내린 최초의 법문으로 전하고 있다. 원래 이 말은『신회어록』의『단어』에 최초로 등장하는 말인데,『조계대사전』에는 혜능이 薛簡에게 내린 법문으로 전하고 있다. 신회의『단어』에서는「一切善惡 總莫思量」이라고 주장하고 있다. 여기『무문관』과 똑같은 이야기는 황벽의『전심법요』16단(『大正藏』48권 383쪽, 下)에 보이며,『돈

오요문』에도 「一切善惡 都莫思量」이라고 설하고 있는 것처럼, 善惡, 凡聖, 美醜 등 일체의 차별심, 사량분별심을 떨쳐버리고 각자의 불성을 자각하도록 강조하는 선수행의 기본정신으로 많이 설하고 있다.

『조당집』제18권 앙산장에 다음과 같이 전한다.「또 조계의 육조가 天使에게 대답하였다. '선도 악도 모두 한꺼번에 생각하지 않으면 자연히 마음의 근본(본체)에 들어가서 湛然하고 常寂하여 미묘한 작용이 항하사의 모래와 같이 많으리라.'라고 한 말이 그것이다. 천사가 듣고 감탄하여 말하기를 '미묘함이 극진하옵니다. 이것으로서 불성이 선과 악을 생각하지 않고 미묘한 작용이 자재함을 알겠습니다.'라고 대답했다고 한다.」

선악을 한꺼번에 사량분별하지 않는 것이란 선과 악이라는 한 생각의 차별심의 세계를 초월하여 근원적인 본래심으로 되돌아가도록 하는 수행이며, 각자의 불성을 자각하는 수행이다. 우리들의 불성은 본래 청정하여 선과 악, 범부나 성인, 좋고 나쁜 생각이 없다. 선과 악은 번뇌망념의 분별심이다. 그래서 선과 악이라는 번뇌망념의 분별심과 차별심을 텅 비우도록 하는 것이 空의 실천이며 中道의 구체적인 실천방법이 선불교에서 제시하고 있는 법문이다.

『좌선의』에도「일체의 善惡을 모두 한꺼번에 思量하지 말라.」라고 강조하고 있는 것처럼, 좌선수행은 이 법문을 이해하고 실천방법을 알아야 올바른 수행을 할 수가 있다.

 * **本來面目** : 자기의 본래 얼굴과 불법의 진실을 올바르게 볼 수 있는 참된 안목이라는 의미이다. 불법의 대의를 체득하여 일체의 모든 존재의 참되고 진실된 모습을 파악하는 본래 부처의 얼굴(불성, 진여자성)이다. 즉 지금 여기의 자기 本分事를 실행하는 자기의 주체를 말한다. 本分事, 一大事, 本分田地, 本地風光 등으로 표현하고 있는 것처럼, 각자 본래 구족하고 있는 자기 본래인의 참된 생명활동을 하고 있는 모습을 말한다.

본래면목이라는 발상은 일반적으로 父母未生以前의 본래면목이라는 말로 사용하고 있기 때문에 영혼으로 착각하기 쉽다. 불성을 영혼으로 착각하면 불법이 아니라 외도법문이 되는 것이다. 본래면목은 지금 여기서 자기 자신이 만법의 참된 모습(實相)을 보고 소리를 듣고 자각하며 見聞覺知하는 본래심의 지혜작용을 말한다.

* 黃梅 : 기주 황매산에 주석한 오조홍인을 가리킨다.『육조단경』에는 노행자 혜능이 오조홍인의 불법을 받고 육조가 되어 오조홍인의 전송을 받고 밤에 황매산을 출발하여 남쪽으로 도망가는 이야기를 전하고 있다. 이러한 구법과 전법의 이야기는 황매산 오조홍인의 도량에서 펼쳐지고 있는 것이다.

* 冷暖自知 : 자각의 종교 본질을 표현한 말로서 본인이 직접 체험하여 깨닫게 된 것을 말한다.『법화경』「법사공덕품」에「보살의 청정한 몸은 세간의 모든 사람이 구족하고 있지만 오직 홀로 그러한 사실을 깨달아 아는 것이지 남이 바라보고 알 수 있는 것이 아니다」라고 설한다. 수행하여 깨달은 사람만이 알 수 있는 세계이다. 마치 물을 마셔보고 그 물이 차가운지 따뜻한지는 물을 마신 사람만이 알 수 있는 것처럼. 冷暖自知라는 말은 선어록에 너무나 많이 강조하고 있는 말인데, 여기서 혜능의 최초 법문으로 제시하고 있다는 점에 의미가 있다. 즉 선불교의 실제 조사 혜능이 자각의 종교인 선불교의 본질을 본인이 직접 체득하도록 제시하고 있는 것이기 때문이다.

『무문관』은『전심법요』(16단)의 다음과 같은 주장을 토대로 하고 있다.

「만약 믿지 못하겠다면 어찌하여 道明上座가 대유령 꼭대기까지 육조를 뒤쫓아 달려왔겠는가? 그때 육조께서 물었다. '그대는 무엇을 구하러 왔는가? 가사를 구하는가? 법을 구하는가?' 도명 상좌는 '가사를 구하기 위해서가 아니라 오직 법을 위함'이라고 대답했다.

육조께서 말씀하셨다. '그대는 잠시 생각을 거두고 善惡을 모두 생각하지 말라.' 도명 상좌가 이 말씀을 받드니 육조께서는 '善도 헤아리지 말라! 惡

도 헤아리지 말라! 바로 이와 같은 순간 부모라는 분별심이 일어나기 이전 도명 상좌의 본래면목을 나에게 가져오라!'라고 말씀하셨다.

도명은 말이 떨어지자 마자 말없는 가운데 서로 뜻이 맞아 예를 올리며 말했다. '마치 물을 마셔보고 난 후에 그 물의 차고 따뜻함을 스스로 알게 되는 것같이 제가 오조스님의 회상에서 30여 년 공부를 잘못하다가 오늘 비로소 지난날의 허물을 알았습니다.' 이에 육조께서는 '그렇도다.'라고 말씀하셨다.」

* **是事出急家** : 여기서 是事는 혜능이 혜명에게 불법을 개시해 보여 준 일을 말한다. 즉 자기 본분사를 참구하기 위해 다급해진 혜명을 위해서 응급처치로 다급하게 「善惡을 사량하지 말라」고 설하게 된 것을 말한다. 出急家는 다급한 집에서 뛰어나온다는 말로, 궁지에 몰리고 다급해진 처지에서 무심의 경지에서 실행된 일임을 말한다. 혜명이 불법을 체득하기 위해 멀리 달려 온 그 상황은 매우 다급한 입장이다.

혜명이 일념으로 오직 가사와 불법을 얻기 위해 뛰어온 절박하고 급박한 상황에 봉착된 것을 표현하고 있다. 육조가 衣鉢을 바위 위에 올려 놓고 「갖고 싶으면 가져가라!」라고 했지만 의발이 산과 같이 꼼짝도 하지 않자 혜명이 어쩔 줄 몰라 두려워하고 있을 때에 육조는 「선도 생각하지 말고 악도 생각하지 말라」는 妙藥의 법문을 설하여 혜명을 깨닫도록 하였다는 그 사실을 말한다. 인간의 매사는 궁지에 몰려 다급해진 극한 상황에서 뜻하지 않게 無我 無心의 경지에서 진실된 깨달음의 체험이 이루어지고 있는 것이다.

향엄지한이 혜충국사의 유적지에서 깨달음을 얻으려는 목적의식도 없이 무심히 청소하는 가운데 대나무에 기와조각이 부딪치는 소리를 듣고 깨달음을 체득한 것도 이와 같은 상황이다.

* **荔支** : 중국 남방에서 생산되는 떫은 과일인데 두꺼운 껍질을 벗기고 속살을 먹는다. 양귀비가 특히 이 과일을 좋아해서, 삼천 리나 되는 먼 길을

사람을 시켜서 남방에서 이 과실을 구해오도록 해서 먹었다고 한 사실이 『楊妃外傳』에도 전한다. 육조혜능의 古宅에 荔支 나무가 있었다고 전한다.

  * 描不成, 畵不就 : 본래면목을 주어로 하여 게송을 읊고 있다. 본래면목 그 자체의 전모를 찬탄하고 있다. 깨달음의 경지인 그 본래면목의 세계는 언어문자로 표현할 수가 없다는 말이다. 이 일단은 송대 오조법연 선사의 설법에 의거한 말이다.

즉『대명고승전』제5권 대혜종고전에「내가 오조법연 선사에게 질문했다. '말이 있거나 말이 없는 有句 無句는 칡넝쿨이 나무에 얽혀 있는 것과 같은 것이라는 의미는 무엇입니까?' 오조법연 선사는 말했다. '본뜨려고 해도 본뜰 수가 없고, 그릴려고 해도 그릴 수가 없다.'」무문은 이 두 마디의 말을 압축하여 한 구절로 만들고 있다.

또한 오조법연 선사가 진계형에게 설법한 소염(小艶)의 시를 시자로 있던 원오극근 선사가 듣고 깨닫게 된 이야기도 참고가 된다. 소염의 시는 「님을 그리워하는 여인의 마음을 어찌 그림으로 그릴 수가 있는가(一段風光畵難成) 깊숙한 안방에는 님을 그리워하는 여인이 있네. 그녀는 자주 시녀 소옥이를 부르지만, 그 시녀에게 시킬 일이 있는 것이 아니라, 밖에 있는 낭군에게 시녀를 부르는 자신의 목소리를 전해 주려고 한 것일 뿐이다.」라는 말도 같은 경지를 읊고 있다.

즉 본래면목은 불성, 진여자성, 법성, 一心 등으로 불리며 모양으로 그릴 수도 없는 無一物, 不可得이지만 일체의 모든 곳에 편만되어 있는 절대적인 존재이다. 이러한 본래면목을 어떻게 그림으로나 언어문자로 표현할 수가 있는가? 또한 찬탄할 수도 없는 것이라고 읊고 있다.

만약에 이러한 본래면목을 그림으로 그린다거나 찬탄하는 글로 표현한다면 본래면목은 부분적인 것이 되고 말며, 한정된 모습으로 되고 만다. 그렇기 때문에 쓸데없이 번뇌망념을 일으켜서 사량분별하지 말라고 주의 주고 있는 것이다.

＊ 休生受 : 쓸데없이 생각을 일으켜서 근심 걱정하지 말라는 의미. 生受는 고생(苦勞)하는 것. 신세지다. 이것저것 신경 쓰고 걱정하는 것. 혜명이 육조로부터 불법의 근본 의미를 교시받고 쓸데없이 고마운 인사말을 올리는 것을 지적한 것이다.

　＊ 본래면목을 감추려고 하나 감출 장소가 없다. 나타낼 수도 없는 본래면목을 이 한 구절로 표현하고 있다.『화엄경』에「법신은 온 법계에 충만되어 있다(法身充滿於法界)」라고 읊고 있는 것처럼, 온 법계 그 어디에도 감추거나 숨길 수가 없는 것이다.

　＊ 渠 : 제삼인칭 대명사. 그대(伊)와 같음. 선승이 진실의 자기를 지칭한 것으로 本來面目을 가리킨다.『전등록』15권 동산전에「그는 지금 바로 나이지만 나는 지금 그가 아니다(渠今正是我, 我今不是渠)」(『대정장』51권 321쪽, 下)라고 읊고 있다.

　「세계가 괴멸할 때에도 그는 썩어 없어지지 않는다.」라고 하는 그는 본래면목을 말한다. 본래면목은 보편, 절대 상주 불변의 一物이기 때문에 태허와 같고 우주 천지와 같으며, 보편성이기 때문에 상주이며 상주하기 때문에 보편한 것이며 절대적인 존재이다. 법신인 본래면목은 無始無終이며 절대 보편한 존재이기 때문에 인연을 따라 成住壞滅하는 무상한 존재가 아니다.

　『전등록』24권 소수선사장에 다음과 같은 대화가 있다.「어떤 스님이 질문했다. '겁의 불길이 활활 타면(劫火洞然) 온 우주가 모두 파괴되는데 그것(본래면목)도 파괴됩니까?' 선사는 '본래면목은 파괴되지 않는다.'라고 대답했다. '어째서 파괴되지 않습니까?' '본래면목은 온 우주와 함께하기 때문이다.'」온 우주와 함께 하는 본래면목은 결국 온 우주와 함께 비롯함이 없고 마침이 없기(無始無終) 때문에 자명한 이치인 것이다.

　『전등록』제11권「대수법진장」에도 이와 같은 질문이 있으며,『벽암록』29칙에도 수록하고 있다.

제24칙. 풍혈화상의 법문(離却語言)

 風穴和尙. 因僧問, 語默涉離微, 如何通不犯. 穴云, 長憶江南三月裏, 鷓鴣啼處百花香.
 無門曰, 風穴機, 如掣電, 得路便行. 爭奈坐前人舌頭不斷. 若向者裏見得親切. 自有出身之路. 且離却語言三昧. 道將一句來.
 頌曰, 不露風骨句, 未語先分付, 進步口喃喃, 知君大罔措.

【번 역】 풍혈화상에게 어떤 스님이 질문했다. '침묵하면 의식이 안으로 침잠하여 「離」에 떨어지고, 말하면 의식이 객관의 세계에 두루하여 「微」에 떨어진다. 따라서 침묵하면 微를 범하고, 말하면 離를 범하게 된다. 말해도 안 되고 침묵해도 안 된다. 어떻게 해야 離微의 차별경계에 떨어지는 과오를 범하지 않게 되겠습니까?'(有言(語), 無言(默)의 차별을 벗어나 불도의 묘한 이치(불법의 대의)를 제시해 주십시오?)
 이에 풍혈화상은 '언제나 그리운 강남지방의 춘삼월을 생각하면, 자고새가 우는 그곳에 백화가 만발하여 향기롭기 그지없네!'라는 두보의 시로서 대답했다.
 무문화상이 평했다. 풍혈화상의 지혜작용은 진실로 번갯불과 같이 신속하여 사용해야 할 곳을 향해 곧장 실행하고 있다. 그럼에도 불구하고 옛 사람(杜甫)이 한 말을 다 떨쳐 버리지 못한 것은 안타까운 일이다.
 만약 그대들이 풍혈화상이 대답한 이 문제를 완전히 파악한다면, 스스로 해탈하여 자유스러운 길을 얻을 수가 있으리라. 자! 언어문자를 여읜 경지를(그 진실의 당체를) 한 마디로 말해 보게나!
　게송으로 읊었다. 풍혈은 뛰어나고 격조 높은 시정을 드러내지도 않고, 말하지 않고도 불법의 진실을 전부 다 내 보였다. 한 걸음 나아가 풍혈이 이러쿵저러쿵 말했다면, 그대들은 완전히 어찌할 바를 몰랐을 것이다.

【해설 및 역주】
　* 이 일단은 『오등회원』 제11권 풍혈연소장에 보인다.
　* 風穴 : 風穴延沼(896~973)로 송초의 선승. 임제문하 4세로 그의 법계는 臨濟義玄→興化尊奬→南院慧顒(860~930頃)→風穴延沼로 이어짐. 그의 전기는 『전등록』 제13권 『오등회원』 11권 등에 수록됨. 『고존숙어록』에는 『風穴延沼禪師語錄』 1권이 있다.
　풍혈화상은 속성이 劉氏, 절강성 항주출신으로 유학에 전념하였으나 과거에 낙방하고 관리가 될 희망을 포기하고 출가하였다. 임제의현의 법손인 남원혜옹 선사의 법문을 듣고 뒤에 여수의 기슭에 있는 풍혈사를 재흥하고 임제의 종풍을 크게 드날렸다.
　풍혈의 投機 인연은 『벽암록』 제38칙에 「風穴鐵牛機」의 평창에 남원과 풍혈의 문답을 싣고 있으며, 제61칙에는 「風穴若立一塵」이라는 공안으로 유명하다. 그가 임제종풍을 재흥한 인물로 주목되고 있는 것은 『임제록』 행록에 임제가 소나무를 심는 栽松의 이야기 일단에 위산과 앙산의 評語(예언)한 부문에서도 살펴볼 수 있다.
　* 語默涉離微, 如何通不犯 : 이러한 질문을 한 스님은 교학에 뛰어난 안목을 가진 사람으로서 승조(僧肇)의 작품이라고 주장하는 『보장론』 「離微體淨品」 제2에 의거하여 질문하고 있다. 즉 『보장론』에는 「마음의 작용이 근본으로 들어가는 것을 離라고 하고, 마음의 작용이 밖으로 나오는 것을 微라고 한다. 入離를 안다면 외부의 경계에 끄달려 의지하는 것이 없고, 出

無門關　207

微를 안다면 안으로 마음에 번뇌의 일이 없다.」라고 설한다.

말하자면 본래 청정한 마음의 본체(우주의 大道, 법의 本體)는 일체 제법의 이름과 모양을 여의고(離) 평등 진여의 이치(理) 가운데 들어(入) 있기 때문에 이것을「離」라고 하며, 그 진여 평등의 이치(理)가 인연이 따르고 만물의 경계에 끄달리고 전향되어 차별의 모든 법(하나 하나의 모든 일) 위에 유현하고 미묘(微)한 작용이 되어 나타나는 것을「微」라고 한다.

즉 우주본체의 일체 色相을 초월한 절대의 경지(진여 평등의 세계)가「離」이며, 그 절대의 경지(깨달음)가 무한하게 작용하는 현상의 다방면한 차별의 세계를「微」라고 한다. 그 절대평등의 세계와 현상의 차별세계가 본래 하나로 一體가 되어 있는 것이 청정한 우주본체(眞如)인 것이다. 따라서 그 본체를「離微」라고 한다. 離는 절대 하나인 본질을 말하고, 微는 그 본질이 무한히 작용하는 현상의 다양한 부분을 말한다.

송대 천동굉지의 『默照銘』에도「離微之根, 徹見離微」라고 읊고 있다. 離는 일체의 속박과 繫縛을 벗어난 것이며, 微는 일체의 만물에 감추어져 만물과 하나가 된 것을 말한다. 진리는 일체의 차별 경계를 초월한 것이지만 진리의 작용은 일체의 만물과 함께 미묘한 작용으로 나타나게 되는 진리의 두 얼굴(二面)을 말한다. 주관과 객관이 일체가 된 主客融合으로 人境脫落의 깨달음의 세계를 말한 것이다.

즉 본래 청정한 진리의 본체는 離와 微가 하나인데, 그 본체에 대하여 이러쿵저러쿵 말하면 微에 떨어지고, 침묵하면 離에 떨어지고 만다. 어떻게 하면 離微에 떨어지는 과오를 범하지 않게 되겠는가? 라는 질문이다. 유마의 一默은 百雷에 통한다고 말하고 있다.

이러한 우주 본체(진여자성, 본래면목)를 언어문자로 표현한다면 현상(微)에 떨어지며, 침묵으로 표현한다면 실재(離)에 떨어진다. 침묵한다면 평등의 세계만을 나타내게 되는 것이며, 언어문자로 표현한다면 차별의 세계만을 나타내게 된다. 그래서 질문자의 말처럼,「語默은 離微의 어느 한 경계에 떨어지게 되는 것이다.」

원래 우주의 대도, 법의 본체는 평등에도 속하지 않고 차별에도 속하지 않는다. 근본의 세계(理)에도 떨어지지 않고, 현상의 세계(事)에도 떨어지지 않는다. 또한 침묵의 경계에도, 말하는 경계에도 떨어지지 않는다. 出入에도 떨어지지 않고 離微에도 관계되지 않는다. 그러면 어떻게 해야 이러한 차별 경계에 떨어지지 않고 그 우주의 대도(본래면목)를 체득해야 하는가?

이 스님의 질문은 방심할 수 없는 날카로운 문제이기 때문에 풍혈화상도 함부로 대답할 수 없다. 이 질문에 언어문자나 말로서 대답하면 微에 떨어져서 大道의 한쪽 부분만 대답하는 것이 되고, 그렇다고 해서 가만히 침묵을 지키면 離에 떨어져서 역시 대도의 한쪽 부분만을 대답하는 것이 되고 만다. 진퇴양난의 딜레마(dilemma)에 떨어지게 하는 어려운 질문이다.

語默을 여의고, 離微를 초월한 中道의 실천을 질문하고 있는 것인데, 『무문관』제23칙에 혜능이「선악을 모두 함께 사량하지 말라」라고 하는 법문과 같은 실천 구조로서 일체의 상대적인 차별 경계를 초월하여 근원적인 본래의 불성으로 되돌아가서 본래면목을 자각하도록 하는 것이다.

『대승기신론』에 진여에 대하여 다음과 같이 설하고 있다.「그래서 일체의 모든 법은 언설의 모양을 여의고, 이름(名字)을 여의고, 마음에 반연된 모양(心緣相)을 여의고 필경 평등하여 언제나 한결같아서(變異) 파괴되지도 않는다. 오직 一心일 뿐이다. 그래서 진여(眞如)라고 한다.」

『기신론』에서는 이어서 모든 말과 표현들은 진실 그 자체가 아니라, 진실 그 자체를 표현하기 위해서 빌려 쓴 언어문자의 수단에 불과하다. 진여 그 자체는 어떠한 고유의 성질을 가진 것도 아니다. 진여란 언어문자로 표현할 수 없는 극치인 것이며, 언어문자를 가지고 일체의 언어의 無用性을 가리키기 위한 것이라고 주장하고 있다. 이러한 진여와 차별상의 구조를 도표로 그려보면 다음과 같다.

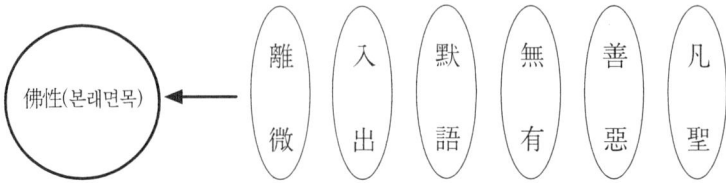

* 長憶江南三月裏, 鷓鴣啼處百花香 : 풍혈화상은 두보의 시를 빌려서 語默(離微)을 초월한 세계를 나타내고 있다. 자고새는 강남에 많이 살고 있는 새의 일종이라고 한다. 강남은 옛날 오월, 민월(閩越)이라고 하는 나라로서 지금의 중국 절강성, 강소성, 복건성 지역을 말한다. 『벽암록』제7칙에 법안이 「그대는 바로 혜초이다.」라고 하는 말에, 설두는 「강남의 봄바람은 불어도 일어나지 않고 자고새는 깊이 꽃밭 속에서 노래한다.」라고 읊고 있다.

『풍혈록』에는 「'어떤 것이 바로 사람과 경계를 모두 뺏지 않는 것(人境俱不奪)입니까?' 선사가 말했다. '항상 강남의 삼월을 생각하면, 자고새 우는 곳에 백화가 향기롭네.'」라고 시로서 대답하고 있다. 이 일단은 『인천안목』제1권 임제의 사료간(四料揀)에도 인용되고 있는데, 주관과 객관 모두가 함께 융화된 곳을 나타내고 있는 것이다. 이 공안의 실천적인 안목은 「항상 생각하다(常憶)」라고 하는 곳에 주목하기 바란다.

즉 풍혈화상은 「有言, 無言을 초월하여 불도의 현묘한 대의를 제시해 보십시오」라는 스님의 질문에 대하여 강남의 경치를 읊은 두보의 시를 한 구절 제시하고 있다. 유언 무언에 떨어지지 않는 절대의 경지를 그대 본인이 그곳에 나아가서 잘 관찰하고 그 경지를 체득하는 수밖에 없다는 사실을 제시하고 있는 것이다.

즉 복잡하고 이론적인 질문을 하고 있는 그 스님에게 신경질적으로 이것저것 따지고, 논리적으로 불법이 이러쿵저러쿵 하는 생각을 일체 접어두고, 교외에 나가서 자연과 더불어 산책이나 한번 해 보게나! 이렇게 좋은 봄날에 두보의 유명한 시 한 수를 감상해 보게! 들에는 두견새가 울고, 산천에는 어느 곳이나 꽃이 만발하게 피어 있다.

　그대가 생각하는 복잡한 불법의 이론을 떨쳐버리고 대자연에 펼쳐진 제법의 참된 모습(實相)을 체득하는 것이 불법을 지금 여기서 그대가 깨닫는 의미 있는 일이라고 지시하고 있는 것이다.

　즉 풍혈화상은 질문한 스님에게 대자연의 참된 모습을 통하여 불법의 대의를 체득하는 것이 언어문자에 집착하지 않고 침묵에도 떨어지지 않는다는 것이다. 마치 따스한 봄날 백화가 무심하게도 만발하고, 자고새는 나무 사이에서 무심하게 노래하고 있는 강남의 봄날 모습을 잘 생각해 보게나! 그대 스스로가 강남의 봄날을 잘 생각하여 제법의 실상을 자각할 때에 일체에 통하고 일체의 차별상에 떨어지지 않는 경지(通不犯)에 계합하게 될 것이라고 법문을 하고 있다.

　* 風穴機 : 무문은 먼저 풍혈화상의 선기가 뛰어남을 칭찬하고 있다.『벽암록』제38칙에「風穴鐵牛機」라는 공안을 다음과 같이 수록하고 있다.「풍혈화상이 관청에서 설법하였다. '조사의 심인은 철우의 機(지혜작용)를 닮았다. 도장을 떼면 집착하는 것이고, 찍으면 망가진다. 도장을 떼지도 못하고 찍지도 못하니 찍어야 옳은가? 찍지 말아야 옳은가?' 그때 노파장로가 대중 가운데서 나와 말했다. '나에게 철우의 기가 있습니다. 스님은 찍지 마시요.' 풍혈화상이 말했다. '고래를 낚아 바다를 맑히는데 익숙하지만, 개구리 걸음으로 진흙 속에서 허우적거리는 짓이야 안 하지'(말도 되지 않는 소리 하지도 말라). 노파장로가 한참 동안 생각에 잠기자 풍혈화상은 소리 지르면서 말했다. '장로는 왜 말을 못하는가?' 여전히 장로가 머뭇거리자 풍혈화상은 불자로 한 번 치고 말했다. '말할 거리를 생각하느냐? 어서 말해 봐라!' 노파장로가 말을 하려고 하자 풍혈화상은 또다시 한차례 불자로 치니, 도지사(牧使)가 말했다. '불법과 왕법이 한 가지군요.' '그대 도지사는 무슨 도리를 보았는가?' '끊어야 할 것을 끊지 않으면 도리어 재난을 불러들이게 됩니다.' 풍혈화상은 곧바로 법좌에서 내려왔다.」

무문이 풍혈의 교화수단은 「번갯불과 같이 빠르고, 가야할 길을 신속히 실행하고 있다.」라고 평하고 있는 것은 이처럼 선기가 준엄함을 칭찬하고 있는 것이다. 선기는 불법의 대의를 체득한 마음의 지혜작용을 실행하는 것을 말한다. 제자들을 위한 교화방편의 지혜작용인데 그것이 길을 얻고 곧장 실행한다는 말이다. 즉 지혜의 작용인 선기를 사용할 기회가 있으면 언제나 번갯불과 같이 곧장 실행한다는 의미이다.

　그런데 어찌된 일인가? 여기 본칙 공안에서는 이러한 풍혈화상의 번갯불과 같은 선기가 전혀 나타나지 않고 있다. 그 뿐인가 풍혈화상은 그럼에도 불구하고 옛 사람(杜甫)이 한 말을 인용하여 자신이 사용하면서 두보의 언어문자에 끄달려서 떨쳐버리지 못한 것은 안타까운 일이라고 무문이 평하고 있는 것처럼, 옛 시인 두보의 시구를 읊고 있으면서도 그러한 언구의 경지를 떨쳐버리지 못하고 있는 것이 아닌가? 풍혈의 선기는 보잘 것 없는 것이 아닌가? 라고 반문하며 풍혈의 선기를 抑下시키고 있으면서 이 문제에 주의를 불러일으키고 있다.

　즉 무문은 여기서 풍혈의 선기가 결여된 것은 안타까운 일이다. 그러나 질문하는 스님이 풍혈화상이 읊은 두보의 시를 통해서 풍혈화상의 선기를 체득한다면 「일체에 통하고 일체의 차별상에 떨어지지 않는 경지(通不犯)에 계합하게 될 것」이라고 주장하고 있다. 무문은 「通不犯」의 경지를 체득(見得)하는 것이 올바른 깨달음이며 불도에 계합(親切)하는 것이라고 주장하면서 스스로 깨달음의 길(出身之路)이 있다고 제시하고 있다.

　* 잠시 語言三昧를 벗어나 한 마디 말해 봐라! 질문한 스님도 언어삼매에 있고, 대답하는 풍혈화상도 언어삼매에 있는데, 문답을 나누는 언어삼매에서 벗어나 현실에서 불법을 체득하고 실행하는 한 마디를 말해봐라! 이 공안을 공부하는 여러분들은 비로소 스스로 깨달음의 경지에서 살 수 있는 길을 체득하게 될 것이다.

　* 무문의 게송은 무문의 창작이 아니라, 『오등회원』 제15권 운문문언 선

사의 다음과 같은 상당법문을 그대로 인용한 것이다.「운문화상이 법당에서 법문할 때에 주장자를 들고서 말했다. '이 주장자는 변화하여 용이 되어 하늘과 땅을 모두 삼켜버렸는데 산하대지가 어느 곳으로부터 생겼는가?'

선사는 게송으로 읊었다. '풍체 좋은 시로서 표현하지 않고, 말하기 전에 이미 부촉하였네. 한 걸음 나아가 입으로 불법을 설명한다면 그대들은 어찌할 바를 모를 거야(不露風骨句, 未語先分付, 進步口喃喃, 知君大罔措)'라고.」무문은 이 운문의 게송을 그대로 인용하여 앞의 두 구절은 풍혈의 대답을 노래했고, 뒤의 두 구절로서 질문한 스님의 문제점을 지적하고 있다.

* 不露風骨句 : 風骨은 風體骨格. 즉 그 스님이(말해도 안 되고 침묵해도 안 된다. 어떻게 해야 離微의 경계에 떨어지는 과오를 범하지 않게 되겠습니까?) 말한 논리적으로 까다로운 질문에 풍혈화상은 풍체나 골격이 당당한 선기의 언어 문구로서 대답하지 않고 두보의 시로서 대답하여 離微의 차별경계를 여읜 경지를 읊고 있는 것을 말한다.

* 未語先分付 : 어떻게 해야 離微의 차별경계에 떨어지는 과오를 범하지 않게 되겠습니까(通不犯)? 라는 질문에 대하여 풍혈화상은 언어문자로서 대답하지는 않았지만 그가 읊은 두보의 시 가운데 그 스님이 질문한 문제점을 모두 제시하고 있다고 무문은 주장을 하고 있다. 分付는 분배하여 부여하는 의미로서 질문하는 곳에 합당한 대답을 제시한 것을 말한다

* 進步口喃喃 : 여기서 진보는 선승들이 구도행각하는 것을 의미한다. 풍혈화상이 언어 문구로서 제시하지 않고 두보의 시로서 불도를 체득하는 법문을 제시한 것을 깨닫지 못한다면 강남 강서로 여기저기 돌아다니면서 운수행각하며, 선지식을 찾아다니고, 입으로 불법이 이러쿵저러쿵 조잘댄다고 해도 결국 불법의 대의는 체득하지 못한다. 喃喃은 말을 많이 하는 多辯을 형용한 말.

* 풍혈화상이 선승의 풍체와 골격이 뛰어난 말로서 법문을 하지 않고, 훌륭한 선구의 말로서 질문에 대한 분명한 가르침을 제시하지 않았지만, 풍

풍혈화상이 두보의 시를 읊은 것은 일체의 언설을 벗어나고 離微의 차별경계에 떨어지는 과오를 초월하여 불법을 체득하도록 하는 뛰어난 법문이었다. 그러나 질문하는 그 스님은 이러한 풍혈화상의 법문을 올바르게 깨닫지 못하고 언어문자로 불법을 논리적으로 따지고 주장하려고 하고 있으니 그가 언제 참된 불법을 체득할 수가 있겠는가?

무문은 학인들에게 이론적으로 언어문자나 논리적인 사고로서 질문하는 것이 반드시 바람직한 일이 아니다. 반드시 일체의 진실을 바로 보고 자각하는 자신의 참된 모습을 한 걸음 뒤로 물러나서 회광반조(廻光返照)하도록 각성시키고 있다.

제25칙. 앙산화상의 설법(三座說法)

仰山和尙 夢見往彌勒所, 安第三座. 有一尊者, 白槌云, 今日當第三座說法. 山乃起白槌云, 摩訶衍法離四句, 絶百非. 諦聽 諦聽.

無門曰, 且道. 是說法不說法. 開口卽失. 閉口又喪. 不開不閉, 十萬八千.

頌曰, 白日靑天, 夢中說夢, 捏怪捏怪, 誑諕一衆.

【번 역】 앙산화상이 꿈에 미륵불의 처소에 가서 세번째 좌석에 앉았다. 한 사람의 존자가 종을 치면서 대중에게 통보했다. '오늘은 세번째 좌석에 앉은 사람이 설법할 차례입니다.' 앙산화상은 곧 자리에서 일어나 종을 치면서 말했다. '대승(마하연)의 불법은 四句를 여의고, 百非가 끊어졌

다. 자세히 듣고, 자세히 들어라!'

무문스님이 평했다. 말해 보라! 앙산화상의 말은 설법인가? 설법이 아닌가? 그대들이 이에 대하여 입을 열면 곧바로 불법의 진실을 잃어버리고(失), 입을 다물면 불법의 근본정신을 상실(喪)하게 된다. 또한 입을 열지도 않고 다물지도 않으면 불법의 진실과는 십만 팔천 리나 멀어(融)지고 만다.

게송으로 말했다. 앙산화상은 밝은 대낮에 꿈속에서 꿈 이야기를 하고 있네. 정말 이상(捏怪)하고 괴이한 꿈 이야기로 많은 사람을 속이고 있네.

【해설 및 역주】

* 이 공안은『전등록』등 옛 자료에는 보이지 않고,『오등회원』제9권 앙산장에 다음과 같이 보인다.「앙산선사가 누워 있을 때, 꿈에 미륵의 내원에 들어갔다. 대중이 법당 가운데 모두 자기 자리에 앉아 있어 빈 자리가 없었다. 오직 두번째 자리(第二位)만이 비어 있었다. 선사는 그 두번째 자리에 앉았다. 한 존자가 일어나 종을 치면서 말했다. '오늘은 두번째 자리에 앉은 사람이 설법할 차례이다.'라고. 선사는 자리에서 일어나 종을 치고 말했다. '마하연(대승)의 불법은 四句를 여의고 百非가 끊어졌다. 잘 듣고 잘 듣도록 하라!'라고. 대중이 모두 자리에서 일어나 흩어졌다. 앙산스님은 잠에서 깨어나서 위산화상에게 이러한 꿈 이야기를 말했다. 위산화상은 말했다. '그대는 이미 성스러운 지위(聖位)에 들었군!' 앙산선사는 곧바로 예배했다.」

여기에서는「第二座」라고 하고 있다.『선문류취』제5권「설문편」과『종용록』제90칙 등에도 거의 똑같이 전하고 있는데, 여기에는「앙산이 미륵의 내원에 오백 명의 聖衆이 모인 堂中에서 마하연의 법을 설했고, 오백 명의 성중이 흩어졌다.」라고 기록하고 있다. 이 이야기는 아마도『오등회원』과『선문류취』등의 자료에서 처음 창안한 것으로 간주되는데『종용록』90

칙과 『전법정종찬』에도 이 이야기를 제시하고 있다.

 * 仰山慧寂(807~883) : 앙산은 광동성 소주 회화 사람으로 17세에 출가하여 위산영우(771~853)의 법을 이은 혜적선사이다.

 앙산은 당대 오가의 선종 가운데 최초로 독특한 위앙종의 종풍을 확립한 인물이다. 그래서 위앙종은 圓相을 표시하여 언어나 침묵으로 깨달음의 경지를 표시하지 않고 독자적인 교화의 방편을 제시하여 학인들을 지도하였다. 송대의 명승 원오극근 선사가 「스승과 제자가 똑같은 경지에서 노래하고 부자가 일가를 이루었다. 명암의 차별 경계를 자유자재롭게 교체하면서 언어문자로서 깨달음의 경지를 드러내지 않았다(師資唱和 父子一家, 明暗交馳, 語默不露)」라고 위앙종의 종풍을 평하고 있다.

 그의 전기는 陸希聲이 지은 『앙산통지대사탑명』(『全唐文』 813권)이 있고, 『조당집』 제18권, 『송고승전』 제12권, 『전등록』 제11권 등에 자세히 전하고 있으며, 『혜적선사어록』도 전하고 있다.

 * 彌勒處所 : 미륵은 범어 Maitreya. 慈尊, 慈氏라고 번역한다. 그의 성이 阿逸多(Ajita: 無能勝)이기 때문에 아일다보살이라고도 한다. 현재는 보살의 신분으로 그의 정토인 도솔천에서 사람들을 위하여 설법하고 있지만 석가불의 예언처럼, 그의 수명이 4천 세(인간의 수명으로서는 56억 7천만 년)가 다하면 이 세상에 하생하여 용화수 밑에서 성불하여 3회에 걸쳐서 중생을 위하여 설법한다고 함. 그때에 미륵불이 되어 석가불의 설법에서 빠진 일체중생을 제도하고 교화하게 된다고 주장한다. 미륵보살에 대해서는 『반야경』 『유마경』 보살품과 『미륵하생경』 『미륵하생성불경』 등이 있다.

 중국 불교에서는 서방정토에 왕생하는 아미타불의 염불수행에 앞서 미륵불의 정토에 왕생하는 신앙이 번창하였다. 특히 선종에서는 달마와 전후하여 활약한 傅大士나 布袋화상, 龐거사 등을 미륵의 화신으로 주장한다. 본칙에서 미륵보살의 처소에 앙산이 찾아가서 설법한 내용을 제시하고 있는 것도 이러한 선종의 입장을 제시하려고 한 것임을 알 수 있다.

* 앙산이 꿈속에서 미륵의 처소인 도솔천의 내원에 들어가니 세번째 좌석이 비어 있어 그곳에 앉았다. 마침 그 세번째 좌석의 주인공이 설법할 차례라고 하기 때문에 앙산이 좌석에서 일어나 四句와 百非를 초월하는 대승의 법문을 설하게 된 이야기이다. 『무문관』에서는 두번째 좌석을 세번째 좌석으로 바꾸고 있는데, 필사하는 과정에 착오가 생긴 것인지? 아니면 1과 2라는 차별의 경지를 초월한 3의 숫자를 응용한 것인지? 생각해 볼 일이다.

* 四句 百非 : 『능가경』 제2권 「離四句義分」에 「自覺 聖智의 경계에 일체법은 自心의 나툼인 것이며, 有無 등의 四句를 여의고 自共相을 여읜 것이다.」라고 설한다. 『대승현론』 제1권에 「眞諦는 四句를 끊고 百非를 여읜다.」라고 설하고 있는 것처럼, 일체의 언설로서 진리의 세계를 표현할 수 없다는 不立文字의 의미이다. 선종에서는 『마조어록』에서 처음으로 이 문제를 강조하며 설법하고 있다.

四句 百非란 불법의 진실을 밝히기 위한 일체의 논의와 언어문자를 총칭하는 말이다.

四句란 一, 異, 有, 無라는 근본 사구를 세워서 일체의 모든 사물과 존재의 이론을 세워서 논리적으로 분별하는 것이다. 이 근본 사구를 세밀하게 구분하고 분별하면 百非가 되는데, 동일한(一) 것처럼 보이지만 자세히 보면 다른(異) 것이 있고, 있다(有)고 말하지만, 없다(無)고 말하면 없는 것이다. 즉 어떤 사물이라도 동일한 것이지만 다름(異別)이 있고, 존재하고 있는 것이지만, 존재하지 않는 것이라고 볼 수 있는 견해가 있다.

이러한 네 가지의 문구(四句)에 또 각각 四句가 있기 때문에 16이라는 숫자가 된다. 다시 그 16에다 과거, 현재, 미래의 三世에 배치하면 48비가 되고, 거기에 이전에 이미 일어난 일(已起)과 일어나지 않은 일(未起)을 합치면 96비가 되며, 여기에 一, 異, 有, 無의 근본 四句를 합치면 100非가 된다. 사실 잠시 百非라는 논리를 제시하고 있지만 무수한 부정으로 연장되는 논리로서 결국 一, 異, 有, 無의 四句에 귀결되는 것이다.

四句와 百非는 원래 고대 인도의 외도 철학에서 주장하는 것인데, 불교에서는 형식적인 이론을 초월하여 中道 實相의 가르침을 세운 것이다. 용수의 『중론』에서 제시한 「八不中道」와 대비하여 이해해야 한다.

즉 앙산화상이 장차 사바세계에 하생하여 미륵부처가 된다고 하는 미륵보살의 처소에 가서 법좌에 올라 대승불교의 진수를 큰 소리로 설하고 「자세히 듣고, 자세히 듣도록 하라!」라고 외친 것이다.

본칙에서 앙산이 四句를 여의고 百非를 끊도록 지시한 앙산의 설법은 필경 무엇을 의미하고 있는 것인가?

* 諦聽 諦聽 : 자세히 듣도록 하라. 자각하라는 의미.

* 是說法, 不說法 : 앙산이 미륵보살이 있는 도솔천 내원에 가서 대승의 불법 사구 백비를 끊어버리라고 외쳤다고 하는데, 정말 그는 설법한 것인가? 설법하지 않은 것인가? 여러분들은 말해 보게나! 그것은 설법인가? 설법이 아닌가? 차별적인 견해로 무엇이라고 한 마디 입을 열면 벌써 앙산의 眞意를 잃어버린다. 그렇다고 해서 입을 열지 않고 침묵을 지키면 침묵은 우레와 같은 것이다. 설해도 설한 것이 아니고, 설하지 않고 설한 것이 앙산의 설법이라고 생각해 버린다면 역시 진실과는 더욱 더 멀어지고 만다고 무문은 읊고 있다.

즉 대승 극치의 불법은 언설과 의식(意路)에 있는 것이 아니다. 일체의 언설과 문구, 의식을 초월하는 근원(진여 자성)으로 되돌아가서 입을 열고(開) 입을 닫는(閉) 차별과, 설하고 침묵하는 차별, 有와 無의 분별을 초월한 각자의 불성을 체득하는 것이라고 주장하고 있다.

* 開口卽失 閉口又喪 不開不閉, 十萬八千 : 開口卽錯, 擬心卽差, 擬向卽乖, 動念卽乖와 같은 말. 입을 열면 진실과 어긋나고 진여 자성의 본체(본래심)와는 멀어지고 만다. 번뇌망념을 일으키거나, 무엇을 하려고 하는 분별심이 일어나면 진실과는 벌써 멀어지고 만다. 진실과 계합된 것을 親이라고 하고 멀어진 것을 疎라고 한다.

* 白日靑天 : 밝은 대낮으로 선에서는 청정한 본래면목의 세계, 본래 無一物의 경지로서 무사 무심의 세계를 말한다. 대승의 불법은 일체의 언설을 초월한 본래 無一物의 경지인데 앙산이 미륵의 처소에서 종을 치고 대승의 불법을 설했다고 한 것은 꿈속에서 꿈을 꾼 이야기를 하는 것인가? 도대체 무슨 잠꼬대 같은 소리야! 夢中說夢.

* 捏怪 捏怪 : 앙산은 도대체 무슨 괴이하고 이상한 소리를 하는가? 두 번 반복하는 말로 강조하는 의미를 나타내고 있다.

* 誑謼一衆 : 謼는 呼의 옛 글자이다. 誑謼는 속이고 기만하다는 의미이다. 밑도 끝도 없는 꿈 이야기를 하여 사람들을 속이고 바보로 취급하고 있다는 의미이다. 여기 한 대중(一衆)은 미륵의 처소인 도솔천 내원궁에 모인 500명의 聖衆을 지칭하고 있는데, 지금 여기서 무문의 법문을 듣고 있는 대중이며, 또한 이 공안을 참구하는 모든 참선수행자들을 이상한 꿈 이야기로 바보 취급하고 있다고 비판한 말이다.

무문의 게송은 앙산의 꿈 이야기에 현혹되지 말고, 곧바로 四句 百非를 초월한 대승의 불법을 체득하지 않으면 안 된다고 주의 주고 있는 것이다.

제26칙. 법안화상과 두 승려(二僧卷簾)

清涼大法眼, 因僧齋前上參. 眼以手指簾. 時有二僧. 同去卷簾. 眼曰, 一得一失.

無門曰, 且道. 是誰得誰失. 若向者裏, 著得一隻眼. 便知清涼國師敗闕處. 然雖如是. 切忌向得失裏商量.

頌曰, 卷起明明徹太空, 太空猶未合吾宗, 爭似從空都放下, 綿綿密密不通風.

【번 역】 청량원의 대법안화상은 어느 날 대중스님들이 점심공양을 하기 전, 상당설법을 할 때에 법안화상은 손으로 가만히 문에 걸쳐 있는 발(簾)을 가리켰다. 그때 두 스님이 함께 가서 발을 걷어올렸다. 법안스님은 '한 사람은 불법의 진실을 얻었고, 한 사람은 잃어 버렸다.'라고 말했다.

무문스님이 말했다. 자 여러분 말해 보라! 이 두 스님 가운데 어떤 사람이 불법의 진실을 얻었고 누가 잃어버린 것인가. 만약 이 문제에 대하여 정법의 안목을 갖춘 사람이라면, 곧바로 청량국사의 허물(과오)을 파악하게 될 것이다.

그렇다고 할지라도 간절히 당부하고 싶은 것은 얻고 잃은 차별에 대하여 사량분별하지 말라.

게송으로 읊었다. 발(주렴)을 걷어올리면 밝고 밝아 텅 빈 허공이다. 그러나 허공 역시 나의 종지와 계합(하나)된 것은 아니다. 허공과 같은 텅빈 마음까지 모두 떨쳐버리면, 면밀하고 면밀하여 번뇌망념의 바람 한 점 통할 수 없는 본래심이 된다.

【해설 및 역주】

* 이 공안은 『전등록』 제24권 법안문익전과 『오등회원』 제10권 법안장에 전하고 있는데, 『전등록』에 의거한 것으로 보인다. 『오등회원』에는 「齋前上參」이라는 구절이 없기 때문이다.

* 淸凉大法眼 : 법안(885~958)은 당대의 선승으로 법안종의 조사로서 羅

漢桂琛(865~928)의 법의 계승하였다.『화엄경』의 사상을 많이 활용하여 선법을 펼쳤기 때문에 법안종의 가풍은 三界唯心의 사상을 중심으로 펼치고 있었다. 법안선사의 저술로서『宗門十規論』이 전하고 있고,『法眼文益禪師語錄』이 전하고 있다. 그의 문하에 天台德韶(891~972) 등 60여 명의 선지식이 배출되어 五代와 宋初의 선종에서 크게 활약했다.

그의 전기는『전등록』제24권과『송고승전』제13권,『연등회요』제26권 등에 자세히 전하고 있다.

* **齋前上參**: 선원에서 점심 식사를 하기 전에 법당에서 상당법문을 할 때의 상황을 전하고 있다. 법안선사는 대중이 법당에 모두 모여 있는 가운데 법상에 올라서 말은 한 마디도 하지 않고 손으로 문 앞에 걸쳐 있는 발(주렴)을 가리켰다. 그러자 그때 두 사람의 스님이 함께 발이 걸쳐 있는 곳으로 가서 발을 말아 걷어올렸다. 이러한 모습을 보고 법안은 한 사람은 얻었고(一得) 한 사람은 잃었다(一失)고 말한 것이다.

* **一得一失**: 법안의 의지를 얻었다는 것인가? 불법의 대의를 얻었다는 것인가? 어느 누가 얻고 누가 잃어버렸다는 것인가? 잃어버렸다는 것은 무엇을 잃어버렸다는 것인가? 得은 불법의 근본대의를 깨달았다는 것이고, 失은 불법의 대의를 체득하지 못했다는 의미인가?

『임제록』에도 東堂, 西堂 兩堂의 수좌가 동시에 고함(喝)을 쳤는데, 이것을 본 임제는「손님과 주인(賓主)이 분명하다」라고 평한다. 이와 비슷한 사례는『무문관』제11칙에 조주가 두 암주를 방문하여 한 쪽은 긍정하고 한 쪽은 긍정하지 않고 있다.

또『전등록』제7권에 법상선사가 夾山과 定山의 생사문제에 대한 논의를 듣고, 한 사람은 깨닫고 한 사람은 깨닫지 못했다(一親一疎)고 평하고 있는 말도 같은 내용이다.『南泉語要』에 남전보원 선사도 어떤 스님과의 대화에서「一得一失」이란 말을 하고 있다.

* **誰得誰失**: 무문은 학인들에게 이 두 스님 가운데 누가 얻었고, 누가

잃어버린 것인가?라고 반문하고 있다. 여러분이 이 문제에 대하여 독자적인 안목을 체득한다면 곧바로 두 스님이 발을 걷어올리는 그 모습을 법안이 보고 「한 사람은 얻었고, 한 사람은 잃었다(一得 一失)」라고 평한 그 문제점을 파악할 수가 있을 것이다. 차별에 떨어지지 않는 경지의 안목을 구족해야 법안화상이 제시한 문제점을 파악할 수가 있다는 의미이다.

무문은 得失을 초월한 경지에서 이 공안을 파악해야 한다고 주장하고 있다. 그래서 「득실의 차별세계에서 사량분별해서는 안 된다」라고 주의 주고 있는 것이다.

무문은 법안이 두 스님의 행동을 보고 得失의 차별에 떨어진 분별심으로 一得一失이라고 평가한 점을 법안의 문제점(敗闕處: 과오)으로 파악하고 있다. 사실 一은 상대적인 차별을 초월한 본래의 경지를 말하며, 得失은 차별이다. 상대적인 차별심을 초월한 본래의 정법안목을 일척안(一隻眼)이라고 하는데, 정법의 안목에서 볼 때 법안이 두 스님의 행동을 得失의 차별로 평가한 점은 문제가 된다. 그래서 무문은 법안이 제시한 문제점을 파악해야 한다고 강조하고 있는 것이다.

*「발을 걷어올리면 밝고 밝은 허공이다.」발은 방의 안과 밖을 구분하는 물건이다. 지금 안과 밖을 구분하고 있는 그 발을 걷어올리니 허공과 하나가 되었다는 표현을 밝고 밝은 太虛라고 표현한 것이다. 허공 가운데는 텅 비어 한 물건도 없는 一切皆空으로 절대 평등의 세계이기 때문에 得失과 是非와 善惡의 차별이 있을 수가 없다.

그러나 그러한 텅 빈 허공의 세계까지 모두 던져 버리고, 一切皆空이나 本來無一物의 경지까지 초월하여 일체의 흔적과 자취도 남기지 말아야 한다. 그래야 삼라만상의 제법 실상이 그대로 드러나게 된다고 주장하는 말이 「綿綿密密不通風」이라는 한 구절이다.

綿綿密密은 綿密한 말을 강조한 표현인데 끊어짐이 없는 제법의 실상을 말하는 것이며, 그러한 제법 실상의 세계를 대상으로 하지 않고, 자기 자신과 완전히 하나가 되어 바람이 통할 정도의 간격도 없는 萬法一如의 경지에서 깨달음의 생활을 하고 있는 것을 말한다.

즉 得失과 是非 등 일체의 차별 세계를 초월하여 일체의 만법과 혼연일체가 되어 깨달음의 생활을 하고 있는 그 모습을 읊고 있는 것이다.

　* 不通風 : 면밀한 상태를 강조하고 있는 말로서 자기 자신과 일체 만법과 하나가 되어(萬法一如) 살고 있기 때문에 바람도 통과할 틈이 없는 상태를 말한다. 『임제록』(13-26)에 「대덕이 저러한 경지(出格見解)에서 학인이 힘을 얻으면 바람도 통하지 않는다(學人着力處 不通風)」라고 설하고 있으며, 또 의심, 사랑, 성냄, 기쁨이라는 네 가지 중생심(情念)을 설명한 곳에 「그대의 한 마음의 기쁨은 바람이 되어 휘날린다(爾一念心喜 被風來飄)」라고 설한다.

달마의 『이입사행론』 「수연행」에 「마음에 增感의 분별심이 없으면 喜風에도 움직이지 않는다.」라고 설하고 있는 것처럼, 철저한 깨달음의 경지를 말한다. 『대승무생방편문』에도 「인간의 마음을 동요시키는 8가지 행복과 불행의 상태를 표현하는 利(이익)·衰(손실)·毁(뒤에서 비방함)·譽(실없이 칭찬함)·稱(앞에서 칭찬함)·譏(면전에서 비방함)·苦(근심 걱정)·樂(기쁨 즐거움)에도 동요됨이 없다(身體及手足, 寂然安不動, 八風吹不動)」라고 주장하고 있다.

바람(風)이 통한다는 것은 본래심의 깨달음의 경지가 철저하지 못한 것으로 번뇌망념에 떨어진 것을 말한다. 번뇌의 물이 새는 有漏나 有餘열반과 같은 의미라고 할 수 있다.

　* 법안종에서 자주 언급하고 있는 화엄사상에서 이 문제를 정리해 보자. 즉 발(주렴)을 걷어올리면 일체의 현상세계(事法界)인 차별세계의 망상을 걷어 버리고 理法界인 절대 평등인 허공의 경지를 체득하는 것이다. 그러나 그것은 아직 理事無碍法界의 깨달음의 경지에 도달한 것이 아니다. 그곳에서 一切皆空의 허공까지 떨쳐버린 경지에서 일체 만법의 제법실상이

事事無碍하고 면밀한 자기 깨달음의 생활로서 자유자재롭게 살 수 있어야 한다고 강조하고 있다.

제27칙. 남전화상의 법문(1)(不是心佛)

　南泉和尙. 因僧問云, 還有不與人說底法麼. 泉云, 有. 僧云, 如何是 不與人說底法. 泉云, 不是心, 不是佛, 不是物.
　無門曰, 南泉被者一問. 直得揣盡家私. 郞當不少.
　頌曰, 叮嚀損君德, 無言眞有功, 任從滄海變, 終不爲君通.

　【번 역】 남전화상에게 어떤 스님이 질문했다. '화상은 사람들에게 설할 수 없는 불법이 있습니까?' 남전스님은 '있다.'라고 대답했다. 스님은 다시 질문했다. '어떤 것이 사람에게 설할 수 없는 불법입니까?' 남전스님은 말했다. '마음(心)도 아니고, 부처(佛)도 아니고, 물건(物)도 아니다.'
　무문스님이 평하였다. 남전스님은 이 질문을 받고서 곧바로 집안의 재산(私財)을 전부 다 털어내 버렸기 때문에 빈털터리가 되었네.
　게송으로 읊었다. 친절도 너무 지나치면 도리어 자신의 인격을 손상하게 되는 법이다. 한 마디도 말하지 않는 것이 진실로 더 큰 공덕이 된다. 설사 바다가 육지가 된다고 해도, 결코 그대를 위하여 설하지는 않으리라.

【해설 및 역주】

　* 南泉和尙 : 남전화상에 대해서는 『무문관』 제14칙 「南泉斬猫」에서 언급하였고, 제19칙의 「平常是道」에서도 등장한다. 여기에 등장하는 공안은 『전등록』 제9권 「百丈惟政章」, 『오등회원』 제3권 남전화상전에 보인다.

　* 還有不與人說底法麽 : 일체의 모든 부처나 조사는 사람들에게 설하지 않은 불법이 있는가? 사람들에게 설할 수 없는 불법이 있는가? 여기서 말하는 사람은 제 삼인칭으로 누구라는 의미이다. 즉 누구에게나 설할 수 없는 불법이 있습니까?

　남전이 '있다(有)'고 한 것은 어떤 불법인가? 敎外別傳의 불법을 말한다. 석존이 49년간 중생을 위하여 300여 회에 걸쳐서 8만4천의 법문을 설했지만, 전할 수 없는 법이 있다고 하면서 가섭에게 영취산에서 염화미소로 以心傳心으로 불법을 전하고 있다. 사람들에게 설할 수 없는 불법은 누구에게나 전할 수 없는 불법을 말한다. 언어와 문자로서 표현할 수 없는 言詮不及, 不立文字의 불법은 각자의 마음으로 체득하지 않으면 안 되는 불법인 것이다. 삼세제불과 역대의 모든 조사도 이 불법을 사람들에게 설하지 못했고 전할 수가 없었다.

　* 不是心, 不是佛, 不是物 : 『南泉語要』에는 「江西의 노숙 마조화상은 단지 다음과 같이 설한다. '不是心 不是佛 不是物'이라고 설했다. 또 어느 때에 스님이 질문했다. '예부터 조사들은 강서마조대사에 이르기까지 한결같이 말했다. 卽心是佛 平常心是道'라고. 지금 화상은 마음은 부처가 아니고, 지혜는 도가 아니라고 말하고 있습니다만, 학인은 이 말에 모두 의혹이 있습니다. 간청하오니 자비로 설법해 주십시오.」라는 일절이 보인다.

　『전등록』 제8권에는 다음과 같이 전한다. 「남전화상은 어느 날 말했다. '강서의 마조선사는 卽心是佛이라고 설했는데, 王老師(남전)는 그렇게 설하지 않고 不是心 不是佛 不是物이라고 설한다. 이렇게 설하는 것에 허물이 있는가?'라고 질문하자, 조주가 예배하고 나갔다. 그때 한 스님이 조주를 따라가서 조주에게 질문했다. '상좌가 예배하고 곧장 밖으로 나온 뜻은 무엇인가?' 조주가 말했다. '그대는 남전선사에게 가서 질문하시오.' 그 스님이 남전화상에게 질문했다. '조금 전에 조주상좌가 밖으로 나간 의미는 무엇입니까?' 선사는 말했다. '그(조주)는 노승의 의지를 체득했다네.'」

『벽암록』제28칙에는 다음과 같이 전한다.「남전화상이 백장산 열반스님을 참문하자 백장열반 스님이 물었다. '예로부터 모든 성인들이 남을 위해서 설하지 않은 법이 있었는가?' '있지요.' '어떤 것이 남에게 설하지 않은 법인가?' '마음도 아니요, 부처도 아니요, 물건도 아니다.' '말해 버렸군!' '나는 이렇습니다만, 스님은 어떠합니까?' '나는 큰 선지식이 아니다. 할 말이 있는지, 없는지를 어찌 알겠는가?' '나는 모르겠습니다.' '내가 그대에게 너무 말해 버렸군!'」

이 일단은 『무문관』의 내용과 거의 일치하고 있는데, 여기서는 어떤 한 스님의 질문으로 싣고 있고,「從上의 諸聖」이라는 말과「설해 버렸군(說了也)!」이라는 말이 없다. 사실 열반화상과의 대화에서는 남전의 존재가 미약하지만 어느 無名僧과의 대화로서 싣고 있는 『무문관』에서는 남전의 법문이 깊고 중후한 무게가 보인다. 그리고 『벽암록』과 『무문관』의 입장이 다른 것이기 때문에 여기서는 『무문관』의 입장에서 고찰해야 한다.

또한 남전의 법문은 『무문관』 제30칙의「卽心是佛」과 제33칙의「非心非佛」로서 수록하는 마조의 법문과 같은 내용으로 아울러 참조해야 한다.

*「어떤 것이 사람들에게 설할 수 없는 불법입니까?」라는 질문에 남전은「不是心, 不是佛, 不是物」이라고 대답했다. 『화엄경』에「三界唯一心」「一切唯心造」라고 설하고 있는 것처럼, 불법은 한 마디로 말하면「心法」이다. 그래서 경전에는 한결같이「三界唯心」「一切衆生 悉有佛性」이라고 하며, 『화엄경』「야마천궁품」에도「마음과 부처와 중생, 이 셋은 차별이 없다(心佛及衆生是三無差別)」라고 하였고, 마조도「卽心是佛」이라고 주장했다. 이러

한 불법을 체득한 남전은 독자적인 안목으로「不是心, 不是佛, 不是物.」이라고 설하고 있다. 고정된 마음이나 부처도 중생도 없는 것이다.「不是物」의 物이란 일체의 모든 사물과 중생, 즉 중생심을 말한다. 本來無一物이라고 설하고 있는 것처럼, 여기서는 번뇌망념의 중생심을 말한다.

＊ 南泉被者一問. 直得揣盡家私. 郞當不少 : 남전은 어느 스님이「사람들을 위하여 설하지 않은 법이 있습니까?」라는 질문에 곧장「不是心, 不是佛, 不是物.」이라는 평생 모든 불법의 재산을 모두 다 털어내 주었기 때문에 빈털터리가 되고 말았다고 무문은 평하고 있다. 郞當이라는 말은「꼴사납게 된 모습, 형편없게 된 것.」이라는 의미이다.『무문관』孟珙의 발문에도 보이며,『벽암록』제5칙 평창과 제31칙 등에도 보인다.

＊ 叮嚀損君德 : 叮嚀은 丁寧과 같은 말로 친절한 마음으로 두 번 세 번 거듭 반복하는 것을 말한다. 여기서는 질문한 스님에게 남전화상이 너무 친절하게 대답하고 있기 때문에 본분 종사의 인품과 덕을 손상하고 있는 것이라고 무문은 평한다.

남전화상은 말하지 않고 침묵을 지키는 것이 오히려 더 좋은 공덕이 되었을 텐데(無言眞有功), …… 즉 언어문자로서 마음과 부처와 법을 설하는 것은 敎家의 강사들이 하는 일이지 선승의 할 일이 아니다. 언어문자로 설명하면 설명할수록 마음과 부처와 불법의 본질과는 더욱더 멀어질 뿐이다. 무문은 남전의 과잉 서비스를 비판하고 있다.『論語』에도「지나침은 미치지 못함보다 못하다(過猶不及)」라는 말이 있다. 너무 지나치게 설해 주었기 때문에 질문한 그 스님이 불법을 체득하지 못하게 된 것이다. 그래서「설하지 않았다면 진실로 공덕이 되었을 것인데」라고 하는 말은 그 스님이 설하지 않은 불법을 깨닫게 되었을 것이라는 여운을 남기고 있는 것이다.

＊ 任從滄海變, 終不爲君通 : 이 두 구절은 무문 자신의 견해를 읊고 있다. 나는 남전화상과 같이 그 스님의 질문에「不是心, 不是佛, 不是物」이라고 자기 재산을 모두 다 탕진해 버리고 가난하고 볼품 없게 되고 싶지는

않다. 바다가 육지가 되고, 어떠한 상황이 닥칠지라도 참된 불법의 공덕을 체득하도록 하기 위해서는 함부로 쉽게 설하지는 않겠다. 남전화상같이 모든 사람을 위해서 한 길로 통하는 말로 설하지 않는다.

선가의 정신은 不立文字이며 불법의 진수를 전부 다 노파심으로 친절하게 설하지 않아야 본인이 직접 불법을 체득하게 되는 것이다. 나는 그대(君)를 위해서 결코 불법을 설하지 않겠다. 본인이 각자 체험하여 철저하게 자각하도록 해야 하기 때문이다.

제28칙. 용담화상과 덕산의 깨달음(久響龍潭)

龍潭因德山請益抵夜. 潭云, 夜深子何不下去. 山遂珍重揭簾而出. 見外面黑却回云. 外面黑. 潭乃點紙燭度與. 山擬接. 潭便吹滅. 山於此忽然有省. 便作禮. 潭云, 子見箇甚麼道理. 山云, 某甲從今日去. 不疑天下老和尙舌頭. 也至明日, 龍潭陞堂云, 可中有箇漢. 牙如劍樹. 口似血盆. 一棒打不回頭. 他時異日向孤峰頂上立吾道在. 山遂取疏抄. 於法堂前將一炬火. 提起云 窮諸玄辨. 若一毫致於太虛. 竭世樞機. 似一滴投於巨壑. 將疏抄便燒. 於是禮辭.

無門曰, 德山未出關時. 心憤憤, 口悱悱. 得得來南方. 要滅却敎外別傳之旨. 及到澧州路上. 問婆子買點心. 婆云, 大德車子內, 是甚麼文字. 山云, 金剛經抄疏. 婆云, 只如經中道. 過去心不可得. 現在心不可得. 未來心不可得. 大德要點那箇心. 德山被者一問. 直得口似匾擔. 然雖如是. 未肯向婆子句下死却. 遂問婆子. 近處有甚麼宗師. 婆云, 五里外有龍潭和尙. 及到龍潭納盡敗闕. 可謂是前言不應後語. 龍潭大似憐兒不覺醜.

見他有些子火種. 郎忙將惡水. 驀頭一澆澆殺. 冷地看來一場好笑.

頌曰, 聞名不如見面. 見面不如聞名. 雖然救得鼻孔. 爭奈瞎却眼睛.

【번 역】 용담화상의 처소를 찾아간 덕산은 용담화상의 법문을 배우고 참문하는 사이에 밤이 깊었다. 용담화상이 말했다. '밤이 깊었는데 그대는 이제 그만 물러가는 것이 좋겠네.' 덕산이 드디어 인사를 올리고 발(簾)을 걷어올리고 문 밖으로 나갔다가 다시 들어와서 말했다. '밖이 캄캄하여 어디가 어디인지 잘 모르겠습니다.'

용담화상은 촛불에다 불을 붙여서 덕산에게 건네 주었다. 덕산이 그 촛불을 건네 받으려고 할 찰나에 용담화상이 촛불을 훅! 불어 꺼버렸다. 덕산은 그때에 갑자기 깨닫고 곧바로 절을 했다.

용담화상이 말했다. '그대는 어떠한 불법의 도리(道理)를 보았는가?' 덕산이 대답하였다. '저는 오늘부터 천하 노스님들의 말씀을 의심하지 않겠습니다.'

그 다음 날 용담화상은 설법하는 자리에서 말했다. '만약에 한 사람의 대장부가 이빨은 칼을 세워 놓은 나무(劍樹)와 같고, 그의 입은 피를 담아 놓은 그릇과 같아서 한 방망이를 때려도 꼼짝하지 않는다. 그는 이후로 다른 날 다른 때에 독자적인 깨달음의 경지에서 나의 불도를 크게 확립하게 될 것이다.'

덕산은 『금강경』의 주석서를 법당 앞에서 불사르며 말했다. '설사 불법을 위대한 말로서 해설한다고 할지라도 털끝 하나를 허공에 던지는 것과 같이 아무런 효과가 없는 것이며, 세상의 모든 진리를 모두 설파한다고 할지라도 물 한 방울을 깊은 계곡에 던진 것과 같이 의미 있는 일이 아니다.' 그리고는 『금강경』의 주석서를 모두 불태워 버리고 용담선사를 하직하였다.

무문스님이 평하였다. 덕산이 아직 깨치지 못했을 때는, 마음은 분심(憤心)으로 가득 찼고, 입으로는 다 말할 수가 없어 괴로워했었다. 일부러 남방에 가서 교외별전을 주장하는 선종의 종지(旨)를 타파하려고 하였다.

예주 땅에 이르러 도중에 떡집 노파에게 점심을 사 먹으려고 하니, 노파가 질문했다. '스님의 걸망 속에는 무슨 책이 들어 있습니까?' 덕산이 대답했다. '『금강경』 주석서입니다.' 노파가 말했다. '『금강경』에 「과거의 마음도 파악할 수가 없고, 현재의 마음도 파악할 수가 없고, 미래의 마음도 파악할 수가 없다」라고 했는데, 스님은 어느 마음에 점심을 하려고 합니까?' 이러한 노파의 질문에 덕산의 말문이 콱 막혔다.

막상 노파에게 지기는 했으나 그냥 도망치지는 않았다. 그래서 노파에게 물었다. '이 근처에 선종의 훌륭한 선승이 계십니까?' '오리(五里) 밖에 용담스님이 계십니다.' 덕산은 용담에까지 오게 되어 완전히 패배감을 맛보게 되었다. 덕산이 고향을 떠나올 때는 호언장담했었는데, 용담에서 일어난 일과는 완전히 앞뒤가 맞지 않게 되었다고 할 수 있다.

용담스님은 덕산을 가엾게 여기고 부끄럽고 추한 꼴을 전혀 눈치채지도 못하고 있네. 용담은 덕산을 보고 그에게 불씨(火種)가 있음을 파악하고 급히 물을 끼얹어 그 불씨를 완전히 꺼버렸다. 이러한 모습을 냉정히 관찰한다면 한바탕의 웃음거리라고 해야 할 것이다.

게송으로 말했다. 이름을 듣기보다는 직접 만나서 얼굴 보는 것이 좋고, 실제로 친히 얼굴 보기보다는 이름만 듣는 것이 좋다. 덕산이 용담화상의 덕분으로 본래면목을 깨달았다고 하지만, 불법을 볼 수 있는 눈동자(정법의 안목)가 빠진 것은 어떻게 하지.

【해설 및 역주】

* 여기에 제시하고 있는 이야기는 덕산이 용담숭신 선사를 참문하고 깨

달음을 체득하게 된 인연을 싣고 있다.『벽암록』제4칙의 평창에 그대로 싣고 있는데, 원래는『전등록』제14권 용담숭신장과『오등회원』제7권 덕산선감장 등에 보이는 유명한 이야기이다.

　* 久響龍潭 : 이 말은 덕산이 처음 용담을 찾아가서 한 말에 의거한 것. 響은 嚮으로 해야 맞다. 받들어 사모한다는 의미이다.『전등록』과『오등회원』에는「響」으로 되어 있다.『전등록』에 덕산이 노파의 안내로 용담숭신 선사를 찾아가서 큰 소리로 말했다.「오랫동안(久) 용담의 소문(響)을 듣고 있었는데, 용담에 와 보니 연못도 없고 용도 보이지 않네!」즉 덕산이 천하의 용담선사라는 이름을 듣고 용담선사를 찾아가게 된 기세를 보여 주고 있는데, 덕산의 말이 떨어지기 전에 용담선사는 이러한 덕산의 그릇됨을 파악하고「그대가 이미 용담에 도달했네!」라고 말한다.

　* 龍潭崇信 : 당대의 선승으로 天皇道吾(748~807)의 법을 이었다. 그의 전기는『전등록』제14권과『오등회원』제7권 등에 전한다.

　* 德山에 대해서는『무문관』제13칙에「덕산탁발」에서 언급했다. 덕산이 처음 사천(蜀)에서『금강경』을 연구한 사람으로 남방의 선종에서 不立文字 敎外別傳을 주장하는 등 경전의 가르침을 무시하고 있다는 소문을 듣고 남방의 선승들을 혼내주기 위해『금강경』주석서를 짊어지고 어느 객점에서 노파를 만나 한방 얻어맞고 용담숭신 선사를 찾아가게 된 이야기이다.『벽암록』제4칙에 싣고 있는 덕산이 위산을 찾아가서 禪機를 펼치고 있는 이야기는 용담의 문하에서 깨달음을 체득한 이후의 젊은 덕산의 모습을 읽어볼 수가 있다.

　* 請益 : 유익한 불법의 가르침을 간청하는 것.『禮記』의 曲禮上과『論語』子路편 등에도 보이는 말이다. 선종에서는 학인이 선지식에게 나아가 특별히 법문을 청하는 것으로 고칙공안에 대하여 깊이 참문하고 선지식의 훌륭한 법문을 듣고 자기 자신을 이익되게 하는 것.

　* 덕산은 용담선사가 건네주는 촛불을 받는 순간 용담선사는 촛불을 불

어서 꺼버렸다. 그 순간 덕산은 깨달음이 있었기 때문에 인사를 올린다. 이러한 師資의 機緣은 시절인연이 도래되었기 때문에 이루어지는 일이다. 그동안 덕산이 불법과 선불교에 대하여 용담선사를 참문하고 늦게까지 법문을 청하여 들으면서 깨달음의 경지로 익어가고 있었기 때문이다.

　＊ 子見箇甚麽道理 : 용담선사가 덕산에게「그대는 무슨 불법의 도리(대의)를 체득했는가?」라고 질문하자 덕산은「이제부터 천하의 노화상들의 선법에 대한 말씀에 더 이상 의심을 하지 않겠습니다.」라고 대답한다. 덕산이 용담의 처소에서 직접 불법의 大意를 敎外別傳으로 체득하게 되었기 때문에 더 이상 의심하지 않고 확신을 갖게 되었다고 한다. 즉 덕산이 고향 사천(蜀)을 출발하면서 남방의 선종에서 주장하는 종지를 타파하기 위한 것이었는데, 덕산의 문제가 여기서 완전히 해결하게 된 것이다.

　＊ 龍潭昇堂 : 이튿날 용담화상이 덕산을 위하여 전 대중을 모아 법당에서 상당법문한 것을 말하는데, 덕산이 불법의 대의를 체득한 사실을 인가함과 동시에 장차 덕산의 활동에 대하여 예언을 하고 있는 점이 주목된다. 특히 용담은 덕산의 이름을 분명히 밝히지 않고「可中有箇漢」이라고 하고 있다. 可中은「만약에」라는 속어이다. 箇漢은 석도안의 고사에 의거한 一箇聖者라는 의미인데, 여기 대중 가운데 이러한 사람이 있음을 밝히고 있다. 덕산의 장래 활동에 대한 예언은『벽암록』제4칙에도 위산이 용담선사와 똑같이 예언하고 있다.

　「만약에 한 사람의 대장부가 이빨은 칼을 세워 놓은 나무(劍樹)와 같고, 그의 입은 피를 담아 놓은 그릇과 같아서 한 방망이를 때려도 꼼짝하지 않는다. 그는 이후로 다른 날 다른 때에 독자적인 깨달음의 경지에서 나의 불도를 크게 확립하게 될 것이다.」

　＊ 孤峰頂上 : 남의 추종을 허락하지 않는 독자적인 깨달음의 경지를 孤峰에다 비유하고 있다.『임제록』에도 孤峰頂上(向上門)과 十字街頭(向下門)를 설하고 있으며,『벽암록』제23칙에는「妙峰頂」이라고 하고 있다. 이 말

은 『화엄경』 입법계품에 나오는 인도의 妙峰山 頂上을 말하는데 선에서는 깨달음의 경지를 표현하고 있다.

  * 금강경 주석서를 법당 앞에서「炬火」라고 하면서 불태우고 있는 것은 마치 화장하는 선승의 장례의식과 같다고 하겠다. 그리고 덕산이「설사 불법을 위대한 말로서 해설한다고 할지라도 털끝 하나를 허공에 던지는 것과 같이 아무런 효과가 없는 것이며, 세상의 모든 진리를 모두 설파한다고 할지라도 물 한 방울을 깊은 계곡에 던진 것과 같이 의미있는 일이 아니다.」라고 한 말은 지금까지 헛된 명예와 학문으로 불법을 배우고 익힌 것이 무의미하다는 사실을 천하의 학인들에게 분명히 밝히고자 한 것이다. 여기서 말한 덕산의 말은 『전등록』에는 없고, 『조당집』 제5권 덕산장에 보이는 말이다.

  * 窮諸玄辨 : 여기서는 불교의 모든 가르침의 궁극적인 대의를 체득하여 설파하는 것.

  * 竭世樞機 : 불교 이외의 세속적인 일체의 가르침과 지극한 이론.

  * 心憤憤, 口悱悱 : 마음은 화가나서 들끓고 입으로는 다 말할 수가 없는 모습. 덕산이 고향에서 남방의 종지를 듣고 卽心是佛을 주장하는 선종의 종지를 쳐부수기 위해 마음으로 크게 분개하고 있는 상황을「心憤憤」이라고 표현했고, 마음속에 있는 말을 입으로 다 표현하지 못하고 우물거리고 있는 모습을「口悱悱」라고 했다. 『오등회원』에 다음과 같이 전하고 있다. 「남방의 선종은 상당히 번창하고 있다는 사실을 듣고, 덕산은 마음이 평안하지 못했다. 그래서 말하기를 '출가한 男兒가 千劫에 부처의 威儀를 배우고, 萬劫에 부처의 자세한 실행을 배워도 성불하기 어려운데, 남방의 마구니들은 감히 直指人心, 見性成佛을 주장하고 있다. 내가 마땅히 그들의 소굴에 가서 그러한 주장을 하는 무리들을 파멸시키고 부처님의 은혜를 갚으리라.'」 여기서도 덕산이 촉을 떠나면서 교외별전의 종지를 멸각시키겠다고 말하고 있다.

  * 點心 : 과자를 말한다. 『剪燈新話註』에「점심은 点茶의 点과 같은 의

미이다. 대개 적은 량의 식사로 마음의 공복을 안정시키는 것이다.」라고 하고, 또「식사로서 공복을 채우는 것(点)」이라고 하고 있다. 즉 정식으로 식사를 하는 것이 아니라 간단히 요기하는 정도를 말한다.

* 老婆 : 선어록에는 뛰어난 안목을 갖춘 노파들이 많이 등장하고 있다. 당대 유명한 선승들이 노파들에게 한번쯤 당하지 않은 사람이 드물다. 조주, 위산, 덕산 등.

* 口似匾擔 : 편담(匾擔)은 방망이를 짊어지고 있는 것처럼, 입이 딱 붙어서 한 마디도 대답을 할 수 없게 된 상황을 표현한 말이다.『임제록』에도 보인다.

* 금강경주석은『金剛經靑龍疏』라고 하고 있다.

* 前言不應後語 : 덕산이 고향 사천(蜀)을 출발하기 전에 남방의 선종을 타파할 것을 호언장담한 말과 용담숭신을 만나서 깨달음을 체득한 뒤에 천하의 선승들의 말을 의심하지 않겠다고 한 말과 앞뒤의 말이 서로 상응하고 일관되지 못한 것을 지적하고 있다.

* 龍潭大似憐兒不覺醜 : 용담선사가 덕산이 너무 귀여워서 자신이 하는 행동이 추하고 부끄러운 것도 눈치채지 못하고 있다는 것을 무문이 비꼬고 있다. 용담은 덕산을 위해서 밤늦게까지 불법을 설해 주고, 밖이 어둡자 촛불을 밝혀서 건네 주고, 또 불을 불어 꺼버리고, 덕산의 깨달음에 대하여 상당법문을 하고, 덕산의 장래를 칭찬하며 예언하는 등의 행동을 비판하고 있다.

* 용담선사는 덕산이 약간의 불씨(火種)가 있음을 알고 허둥지둥 급히 더러운 물을 가지고 머리통에다가 곧장 들이부어 그 불씨를 완전히 꺼 버렸다. 즉 덕산을 위하여 용담선사가 상당법문을 하면서 장래를 예언하고 칭찬한 것을 말하고 있다.

* 나 무문이라면 용담과 같이 그렇게 지나치게 친절한 교화를 하지는 않겠다. 용담선사는 자신의 행동에 부끄러운 줄을 알아야지. 옆에서 보니 마치 한바탕 연극을 보는 것처럼 우습기 짝이 없다고 용담을 抑下하면서 칭

찬하고 있다.

  * 聞名不如見面 見面不如聞名 : 덕산이 남방에 오게 된 기분을 읊고 있다. 용담선사가 어떤 사람인가? 기대하고 와서 만나 보니 너무나 친절한 노인네가 아닌가? 고향 蜀에서 오랫동안 용담선사에 대한 소문을 듣고 너무나 훌륭한 선승이라고 생각했었는데…….

  * 雖然救得鼻孔. 爭奈瞎卻眼睛 : 비록 덕산이 용담선사를 만나서 불법의 대의와 본래면목(鼻孔)을 체득한 것은 축하할 만한 일이다. 그러나 덕산의 눈동자가 빠져버린 것은 어떻게 해야 하나?

  여기 무문이 덕산의 눈동자가 빠진 것을 지적하고 있는 것은 덕산이 『금강경주석』을 법당 앞에서 불태워 버린 것을 비판하고 있는 말이다. 불법의 대의를 체득하는 일도 중요하지만 정법의 안목으로 불법을 설하는 경전은 더욱 중요한 일이다. 경전이 없는 것은 불교인의 눈이 빠진 것과 같다고 무문은 지적하고 있다.

  불교인은 『능가경』 등의 대승경전에서 한결같이 주장하고 있는 것처럼 불법의 대의인 宗通과 중생교화를 위한 說通을 겸비해야 한다. 『증도가』에도 「宗通, 說通으로 定慧가 圓明하여 공에도 머무르지 않는다.」고 읊고 있다.

제29칙. 육조혜능의 법문(2)(非風非幡)

  六祖因風颺刹幡. 有二僧對論. 一云幡動 一云風動. 往復曾未契理. 祖云, 不是風動, 不是幡動. 仁者心動. 二僧悚然.
  無門曰, 不是風動. 不是幡動. 不是心動. 甚處見祖師. 若向者裏見得

親切. 方知二僧買鐵得金. 祖師忍俊不禁, 一場漏逗.

頌曰, 風幡心動, 一狀領過, 只知開口, 不覺話墮.

【번 역】 육조혜능은 어느 날 찰간(刹竿)의 깃발이 바람에 펄럭이는 모습을 보고, 두 스님이 서로 논쟁을 하는 인연을 만나게 되었다. 한 스님은 '깃발이 움직인다'라고 말하고, 다른 한 스님은 '바람이 깃발을 움직이게 한 것이다.'라고 말하면서 서로가 자기의 주장만 거듭할 뿐 불법의 대의를 깨닫지 못했다.

육조가 말했다. '이것은 바람이 깃발을 움직이게 하는 것도 아니고, 깃발이 움직이는 것도 아니오! 그대들의 마음이 움직이고 있소!' 그 두 스님은 당황하여 어쩔 줄을 몰라했다.

무문스님이 말했다. 바람이 깃발을 움직이게 한 것도 아니고, 깃발이 흔들리는 것도 아니며, 또한 마음이 움직이는 것도 아니다. 어떻게 육조가 말한 정신을 체득해야 할 것인가? 만약 이 문제(者裏)를 체득한다면 불법에 계합하게 될 것이며, 이 두 스님이 무쇠를 팔아서 금을 얻게 된 사실을 알 수 있게 될 것이다. 조사가 자비심을 참지 못하여 한 마디 한 것은 한 바탕의 창피(실수)를 드러낸 것이었다.

게송으로 말했다. 바람이 움직이고, 깃발이 움직이고, 마음이 움직인다고 한 장의 자백서에 적어서 고백했네. 조사는 단지 그가 입을 열게 된 것만 알았지, 그가 언어문자에 떨어진 사실은 자각하지 못했네.

【해설 및 역주】

* 六祖慧能 : 『무문관』 제23칙 「不思善惡」에서 언급한 것처럼, 『육조단경』에는 행자의 신분으로 오조홍인의 불법을 계승하여 남쪽으로 내려오는

도중 대유령 고개까지 쫓아온 慧明에게 첫번째 설법하였다. 그리고 남쪽에 은거하다가 남해의 制止寺에서 『열반경』을 강의하는 印宗(627~713)법사의 회상에서 바람과 깃발의 논쟁에 참여하면서 자신의 신분을 밝히게 되었다.

  * 風颺刹幡 : 바람에 찰간의 깃발이 펄럭이는 것. 『무문관』 22칙에 「迦葉刹竿」에서 언급한 것처럼, 법회가 있다는 사실을 알리기 위해 사찰의 입구에 세운 긴 장대(刹竿)에 깃발을 매달아 둔다.

  육조혜능의 자료 중에 가장 오래된 왕유의 『육조혜능대사비문』에는 16년 간의 은거 생활을 하던 중 남해에서 인종법사가 『열반경』을 강의하는 인연과 만나게 되어 비로소 삭발하게 되었다고 전한다. 이 자료를 계승한 『역대법보기』와 『조계대사전』 등의 자료에 한결같이 인용하고 있는데, 여기서는 처음으로 주장하고 있는 『역대법보기』 혜능전에 전하는 부분을 살펴보자.

  「뒤에 남해의 制止寺에 도착하여 인종법사가 『열반경』을 강의하는 인연을 만나게 되어 혜능도 그 자리에 있었다. 한 때 인종법사는 대중에게 질문했다. '그대들은 모두 바람이 찰간으로 부는 것을 보라. 꼭대기의 깃발이 움직이는가?' 대중이 말했다. '움직이는 것을 봅니다.' 어떤 사람이 말했다. '바람이 움직이는 것으로 본다.' 어떤 사람은 말했다. '깃발이 움직이는 것이다.' 혹은 '이것은 깃발이 움직이는 것이 아니라, 견해가 움직이는 것이다.' 라고. 이렇게 논쟁이 어렵게 되어 진정하지 않게 되자 혜능이 좌석에서 일어나 법사에게 대답했다. '본래 대중들의 번뇌망상심이 움직이고 움직이지 않는 것일 뿐, 깃발이 움직이는 것이 아니다. 법은 본래 움직임(動)과 움직이지 않는 것(不動)과는 관계없다.' 인종법사는 이 말을 듣고 놀라서 멍청하게 무슨 말을 할 수가 없었다.」 혜능의 주장은 『금강삼매경』 총지품의 게송에 「법에는 動과 不動이 없다. 성품이 공하기 때문에 적멸인 것이다.」라는 일절에 의거한 것이다.

  * 육조가 바람이 움직이는 것도 아니요 깃발이 움직이는 것도 아니요 그대들의 마음이 움직이는 것이다(祖云, 不是風動, 不是幡動. 仁者心動)라고 한

말은 『조당집』 제2권 혜능장에 정리되어 있는 이야기를 요약한 것으로 볼수 있다. 仁者는 존경하는 말로 논쟁을 하는 두 스님에 대한 존칭이다. 바람과 깃발은 객관적 대상인 사물에 집착되어 있는 것을 타파하고 각자의 주관적인 입장으로 되돌리고 있기 때문에 할 말을 할 수가 없게 된 것이다.

* 悚然 : 두려워하다. 송구스러워 하는 모습.

* 객관을 떠나서 주관의 작용은 없는데, 마음이 움직인다고 하는 말도 맞지 않다. 그 마음이 움직이는 것은 또다시 근본의 不動心이 있어야 하기 때문에 不動이 없는 動은 있을 수가 없다. 그래서 無門은「바람이 움직이는 것도 아니요, 깃발이 움직이는 것도 아니요, 마음이 움직이는 것도 아니다(不是風動. 不是幡動. 不是心動)」라고 주장하고 있다. 이 말은 원래 앙산혜적 선사의 제자인 妙信이라는 비구니가 사천의 승려 17명이 앙산을 참문하고 후원에 숙박하면서 風幡의 문제로 논쟁을 하고 있을 때, 「17명의 눈먼 사람들은 꿈에도 불법을 볼 수 없다!」라고 고함치고 「不是風動. 不是幡動. 不是心動」이라고 말했다고 한다.

자기와 일체 만법과 하나(萬法一如)의 경지가 되면 주관의 마음과 객관의 바람과 깃발이라는 차별이 없어진다. 마음 밖에 법이 없다(心外無法)라고 한 것처럼, 무심의 경지이기 때문에 마음 밖에 바람도 깃발도 없다. 마음이 움직인다면 바람도 깃발도 움직인다. 그러나 마음이 움직이는 것이 아니다(不是心動)라고 한다면 바람도 깃발도 움직이는 것이 아니다.

* 바람이 움직이는가? 깃발이 움직이는가? 논쟁하던 두 스님은 육조혜능의 법문을 듣고 참된 불법을 깨닫게 되었다고 무문이 평하고 있는 말이 「무쇠를 팔아서 황금을 얻었다(方知二僧買鐵得金)」고 한 것이다.

* 忍俊不禁, 一場漏逗 : 忍俊不禁은 도저히 더 이상 참고 견딜 수가 없는 상황에 이른 감정적인 표현이다. 不禁은 더욱 표현을 강하게 하는 말이다. 『벽암록』 43칙의 게송에 설두는 「밝은 달빛에 유혹된 개(名犬)가 참을 수가 없어(忍俊) 쓸데없이 계단을 오르내리고 있다.」고 읊고 있다.

여기서는 혜능이 두 스님의 바람과 깃발에 대한 엉터리 논쟁을 더 이상 참고 볼 수가 없게 되었기 때문에「그대들의 마음이 움직인 것」이라고 고함치게 된 것을 말한다. 즉『벽암록』67칙에「주머니 속의 바늘을 감출 수가 없는 것」이라고 한 것처럼, 주머니 속의 바늘(송곳)이 자연스럽게 밖으로 튀어나오는 것(布袋裏盛錐)처럼 육조혜능의 자비심이 더 이상 참을 수가 없었기 때문에 한 마디 한 것인데, 한바탕 창피를 당한 꼴이 되었다고 평하고 있다.

* 風幡心動 : 두 스님의 바람과 깃발의 움직임에 대한 논쟁과 혜능이 마음이 움직인다고 한 말을 한 마디에 묶어서 이 모두가 죄인들의 진술서를 한 장에 일목요연하게 기록(一狀領過)하고 있는 것이라고 하고 있다. 무문은 이 세 사람의 죄를 똑같이 취급하고 있다.

* 只知開口 不覺話墮 : 혜능은 두 스님이 바람과 깃발이 움직인다고 하는 논쟁을 보고 참을 수가 없어서「그대들의 마음이 움직인 것이다.」라고 입을 열어 진실을 설할 줄만 알았지 자신이 言句의 차별에 떨어진 과오를 자각하지 못하고 있다고 비판하고 있다. 무문은 육조를 비판하고 있지만 이 공안을 읽는 학인들을 위해서 잘못된 차별에 떨어지지 않도록 주의를 주고 있다.

제30칙. 마조화상의 법문(1)(卽心卽佛)

馬祖, 因大梅問. 如何是佛. 祖云, 卽心是佛.
無門曰, 若能直下領略得去. 著佛衣喫佛飯. 說佛話行佛行. 卽是佛

也. 然雖如是. 大梅引多少人. 錯認定盤星. 爭知道說箇佛字三日漱口. 若是箇漢. 見說卽心是佛. 掩耳便走.

頌曰, 靑天白日. 切忌尋覓. 更問如何. 抱贓叫屈.

【번 역】마조스님에게 대매법상이 질문했다. '어떤 것이 부처입니까?' 마조스님이 말했다. '이 마음이 곧 부처이다.'

무문스님이 말했다. 만약 마조의 설법을 듣고 곧바로 깨달아 체득하기만 한다면 부처의 옷을 입고, 부처의 밥을 먹으며, 부처의 말씀을 설하고, 부처의 행을 실행하는 이것이 곧 다름 아닌 부처인 것이다.

대매법상과 같은 사람은 괜찮겠지만, 많은 사람들이 대매법상의 모습을 보고 현혹되어「마음이 부처」라는 고정관념(定盤星)을 가지고 착각하게 하고 있는 것이다. 이 부처라는 글자를 설하기 위해 3일 동안 양치질을 하여 입을 깨끗이 해야 한다. 만약 영리한 사람이라면「마음이 부처」라고 설하는 것을 보고 곧장 귀를 막고 멀리 달아났을 것이다.

게송으로 말했다. 마조가「마음이 부처」라고 설한 것처럼, 훤히 드러난 사실이다. 마음 밖을 향해서 부처를 찾아다니지 말라. 또다시 부처가 무엇이냐고 질문한다면 도둑놈이 훔친 물건(贓物)을 끌어안고 무죄라고 크게 고함치는 것과 같다.

【해설 및 역주】

　*馬祖道一 : 馬祖道一 선사는 조사선의 중심인물이라고 할 수 있다. 사실 그의 문하에서 걸출한 선승들이 많이 배출되면서 인도에서 전래된 불법이 중국에 생활종교로 정착하게 된 것이다. 선불교의 대화인 선문답도 마조문하의 선승들에 의해 활발하게 번창하였고, 본격적인 선어록도 선승들의

법문을 기록하면서 성립되었다. 여기에 제시하고 있는 마조와 대매법상과의 대화도 당시 선불교의 소식을 전해 주고 있는 일단이라고 할 수 있다.

* 마조도일 선사의 전기는 權德興(759~818)가 지은「도일선사탑명」을 비롯하여『송고승전』제10권,『조당집』제14권,『전등록』제6권 등의 마조도일전에 자세히 전하고 있으며, 그의 어록도 있다. 자세한 점은 정성본『중국 선종의 성립사연구』(민족사)717쪽 이하를 참조 바람.

『조당집』제14권 마조장에는 卽心是佛에 대한 법문을 다음과 같이 설한다.「그대들은 자신의 마음이 곧 부처라는 사실을 철저히 확신하도록 하라. 이 마음이 곧 부처(卽心是佛)이다. 그러므로 달마대사가 남천축에서 오셔서 최상승의 一心 법문을 전하여 그대들로 하여금 깨닫게 하였다. 또『능가경』의 말을 인용하여 중생들의 心地를 깨닫고 확인하도록 하였지만, 그대들이 착각하여 이 일심의 법을 각자 지니고 있다는 사실을 믿지 않을까 걱정하였다.」

* 大梅法常 : 마조의 제자로서 그의 전기는『조당집』제15권,『송고승전』제11권,『전등록』제7권 등에「明州 대매산 법상선사전」을 수록하고 있다.

이 공안의 원형으로 보이는 마조와의 대화를『조당집』15권 법상전을 통해서 살펴보자.「어느 날 마조대사에게 질문했다. '어떤 것이 부처입니까?' 마조가 대답했다. '그대의 마음이 바로 부처(卽心是佛)이다.' '어떻게 잘 간직(保任)해야 합니까?' '그대가 잘 보호해 간직해라.'」

법상은 마조의「卽心是佛」이라는 법문을 듣고 곧장 명주 대매산에 들어가 30년간 은거하였다고 한다. 그런데 어느 스님이 대매산에서 법상선사를 만나 대화를 나누고, 요즘 마조대사는「마음도 아니고, 부처도 아니다(非心非佛)」라고 설한다고 하는데, 나는 역시「卽心是佛」의 법문으로도 충분하다고 하는 소식을 마조에게 전하자 마조는「매실이 익었군! 그대들은 가서 따 먹어라!」라고 말한 에피소드를 전한다. 마조의 非心非佛은『무문관』제

33칙에 싣고 있다.

 * 若能直下領略得去 : 만약 여러분들 가운데 마조가 말한 卽心是佛이라는 법문을 법상처럼 곧바로 체득한다면 그 사람은 부처의 옷을 입고, 부처의 밥을 먹고, 부처의 말씀을 설하고 부처와 같이 행동하는 바로 그대로 부처인 것이다. 형식적으로 모방하는 것이 아니라 진실로 부처의 경지에서 부처의 행(佛行)을 하는 것이다.

 * 마조의 卽心是佛의 법문을 깨달은 대매는 그래도 괜찮다고 하겠지만, 대매법상이 행동한 그 모습에 많은 사람들이 끌려서「마음이 부처(卽心是佛)」라는 법문의 참된 정신을 체득하지 못하고 그릇되이 언어문자(定盤星)를 인정하게 하고 있다는 사실이다. 定盤星은 천평 저울의 가운데를 별표로 표시한 것을 말한다. 저울의 중심을 표시한 고정된 별표이기 때문에 卽心是佛이라는 언어문자의 표시에 집착해 버리는 착오를 지적하고 있는 것이다. 定盤星에 대해서는『무문관』제8칙에서 설명하였다.

『무문관』제33칙에는 마조가「非心非佛」도 설하고 있다는 사실을 전하고 있는데, 법상처럼「卽心是佛」하나만을 고집하는 것은 많은 사람들이 법상의 행동을 보고 그릇되이 卽心是佛이라는 고정관념(定盤星)에서 벗어나지 못할 것에 대한 우려를 말하고 있는 것이다.

「부처란 무엇입니까?」라는 법상의 질문처럼, 대개의 많은 사람들은 부처라는 고정관념으로 자신이 부처를 상대적으로 찾고 있기 때문에 자신이 차별심에 떨어져 있다는 사실을 알지 못한다. 마조는 밖에서 부처를 찾고 있는 법상에게 卽心是佛이라고 설하여 밖으로 향하는 마음을 자신의 안으로 되돌려서 깨닫도록 한 것이다.

그래서 마조는 다른 사람에게 非心非佛이라고도 설하고 있는 것이다. 마조가 설한 卽心是佛과 非心非佛은 방편법문이라는 사실을 잘 알아야 한다고 강조하고 있다.

『조당집』제15권에 마조의 제자 동사여회 선사는 마조대사가「卽心是

佛」을 설하였다고 주장하는 당시의 사람들을 보고,「부처가 어디에 머무르기에 마음이라고 하는가? 마음이란 환화와 같은 것인데 부처를 비방함이 너무 심하다.」하고 다음과 같이 외쳤다.「마음은 부처가 아니요 지혜는 도가 아니다. 칼을 잃어버린 지 오래인데, 이제야 뱃전에 표시를 하는가?」라고 비판하고 있다.

 * 道說箇佛字三日漱口 :『벽암록』제2칙 수시에「이 부처라는 글자(佛字)를 말하는 것은 진흙탕물을 뒤집어 쓴 것」이라고 하는 것처럼, 3일간 입을 청소하고 양치질하지 않으면 안 된다고 무문은 평하고 있다. 마음이 곧 부처라는 사실을 철저히 깨닫기만 하면 부처라는 이상적이고 권위 있는 존재를 내세워 주장할 필요도 없는 것이다. 그런데 또다시 어떤 사람이 부처란 무엇인가?라고 부처라는 이름을 들먹이면 부처라는 권위에 떨어지고 名相에 떨어진 자신의 입을 3일간 청소하지 않으면 안 된다고 비판한 말이다.

 * 若是箇漢 : 만약에 영리한 사람이라면 마조가 卽心是佛이라는 설법을 하는 것을 보고 곧장 귀를 막고 달아났을 것이라고 무문은 냉소하고 있다. 마조의 설법이 어린애를 달래는 방편법문이라는 사실을 잘 알고 있기 때문에 그 말에 끄달리지 않고 집착하지 않을 것이라고 하는 의미인데, 이 공안을 공부하는 사람들에게 주의 주고 있는 말이다.

 * 靑天白日 : 구름 한 점 없이 맑은 대낮은 一切皆空의 경지를 체득한 본래 無一物의 세계를 비유한 말이다. 반야의 지혜광명이 훤하게 비추고 있는 것이다.『채근담』에「군자의 마음 씀씀이는 靑天白日처럼 사람이 알지 못하는 일이 없도록 해야 한다.」라고 주장한다.

마조가 설한 이 마음이 곧 부처라는 卽心是佛은 청천백일과 같이 누구나 알 수 있는 자명한 말이다. 마음은 텅 비워 청천과 같고, 부처의 지혜는 태양과 같이 밝게 비추고 있는 것이다. 중생의 마음이 본래 부처인데 밖을 향해서 부처를 찾아다니면 어떻게 하는가?

『전심법요』에도「마음 밖에서 부처를 구하는 것은 외도이다.」라고 설한

無門關 243

다. 여러분들은 제발 자기 마음에서 부처를 체득하도록 하라. 그런데 또다시 「부처란 무엇인가?」라고 질문한다면 마치 도둑놈이 훔친 물건(贓物)을 껴안고서 무죄라고 주장하는 꼴과 같다고 무문은 읊고 있는 것이다.

제31칙. 조주화상과 오대산의 노파(趙州勘婆)

趙州, 因僧問婆子. 臺山路向甚處去. 婆云, 驀直去. 僧纔行三五步, 婆云, 好箇師僧, 又恁麼去. 後有僧擧似州. 州云, 待我去與爾勘過這婆子. 明日便去. 亦如是問. 婆, 亦如是答. 州, 歸謂衆曰. 臺山婆子, 我與爾勘破了也.

無門曰, 婆子, 只解坐籌帷幄. 要且著賊不知. 趙州老人, 善用偸營劫塞之機. 又且 無大人相. 撿點將來二俱有過. 且道, 那裏是趙州勘破婆子處.

頌曰, 問旣一般, 答亦相似, 飯裏有砂, 泥中有刺.

【번 역】 조주화상이 오대산의 노파를 점검했다. 어떤 스님이 노파에게 '오대산 가는 길이 어디오?'라고 물으면, 노파는 '똑바로 가시오!'라고 대답했다. 그 스님이 몇 걸음 걸어가면 노파는 '스님의 위의를 잘 갖추고서 또 내가 말한 그대로 똑같이 가는군!'이라고 비난하였다.

뒤에 어떤 스님이 조주화상에게 이러한 사실을 이야기하였다. 조주화상은 '그래! 내가 한번 그대들을 위하여 이 노파의 경지를 점검해 보겠네!'라고 말했다.

조주화상은 이튿날 곧장 그 노파의 처소에 가서 다른 스님들과 똑같이 '오대산 가는 길이 어디오?'라고 물으니, 노파 역시 '똑바로 가시오!'라고 똑같은 대답을 했다. 조주화상은 돌아와서 대중에게 말했다. '내가 그대들을 위해서 오대산 노파의 심지를 점검(勘破)했노라!'라고.

　무문스님이 평하였다. 오대산의 노파는 전쟁터의 작전 지휘소 천막(帷幄) 안에서 적군을 쳐부술 작전을 세울 줄은 알아도 적에게 공격당한 사실은 알지 못하고 있다.

　조주화상은 적군의 진영에 잘 잠입하여 갑자기 습격하는 작전(機)은 훌륭했지만, 역시 대장군의 인품이라고는 할 수 없다. 잘 점검해 보면 두 사람 모두 다 허물(잘못)이 있다고 할 수 있다.

　자! 여러분들은 말해 보게! 조주화상이 노파의 심지를 점검(勘破)한 것은 어떤 것인가?

　게송으로 말했다. 조주가 노파에게 질문한 말이 똑같기 때문에 대답도 또한 같았다. 그러나 조주의 질문은 평범하지만 밥 속에는 돌이 있고, 진흙 속에는 가시가 있었다.

【해설 및 역주】

　* 趙州 : 조주종심 선사에 대해서는 이미 『무문관』 제1칙 「趙州狗子」 제7칙 「趙州洗鉢」 11칙, 19칙 등에 자주 언급하였다. 여기서는 조주가 오대산의 길목에 있는 노파가 선승들을 시험하고 있다는 소문을 듣고 노파를 勘破하는 이야기인데, 『전등록』 제10권 『오등회원』 제4권 조주종심선사전에 나온다.

　『종용록』 제10칙에는 「臺山婆子」라는 제목으로 똑같은 공안을 싣고 있는데, 「오대산의 길목에 한 노파가 있었다. 대개 스님들이 오대산에 가는 길을 어디로 가야 하는지 물으면 노파는 '곧바로 가시오!'라고 대답했다.」라고 전하고 있는 것처럼 문장이 정리되어 있다. 그러나 『무문관』의 문장은 주어가 복잡해서 의미로 번역해야 한다.

오대산의 노파가 실존 인물인지 알 수 없지만 덕산이 『금강경』의 三世心不可得으로 노파에게 봉변을 당하고 있는 것(『무문관』 28칙 참조)처럼, 당시 禪機를 체득하여 안목을 갖춘 노파들이 많이 등장하고 있다. 그래서 老婆禪이라는 말이 만들어졌는데, 여기서도 무문은 노파를 상당히 높이 평가하고 있다.

* 오대산은 지금의 山西省에 있는 명산이며, 淸凉山이라고도 한다. 문수보살의 도량(靈場)으로 많은 스님들이 오대산을 참배하고 있다. 오대산 가는 길목에 조주의 도량과 노파의 거처도 있었다고 한다. 『벽암록』 제35칙에 무착선사가 오대산에 올라 문수보살을 친견하고 문답을 나눈 「文殊前三三」이라는 공안을 수록하고 있다. 신라의 자장율사가 오대산에 문수보살을 친견한 이야기도 마찬가지이다.

* 驀直去 : 곧바로 가시오! 東西도 아니고 左右도 아니고 똑바로 가시오. 그러나 노파는 오대산의 경계를 쫓아서 멀리서 찾고, 여기저기서 헤매고 있는 사람들에게 「똑바로 가시오!」라고 말해 주고 있다. 驀直去라는 말은 각자의 본분을 자신의 발 밑에서 찾아야지 왜 멀리서 찾으려고 하는가? 질책하고 있는 말이다. 直指人心의 법문이다. 이러한 노파의 진의를 파악하지 못한 스님들이 그냥 노파의 말대로 몇 걸음 걸어가면, 노파가 훌륭한 스님의 위의를 갖추고 있는 사람이 내가 「곧바로 가시오!」라는 말을 「문자 그대로 받아들이고 가고 있군! 바보 같은 사람이다」라고 바보취급을 하고 있는 것이다.

* 勘過 : 勘破하고 透過한다는 말을 합친 말이다. 看破하다. 꿰뚫어보다라는 의미이다. 조주가 그대들을 위해서 그 노파의 心地를 실제로 조사하고 파악해 보겠다는 의미이다. 또한 노파를 만나고 와서 조주는 내가 그대들을 위해서 오대산의 노파를 감파했다고 말하고 있다.

* 무문은 먼저 오대산의 노파를 비평하고 있다.「籌帷幄」은『史記』에 「張良이 군사 작전의 술책은 천막 안에서 짜지만 승부를 천리 밖에서 결정하는 것은 子房의 功이다.」라는 말이 있다. 노파가 오대산 길목에 앉아서 많은 스님들을 조롱하고 있는 술책을 쓰고 있지만, 조주와 같은 노련한 고승을 평범한 스님들과 같이 잘못 파악하여「똑바로 가시오!」하고 또 몇 걸음 가니까,「모양새는 스님 같지만 역시 마찬가지로군!」이라고 말한 것은 조주와 같은 노련한 적이 자기 진영으로 침입한 사실을 파악하지 못한 것이다. 이 점이 조주가 노파를 파악한 것이다.

* 무문은 다시 조주를 비평하기를「조주 노인은 훌륭하게 적군의 진영에 잠입하여 적군의 요새를 습격하는 작전은 뛰어났지만 그는 역시 대인의 모습은 아니다.」라고 말한다. 조주가 적진인 노파의 요새에 잠입하여 노파를 감파하는 노련한 노장의 기지는 뛰어났다. 그러나 오대산 길목에서 찻집을 하고 있는 노파를 상대로 하여 그러한 작전을 펼친다는 것은 역시 대장부의 기질이 없는 것이 아닌가?라고 비꼬면서 칭찬하고 있다.

그리고 무문이「잘 점검해 보면 조주와 노파 이 두 사람 모두 과오가 있다.」라고 총평을 하고 있다. 이것은 무문이 조주와 노파를 감파한 것이라고 할 수 있다. 그리고 학인들에게 조주가 노파를 어떻게 감파했는가? 그 문제를 잘 파악해 보라고 주의 주고 있다.

* 무문의 게송은 조주화상의 질문을 칭찬한 것이다. 질문이 같다(問旣一般)는 말은 조주가「오대산 가는 길은 어디로 가야 하는가?」라고 물은 것이 많은 다른 스님들이 물은 것과 똑 같다는 의미이다. 이에 대하여 노파의 대답 역시 똑 같았다. 사실 조주의 물음에 노파가 다른 스님들에게 대답하는 것처럼,「곧바로 가시오!」라고 대답한 것은 안목이 없는 것이다. 조주가 일부러 노파를 찾아 간 것은 오대산 가는 길을 묻기 위한 것이 아니라 노파를 감파하기 위한 것이었다. 그렇기 때문에 주의하지 않고 노파가 조주의 물음을 다른 스님들과 같은 차원으로 받아들이고「함부로 식사하다가 밥

속에 있는 돌을 씹으면 이빨이 상하고, 진흙 속에 발을 들여놓으면 가시가 발을 찌르게 된다(飯裏有砂, 泥中有刺)」. 정신차리고 조심해야지! 노파는 조주화상의 본분을 파악하지 못했기 때문에 돌을 씹고 가시에 찔린 아픔을 맛보고 있는 꼴이 되었다.『벽암록』9칙 趙州의 四門에도「泥裏有刺」라는 원오의 착어가 있다.

　조주는 일반 스님들과 똑같이 행동하고 물었지만 노파가 조주와 스님들의 안목이 다름을 파악하지 못했다. 그러나 조주는 노파의 전부를 감파하고 있는 것이다. 조주는 평상의 생활 그대로 불법을 펼친 생활상의 위인이라는 사실을 잘 알아야 한다.

제32칙. 세존과 외도와의 문답(外道問佛)

世尊, 因外道問. 不問有言. 不問無言. 世尊據座.
外道, 贊歎云, 世尊大慈大悲. 開我迷雲. 令我得入. 乃具禮而去.
阿難, 尋問佛. 外道, 有何所證, 贊歎而去. 世尊云, 如世良馬, 見鞭影而行.
無門曰, 阿難乃佛弟子, 宛不如外道見解. 且道, 外道與佛弟子, 相去多少.
頌曰, 劍刃上行, 冰稜上走, 不涉階梯, 懸崖撒手.

【번 역】세존께 어느 때 외도가 '언어문자로 대답하는 것도 묻지 않고, 침묵으로 대답하는 것도 묻지 않는다(언어문자와 침묵을 여읜 경지에서 불

법을 설해 주시오.)'라고 질문하니, 세존은 그 자리에 그대로 앉아 계셨다.
　그런데 그 외도가 찬탄하기를 '세존은 대자대비로 나의 미혹한 구름을 걷어 주시고 나를 깨달음의 경지로 인도해 주셨습니다.'라고 말하면서 절을 하고 물러갔다.
　아난이 세존에게 '그 외도가 무엇을 깨달았기에 저렇게 찬탄하고 돌아갔습니까?'라고 질문했다. 세존께서 말씀하시길, '마치 세상의 준마(良馬)가 채찍의 그림자만을 보고도 달리는 것과 같다.'라고 하셨다.
　무문스님이 평했다. 아난은 부처님의 직제자로서 어떻게 외도의 견해에도 미치지 못하는가? 여러분들은 말해 보게나! 외도와 불제자의 차이는 얼마나 되나?
　게송으로 읊었다. 부처와 외도와의 문답은 마치 칼날 위를 걷고, 얼음 위를 걷는 것과 같네. 사다리를 타고 올라가며 발은 사다리를 밟지 않고, 절벽 위에서 손으로 나뭇가지를 잡지 않은 것과 같은 꼴이다.

【해설 및 역주】
　* 世尊 : 석가모니불을 지칭한다.『무문관』제6칙 「世尊拈華」를 참조.
　* 外道 : 불교의 입장에서 불교 이외의 모든 사상가, 종교가를 통칭한 것으로 96종의 외도가 있다고 한다. 외도가 부처님께 찾아와서 불법을 질문한 이야기는『잡아함경』에 많이 보이는데, 정확한 근거를 찾아보기는 어렵다. 여기에 제시하고 있는 공안은 경전에서 인용하여 선종에서 만든 것으로 간주된다. 즉『조당집』제1권 석가모니불전에 최초로 등장하고 있다. 그 밖에도『전등록』제27권과『벽암록』제65칙에도 인용하고 있다.
　여기서는 세존과 외도, 세존과 아난, 두 단으로 나누어서 살펴볼 필요가 있다.
　* 외도는「有言과 無言을 떠나서 불교의 정신을 제시해 보십시오」라고

無門關　249

질문하고 있다. 有言과 無言은 일체의 주장을 모두 부정한 입장이다.「四句百非를 떠나서 불법의 본질을 제시해 주십시오」라는 질문과 같다고 하겠다. 세존이 언어문자로 대답하면 有言이 되고, 침묵하면 無言이 된다고 비난할 것이다. 말하거나 침묵은 진실의 반쪽만을 밝힌 것에 불과한 것이다.

　＊ 世尊據座 : 세존은 앉아 있는 자세 그대로 차분하게 있었다. 본래의 자리에서 如如佛의 경지를 그대로 보여 주고 있는 입장이다. 如如한 本來面目(法身)의 지혜작용이 불법이라는 사실을 전부 그대로를 보여 주고 있다.

　『벽암록』에는 세존이「앉은자리 그대로 말없이 대답하지 않았다(良久)」라고 하고 있다.

　＊ 阿難 : 아난은 부처님의 십대제자 가운데 부처님의 설법을 가장 많이 들은 다문제일.『무문관』제22칙에「迦葉刹竿」에서 언급했다.「아난이 세존께 그 외도는 어떠한 깨달음을 체득했기에 세존을 찬탄하고 절을 하면서 돌아갔습니까?」라고 질문한다. 즉 외도의 질문에 세존은 그 자리에 그대로 앉아 있었을 뿐이지 아무런 설법이나 행동을 하지 않았기 때문이다.

　＊ 世尊은「세상의 좋은 말은 채찍의 그림자만을 보고도 달린다(如世良馬, 見鞭影而行)」라는 말로 대답하고 있다. 이 말의 출처는 아마도 천태지의의『마하지관』2권 下에「快馬見鞭影卽到正路」(『대정장』46권 19쪽, 上)라는 말이 아닌가? 이 말을 주석한 湛然의『止觀輔行傳弘決』2권 5에 다음과 같이 기록하고 있다.「『잡아함경』에 다음과 같이 전한다. 부처님이 비구에게 말씀하였다. 네 종류(四種)의 말이 있다. 첫번째 말은 채찍의 그림자만 보고도 곧장 놀라서 주인의 뜻에 따라서 달리고, 두번째 말은 채찍이 말의 털끝에 닿기만 하면 곧장 주인의 뜻에 따라서 달리고, 세번째 말은 채찍이 말의 몸통을 때려야 놀라서 달리고, 네번째 말은 채찍이 말의 뼈에 사무치게 때려야 비로소 느끼고 달린다.」(『대정장』46권 212쪽, 上).

　이 말은 불제자들의 근기를 나누어 비교한 것인데, 지금 세존을 참문한 외도는 최상의 근기로서 세존이 자리에 그대로 앉아 있는 모습만을 보고 깨닫고 있다. 그러한 사실을 세존이 아난에게 최고의 좋은 말과 같은 사람이기 때문에 곧바로 깨닫게 되었다고 비유하여 말하고 있다.

　＊ 본칙에서 제시한 것처럼, 외도는 세존이 앉아 있는 모습(據座)을 보고 곧바로 깨달음을 체득했다고 했는데, 어째서 아난은 그것이 무엇인지 알지 못하고 부처님께 질문한 것일까?「아난은 부처님의 제자인데 어째서 외도의 견해와 다를까?」라고 무문은 평을 하고 있다. 즉 외도는 채찍의 그림자만 보고도 곧장 달리는 준마와 같은데, 아난은 마치 채찍이 털끝을 스쳐야 달리는 말과 같이 보인다.

　그러나 무문이 말하고자 하는 점은 여기에 있는 것이 아니라,「외도와 부처님의 제자와의 견해가 얼마나 다른가?」라고 하는 문제에 두고 있다. 일반적으로 부처님의 십대제자는 견해도 뛰어나고 인격도 훌륭하다고 간주하고 있고, 외도의 견해는 천박하고 차원이 낮은 것이라는 편견을 가지고 있다. 무문은 이러한 편견을 타파하기 위해서 이러한 문제제기를 하고 있다. 외형과 신분에 의존하여 사람을 판단하는 잘못된 편견이 없어야 올바른 불법을 체득할 수 있는 것이라고 주장하고 있다. 부처와 마구니, 부처와 중생의 차이, 불제자와 외도와의 차이는 얼마나 될까? 그 차이는 그러한 생각을 하고 있는 사람의 번뇌망상의 차이라고 할 수 있다.

　＊ 劍刃上行, 冰稜上走 : 위험천만한 곳을 가고 있는 상황을 표현하고 있다. 잠깐이라도 정신차리지 못하면 목숨을 잃어버리게 되는 것.『임제록』에 말하는 劍刀上事와 같다.『중용』에「白刀를 밟는 것과 같다.」라고 하는 것처럼, 잠시라도 정신차리지 않고 약간의 힘을 주면 발에 상처가 나고 피가 난다. 또한『詩經』에「엷은 살얼음(薄氷)을 밟는 것과 같다(如履薄氷).」라고 하는 말에 의거하고 있다.

　＊ 不涉階梯 : 불교 수행의 계단과 단계를 거치지 않고 곧바로 부처의 지위에 오르는 돈오성불을 표현한 말.『증도가』에「一超直入如來地」라는 말과 같다. 세존을 친견한 이 외도는 곧바로 깨달음의 경지를 체득했다고 하

는 말이다.

　＊ 懸崖撒手 : 撒手는 절벽에서 손으로 물건을 붙잡지 않는 것. 百尺竿頭進一步와 같이 大死一番하도록 하는 것인데, 외도가 세존을 친견한 것은 천길의 절벽에서 손을 놓고, 목숨을 걸고 구도적인 정신으로 질문한 것이었다. 그래서 크게 일체의 자아(我相 人相)를 죽이고 참된 깨달음으로 되살아나게 된 것이라고 칭찬하고 있다.

제33칙. 마조화상의 법문(2)(非心非佛)

　馬祖, 因僧問. 如何是佛. 祖曰, 非心非佛.
　無門曰, 若向者裏見得. 參學事畢.
　頌曰, 路逢劍客須呈, 不遇詩人莫獻, 逢人且說三分, 未可全施一片.

　【번 역】마조스님에게 어느 때 한 스님이 질문했다. ‘어떤 것이 부처입니까?’ 마조스님 대답하였다. ‘마음도 아니고 부처도 아니다.’
　무문스님이 평했다. 만약 마조스님이 말한「마음도 아니고 부처도 아니다」는 정신을 체득한다면 참선수행의 일대사는 완전히 끝마치게 되리라.
　게송으로 읊었다. 길에서 검객을 만났을 때는 칼을 잡고 보여줘야 한다. 시인이 아닌 사람에게 시를 읊지 말라(무의미한 일이다). 그러나 사람에게 불법을 설할 때는 전체의 삼할 정도만 설하는 것이 좋다. 전부 다 제시하여 설하는 것은 바람직하지 못한 일이다.

【해설 및 역주】

＊『무문관』 30칙에는 대매법상이 「어떤 것이 부처입니까?」라는 질문에 마조가 「卽心是佛」이라고 대답한 공안을 제시하고 있다. 똑같은 질문인데 여기서는 「非心非佛」이라고 대답한다. 질문한 사람은 달라도 똑같은 질문에 대답은 다르다. 「즉심시불」과 「비심비불」은 같은 것인가? 다른 것인가? 훌륭한 선지식은 학인의 문제점(병)을 곧바로 파악할 수 있어야 하며, 그 문제점(병)을 해결하고 병폐를 제거해 주는 처방을 해 주어야 한다.

선에서 말하는 학인의 문제점은 집착하는 마음, 차별심, 고정관념, 편견, 진실을 올바르게 파악할 수 없는 착각 등이라고 할 수 있다. 마조의 법문은 이러한 학인들의 집착을 떨쳐버리기 위한 방편법문이라는 사실을 잘 알아야 한다.

＊ 非心非佛 :『무문관』 제30칙에 마조와 大梅法常의 대화에 따른 이야기는『조당집』 제15권 법상전에 자세히 전한다.『무문관』 제27칙 남전의「不是心佛」의 일단도 참조할 필요가 있다.

『전등록』 제6권 마조전에 다음과 같이 전한다. 「어떤 스님이 질문했다. '화상은 어째서 마음이 곧 부처(卽心是佛)라고 합니까?' 대사가 말했다. '우는 아기의 울음을 그치게 하기 위한 것이다.' '울음이 그친 뒤에는 어떻게 합니까?' '마음도 아니고 부처도 아니다(非心非佛).' '이 두 가지 이외의 사람이 오면 어떻게 합니까?' '그에게는 중생이 아니다(不是物)라고 말하리라.' '갑자기 그러한 사람이 오면 어떻게 합니까?' '그로 하여금 대도를 체득하라고 지시하리라.'」 즉 마조의 卽心是佛과 非心非佛은 학인들의 집착을 떨쳐버리기 위한 방편법문이다.

『종경록』 제25권에는 다음과 같이 주장하고 있다. 「마음이 바로 부처이다(卽心是佛)라는 주장은 서천과 동토의 조사들이 한결같이 설한 말이다. 理事가 분명하기 때문에 똑같은 안목으로 사물을 보는 것과 같다. 그런데 또 마음도 아니요 부처도 아니다(非心非佛)라고 설하는가?」라는 문제를 제기하고 다음과 같이 설명하고 있다.「즉심시불은 겉으로 표현(表詮)한 말이다. 곧바로 그 본분의 일(生死大事)을 표시하여 마음으로 직접 체득하여 見性하도록 한 것이다. 非心非佛은 밖으로 드러내지 않은 말(遮詮)이다. 즉 과오를 보호하고 그릇됨을 막고 의심을 제거하고, 집착을 타파하기 때문에 마음도 아니고 부처도 아니라고 한 것이다.」

여기서 말하는 表詮은 적극적인 표현이고, 遮詮은 소극적인 표현이라는 의미이다. 선지식은 학인들의 문제점을 파악하여 열고 닫을 줄 아는 방편의 지혜가 있어야 한다. 開遮는 放行과 把住(把定)라고도 하며, 活人劍, 殺人刀 라고도 한다.

『조당집』제3권 혜충국사전에 다음과 같이 전한다.「마조의 제자 伏牛선사가 마조대사의 심부름으로 편지를 들고 남양혜충 국사를 찾아가니 국사가 질문했다. '마조대사는 어떤 가르침을 설하는가?' 복우가 대답했다. '마음이 곧 부처(卽心是佛)라고 합니다.' 국사가 말했다. '이게 무슨 말인가?' 그리고 또 말했다. '다시 다른 말은 없었는가?' '마음도 아니고 부처도 아니(非心非佛)라고 하고, 또는 마음도 아니요, 부처도 아니요, 물건도 아니다(不是心, 不是佛, 不是物)라고 합니다.'」

『전등록』제7권 伏牛自在전에는「卽心是佛은 바로 병도 없는데 병을 구하는 말이고, 非心非佛은 약으로 병을 치료한다는 말이다.」라고 주장하고 있다.

『전등록』제7권에 마조의 제자 寶積선사는 다음과 같이 설한다.「마음에 번뇌망념의 일이 없다(無事)면 여러 가지 만상의 법이 일어나지 않을 것이요, 의식으로 현묘한 기틀을 초월하면 작은 티끌(번뇌)인들 어디에 있을 수 있겠는가? 도는 본래 실체가 없지만 도로 인하여 이름을 세우고, 도는 본래 이름이 없지만 이름으로 인하여 명호가 생긴다. 마음이 곧 부처(卽心是佛)라고 하면 지금 현묘한 깨달음을 얻지 못하고, 만약 마음도 아니고 부처도 아니다(非心非佛)라고 하면 그 말 역시 불법의 궁극적인 경지를 가리키는 자취(말)와 같은 것이다.」

『벽암록』 제44칙에도 禾山에게 卽心是佛과 非心非佛에 대한 문제를 질문하고 있는 것처럼, 마조의 설법 이후로 선종에서는 이 문제가 화제가 되어 많은 선승들의 안목을 체득하는 공안으로 회자되고 있다.

* **若向者裏見得. 參學事畢** : 마조대사가 卽心是佛이라고 하고 또 非心非佛이라고 설한 그 마음을 파악한다면 생사대사의 一大事를 마칠 수 있는 안목을 갖추게 될 것이라고 한 말. 마음에 집착하고, 부처에 집착하면 어떻게 부처를 체득할 수가 있겠는가? 마음과 부처라는 이름과 형상(名相)을 모두 떨쳐버리고 非心非佛의 참된 의미를 체득한다면 불법수행의 목적은 이룰 수가 있는 것이다.

* **路逢劍客須呈, 不遇詩人莫獻** : 『임제록』 「행록」(56-2) 등에도 인용하고 있는 古句 七言詩를 六言으로 줄인 것이다. 이 시의 의미는 知音 동지가 아니면 이야기가 통하지 않는다는 말이다. 칼을 전혀 모르는 사람에게 칼을 주면 참된 가치를 알지 못하고, 시를 모르는 사람에게 시를 이야기한들 무의미한 일이 되고 만다.

마조가 어떤 때는 卽心是佛이라고 설하고, 어떤 때는 非心非佛이라고 설한 것은 검객에게는 칼을 보여 주고, 시인에게는 시를 지어서 보여 준 것처럼, 학인의 근기에 맞는 법문을 제시한 방편법문이었다고 무문은 게송으로 읊고 있다.

* **逢人且說三分, 未可全施一片** : 이 말은 원래 陳孔章이 위나라의 文帝에게 보고한 軍法의 말이라고 하는데, 『楞嚴合轍』 제2권에 「사람을 만나면 3할 정도만 말하고, 완전히 모든 마음을 모두 다 내보이지 말라.」라고 하는 말이 보인다. 불법이나 군법의 작전은 3분의 1정도만 마음을 드러내고 말하라는 의미이다.

즉 여기서는 마조가 卽心是佛이라고 설할 때는 非心非佛의 마음을 감추고, 非心非佛이라고 설할 때는 卽心是佛의 마음을 드러내지 않고 학인들을 지도하는 훌륭한 선지식으로서 불법을 설한 것이다. 나머지는 학인들이 체득해서 완전한 불법을 스스로 이루도록 해야 한다는 의미인데, 스승은 학인들을 깨달음의 길로 안내하는 역할을 하는 것이지, 깨달음을 전해 줄 수는 없기 때문이다.

『조당집』제4권에 석두가 스승 청원화상에게 「반 마디만이라도 설해 주십시오(道取一半)」라고 간청하고, 『조당집』제6권에 동산이 운암에게 한 마디만 더 설해 줄 것을 간청해도 거절하고 있다. 또 『전등록』제11권에 위산이 향엄을 지도하면서 불법 참구할 문제를 반쯤 제시하자, 향엄이 위산에게 「제발 저를 위해서 불법을 설해 주십시오.」라고 간청하지만 거절하고 있는 것은 스승이 제자들을 올바르게 지도하기 위한 선의 교육정신이 보인다.

제34칙. 남전화상의 법문(2)(智不是道)

南泉云, 心不是佛. 智不是道.
無門曰, 南泉可謂, 老不識羞. 纔開臭口. 家醜外揚. 然雖如是. 知恩者少.
頌曰, 天晴日頭出, 雨下地上濕, 盡情都說了, 只恐信不及.

【번 역】남전화상이 말했다. '마음은 부처가 아니고, 지혜는 道가 아니다.'

무문스님이 평했다. 말하자면 남전화상은 나이가 들면서 수치스러움을 모르고, 마음은 부처가 아니라는 등 입을 열면서 가문의 부끄러움을 드러냈다. 그러나 남전화상의 은혜를 아는 사람이 몇 사람이나 될까?

게송으로 읊었다. 날씨가 좋으면 해가 나오고, 비가 오면 땅이 젖는다. 모든 정성을 다하여 설명했지만, 그러한 사실을 체득하여 확신을 얻은 사람이 없어서 걱정이네.

【해설 및 역주】

＊ 이 공안은 『조당집』 『전등록』 등의 남전화상전에는 보이지 않고 『고존숙어록』 제12권에 수록한 『南泉語要』에 다음과 같이 보인다. 「그때에 어떤 스님이 질문했다. '예로부터 조사들은 강서 마조대사에 이르기까지 모두 卽心是佛과 平常心是道를 주장했습니다. 지금 화상이 마음은 부처가 아니다. 지식(智)은 불도(道)가 아니다(心不是佛. 智不是道)라고 말씀하시는데, 학인은 모두 의혹이 일어납니다. 간청하오니 화상의 자비로 지시해 주십시오.'」(『續藏經』118권 146쪽, 中)

사실 이 말은 『조당집』 제15권에 마조의 제자 東寺如會 선사가 마조대사가 「卽心是佛」을 설하였다고 주장하는 당시의 사람들을 보고, 「부처가 어디에 머무르기에 마음이라고 하는가? 마음이란 幻化와 같은 것인데, 부처를 비방함이 너무 심하다.」라고 말하면서 다음과 같이 외쳤다. 「마음은 부처가 아니오. 지혜(智)는 도(道)가 아니다(心不是佛. 智不是道). 칼을 잃어버린 지 오래인데, 이제야 뱃전에 표시를 하는가?」라고 전한다. 매사 일이란 시절인연에 잘 맞추어서 파악해야지 시기를 놓치면 쓸모 없는 일이 되고 만다.

당시 마조의 제자들 가운데 마조의 卽心是佛과 非心非佛의 설법에 대하여 많은 논쟁이 있었기 때문에 동사(東寺)나 남전과 같은 선승들이 이러한 말에 집착하는 병폐를 지적하고 있는 것이라고 할 수 있다.

『조계대사전』에「혜능대사가 말했다. '道는 마음으로 깨닫는 것이지 어찌 좌선에 있다고 하겠는가?'라고.」「평삼심이 도(平常心是道)」혹은「무심의 경지가 도에 계합된 것(無心合道)」이라고 주장하고 있는 것처럼, 道는 깨달음의 마음을 말하며, 또한 깨달음은 불성의 지혜작용인 것이다.
　따라서 깨달음(覺)과 마음(無心, 平常心, 本來心)과 부처와 道와 불성의 지혜작용은 동격이며 같은 것이라고 할 수 있다.
　＊『무문관』 27칙에 남전화상이「不是心, 不是佛, 不是物」이라고 설하고 있고, 제19칙에「道는 아는 것(知)에도 속하지 않고 알지 못하는 것(不知)에도 속하지 않는다. 안다고 하는 것은 妄覺이고 알지 못하는 것은 멍청함(無記)인 것이다.」라고 설하고 있는 점도 아울러 참조해야 한다.
　＊ 心不是佛. 智不是道 :「이 마음이 부처다」라고 주장하면 마음에 집착하고,「깨달음의 지혜가 불도이다」라고 주장하면 지식이나 불도에 집착하고 착각하는 범부들을 위해서 남전화상은 너무나 친절하게「마음은 부처가 아니다. 지혜는 불도가 아니다.」라고 주장하게 된 것이다.
　참된 부처는 전도 망상을 여의고 일체의 번뇌망념이 없는 본래심을 말한다. 또한 반야의 지혜로 전도 망상을 타파하여 구경열반의 경지인 佛道를 체득하는 것인데, 천박한 지식이나 지혜로는 올바른 불도를 체득할 수가 없다는 사실을 자각시키고 있는 것이다.
　당대의 명승인 위산의 문하에서 수학한 향엄지한 선사가 경전과 조사 어록의 지식으로 불도를 체득하지 못한 것은 잘 알고 있는 사건이다. 또한 덕산이『금강경』을 연구한 사람이지만, 三世心不可得의 진실을 체득하지 못하고 노파에게 창피당한 이야기도 마찬가지이다.
　서양의 철학은 지식 학문에 중점을 두고 있지만 동양사상은 道를 근본으로 하고 있으며, 道는 마음으로 깨닫고 행위와 일체가 되어 일상생활을 하는 가운데 진실로서 실행하도록 하고 있다. 지식으로 아무리 고상한 정신과 사상을 연구한다고 할지라도 그것이 자신의 지혜와 인격으로 현실생활상에 실현되지 못한다면 아무런 의미가 없는 것이다.

그래서 동양의 도는 지혜와 실천행이 일체가 되는「知行一體」와, 지혜와 실행이 하나가 되어 전개하는「行解相應」을 강조하고 있다. 마조의「平常心是道」는 일상생활하는 평범한 마음(본래심)으로 깨달음의 인격적인 생활(道)이 되도록 주장하고 있는 말이다.

* 무문은 다음과 같이 평하고 있다.「늙은 남전화상은 부끄러운 줄도 모르고 곧바로 입을 열고 집안의 부끄러운 일을 남에게 소문내고 있다.」고 비난하면서 남전화상을 극히 칭찬하고 있다.『무문관』27칙에 남전이「不是心, 不是佛, 不是物」의 설법에 대하여 무문은「집안의 재산을 모두 탕진하여 매우 곤궁스럽게 되었다.」라고 평하고 있는 말과 비슷하다.

이렇게 학인들을 위하여 친절하게 불법의 진수를 설하고 있는 남전화상의 마음을 과연 불법을 깨달아서 그 은혜를 갚을 수 있는 사람이 얼마나 될까? 무문이 남전화상의 간절한 자비심에 대하여 극찬하고 있는 평가임과 동시에 이러한 남전의 노파심을 알지 못하는 학인들을 경책하고 있는 말이다.

* 무문의 게송 가운데 앞의 二句는 남전화상이「心不是佛. 智不是道」라고 설한 참된 의미를 읊고 있고, 뒤의 二句는 무문이 평에서 주장한 내용을 거듭 강조하고 있는 노래이다.「날씨가 좋으니 해가 나오고 비가 오니 땅에 습기가 가득찼다(天晴日頭出 雨下地上濕)」라는 말은 일상생활에서 누구나 잘 알 수 있는 지극히 당연한 일이 바로 眞佛의 大道라는 사실을 읊고 있다.

마조의 설법인「평상심이 바로 道의 경지」라는 사실을 말한다. 맑은 날은 태양이 나오고 비오는 날은 축축한 습기가 가득 찬 것처럼, 천지 만물은 각자 일체의 번뇌망념이 없는 무심의 경지에서 여여하게 살아가고 있는 것이다. 우리들도 천지 만물과 같이 무심하게 자신의 일을 열심히 하면서 살아가야지 조작된 마음으로 부처를 구하고 지혜를 얻어서 불도를 성취하려고 하면 올바른 부처나 도를 이룰 수가 없는 것이다.

더군다나 남전화상은 평생 익혀온 지혜와 자비심을 다 쏟아 온 정성을 다하여 불도를 수행하는 학인들을 위해서 몇 번이고 거듭거듭 친절하게 설하고 있는 지극히 당연한 진실의 불법(天晴日頭出 雨下地上濕)을 요즘의 학인들이 남전의 설법을 믿지 않고 그의 법문을 직접 체득하여 확신을 갖지 않는 사람이 많아서 걱정이다. 信不及은 『임제록』에서 임제가 강조하고 있는 것처럼, 본인이 직접 체험하여 확신을 갖지 못했기 때문에 믿음이 철저하지 못한 것을 말하며 信得及의 반대말이다.

무문은 남전의 노파심을 대신하여 게송으로 노래하면서 똑같은 개탄의 목소리를 전하고 있다.

제35칙. 오조법연과 천녀의 영혼(倩女離魂)

五祖問僧云, 倩女離魂. 那箇是眞底.
無門曰, 若向者裏悟得眞底. 便知出殼入殼. 如宿旅舍. 其或未然, 切莫亂走. 驀然地水火風一散. 如落湯螃蟹七手八脚. 那時莫言不道.
頌曰, 雲月是同, 溪山各異, 萬福萬福, 是一是二.

【번 역】오조법연 스님이 어떤 스님에게 질문했다. '천녀의 몸에서 영혼이 나갔다고 하는 이야기가 있는데, 어느 쪽이 진짜 천녀인가?'
무문스님이 평했다. 만약 법연선사가 제시한 이 문제를 깨달아 진실로 불법의 참된 정신을 파악한다면, 영혼이 육체에서 벗어났다가 또다시 육체에 들어간다는 사실을 알 것이다. 그것은 마치 여행하는 사람이 여관에서 숙박하는 것과 같은 것이다.

그러나 아직 그러한 사실을 깨닫지 못한 사람은 인생의 길을 헛되이 돌아다니며 헤매는 일이 없도록 해야 한다. 갑자기 죽음을 맞이하여 地水火風의 사대가 흩어지면 마치 뜨겁게 끓는 물에 빠진 대게가 손발을 팔딱팔딱거리는 것과 같은 고통을 당하리라. 그때에 불법의 가르침을 들은 적이 없었다고 울면서 말하지 말라.

게송으로 읊었다. 구름과 달은 같은 것이나, 개울물과 산은 각기 다른 것이네. 만복과 만복은 하나인가 둘인가?

【해설 및 역주】

* 五祖 : 북송 시대에 활약한 五祖法演(?~1104) 선사는 임제종 양기파 白雲守端(1025~1072)의 법을 이어 湖北의 五祖山(五祖弘忍이 활약한 황매산)에서 선법을 펼쳤기 때문에 오조법연이라고 한다. 그의 전기는 『연등회요』 제16권, 『속등록』 제20권, 『보등록』 제8권, 『선림승보전』 등에 전하고 있으며, 『오조법연선사어록』 4권에도 전하고 있다.

특히 그의 문하에 많은 제자들이 출현하여 송대 선종을 부흥시키고 있는데, 특히 三佛의 제자로는 『벽암록』의 저자인 佛果 圜悟克勤(1063~1135), 佛鑑慧懃(1059~1117), 佛眼淸遠(1067~1120)이다. 佛果선사의 문하에서 大慧宗杲가 출현하여 송대 간화선을 대성시켰고, 『무문관』의 저자인 무문은 법연의 6대손으로서 간화선을 완성시킨 선승이다.

* 이 공안은 법연선사의 전기를 전하는 자료나 『어록』에서는 찾아볼 수가 없다. 陳玄祐가 지은 당대의 傳奇 『離魂記』에 다음과 같은 천녀(倩女) 이야기가 있다.

「중국 형양(衡陽) 땅에 장감(張鑑)이라는 사람이 살고 있었다. 그에게는 예쁜 딸 천녀(倩女)가 있었는데, 장감은 농담으로 가끔 외조카인 왕주(王宙)

에게 천녀를 데려가라는 말을 했다. 그런데 그 지방의 고관이 그녀의 미모에 반했다. 장감은 전날의 약속을 잊어버리고 천녀를 그 고관에게 시집보내려고 하였다. 왕주를 연모하던 천녀는 깊은 상심에 빠지게 되었다. 왕주 또한 운명을 한탄하면서 모든 것을 잊으려 그 곳을 떠나기로 했다. 돈과 벼슬이 무엇이길래!

왕주가 배를 타고 막 떠나려고 하는데 저편 언덕에서 '오라버니'라는 천녀의 목소리가 들렸다. 그리하여 두 사람은 멀고 먼 촉(蜀)나라로 도망가서 행복하게 살았다. 아이도 둘이나 낳고 5년 동안 행복하게 꿈같은 세월을 보내던 어느 날 천녀가 시름시름 앓기 시작했다. 그녀는 부모의 가슴에 못을 박고 떠나오면서 생긴 마음의 병이라고 생각했다. 두 사람은 늦게나마 부모님께 용서를 빌고 결혼허락을 받겠다고 다시 고향을 찾았다. 집 근처의 나루터에 도착한 왕주는 천녀를 배에 남겨 두고 혼자 장감의 집을 방문했다.

왕주는 장감에게 지금까지 蜀에서 두 사람이 살아온 이야기를 하자 장감은 눈이 휘둥그레졌다. 장감은 말했다. '이 사람아 그게 무슨 소린가? 내 딸은 지금 저 규방에서 오랫동안 병으로 앓고 누워 있는데.' 이 말을 듣고 더욱 충격은 받은 것은 왕주였다. 온몸에 소름이 끼쳤다. '아니 천녀는 저와 함께 살다가 지금 나루터 배에서 기다리고 있는데, 그게 무슨 말씀입니까?'

장감의 가족들은 규방에서 앓고 있는 천녀에게 이 소식을 전하고, 또 한편 장감은 천녀가 타고 있다는 배로 사람을 보냈다. 배에서 내려 수레를 타고 온 천녀가 집안에 들어서고, 규방의 병석에서 털고 일어난 또 다른 천녀가 마당에서 서로 마주치는 순간, 둘은 거짓말같이 하나로 합쳐졌다.

장감은 사위 왕주에게 말했다. '자네가 떠난 후에 어쩐 일인지 딸아이가 일체 말도 하지 않고, 흡사 술취한 사람처럼 기력이 다 빠져 지냈는데 이것은 아마도 혼백이 떠나 버렸기 때문이었던 것 같구만!' 천녀가 말했다. '서방님이 한을 품고 떠나는 것을 차마 견디지 못하여 혼이 그이를 따라서 배에 올랐던 것 같습니다.'」

즉 천녀는 한때 영혼과 육체가 분리되었다. 한 사람의 천녀는 외질(外甥) 王宙와 몰래 蜀으로 도망가서 결혼하여 5년 동안 살며 두 아이까지 낳았다. 한 사람의 천녀는 계속 병상에 누워 있었는데, 뒤에 천녀의 두 몸(육체와 영혼)이 합쳐졌다고 하는 이야기이다.

이 『離魂記』의 이야기는 『太平廣記』 358권 王宙의 항목에 인용하고 있다 (松村恒 『무문관』 제35칙 倩女離魂의 材源에 대하여)(『日本印度學佛教學研究』 제47권 2호, 1999년 3월, 참조). 일본에서 찬술한 『宗門正燈錄』 제6권 오조법연장에도 인용하고 있는데, 이것은 『무문관』의 입장을 토대로 한 것이라고 할 수 있다.

* 오조법연 선사는 당시 널리 유행하고 있는 천녀 이야기를 전제로 하여, 「병상에 누워 있는 천녀의 육체가 진짜인가? 왕주와 결혼하여 살고 있는 천녀의 영혼이 진짜인가? 육체를 진짜로 한다면 영혼은 가짜가 되고, 영혼을 진짜로 한다면 육체는 가짜가 된다. 즉 마음이 진짜인가? 육체가 진짜인가? 마음만으로 인간이라고 할 수 없고, 육체만으로 인간이라고 할 수 없다. 마음과 육체가 하나가 되고 身心一如가 되어야 비로소 살아있는 인간으로서 활동할 수가 있는 것이기 때문에 어느 것이 진짜이고, 어느 것이 가짜라고 단정지을 수가 없는 것이다.」

* 어떤 유명한 장군이 군복을 벗고 사복으로 갈아입고 거리를 나갔다. 누구 한 사람 경례를 하고 인사를 하는 군인이 없었다. 그 장군은 탄식하며 말했다. 「내가 장군인가? 군복이 장군인가?」

아무리 훌륭한 군인이라고 해도 사복을 입고 군대를 지휘할 수는 없다. 장군의 군복을 입고서 지휘를 해야 명령을 따르게 된다. 즉 장군은 장군의 복장과 하나가 되어야 참된 장군으로서 활약할 수가 있는 것이다.

* 그런데 오조법연 선사의 「어느 것이 진짜인가?」라는 문제는 천녀의 문제가 아니라 학인들에게 마음과 육체, 眞心과 妄心의 문제를 분명히 체득하도록 제시하고 있다. 마음을 진짜로 한다면 몸은 가짜가 되고, 보리를 진

짜로 하면 번뇌가 가짜가 되는데 이렇게 眞妄의 차별심은 중생심으로서 영원히 생사에 윤회하게 된다. 眞妄이 따로 존재하는 것이 아니라 사실은 몸과 마음은 하나(身心一如)인 것이며, 煩惱卽菩提, 生死卽涅槃이라는 사실을 잘 알아야 한다.『증도가』에도「망상을 제거하지 않고, 진실을 추구하지도 않는다. 無明의 實性이 곧 불성이며, 환화의 空身이 즉 법신이다.」라고 읊고 있는 것처럼, 眞妄不二라는 사실을 잘 알아야 한다.

　오조법연 선사는 세상에 잘 알려진『離魂記』를 읽고 세상 사람들과 같이 결혼하여 애기를 낳은 천녀가 진짜인가? 병상에 누워 있는 천녀가 진짜인가? 이러한 어리석은 의혹에 사로잡힌 제자들을 깨우쳐 주기 위한 자비심에서 이 문제를 제시하고 있다고 생각할 수 있다.

　* 무문이 평에서 제시한「若向者裏悟得眞底」라는 말은 본칙에서 언급한「천녀 離魂의 이야기를 인연으로 하여 오조법연 선사가 제시한 불법의 참된 정신을 깨달을 수가 있다면」이라는 의미이다. 여기에는 이미『離魂記』의 소설「천녀 離魂 이야기」와는 전연 관계없는 문제인 것이다. 불법수행의 목적은 불법의 대의를 체득하고 반야의 지혜로 일체의 차별과 분별심의 망념을 초월하고 일체의 경계에 무애자재하게 지혜활동을 할 수 있도록 하는 것이다.

　* 便知出殼入殼. 如宿旅舍 : 여기서 말하는 殼은 인간의 육체를 말한다. 出殼 入殼은 육도에 윤회 轉生하는 것을 말한다. 그것은 마치 여행하는 사람이 오늘은 이 여관에서 쉬었다가 내일은 다른 여관에서 쉬어가는 것과 같다고 무문은 말한다. 生을 추구하고 死를 싫어하는 것은 불법의 참된 정신을 체득하지 못한 범부의 망상이다. 원래 생사는 一如이며 생명은 시작도 끝도 없이 영원한 것이다. 무문이 이러한 불교의 生死문제를 올바르게 파악하도록 평하고 있는 것이다.

　* 其或未然, 切莫亂走 : 불법의 참된 정신(불법의 大意)을 파악하지 못한 사람은 밖을 향해서 불법을 추구하려고 하지 말라! 불법의 정신은 밖에서

체득되는 것이 아니다. 자기 집안에서 좌선수행으로 참된 불법의 정신을 참구하여 깨닫도록 해야 한다.

만약 불법의 대의를 체득하지 못한다면 갑자기 地水火風의 사대가 흩어지고 금생의 생명이 끝날 때는 화탕지옥의 괴로움에 생사윤회하게 될 것이다. 여기서 무문은 끓는 물속에 집어넣은 게가 팔다리를 팔딱팔딱거리는 모습으로 생사고해의 괴로운 상황을 표현하고 있다. 그때가 되어서 무문은 왜 불법의 정신과 생명의 진실에 대하여 가르쳐 주지 않았는가?라고 원망하는 말을 하지 말라고 주의 주고 있다. 늦기 전에 참된 불법의 대의를 참구하여 깨닫도록 하라는 자비심의 충고인 것이다.

* 무문의 게송에 「雲月是同, 溪山各異」라고 읊고 있는데, 천녀의 영혼을 달(月)에 비유하고, 妄身을 개울(溪)에 비유하여 평등의 본체와 차별의 현상은 둘이면서 둘이 아닌 하나라는 不二의 도리를 읊고 있다.

「구름과 달은 같은 것(雲月是同)」이라고 한 것은 천상의 달이 하나인 것처럼, 우주 생명의 참 모습은 하나인 것이다. 『장자』와 『조론』에서 「天地同根 萬物一體」라고 읊고 있는 것처럼, 생명의 근원인 불성을 체득한다면 일체의 차별경계를 초월하고 생사를 해탈할 수가 있다.

그러나 불법의 참된 정신을 체득하지 못한다면 「개울과 산은 각각 다른 것(溪山各異)이다.」 천상의 달은 하나인데 개울에 비친 달과 산에서 쳐다보는 달이 각기 다른 것처럼, 차별세계를 벗어나지 못한 것이다. 개울의 달, 산 위의 달이 다르게 보이지만 달은 본래 하나이다. 그러한 생명의 근원인 불성을 깨닫고 불법의 대의를 체득하여 일체의 생사 망념과 차별심을 벗어나야 일체의 제법이 본래 하나라는 萬法一如의 경지를 알게 된다.

번뇌망념에서 벗어나 참된 불법을 깨닫게 되면 그야말로 축하하고 축하해야 할 일이다. 일체의 萬福을 얻은 사람이 되었기 때문이다.

진짜가 있으면 가짜가 있고, 虛妄을 주장하면 眞實을 주장하지 않을 수 없다. 「眞과 妄은 하나인가 둘인가?」 무문은 이 문제를 제기하여 학인들에게 참구하도록 하고 있다. 앞에서 언급한 것처럼, 『증도가』의 게송을 잘 참조해서 대승불교의 대의를 체득하도록 해야 한다.

『조당집』 제3권 사공산 본정선사는 眞妄의 게송을 다음과 같이 읊고 있다. 「眞을 모두 다 궁구해도 眞은 모양이 없고, 妄을 모두 다 궁구해도 妄 또한 모양 없네. 미루어 궁구하는 마음을 돌이켜 관찰하여, 그 마음 또한 거짓 이름인줄 알면 이르는 곳마다 그저 편안하리라.」

무문의 게송 四句 16글자에는 불교의 근본 사상을 모두 제기하여 체득하도록 하고 있다. 이 게송의 의미를 완전히 파악하기 위해서는 반야바라밀의 정신과 불성사상을 완전히 파악하고 『대승기신론』의 실천철학을 철저하게 사유해서 체득해야 한다.

제36칙. 오조법연의 법문(1)(路逢達道)

五祖曰, 路逢達道人. 不將語默對. 且道, 將甚麼對.
無門曰, 若向者裏. 對得親切. 不妨慶快. 其或未然. 也須一切處著眼.
頌曰, 路逢達道人. 不將語默對. 攔腮劈面拳. 直下會便會.

【번 역】 오조법연 화상이 말했다. '길에서 불법에 통달한 도인을 만나거든 언어로 대응해도 안 되고 침묵으로 상대해서도 안 된다(말을 해도 차별에 떨어지고 침묵해도 차별경계에 떨어진다). 자! 그러면 언어와 침묵의 차별경계를 초월하여 어떻게 그 도인을 상대해야 할 것인가?'

무문스님이 평하였다. 만약 이 문제와 일치하는 대답을 할 수 있다면 진실로 유쾌한 일이라고 할 수 있다. 그러나 올바른 대답을 할 수 없다면 항상 언제 어디서나 눈을 크게 뜨고 정신 차려 참선수행을 해야 한다.

게송으로 읊었다. 길에서 불법에 통달한 도인을 만나거든 말을 하거나 침묵으로 상대하지 말라. 나의 길을 막고 있는 그 도인의 턱을 붙잡고 정면에서 한 대 갈기면, 그 도인은 곧바로 나의 지혜작용을 알 것이다.

【해설 및 역주】

* **五祖** : 오조법연 선사에 대해서는 『무문관』 35칙에서 그의 전기 등을 언급했다.

* 이 공안은 『전등록』 제29권 香嚴智閑의 「譚道」라는 게송에 「的的하게 곁들여서 가진 것이 없고 홀로 운용하니 무엇에 의존하리요, 길에서 불도에 통달한 사람을 만나거든 말을 하거나 침묵으로 상대하지 말라(路逢達道人, 莫將語默對).」고 하는 일절을 인용하여 학인들에게 문제를 제시하고 있다.

『조당집』 제7권 설봉장에 「어떤 스님이 설봉화상에게 질문했다. '古人이 路逢達道人, 莫將語默對라고 하였는데 그러면 어떻게 상대해야 합니까?(未審, 將什麽對)' 선사는 '차를 마시게!'라고 대답했다.」(참고로 『조당집』에는 默자가 墨자로 되어 있다.) 그리고 『전등록』 제13권 수산성념장에도 이와 똑같은 질문을 수록하고 있다.

이와 비슷한 말은 『임제록』 「시중」(13-7)에 「古人云 路逢達道人 第一莫向道」라고 고인의 말을 인용하고 있다. 여기서 말하는 古人은 司空山 本淨 선사(667~761)로 『조당집』 제3권에 본정선사와 법공선사와의 대화에 나온다. 『전등록』 제5권에는 「忽逢修道人 第一莫向道」라고 읊고 있으며, 이와 비슷한 말이 『조당집』 제7권 설봉장, 제19권 향엄장, 『전등록』 제29권 향엄의 「담도가」 등에도 보인다. 즉 도에 통달한 사람에게는 도에 대한 이야기는 필요 없는 것이기 때문에 괜히 쓸데없는 일을 하게 되는 것이다.

『조주어록』 下卷에 임제와의 대화를 전한다. 「조주선사는 임제선사가 참문하러 왔을 때 마침 발을 씻고 있었다. 임제가 질문했다. '조사가 서쪽에서 오신 의도는 무엇입니까?' 조주선사가 말했다. '지금 막 발을 씻고 있는 참이다.' 임제는 앞으로 다가서서 귀를 기울였다. 조주가 말했다. '알았으면 그것으로 좋고, 알지 못했으면 또다시 입을 벌리지 말라. 어떤가?' 임제는 소매를 떨치고 밖으로 나갔다. 조주가 말했다. '30년 행각 수행에 오늘 처음 사람에게 쓸데없는 잔소리(주석)를 하고 말았군!'」 마지막에 조주가 말한 것은 「내가 지금까지 수행하면서 남에게 쓸데없는 잔소리를 한 적이 없었는데, 오늘 임제와 같은 도인에게 괜히 쓸데없는 말을 하게 되어 주책이 되었군!」이라는 의미이다.

* 오조법연 선사는 수산성념 선사의 어록을 참조하여 이와 같은 법문을 제시한 것으로 볼 수 있다.

길에서 불법의 대의를 통달한 도인을 만나거든 말로서도 상대하지 말고, 침묵으로서도 상대하지 말라고 한다. 그럼 어떻게 그 도인을 상대해야 할 것인가? 이것이 오조법연 선사가 제시한 문제이다.

도는 일체의 언어문자를 여의고 사량분별을 초월한 것이다. 『무문관』 제24칙에서도 언급한 것처럼, 불법의 대도는 상대적인 차별세계를 초월하고 일체의 名相을 여읜 것이기 때문에 침묵으로 대하면 평등의 반쪽(半面)만 제시한 것이고, 언어문자로 상대하면 차별의 반쪽(半面)밖에 표현할 수 없는 것이다. 평등에도 떨어지지 않고, 차별에도 떨어지지 않는 불법의 대도 전체를 파악하는 것이 선불교의 정신이다.

* 참고로 잠시 『유마경』에서 문수보살과 유마와의 대화를 살펴보자. 「문수보살은 말했다. '나의 마음은 無言, 無說, 無示, 無識, 모든 문답을 여읜

다. 이것이 不二의 경지를 깨닫는 法門이라고 한다.' 문수는 다시 말했다. '우리들 31명은 각자 불이법문에 대하여 이상과 같이 설했는데, 거사의 견해는 어떻소? 어떤 경지가 보살이 불이법문을 깨닫는 것이요?' 유마는 단지 묵묵히 침묵하면서 한 마디도 설하지 않았다. 이러한 모습을 본 문수는 '훌륭하고 훌륭합니다. 문자와 말이 없이 진실로 不二의 경지를 깨닫는 법문입니다.'라고 말했다.」

여기 문수가 無言 無說이라고 말하면 벌써 언설에 떨어진 것이다. 문답을 여읜 것이라고 말하면 문답의 경계에 떨어진 것이다. 유마가 默然한 그 당체는 도리어 무언의 대설법이 된다. 그래서 유마의 침묵을 우레와 같다고 하여「一默雷」라고 한다.

그런데 불도에 통달한 사람은 이러한 평등과 차별의 경지를 모두 초월한 사람이다. 『전등록』29권에 향엄선사는 불법에 통달한 사람을 다음과 같이 읊고 있다. 「達人은 감추고 드러냄이 많아서, 일정한 형상과 행동을 드러내지 않는다. 말해도 자취를 남기지 않고, 비밀스럽게 깊숙이 護持할 뿐이네. 動容에 옛 길에 넘실거리며, 밝고 미묘하여 비로소 안다. 중생의 근기에 응하여 방편법문을 제시함을 불가사의한 도라고 말하지 말라.」

학인이 길에서 불도에 통달한 사람을 만나서 응대하여 말하거나 침묵을 하거나 한다면 벌써 차별에 떨어지고 상대적인 분별에 떨어지기 때문에 불법의 참된 의미를 알지 못하는 것이다. 그러면 어떻게 해야 하는가? 일체의 사량분별심을 끊고 참선 공부하는 일 뿐이다. 지금 여기서 자기의 근원적인 본래심으로 자기 자신의 일념 일념의 일에 몰입하여 참선 수행하는 일이다. 길에서 만난 도인과 자기와의 상대적인 분별심으로 의식도 하지 말고 자기 자신의 참선 수행하는 일에 최선을 다하는 것이다. 그것은 궁극적으로 각자가 불도를 통달하는 도인이 되는 것이다.

  * 무문은 다음과 같이 강조하고 있다. 오조법연 선사가 제시한 문제를 출가 수행인이 체득한다면 정말 유쾌하고 통쾌한 일이 될 것이다. 불법을

위해서도 종문과 중생을 위해서도 축하해야 할 일이다. 그러나 불법의 대의를 체득하지 못하고, 오조법연 선사의 법문을 파악하지 못한 학인은 이 문제를 더욱 열심히 참구하여 빨리 체득하도록 해야 한다.

  * 一切處 著眼 : 一切處란 일상생활을 영위하는 행주좌와 어묵동정의 행동을 하는 모든 곳에서, 하루 24시간 두 눈을 부릅뜨고 정신차려서 이 문제를 참구해야 한다고 강조한 말이다. 불법의 대의를 체득하여 生死大事의 일대사를 해결할 때까지 목숨걸고 정신 차려서 공부해야 한다고 주의한 말이다.

  * 무문의 게송은 오조화상이 문제로 제시한 말을 그대로 인용하고 있는데, 그것은 오조화상과 같은 입장임을 다시 한번 주장하고 있는 것이다.

  * 攔腮劈面拳 : 난(攔)은 막다, 차단한다는 말. 시(腮)는 顋의 속자로서 볼과 뺨을 말한다. 벽(劈)은 찢다. 깨다. 파괴하다. 즉 얼굴을 두 조각으로 쪼개버리는 것처럼 주먹으로 뺨을 한대 갈겨 주는 것을 말한다.

  무문의 주장을 정리해 보자. 길에서 도인을 만나면 말로나 침묵으로 대화하면 차별에 떨어지게 되기 때문에 말이나 침묵으로 상대할 수가 없다. 그러나 아무리 불법에 통달한 도인이라고 할지라도 나의 갈길을 막고 있는 그를 곧장 주먹으로 뺨이나 한대 갈겨 주면서 길이나 비켜라! 라고 하겠다.

  즉 語默의 차별경계에 떨어지지 않고 그 도인을 상대하는 방법은 그 도인을 의식하고, 그의 모습이나 경계에 사로잡히(집착하)는 것이 아니라 지금 여기서 자기 자신이 하는 일에 몰입하여 최선을 다하는 것이다. 이것은 자기 자신이 지금 여기서 근원적인 불성(본래심)의 지혜작용으로 상대하는 것이다. 이것을 불성의 전체작용이라고 하며, 자신의 일에 몰입하여 깨달음의 지혜로 도인을 상대하는 것이다.

  * 直下會便會 : 자신의 길을 막고 있는 도인을 주먹으로 한대 갈겨 줄 때 불법을 체득한 도인이라면 語默의 차별경계에 떨어지지 않고 불성의 지혜작용을 펼치는 나를 곧바로 알아차리게 될 것이다. 언제 어디서고 주위의

사람이나 경계에 떨어지지 않고, 두 눈을 똑바로 뜨고 정신 차려서 자신의 일에 몰입한다면 語默의 차별경계에 떨어지지 않고 살 수가 있으며, 어떠한 도인이라도 능히 상대할 수 있다. 불법을 체득한 진정한 도인이라면 나의 이러한 불성의 지혜작용을 곧바로 알 수 있을 것이라고 주장한 말이다.

제37칙. 조주화상과 뜰 앞의 잣나무(庭前柏樹)

趙州, 因僧問. 如何是祖師西來意. 州云, 庭前柏樹子.
無門曰, 若向趙州答處. 見得親切. 前無釋迦. 後無彌勒.
頌曰, 言無展事. 語不投機. 承言者喪. 滯句者迷.

【번 역】 조주화상에게 어떤 스님이 질문했다. '어떤 것이 조사가 서쪽에서 오신 뜻입니까?'

조주화상이 말했다. '뜰 앞의 잣나무이다.'

무문스님이 평했다. 만약에 조주화상이 대답한 말의 참된 의미를 체득한다면 이전에 석가도 없고 이후에 미륵도 없으리라.

게송으로 읊었다. 말로서는 진실을 모두 다 설명할 수가 없고, 언어로서 지혜작용을 모두 다 펼칠 수 없다. 말 그대로 사실로 받아들이는 사람은 자신의 주체(지혜작용)를 상실하고, 문자에 집착하는 사람은 (경계에 떨어진) 미혹한 중생이다.

【해설 및 역주】

　＊ 조주화상에 대해서는 『무문관』 제1칙, 7칙, 31칙 등에서 언급한 바가 있다. 본칙은 조주의 「無字」 공안과 같이 선문에서 가장 유명한 공안이다. 『조주록』 卷上에 다음과 같이 전한다.

　「어느 날 어떤 스님이 질문했다. '조사가 서쪽에서 오신 뜻은 무엇입니까?' 선사가 말했다. '뜰 앞의 잣나무이다.' 학인이 말했다. '화상은 경계를 가지고 제시하지 마세요.' 선사가 말했다. '뜰 앞의 잣나무이다.'」

　또 『조주록』에는 잣나무(柏樹)에 대한 문답을 다음과 같이 전한다. 「어떤 스님이 질문했다. '잣나무(柏樹)도 불성이 있습니까?' 선사가 '있다.'라고 대답했다. '잣나무는 언제 성불합니까?' '허공이 땅에 떨어질 때에 성불한다.' '허공이 언제 땅에 떨어집니까?' 선사는 말했다. '잣나무가 성불할 때이다.'」

　조주선사가 살고 있던 조주의 관음원을 「柏林寺」라고도 하였으니까 이 지역에 잣나무(柏樹)가 많은 것으로 알려지고 있다.

　＊ **如何是祖師西來意** : 달마대사가 인도에서 중국에 오신 뜻은 무엇인가? 선문답의 정형구로 널리 잘 사용하고 있는 질문이다. 대개 선어록에는 약 220회 가량의 질문이 등장하고 있는데, 선승들의 대답은 전부 다르다. 여기서 제시한 조주의 대답은 선어록 가운데 가장 유명한 것이라고 할 수 있다. 『무문관』 제30칙에서도 언급한 것처럼, 『마조어록』에도 마조는 달마가 인도에서 중국에 오신 의미를 설법하고 있다.

　『벽암록』 제1칙에 원오극근 선사는 다음과 같이 설명하고 있다. 「달마대사가 멀리 인도에서 이 나라에 대승의 근기가 있음을 보고 마침내 바다를 건너와 부처님의 心印을 홀로 전하여 혼미한 길을 열어 주었다. 문자에 운운하지 않고 사람의 마음을 곧바로 가리켜(直指人心), 본성을 깨닫고 부처를 이루도록(見性成佛) 하였다. 만약 이와 같이 깨닫게 되면 곧바로 자유로운 경지를 얻고 일체의 언어문자에 걸리(집착하)지 않고 깨달음을 현성하게 되리라.」

달마가 인도에서 중국에 오게 된 사명은 부처님의 불법(心印)을 전하여서 일체중생들이 견성성불하여 미혹한 苦海에서 해탈하도록 하기 위한 것이라고 할 수 있다.

* 庭前柏樹子 : 위에서 인용한『조주록』의 대화에서 질문한 스님이「화상은 경계를 가지고 사람에게 제시하지 마십시오.」라는 일단이 보인다. 조주화상은「나는 결코 경계를 가지고 그대에게 제시한 것이 아니다.」라고 말하고 있는 것처럼, 조주가 말한 뜰 앞의 잣나무는 단순한 경계가 아니다.

질문한 스님은 사람과 경계(柏樹)라는 人境의 차별에 떨어진 것이다. 깨닫지 못한 중생의 미혹에는 사람과 나무, 불심과 중생심의 차별을 나누지만, 불도를 체득한 사람은 일체의 萬法은 하나(一如)라는 경지를 체득했기 때문에 뜰 앞의 잣나무가 결코 차별의 경계가 아니라 자기와 하나인 것이다.

부처나 중생, 자기와 타인, 사람과 경계 등 일체의 상대적인 차별 세계를 인정하지 않고 있기 때문이며, 또한 자기라고 하는 자아의식(我相)도 없어져버린 경지이다. 만물과 자기와 하나가 되고, 일체의 우주가 뜰 앞의 잣나무와 하나가 된 것이다.

『화엄경』이나『아미타경』에서 설하고 있는 일체의 法界나 극락세계는 칠보와 수많은 꽃으로 장엄된 세계이다. 중생의 차별 분별심이 없어진 깨달음의 경지이기 때문인데, 중생들은 이러한 불가사의한 경계를 의심하고 있기 때문에 법계의 장엄을 믿지 않고 있는 것이다.

法界는 깨달음의 세계이며 차별의 경지를 초월한 萬法一如의 경지이다. 조주는 깨달음의 경지에서「뜰 앞의 잣나무」라고 설하고 있지만, 학인은 분별심, 차별심으로 의심하고 있기 때문이다.

『유마경』의 불가사의 해탈법문에서 설하고 있는 것처럼, 수미산이 겨자씨에 들어가고 四海의 바닷물이 한 터럭의 구멍으로 들어간다는 주장처럼, 사량분별로서는 파악할 수 없는 깨달음의 경지이다. 차별심과 분별심이 없으니 그대로 일체의 존재와 자기가 하나가 되고, 뜰앞의 잣나무와 자기가 하나가 된다.

 * 무문은 만약 조주가 스님의 질문에「뜰 앞의 잣나무」라고 대답한 참된 眞意,「조사가 서쪽에서 오신 의지」를 참구하여 철저하게 체득한다면 그 사람은 생사를 초월한 자유자재한 경지에서「이전에 석가 없고, 이후에 미륵도 없다(前無釋迦. 後無彌勒)」라고 평하고 있다. 앞의 석가나 뒤의 미륵은 전후의 차별심을 초월할 뿐만 아니라 석가나 미륵이라는 부처의 이름과 권위(경계)에도 끄달리지 않는 無位眞人이 되어 천상 천하에서 독존적인 존재가 되고 安身立命을 이룰 것이다라는 의미이다.

 * 무문의 이 게송은 무문의 창작이 아니라,『오등회원』제15권 洞山守初 선사의 상당법문을 그대로 인용한 것이다. 동산은『무문관』15칙「洞山三頓」과 18칙「麻三斤」에도 등장한 선승이다.

즉 조주화상이「뜰 앞의 잣나무」라고 대답한 공안은 언어문자의 차원에서 간단히 체득하는 문제가 아니다. 언어문자에 정체한다면 도리어 미혹의 원인이 되는 것이라고 읊고 있다.

「말로서는 진실을 모두 다 설명할 수가 없고, 언어로서 지혜작용을 모두 다 펼칠 수 없다(言無展事. 語不投機). 말 그대로 진실을 받아들이는 사람은 자신의 주체를 상실하고, 문자에 집착하는 사람은 미혹한 중생이 된다.」

사실 언어문자는 어떤 사물과 사상을 표현한 것이지 사물이나 사상 그 자체는 아니다. 따라서 언어문자에 집착하여 어떤 사물이나 사실의 진상을 파악하지 못한다면 언어라고 하는 것은 진실로 무의미한 것이다. 또한 언어문자가 아니면 진실을 다른 사람에게 전달할 수가 없으며, 언어로서 학인의 投機나 禪機를 파악하여 心機에 투합하게 할 수가 없는 것이다.

즉 조주가「뜰 앞의 잣나무」라고 말한 언어문자에 집착한다면 선문의 종지를 체득할 수가 없고, 조주의 진의를 체득할 수가 없으며, 도리어 그 언어 때문에 미혹이 일어나게 되는 결과가 된다고(承言者喪. 滯句者迷.) 읊고 있다.

『전등록』제30권에 전하는 석두화상의 『參同契』에 「언어를 통하여 종지를 체득해야 한다(承言須會宗).」라고 하는 말을 참조해야 한다.

제38칙. 오조법연과 물소 이야기(牛過窓櫺)

五祖曰, 譬如水牯牛過窓櫺. 頭角四蹄都過了. 因甚麼, 尾巴過不得.
無門曰, 若向者裏. 顚倒著得一隻眼. 下得一轉語. 可以上報四恩下資三有. 其或未然. 更須照顧尾巴始得.
頌曰, 過去墮坑塹, 回來却被壞, 者些尾巴子, 直是甚奇怪.

【번 역】 오조법연 선사가 말했다. '예를 들면 물소가 창문의 창살을 통과하고 있는 것을 보니, 물소의 머리와 뿔, 앞발과 뒷발이 모두 지나갔는데, 어째서 물소의 꼬리만은 통과하지 못하고 있는 것일까?'

무문화상이 평했다. 만약에 그대들이 이 문제에 대하여 전도된 차별심을 떨치고 정법의 안목으로 깨달음을 체득하는 한 마디(一轉語)를 말할 수 있다면, 위로는 네 가지 은혜에 보답할 것이고, 아래로는 중생(三有)들을 구제하여 성불하게 할 수가 있으리라.

만약 이 문제의 핵심을 깨닫지 못한 사람은 반드시 이 물소의 꼬리가 창문을 통과하지 못한 점을 자세히 관찰해야 할 것이다.

게송으로 읊었다. 물소가 창문을 통과하면 구덩이에 빠지고, 되돌아오면 도리어 파괴되고 만다. 이렇게 작은 물소의 꼬리라는 것은 정말로 괴상하기 짝이 없는 것이네.

【해설 및 역주】

* 오조법연 선사에 대해서는 이미 『무문관』 35칙, 36칙에서 언급했다.
* 이 공안은 『오조법연선사어록』에는 보이지 않는다. 『應庵曇華禪師語錄』 제5권에 수록하고 있는 「蔣山錄」(『續藏經』 120권 841쪽, 下)에 의하면, 경산의 대혜종고 선사가 방문했기에 응암선사가 이 공안으로 상당법문하고 있다. 불안청원 선사가 오조법연 선사의 문하에서 깨닫게 되었을 때, 오조법연이 제시한 비유의 이야기로 이 공안을 들고 있으며, 아마도 오조법연 선사 문하의 선승들 사이에 口傳으로 전래된 것을 무문선사가 『무문관』에 최초로 제시한 것이 아닐까?

『佛說給孤長者女得道因緣經』에는 흘율지왕(訖栗枳王)이 하룻밤에 열 가지의 꿈을 꾸게 된 이야기를 전하고 있는데, 다음과 같은 일단의 비유가 보인다. 「왕의 꿈에 한 마리의 큰 코끼리가 창살 사이로 지나가고 있는데 몸통은 빠져 나왔지만, 꼬리는 창문에 걸려 있었다. 이것은 저 부처님이 열반에 드신 후 법문 가운데 바라문, 장자, 거사, 혹은 남자, 혹은 여자가 권속을 모두 버리고 출가하여 불도를 배웠다. 몸은 이미 출가했지만 마음은 아직 명예와 이익 등의 세속에 대한 욕심의 탐착에서 벗어나지 못하고 있는 것과 같다.」(『大正藏』 2권 853쪽, 中).

즉 경전에서 말하는 大象을 법연선사는 물소(水牯牛)로 바꾸어 제자들에게 설법한 법문이 구전으로 전래된 것이 아닐까?

* 牛過窓櫺(우과창령) : 창령(窓櫺)은 격자 창문을 말한다. 「櫺」자와 「櫺」자는 같은 글자이다. 소가 마굿간의 창틀을 통해서 밖으로 빠져나가는 것을 비유한 것인데, 「머리와 뿔과 앞뒤의 네 다리가 모두 빠져나갔는데

오직 꼬리부분만은 빠져나가지 못하고 있는가?」라고 문제를 제시하고 있다. 몸이 창틀을 빠져나갔다는 것은 마음속에 명예와 이익 등 세속적인 가치관을 완전히 떨쳐버리지 못한 출가승을 비유한 것이라고 할 수 있다. 진정한 출가는 몸과 마음을 모두 텅 비우고 身口意 三業이 청정한 수행이 되어야 한다.

　* 顚倒著得一隻眼. 下得一轉語 :「왜 물소의 꼬리가 창문을 통과하지 못할까?」무문은 이 문제에 적극적으로 부딪쳐서 일체의 잘못된 차별심, 분별심과 착각을 떨쳐버리고 반야의 지혜로서 한 마디 할 수 있는 정법의 안목을 체득한다면 대자유를 얻게 되리라고 말한다.

　여기서 말하는「顚倒」는 상당히 어려운 말인데, 뒤의 一轉語를 말할 수 있는 경지를 체득하려면 중생의 차별심과 顚倒된 착각을 뒤집어 버려야 하는 것임을 강조하고 있는 것으로 봐야 한다.

　* 一轉語는 불법의 대의를 체득한 궁극적인 한 마디의 말로 중생심에서 불심으로, 미혹에서 깨달음으로 전향할 수 있는 轉迷開悟의 一句를 말한다. 즉 물소의 꼬리가 창문을 통과하지 못한 까닭을 확실히 파악하여 한 마디 할 수 있다면 자신이 지금 여기서 깨달음의 안목으로 安身立命하며 존재할 수 있는 네 가지 은혜를 갚는 일이며, 일체중생을 구제할 수 있게 될 것이라고 평하고 있다.

　* 四恩 :『대승본생심지관경』제2권에는「부모의 은혜, 중생의 은혜, 국왕의 은혜, 三寶의 은혜는 일체중생이 평등하게 부여받고 있는 것」이라고 한다.

　『정법념처경』에는「부모와 여래, 법을 설해 주시는 스승의 은혜」라고 한다.『석씨요람』中卷에는「국왕, 부모, 師友, 신도(檀越)의 은혜」를 들고 있다.

　『대지도론』에「은혜를 아는 것은 大悲의 근본이며, 善業을 여는 문이다.」라고 설한다.『반야경』에「부처는 바로 은혜를 알고 능히 은혜를 갚을 수 있는 사람이다. 왜냐하면 일체의 세간에서 은혜를 알고 은혜를 갚을 수 있는 자는 부처님을 능가하는 자가 없기 때문이다.」라고 설한다.

* 三有 : 세 가지 종류의 생존 영역을 말한다. 有는 범어 bhava로 한역은 마음을 가진 살아 있는 존재로서 생존을 말한다. 즉 생사를 반복하는 중생이 살고 있는 欲界, 色界, 無色界에서 생존하고 있는 존재를 말한다. 欲有(욕계의 생존), 色有(색계의 생존), 無色有(무색계의 생존)를 말함.

* 更須照顧尾巴始得 : 아직 깨달음을 체득하여 안목을 갖춘 한 마디(一轉語)를 할 수 없는 사람은 반드시 자기 자신을 잘 성찰하여,「왜 소의 꼬리가 창문을 통과하지 못하는 것일까?」이 문제를 잘 사유해야 한다. 이 공안은 물소를 비유하여 제시한 것이기 때문에 물소는 무엇을 의미하는 것인가? 물소의 꼬리는 무엇인가? 이러한 문제를 자기 일심에서 조고하여 참된 의미를 체득해야 한다.

* 무문화상의 게송은 학인들이 이 공안을 참구할 수 있는 문제를 제시하고 있다.「창문을 통과하지 못하는 물소의 꼬리를 그대는 잘 관찰해 보라! 창문을 통과하면 구덩이에 떨어진다(過去墮坑塹).」물소의 꼬리가 왜 통과하지 못하는가? 창문 앞에는 空無의 함정이 있어 빠져버리고 만다. 그렇다고 되돌아오면 도리어 파괴되고 만다(回來卻被壞). 즉 창문을 빠져나간 물소가 앞에 虛無의 함정이 있다고 하여 앞으로 나아가지 못하고 다시 뒷걸음 쳐서 창문으로 되돌아온다고 하면 온몸이 창살 속에 빠져서 파괴되고 만다. 즉 중생심으로 되돌아온다면 번뇌망상의 벌집에 빠져 몸을 상신실명(喪身失命)하게 된다고 주장하고 있다. 이러한 진퇴양난(進退兩難)의 딜레마를 어떻게 극복해야 할 것인가?

앞으로 나아가지도 못하고, 뒤로 물러서지도 못하는 진퇴양난(進退兩難)이다. 즉 有와 無, 迷와 悟, 善과 惡의 상대적인 차별경계에 떨어진 중생의 모습이다. 이러한 중생심의 苦海를 어떻게 초월하여 깨달음의 경지를 체득해야 할 것인가? 무문화상은 이 문제를 제시하고 있다.

* **者些尾巴子, 直是甚奇怪** : 이렇게 작은 물소의 꼬리라는 것은 정말로 괴이하기 짝이 없네. 이 마음의 조작은 변화무상하고 괴상하기 짝이 없다. 마음은 번뇌망념이 일어나면 중생이 되고, 한 마음이 청정하면 곧바로 부처가 되기도 하고, 시기하고 미워하면 마구니가 되기도 하고, 남에게 이기려고 하면 아수라와 같은 싸움꾼이 된다. 마음의 변화는 무궁무진하며 마음대로 온갖 마술을 다 부린다.『화엄경』에도「마음은 마치 그림쟁이와 같다(心如工畵師)」라고 하고 있는 것처럼 요술쟁이와 같다.

아무리 미세한 번뇌라도 망념이 일어나면 자기 전부가 중생이 되며 온갖 그림을 그리고 요술을 부린다. 물소의 꼬리는 마음속에서 그리는 욕망의 그림이며 요술인 것이다. 부처가 되려고 하는 욕망과 부귀영화와 명예를 꿈꾸는 세속적인 욕망도 신기하기 짝이 없는 물소의 꼬리인 것이다.

이러한 일체의 욕망과 차별심, 분별심을 초월해야 올바른 정법의 안목으로 이 진퇴양난의 딜레마를 극복할 수가 있는 지혜를 체득한다. 중생심의 차별세계를 초월하기 위해서는 근원적인 불성으로 되돌아가야 하는 것이다. 見性成佛은 이러한 선불교의 실천정신을 강조한 말이다.

제39칙. 운문화상과 장졸의 게송(雲門話墮)

雲門, 因僧問. 光明寂照遍河沙. 一句未絶. 門遽曰. 豈不是張拙秀才語. 僧云, 是. 門云, 話墮也. 後來死心. 拈云, 且道, 那裏是者僧話墮處.

無門曰, 若向者裏見得, 雲門用處孤危. 者僧, 因甚話墮. 堪與人天爲師. 若也未明. 自救不了.

頌曰, 急流垂釣. 貪餌者著. 口縫纔開. 性命喪却.

【번 역】운문화상은 어떤 스님이 '부처님(법신)의 지혜광명은 조용히 널리 일체의 모든 법계를 두루 비춘다고 하는데……' 하고 그 한 마디를 끝내기 전에 운문화상이 '아니 그것은 장졸(張拙) 수재의 말이 아닌가?'라고 말했다. 그 스님은 '예'라고 대답했다. 운문화상은 '언어문자에 떨어졌군(話墮)!'이라고 했다.

뒤에 황용사심 선사는 이 공안을 제기하여 말했다. '자 말해 보게나! 어느 것이 그 스님이 언어문자에 떨어진(話墮) 곳인가?'

무문스님이 평했다. 만약 이 공안에서 운문화상이 접근하기 어려운 작용처와 이 스님이 언어문자에 떨어진(話墮) 곳을 정확하게 파악한다면, 인간계와 천상계의 지도자가 되리라. 그러나 만약 아직 그 문제점을 분명히 밝히지 못했다면 자기 자신도 구제하지 못할 것이다.

게송으로 읊었다. 급류에 낚싯줄을 던져 놓으니, 먹이를 탐내는 놈은 모두 걸린다. 입을 조금이라도 벌리기만 하면 본래인(佛性)의 지혜작용(생명)을 완전히 상실하고 만다.

【해설 및 역주】

* 운문은 『무문관』 제15칙, 16칙, 21칙 등에 언급하였다.

* 光明寂照遍河沙 : 이 말은 본칙에서도 언급하고 있는 것처럼, 張拙 秀才의 오도송의 한 구절이다. 『화엄경』「노사나불품」에 「노사나불의 대지혜바다는 光明이 두루 비춤이 무량이로다.」라고 읊고 있고, 「세존이 도량에 앉으니 청정한 대광명이 마치 천개의 태양이 나와 허공계를 널리 비추는 것과 같다.」라고 설한다.

『무량수경』에도 「光明遍照十方世界」라고 설하고 있는 것처럼, 광명은 불보살의 지혜를 상징하고 있다. 즉 일체 미혹의 어둠을 타파하고 진리를 밝히기 때문이다. 아미타불을 찬탄하여 無量光, 無碍光 등 12光을 가지고 있다고 하는 것은 그 한 예이다. 지혜의 광명은 즉 법신의 광명을 말한다.

* 張拙秀才 : 『연등회요』 제22권과 『오등회원』 제6권에 「秀才張拙」의 약전을 전하고 있다. 秀才란 그의 문장과 재주가 뛰어나기 때문에 붙이고 있는 것이다. 또한 인재를 선발하는 과거시험에 응시한 사람을 호칭하는 말이기도 하다.

장졸은 石霜慶諸 선사를 참문했을 때 다음과 같이 대화를 나누고 있다. 「석상은 장졸에게 물었다. '수재의 성은 무엇인가?' 그는 '성은 張이요 이름은 拙입니다.'라고 대답했다. 석상화상은 '교묘(巧)함을 찾아도 얻을 수가 없는데, 서투름(拙)은 어느 곳에서 구하나?'라고 말하자, 깨달은 바가 있어 다음과 같은 게송을 지었다.

光明寂照徧河沙	지혜의 광명이 조용히 비추어 항하사에 미치고,
凡聖含靈共我家	범부나 성인 일체중생이 모두 함께 나의 집이네.
一念不生全體現	하나의 번뇌도 일어나지 않으면 전체가 나타나며,
六根纔動被雲遮	육근의 작용이 조금만 움직여도 번뇌의 구름에 가린다.
斷除煩惱重增病	번뇌를 끊으려 하면 또다시 병이 거듭 많아진다.
趣向眞如亦是邪	진여에 나아가려 해도 역시 삿된 것이다.
隨順世緣無罣碍	세상의 인연에 따라서 걸림이 없으면,
涅槃生死是空華	열반과 생사는 허공의 꽃과 같으리.」

* 운문은 질문한 스님이 외우는 장졸의 게송이 채 끝나기도 전에 그 스님의 입을 막으며 「그것은 장졸수재의 말이 아니냐!」라고 다그쳤다. 그러자 그 스님은 「예, 그렇습니다.」라고 수긍하고 있다. 왜 그대는 남의 말이나 문구를 외우면서 쓸데없는 짓을 하고 다니느냐? 그래서 운문은 「그대는 장

졸수재의 언어문자에 떨어졌군(話墮)!」이라고 지적하고 있는데, 운문이 왜 그 스님에게 「話墮」라고 했는가? 이것이 이 공안의 핵심골자이다.

* 話墮 : 『무문관』제29칙의 게송에 「단지 입을 여는 것만 알고, 말하는 과오에 떨어진 사실(話墮)은 알지 못한다.」라고 읊고 있다. 말하는 실수나 말하는 과오에 떨어진 것을 말한다. 즉 질문한 스님이 장졸수재의 게송을 외우고 있는 그 자체가 언어문자에 사로잡혀서 집착되어 자기 자신을 잃어버린 허물을 지적하고 있다.

* 死心 : 黃龍私心(1043~1114)으로 死心悟神이라고도 하는데, 황용사의 晦堂祖心(1025~1100) 선사의 법을 이었다. 그의 전기는 『속전등록』22권, 『오등회원』제17권에 수록하고 있는데, 임제종 황룡파의 종풍을 크게 드날린 선승이다.

황용사심 선사가 이 공안을 제시하여 학인들에게 운문이 말한 「話墮」는 어떤 곳을 말하고 있는가? 묻고 있다. 안목이 있어야 학인의 문제점(禪病)을 파악할 수가 있고, 문제점을 알아야 바로 잡고 자신의 깨달음으로 만들 수가 있는 것이다.

* 무문은 만약에 학인 여러분들이 운문이 지적한 「질문한 스님의 '話墮'가 어떤 문제점인가를 파악한다면 운문선사의 지혜작용이 뛰어남을 파악할 수가 있을 것이며, 인간계와 천상계의 스승이 될 수 있는 안목을 갖춘 사람이라고 할 수 있다. 그러나 운문이 '話墮'라고 지적한 문제점을 파악하지 못한다면 자기 자신도 구제하지 못하는 중생이다.」라고 평하고 있다.

* 雲門用處孤危 : 운문화상이 질문한 스님의 문제점을 날카롭게 파악하는 지혜의 안목이 뛰어남을 말한 것. 孤危는 孤絶危高의 의미인데, 危는 날카롭고 높은 것. 高峰頂上과 같은 의미이다.

* 人天의 스승은 불법의 안목을 체득하여 일체중생을 구제하는 역할을 할 수 있다는 말. 지옥, 아귀, 축생, 인간, 천상, 아수라 등 六道에 윤회하고 있는 일체중생을 구제하기 위한 불보살의 원력이다. 무문은 이 공안의 의미

를 잘 파악하여 불법의 지혜를 구족하여 자신도 깨닫게 하고 중생도 깨닫게 하는 선지식의 역할을 하도록 지시하고 있는 것이다.

* 自救不了 : 운문이 지적한 話墮의 문제점을 파악하지 못한다면 자기 자신도 구제하지 못하고 우치한 중생의 미혹에서 헤매고 있는 사람이다. 미혹한 중생이다. 자신의 禪病을 자각하지 못하는 사람은 영원히 깨달음을 체득할 수가 없다.

* 무문의 게송「급류에 낚싯줄을 던진다(急流垂釣)」라는 말은 질문한 스님이 소리 높이 장졸의 게송을 외우고 첫 구절이 채 끝내기도 전에 급히 운문화상이「그것은 장졸수재의 게송이 아니냐!」라고 고함쳐서 그 스님의 행동을 급히 차단한 운문의 지혜작용을 읊고 있다.

*「먹이를 탐착하는 자는 걸리게 된다(貪餌者著)」라는 말은 운문이「그것은 장졸의 게송이 아닌가?」라는 말에 그 스님이「예!」라고 대답한 것이다. 즉 운문이 던진 낚싯줄의 먹이에 걸려든 것으로 비유하고 있다.

*「입을 조금이라도 열기만 하면 본래인의 지혜작용(생명)을 완전히 잃어버리고 만다(口縫纔開. 性命喪卻).」입을 조금이라도 벌려서 먹이를 입에 넣기만 하면, 즉 고기가 낚시 바늘에 걸린 그 먹이에 집착하면 목숨을 잃어버린다. 性命은 진여 자성(自性)의 지혜작용을 말한다. 운문이 그 스님을「話墮」라고 한 것은 운문이 던진 낚시 바늘의 먹이에 집착되어 지혜작용의 생명을 잃어버린 것을 지적하고 있는 것이다.

질문한 스님은 입으로「광명이 두루 비추니 항하사에 미치고……」라고 장졸의 게송을 외우고 있는데, 단순히 그 게송의 언어문자에만 집착하여 입으로 조잘대고 있을 뿐, 진짜 자기의 지혜광명은 어둡게 하고 있다.

제40칙. 위산화상과 물병(趯倒淨瓶)

潙山和尙, 始在百丈會中. 充典座. 百丈將選, 大潙主人. 乃請同首座. 對衆下語. 出格者可往. 百丈遂拈淨瓶. 置地上. 設問云. 不得喚作淨瓶. 汝喚作甚麽. 首座乃云, 不可喚作木㮗也. 百丈却問於山. 山. 乃趯倒淨瓶而去. 百丈笑云. 第一座輸却山子. 也因命之爲開山.

無門曰, 潙山一期之勇. 爭奈跳百丈圈圓不出. 檢點將來. 便重不便輕. 何故. 聻. 脫得盤頭. 擔起鐵枷.

頌曰, 颺下笊籬幷木杓, 當陽一突絶周遮, 百丈重關攔不住, 脚尖趯出佛如麻.

【번 역】 위산스님은 처음 백장화상의 문하에서 식사담당의 직책을 맡고 있었다. 백장화상은 대위산의 주지를 선발하려고 하였다. 백장화상은 선원의 최고 위치에 있는 수좌에게 동의를 구해서 자신이 수행하여 체득한 깨달음의 경지를 제시하라고 했다. 위산과 수좌, 이 두 사람 가운데 뛰어난 사람을 선발하여 주지로 추천하려고 한 것이다.

백장화상은 드디어 물병(淨瓶)을 땅 위에 놓고 질문했다. '이것을 물병이라고 불러서도 안 된다. 자! 그대들은 이것을 무엇이라고 부르겠는가?' 수좌가 말했다. '나무토막이라고 부르지는 못할 것입니다.'

백장화상은 위산(潙山)에게 묻자, 위산은 물병을 발로 차버리고 나갔다. 백장화상이 웃으며 말했다. '선문의 제일 수좌는 위산에게 졌다.' 백장화상은 위산에게 대위산에서 선법을 펼치도록 명령했다.

무문이 평했다. 위산스님은 평생의 힘을 다하여 선기(禪機)를 펼친 지혜의 작용이지만, 유감스럽게도 백장의 손아귀(우리)에서 벗어나지 못한 것은 유감이다. 이 일단의 이야기를 잘 살펴 점검해 보면 그(위산)는 대위산에서 법문을 펼치는 무거운 역할을 선택하였고, 가벼운 식사 담당의 역할을 선택하지 않았다.

무엇 때문일까? 잘 보게나(薺)! 그는 식사담당의 역할을 벗어버리고, 도리어 대위산이라는 형틀(鐵枷)에 갇힌 몸이 된 꼴이다.

게송으로 읊었다. 위산은 취사도구인 조리와 국자를 내던지고, 정면에서 물병을 차버리며 이론을 따지는 논의를 차단했네.

백장은 두꺼운 관문으로 위산을 막으려 해도 그를 저지할 수 없었다. 위산이 발끝으로 물병을 차버리니, 부처도 실타래처럼 풀어지고 말았다.

【해설 및 역주】

 * 이 일단의 공안은 『전등록』 제9권 위산영우전에 위산이 처음 백장의 문하에서 수학하다가 대위산의 주지로 선발하게 된 인연을 자세히 전하고 있다. 여기서는 그 일부를 요약해서 수록하고 있다. 『전등록』에는 당시의 최고 지위에 있던 수좌는 화림(華林)이라고 하고, 『오등회원』에는 화림의 善覺수좌라고 하고 있다.

 * 潙山和尙 : 潙山靈祐(771~853)는 제자 仰山慧寂(807~883)과 함께 선종 五家에 최초로 두각을 나타내고 있는 위앙종의 조사로서 백장문하의 대표적인 인물이다. 사실 백장의 존재는 위산의 출세로 인하여 세상에 널리 알려진 것이라고 할 수 있다. 그에 대한 자료는 鄭愚의 「위산동경사대원선사비명」(『全唐文』820권)을 비롯하여 『조당집』 제16권, 『송고승전』 제11권, 『전등록』 제9권 등에 자세히 전하고 있으며, 또한 그의 어록과 『위산경책』이 전하고 있다. 여기서 말하는 大潙는 호남성 潭州 長沙府에 있는 大潙山을 말한다. 영우는 이 대위산 同慶寺에서 선문을 열었다.

無門關 285

* 典座 : 선원에서 처음에는 대중의 위치와 좌석을 담당하는 직책이었는데, 뒤에 선원청규에서는 대중의 식사를 담당하는 직책이 되었다. 설봉의존이 할상선원의 공양주(전좌)로서 수행한 이야기는 유명하다.

* 百丈 : 百丈懷海(749~814)는 마조도일의 제자로서 선원을 독립하여 독자적인 선원의 생활규칙인『백장청규』를 제정하였다.『백장청규』의 전모는 알 수 없으나 그 내용의 요지와 일부가『禪門規式』이라는 이름으로『전등록』제6권 백장전에 부록으로 첨가하여 전하고 있다. 선원에는 부처님을 봉안하는 佛殿을 세우지 않고 주지가 설법하는 法堂만을 세우며, 주지가 부처님을 대신하여 정기적으로 설법하고, 대중이 생산노동에 참여하는 의무규정으로 보청법(普請法)을 규정한 특징이 있다.

백장의 노동정신은 그가「하루 일하지 않으면 하루 식사를 하지 않는다(一日不作 一日不食)」는 유명한 말로 잘 대변하고 있다. 정성본『중국 선종의 성립사연구』780쪽 이하 참조.

『전등록』제9권에는 위산영우가 처음 백장의 지시로 깨달음을 체득한 인연을 다음과 같이 전하고 있다.「위산은 어느 날 백장화상을 모시고 서 있는데, 백장화상이 물었다. '누구냐?' '영우입니다.' '화로에 불이 있는지 살펴보아라.' '불이 없습니다.' 백장이 직접 일어나서 화로를 헤쳐 조그만 불씨를 찾아 들어 보이면서 말했다. '이것은 불씨가 아닌가?' 이 말에 위산은 깨닫고 절을 한 뒤에 자신의 견해를 밝히니 백장이 말했다. '그것은 잠시 나타난 갈림길이다. 경전에 말씀하시길, "불성을 보고자 한다면 시절 인연을 잘 관찰하라."고 했는데, 시절이 이르면 미혹했다가 깨달음을 체득하는 것 같고, 잃어버린 일을 기억하면 본래 자기의 물건이요 남에게서 얻은 것이 아님을 깨닫게 되리라. 그러므로 조사가 말하기를 "깨닫고 나면 깨닫기 이전과 같고, 번뇌망심이 없으면 法도 없어진다."라고 했다. 이것은 다만 허망한 범부나 성인 등의 차별적인 생각이 없고 본래부터 마음과 법이 원만하게 갖추어져 있을 뿐이다. 그대가 이제 그렇게 되었으니 잘 보호해 지니도록 하라.'」

* 請同首座 : 수좌는 선원의 수행승 가운데 최고의 위치에 있는 사람으로 禪頭, 首衆, 上座, 座元, 立僧, 第一座와 같다. 마찬가지로 수좌에게도 동의를 청해서라고 하는 말이 『전등록』과 『오등회원』에 자세히 전하고 있는 것처럼, 처음 사마두타의 부탁으로 백장이 위산영우를 주지로 보내기로 했었다. 이러한 사실을 전해들은 수좌가 반발하고 있기 때문에 부득이 백장이 수좌의 동의를 청해서 시험을 하여 주지를 선발하고 있는 것이다.

* 下語 : 자기 자신의 의견을 펼치는 것. 着語라고도 한다. 『무문관』은 『전등록』과 『오등회원』의 이야기를 줄여서 제시하고 있기 때문에 이 문장이 약간 이상하다. 이 부분이 『전등록』에는 「만약에 능히 대중을 상대하여 불법의 궁극적인 한 마디 말(一語)을 제시할 수 있는 뛰어난 인물(出格)이라면」이라고 하는 말을 줄여서 下語라고 하고 있다.

* 淨甁 : 『석씨요람』도구편에 「정병은 범어로 軍遲(kundika)로 이곳에서는 병이라고 한다. 항상 물을 넣어 몸에 지니고 다니며 손을 깨끗하게 씻는다.」라고 하고 있다. 『칙수백장청규』 제5권 道具 등에 자세히 언급하고 있다. 선어록에는 『굉지송고』 42칙에 남양혜충 국사와 정병에 대한 문답을 싣고 있고, 『전등록』 14권 도오전에도 보인다.

* 趯倒淨甁而去 : 「백장이 이것은 정병이 아니다. 그대는 무엇이라고 하겠는가?」라는 시험에 위산이 물병을 발로 차버리고 나갔다. 위산이 발로 물병을 차버린 것은 물병이라고 하는 이름과 모양(名相)을 일시에 떨쳐버리고 초월한 경지를 행동으로 보여 주고 있다. 자질구레한 이론을 내세워서 이러쿵저러쿵 논의한다고 하는 것은 무의미한 일이요, 물병이라는 이름과 모양에 더욱 빠져드는 일이다.

* 第一座輸却山子 : 백장이 「선원 제일의 수좌는 위산에게 졌다.」라고 선언한 말이다. 사실 이 시험은 수좌와 위산영우와의 불법의 안목을 시험해 본 대결이기 때문에 수좌의 견해는 영우의 견해에 지고 말았다고 한 것이다. 여기에 「輸却」이라는 말의 「輸」는 성패를 결정하는 시합에서 지는 패

배를 말한다. 却은 강조하는 어조사.

* 위산영우 선사가 대위산에 선문을 개창한 시기는 『송고승전』에 의하면 「元和末」이라고 하는 점으로 원화 15년(820)이다. 백장이 입적(814년)한 후 7년이 지난 일이다.

* 이 공안의 중요한 점은 「백장화상이 물병(淨甁)을 가리키며, 물병이라고 불러서도 안 된다. 그대는 무엇이라고 하겠는가?」라고 문제를 제시한 것이다. 동산의 『寶鏡三昧』에 「진실에 접촉해도 틀린 것이고, 배반해도 잘못된 것(背觸共非)」이라는 말이 있는데, 물병이라고 대답하면 고정된 이름과 모양(名相)에 떨어져 사물에 접촉되는 것이고, 물병이 아니라고 말하면 진실을 배반하고 만다. 어느 쪽을 선택해서 말한다고 할지라도 물병이라는 진실 그 전체를 나타낼 수가 없는 것이다. 이러한 두 가지 입장을 초월하여 어떤 한 마디(一句)를 제시할 수가 있는가?

제일 수좌는 「물병을 나무토막이라고 부를 수는 없다.」라고 한 대답은 물병은 아니고 나무토막도 아니라고 분명한 안목을 제시하지 못하고 도망가는 대답을 하고 있다. 즉 백장의 질문에 사로잡힌 흔적이 그대로 드러나고 있다. 분명히 정법의 안목이 없기 때문에 자신 있는 답변을 하지 못하고 있다. 자신이 일체 경계의 이름과 모양(名相)을 초월하여 자신의 안목으로 살 수 있는 지혜를 구족하지 못했기 때문이다.

위산영우는 백장의 논리적인 질문에 걸려들지 않고 발로 물병을 차버리고 밖으로 나가 버렸다. 물병이라는 이름과 모양(물병이라는 대상)과 이러한 물병을 대상으로 하는 주관도 모두 날려버리고 本來無一物의 경지에서 자기와 물병(경계)을 모두 초월한 경지를 행동으로 보여 주고 있다.

* 潙山一期之勇 : 백장의 시험에 임하여 지금 여기에서 혼신(渾身)의 힘을 다하여 평생 익힌 불법의 안목으로 선기(禪機)를 펼친 위산의 지혜의 작용을 말한다.

* 百丈圈圚不出 : 권궤(圈圚)는 일반적으로 맹수를 잡아 가두는 우리라고

한다. 위산이 평생 익힌 선기와 지혜의 안목으로 물병을 차버리는 작용을 펼쳐 보였지만 백장의 손아귀에서 벗어나지 못하고 있다. 무엇이 백장의 손아귀에서 벗어나지 못한 것일까? 무문은 자세히 점검해보면, 백장의 문하에서 취사담당의 가벼운 직책을 벗어던지고 무쇠의 형틀을 어깨에 짊어져야 하는 무거운 위산의 주지 직책을 하도록 하는 시험에 따르고 있다는 점이다. 백장의 생각대로 위산이 잘 따라주고 있다는 사실을 무문이 평하고 있는 것이다.

* 「왜 그랬을까? 여러분들은 두 눈을 크게 뜨고 자세히 살펴보도록 하라!」니(聻)라고 하는 글자는 『무문관』 12칙과 20칙에도 언급하고 있는데, 여기서는 「그렇군!」이라고 무문이 점검하는 그 당처(急所)를 기합으로 지시하고 있는 것이다.

* 脫得盤頭. 擔起鐵枷 : 盤頭는 飯頭의 誤記가 아닐까 생각한다. 飯頭는 선원에서 취사를 담당하는 직책으로 전좌(典座)와 같다. 위산이 식사를 담당하는 가벼운 직책을 던져 버리고, 무거운 철판을 목에 씌우는 위산의 주지가 되었다는 말이다. 철가(鐵枷)는 죄인의 목에 씌우는 무거운 쇠로 만든 형틀을 말하는데, 주지가 되어 불법을 설하고 중생을 구제하는 일은 누구나 할 수 있는 일이 아니다. 위산과 같은 위대한 인물이 아니면 할 수 없다고 칭찬하는 말이다. 부처나 보살, 불법을 펴는 선지식의 역할은 아무나 할 수 있는 일이 아니다. 남다른 원력과 수행으로 체득한 정법의 안목과 다양한 중생을 구제할 수 있는 지혜와 인격 등의 능력을 구족하지 않으면 불가능한 일이다.

* 颺下 : 가볍게 던져버린 것. 포기(抛棄: 抛下)와 같은 말이다. 즉 위산이 취사담당의 직책에서 필수 도구인 조리와 국자를 내던져 버리고. 백장화상의 문하에서 전좌의 직책을 내던져 버리고. 유통본 『무문관』에는 조리(笊籬)의 「笊」자를 다른 글자로 쓰고 있는데 오자이다.

* 當陽 : 분명하게. 陽은 태양으로 남쪽을 의미하며, 천자가 南面으로 하

여 제후들을 접견한다고 하는 말처럼, 바른 정면이라는 말이다. 일돌(一突)은 한 사람이 돌출하여 주위의 방해물을 모두 차단했다는 의미이다. 주차(周遮)는 핵심에는 전혀 관계없는 쓸데없는 문구라는 의미인데, 여기서는 주위의 방해물. 즉 위산은 백장이 제시한 문제를 바로 정면에서 분명하게 해결해 버린 것을 칭찬하고 있다.

* 백장의 두꺼운 장애물(重關)은 무문이 평창에서 언급한 백장이 쳐 놓은 울타리(圈圓)를 말한다. 즉「물병이라고 말해도 안 되고, 그대는 이것을 무엇이라고 부르겠는가?」라는 시험문제로서 앞의 게송에서는「주위의 쓸데없는 방해물(周遮)이라고 하고 있다. 백장의 시험문제가 아무리 두껍게 막고 있어도 위산의 독자적인 지혜의 안목에는 문제될 것이 없었으며, 막으려고 해도 막을 수가 없었다(攔不住).

위산은 백장의 두꺼운 문제의 관문을 가볍게 발끝으로 물병을 차버리고 해결했다. 위산이 물병을 차버리는 禪機의 지혜작용에는 삼세의 제불과 역대의 조사도 흩어진 실타래처럼 형편없이 되고 말았다는 말이다.

여기서 말하는「佛如麻」는 어려운 말인데, 위산의 지혜작용이 부처나 조사라고 하는 권위는 물론, 일체의 고정된 이름과 형상(名相)을 모두 다 떨쳐버리고 초월하여 독자적인 경지를 펼쳐 보인 것이라고 할 수 있다. 부처나 조사라는 名相을 무의미한 존재로 만들었다.

제41칙. 달마와 혜가의 안심문답(達磨安心)

達磨面壁. 二祖, 立雪斷臂云, 弟子心未安. 乞師安心. 磨云, 將心來.

與汝安. 祖云, 覓心了不可得. 磨云, 爲汝安心竟.

　無門曰, 缺齒老胡, 十萬里航海特特而來, 可謂是無風起浪. 末後接得一箇門人. 又却六根不具. 咦. 謝三郞. 不識四字.

　頌曰, 西來直指, 事因囑起, 撓聒叢林, 元來是爾.

【번 역】 달마대사가 벽을 향해서 앉아 좌선하고 있었다. 2조 혜가는 눈(雪) 위에서 한쪽 팔을 잘라놓고 달마대사에게 말했다. '저의 마음이 불안합니다. 바라건대 스님께서 저의 마음을 편안하게 해 주십시오.' 달마대사가 대답했다. '그대는 불안한 그 마음을 가져오너라. 내가 그대를 위하여 편안하게 해 주리라.' 2조는 말했다. '불안한 그 마음을 찾아봐도 찾을 수가 없습니다.' 달마대사가 말했다. '내가 그대를 위하여 불안한 그 마음을 편안하게 해 주었노라.'

　무문스님이 말하기를, 이빨도 빠진 늙은 오랑캐가 십만 리 멀고 먼 바다 길을 항해하여 일부러 왔네. 이것은 마치 바람도 없이 파도를 일으킨 것과 같다고 하겠다. 최후로 한 사람의 제자를 얻었으나, 그는 한쪽 팔이 없는 불구자로다. 그래! 야! 달마대사 그대는 네 글자(四字)도 모르는 영감인가?

　게송으로 읊었다. 서역 인도에서 중국 땅에 와서 곧바로 사람의 마음을 가리켜 깨닫도록 하니, 그로 인해 불법을 부촉하는 사건이 일어났다. 천하의 총림을 시끄럽게 만든 사람이 뭐야! 바로 그대가 아닌가?

【해설 및 역주】

　* 이 공안은 『전등록』 제3권 「보리달마전」에 달마가 양무제와 만나서 서로 뜻이 계합되지 않아 양쯔강(長江)을 건너 숭산 소림사에 들어간 이후

의 소식을 다음과 같이 전하고 있다.「숭산 소림사에 머물며 벽을 향해 보고(面壁) 해가 지도록 잠자코 앉아 있으니 아무도 그를 알아보는 사람이 없었다. 사람들이 달마를 보고 '벽관(壁觀) 바라문'이라고 했다. 신광(神光)이라는 스님은 활달한 사람으로, 오랫동안 낙양에 살면서 여러 서적을 많이 읽고, 묘한 이치를 잘 이야기했다. 그는 매번 이렇게 탄식하며 말했다. '공자와 노자의 교리는 예절(禮)과 술수(術), 풍류(風)와 법규(規) 뿐이요, 장자와 주역 등에서는 미묘한 진리를 다 설하지 못했다. 요즘 듣건대 달마대사가 소림사에 계신다는데 찾아가는 사람을 맞이하지도 않고 현묘한 깨달음의 경지에 이르렀다 한다. 그리하여 달마대사에게 가서 조석으로 섬기고 물었으나 아무런 가르침도 받지 못했다.'고 한다.

신광은 생각하기를, '옛 사람이 도를 구할 때에는 뼈를 깨뜨려서 골수를 끄집어내고 피를 뽑아서 굶주린 이를 구제하고, 머리카락을 진흙땅에 펴서 부처님을 걷게 하고, 벼랑에서 몸을 던져 굶주린 호랑이에게 먹이로 육신을 보시하였다고 한다. 옛 사람이 이러한 구도정신으로 불도를 구했다고 하는데, 나는 어떤가?'라고 반성하였다.

그 해 12월 9일 밤에는 많은 눈이 내렸는데, 신광은 달마대사를 찾아가서 꼼짝도 않고 서 있으니 새벽녘에는 눈이 무릎 위에까지 쌓였다.

달마대사가 민망히 생각하여 말했다. '그대가 눈 속에 오래 서 있는데 무엇을 구하려고 하는가?' 신광이 울면서 말했다. '바라건대 화상께선 감로의 문을 열고 여러 중생들을 널리 제도해 주십시오.' 달마대사가 말했다. '부처님들이 설한 위없는 미묘한 불도는 여러 겁을 부지런히 정진하여 실행하기 어려운 수행을 하고, 참기 어려운 일을 능히 참아야 하는데, 어찌 작은 공덕과 작은 지혜와 경솔한 마음, 교만한 마음으로 참된 불법을 바라는가? 헛수고 할 뿐이다.'

신광이 이 말을 듣고 슬며시 칼을 뽑아 왼쪽 팔을 끊어서 대사 앞에 놓으니 대사는 비로소 그가 법을 이룰 수 있는 그릇인줄 알고 말했다. '부처님들이 처음 불도를 구할 때에는 불법을 위해 몸을 던지셨다. 네가 이제 내 앞에서 팔을 끊으면서 불법을 구하니 가히 법을 구할 수 있는 사람이다.' 대사가 신광의 이름을 혜가라고 고쳐주니 신광이 말했다. '부처님들의 法印을 들려주십시오.' 대사가 대답했다. '부처님들의 법인은 남에게서 얻는 것이 아니다.'

혜가가 말했다. '제 마음이 편안하지 않습니다. 스님께서 제 마음을 편안하게 해 주십시오.'

'그대의 편안하지 않은 그 마음을 가지고 오너라. 내가 편안하게 해 주리라!' '불안한 그 마음을 찾아봐도 찾을 수가 없습니다.' '내가 그대의 마음을 편안하게 해 주었다.'」

* 達磨 : 보리달마의 존재를 최초로 전하고 있는 자료는 『낙양가람기』(547년) 제1권과 달마의 가르침을 전하면서 그의 간략한 전기를 언급한 돈황본 『이입사행론』 담림의 서문이다. 도선은 『속고승전』 제16권에 보리달마의 전기를 종합하여 기록하고 있다. 자세한 점은 정성본 『중국 선종의 성립사 연구』 「보리달마와 그의 문하」를 참조.

* 二祖慧可 : 선종의 조사로 추앙되기 이전의 자료는 『속고승전』 제16권 「釋僧可傳」에 자세히 전하고 있으며, 달마의 가르침을 받고 대승의 선법을 설한 선승이다. 북종선의 자료인 『傳法寶記』와 『능가사자기』 등에는 선종의 二祖로 전기를 수록하고 있다. 『속고승전』 혜가전에는 혜가와 담림이 모두 도적에게 팔이 잘린 이야기를 싣고 있는데, 이것을 선종의 역사서인 『전법보기』 이후의 자료는 한결같이 혜가가 달마에게 나아가 불법을 구하는 수행자의 구법의 정신으로 승화시키고 있다. 자세한 점은 정성본 『중국 선종의 성립사연구』 참조.

* 安心法門 : 달마와 혜가의 안심법문은 달마의 어록으로 전하고 있는 돈황본 『이입사행론』과 황벽의 『완릉록』에도 전하고 있는데, 사실 달마와 혜가의 새로운 선법인 안심문답이 있었기 때문에 달마가 중국 선종의 初祖

로서 존재할 수 있는 것이다. 즉 혜가가 달마에게 「저의 마음이 불안합니다. 저의 마음을 安心시켜 주십시오.」라고 부탁하자, 달마는 곧장, 「그대의 그 불안한 마음을 가져오너라! 내가 당장 그대를 위해 안심시켜 주겠다.」라고 다그치고 있다.

『조당집』 제2권 보리달마전에는 처음 혜가가 달마를 찾아가서 安心法門을 청한 선문답을 다음과 같이 전하고 있다.

「혜가가 '화상께서는 저의 불안한 마음을 안심시켜 주십시오.'라고 말했다.
'불안한 그 마음을 가져오너라. 편안케 해 주리라.' 달마대사는 대답했다.
'불안한 그 마음을 찾아봐도 찾을 수가 없습니다.'
'불안한 그 마음이 찾아진다면 어찌 그것이 너의 마음이겠느냐? 벌써 너의 마음을 편안케 해 주었다. 그대는 지금 편안한 그 마음을 깨달았는가?'
혜가는 달마의 법문을 듣고 곧 깨달았다. 그리고 달마대사께 사뢰었다.
'오늘에야 모든 법이 본래부터 공적하고, 오늘에야 깨달음이 멀리 있지 않다는 사실을 알았습니다. 그렇기 때문에 보살은 생각을 움직이지 않고 반야의 바다에 이르며, 생각을 움직이지 않고 열반의 언덕에 오릅니다.'
달마대사는 말했다. '그렇지 그렇고 말고.'」

혜가는 불안한 그 마음을 찾아도 찾을 수가 없다고 말한 것처럼, 달마는 혜가가 「마음을 찾을 수가 없다(不可得)는 사실」과, 또 「그 어디에서도 불안한 마음은 존재하지 않는다는 사실」을 혜가에게 깨닫게 하기 위한 것이 아니었다. 또한 혜가의 질문에 모순이 있음을 지적하려고 한 것도 아니다. 실제로 불안이 없는 혜가의 마음 그 자체를 모두 다 드러내도록 한 것이다.

安心의 安은 安置하는 것이며 있어야 할 그 곳에 있도록 하는 것이다. 달마는 혜가가 찾을 수 없는 불안한 마음 그 자체를 지금 여기에서 혜가의 눈앞에 안치해 두도록 한 것이다. 사실 지금 여기에서 가장 구체적으로 혜가를 안심시킨 법문인 것이다. 그것은 달마가 「너의 마음을 편안케 해 주었다.」라고 말한 것처럼, 내가 그대를 안심시키는 일을 마쳤다고 하고 있다.

달마의 이와 같은 교화 수단은 곧바로 사람의 마음을 가리켜서 깨닫게 하는 직지인심(直指人心)의 교화 수단인 것이다. 임제가 「사람을 깨닫게 하는 뛰어난 교화 수단(出人底路)」이라고 말한 것처럼, 달마는 이러한 直指人心 見性成佛의 교화 방법을 중국불교에 최초로 펼친 선승이다.

중국불교의 역사를 통해서 스승이 제자를 直指人心으로 見性成佛하도록 하는 직접적인 교화 방법을 펼친 사람은 달마 이전에는 없었다. 그래서 달마를 중국 선종의 초조로 추앙하고 있는 것이다.

사실 『유마경』이나 대승경전에서 한결같이 「煩惱가 그대로 菩提」나 「生死가 그대로 涅槃」이라고 주장하고 있는 것처럼, 「불안한 그 마음이 그대로 안심의 마음」이라는 사실은 이미 잘 알려져 있었다. 즉 「번뇌를 끊지 않고 열반의 경지를 체득한다.」라는 사상은 대승불교의 기본 정신이다.

중국민족이 불교에 관심을 가진 것은 이러한 대승불교의 정신을 표현한 구절을 접촉하게 되면서부터라고 할 수 있으며, 특히 중국 선종은 이러한 대승불교의 정신을 현실긍정의 입장에서 일상생활의 종교로 펼치게 된 것이다.

『속고승전』 제16권 혜가전에 의하면, 혜가는 40세가 될 때까지 老莊의 사상과 대승불교의 경전을 배웠다고 전하고 있는데, 그가 달마를 만나기 전에 이미 이러한 대승불교의 정신을 충분히 알고 있었다. 그러나 혜가는 「번뇌를 끊지 않고 열반의 경지를 체득」하는 사상 그 자체를 자기 자신의 몸과 마음으로 체득하여 확실히 확립하는 그 구체적인 방법에 대해서는 알지 못했다.

불법의 본질을 직접 자신이 자신의 눈앞에서 노크하여 곧바로 출현하도록 하는 그 방법을 아직 알 수가 없었던 것이다. 혜가가 달마를 찾아가서 안심문답을 통하여 자신의 불안한 그 마음을 찾지 못한 것이 아니라, 불안한 그 마음이 그대로 자신의 편안한 마음이라는 사실을 곧바로 제시해 준 달마의 직지인심의 교화법으로 본래의 안심을 체득하게 된 것이다.

사실『금강경』에서 주장하는 대승불교 사상을 한 마디로 말한다면「그 어디에도 머무름이 없는 無住心」이라고 할 수 있는데, 空의 실천을 통해서 머무름이 없는 無住心을 수없이 강조는 하고 있지만, 어떻게 실천해야 무주심을 체득할 수 있는지 구체적으로 제시하고 있는 사례는 없다.『유마경』의 不二法門도 마찬가지라고 할 수 있다.

달마가 중국에 최초로 전한 직지인심의 교화방법은 이러한 대승불교의 실천정신인 무주심과 불이법문을 혜가가 직접 자신의 눈앞에서 구체적으로 체득할 수 있도록 제시해 주고 있는 것이다.

중국 선종은 대승불교의 사상이 각자의 일상생활 그 속에서 자신의 몸과 마음으로 체득하여 생활 종교로 정착 할 수 있게 된 것도 달마로부터 비롯된 직지인심 견성성불의 교화방법이 있었기 때문이라고 할 수 있다.

* 이빨 빠진 늙은 오랑캐(缺齒老胡)는 무문이 달마를 지칭한 말이다. 달마의 전기를 전하는 자료에는 달마가 처음 중국에 와서 대승의 선법을 펼치자 많은 시기 질투하는 보리류지 등 교학불교인들이 독약을 마시게 한 전설적인 이야기를 전한다. 그래서 달마는 이빨이 모두 빠지고 머리가 벗겨진 것이라고 전한다.

* 달마가 인도에서 바닷길을 항해하여 십만 리나 먼 중국 땅에 왔다고 하는 것은 달마와 양무제와의 만남을 전제로 한 이야기에 토대를 두고 주장하고 있는 것이다. 즉 하택신회가 북종선을 공격하면서 최초로 주장한 것인데, 이후의 선종자료에서는 달마의 본래 모습처럼 강조하고 있다.『벽암록』제1칙에도 달마와 양무제의 대화를 제시하고 있다.

달마가 일부러 그렇게 먼 바닷길의 고난을 무릅쓰고 중국에 온 목적은 무엇인가? 이 문제를 제시하고 있는 선문답이「조사가 서쪽에서 오신 뜻이 무엇입니까?(如何是祖師西來意)」라는 질문이다. 무문은 여기서 달마가 일부러 중국 땅에 온 것은「바람도 없는데 파도를 일으킨 것이다(無風起浪)」라고 평하고 있다.

* 無風起浪 : 고요하고 적정한 大海에 파란을 일으킨다는 의미. 쓸데없는 일을 한 것을 말함. 『벽암록』 제4칙 등에 언급하고 있는데, 평지에 파란을 일으키는 것과 같다. 즉 여기서는 제법의 참된 모습은 본래 無一物이라고 설하고 있는 것처럼, 고요 적정한 것이며, 온 우주에 편만되어 있다. 달마가 중국에 오기 전에도 이러한 불법은 예부터 如法하게 존재하고 실행되고 있었다. 그런데 달마가 와서「선은 不立文字이다. 敎外別傳이다」라고 주장하면서 쓸데없이 복잡하고 어려운 문제를 제기하고 있다고 주장하는 것을 비난한 말이다. 여기서 무문은 달마를 폄하하고 있지만, 달마가 인도에서 중국 땅에 정법을 전하게 되므로 불법의 진실이 분명하게 밝혀진 사실을 역설적인 표현을 한 것이다.

* 一箇門人 : 달마가 한 사람의 훌륭한 성자인 혜가에게 인가하여 불법을 전하게 된 사실을 말한다. 달마가 일부러 멀고 먼 인도에서 바닷길로 중국에 온 의미를 여기에 집중시키고 있다. 달마와 혜가와의 안심법문은 인도에서 전해온 불법을 중국인 혜가에게 전해 주기 위한 깨달음의 법문이었다. 그런데 혜가는 한쪽 팔이 없는 불구자가 아닌가? 이빨 빠진 늙은 달마는 꼭 이런 불구자인 혜가에게 불법을 전한다고 하는가? 무문은 비판적인 표현으로 달마와 혜가의 전법상승의 의미를 칭찬하고 있다.

* 咦 : 이빨 빠진 달마와 팔이 없는 혜가! 이들이 정말 불법을 전하고 부촉을 받은 인물인가? 우습기 짝이 없군! 달마가 혜가에게 직접 불법을 전한 일대사의 인연을 지극히 비아냥거리면서 찬탄하고 있는 말이다.

* 謝三郞 : 즉 『벽암록』 제22칙의 평창에 「옛 사람이 말했다. '낚싯배 위의 사삼랑(謝三郞) 남산의 독사(鼇鼻蛇)를 좋아하지 않는다.'」라는 말은, 사삼랑(謝三郞)은 설봉의 제자 玄沙師備(835~908)를 지칭한 것 같다. 현사의 속성이 謝씨로서 집안 셋째 아들이라는 의미이다. 그는 출가하기 전에 소항 복주의 남대강에서 매일 배를 타고 낚시를 즐겼다고 한다.

참고로 현사의 전기는 林澂이 지은 『唐福州安國禪院先開山宗一大師碑

文』(930년)에 전하고 있으며,『송고승전』제13권,『조당집』제10권,『전등록』제18권 등에 자세히 전하고 있고, 그의 어록『玄沙廣錄』도 전한다.

　＊ 不識四字 : 현사사비는 네 글자도 모른다는 말인데, 여기서 말하는 네 글자란 무엇인가?『無門關冠註』에는「不立文字」라고 하고 있다.「不立文字, 敎外別傳, 直指人心, 見性成佛」四字 四句는 선종의 간판과 같은 말인데, 이 말은 달마가 중국에 와서 주창한 것으로,「바람도 없는데 파도를 일으킨 것」이다.

　여기서는「達磨西來」라는 네 글자도 모른다는 의미로도 볼 수 있다. 그것은『조당집』제10권 현사사비장에 전하고 있는 현사의 깨달음과 스승 雪峰義存(822~908) 선사와의 다음과 같은 전법의 고사에 근거한 것이다.

　「설봉이 어느 날 이렇게 말했다. '그대는 아직 여러 선지식을 참문하지도 않았으니 한 바퀴 돌아보는 것이 어떤가?' 이렇게 네 차례나 말했다. 현사는 설봉화상의 말씀이 간절함을 알고 화상의 지시에 따라 짐을 꾸려 걸망을 메고 고개마루턱을 지나다 발로 돌부리를 차고 크게 깨닫고 얼떨결에 다음과 같이 외쳤다. '달마는 전해 주지도 않았고, 二祖는 전해 받지도 않았다(達摩不過來 二祖不傳持).' 그리고는 큰 나무위에 올라가서 강서를 바라보며 말했다. '그 노파를 긍정한 일이야 어찌 하겠는가?' 그리고는 곧바로 설봉산으로 돌아가니 설봉화상이 그를 보고 말했다. '그대는 江西까지 다녀오라고 했는데 어째서 이렇게 빨리 돌아왔는가?' 현사는 말했다. '이르렀습니다.' '어디까지 이르렀는가?' 이에 현사는 앞에 일어난 일을 자세히 말했다. 설봉화상은 현사의 기틀을 매우 기특하게 여기고 거듭 入室하게 하여 불법을 설하였다. 선사는 현묘한 불법을 모두 체득하였는데 마치 병의 물을 따르듯이 하였다.」

　현사사비 선사가 주장한 것처럼,「달마 조사가 서쪽에서 중국 땅에 와서 불법을 전해 주지 않았고, 2조 혜가는 또한 전해 받지 않았다.」달마가 인도에서 중국 땅에 와서 2조 혜가에게 불법을 전했다는 사실을 전혀 부정하고 있지만, 엄연히 불법을 펼친 유명한 선승이 아닌가?

즉 무문은 安心法門인 선은 사람들에게 본래 원만하게 구족되어 있다는 사실을 주장하고 있다. 무문은 이러한 주장을 현사사비의 고사를 응용하여 평하고 있는 것이다.

* 西來直指는 달마대사가 인도에서 일부러 멀고 먼 바닷길로 중국에 와서 혜가에게 안심법문을 깨닫게 하고, 直指人心의 선법으로 見性成佛을 하도록 하여 불법을 부촉하게 된 사실을 말한다.

* 事因囑起 : 달마대사가 혜가를 인가하여 불법을 전하며 부처님의 혜명을 부촉한 일을 말하고 있다. 즉 석가모니 부처님이 영산회상에서 연꽃을 들어 보이고 가섭이 미소로 답하여 이심전심으로 부촉받은 불법을 서천 28조의 조사를 거쳐 달마는 이제 중국 땅에서 혜가에게 부촉하게 된 사실을 말하고 있다. 따라서 이로 인하여「達磨西來」라는 네 글자의 문제(공안)가 성립하게 된 것이라고 한 말이다.

* 撓聒叢林 : 중국 선종의 각 총림에서「달마조사가 서쪽에서 오신 뜻은 무엇입니까?(祖師西來意)」라는 질문이 요란스럽게 제기되고 있는 것은 달마가 중국에 와서 혜가에게 불법을 전한 이후부터 시끄럽게 된 것이라고 하고 있다. 그것은 다름 아닌 달마대사 당신이 문제를 일으킨 장본인(元來是爾)이라고 무문은 읊고 있다. 달마대사 당신 때문에 혜가가 팔을 자르는 사건이 생기고, 천하의 총림에서는「達磨西來意」의 문제를 가지고 선문답을 하는 등 천하의 총림이 시끄럽게 소란이 일어나게 되었다.

무문의 게송은 달마대사 당신이 인도에서 멀고먼 바닷길로 특별히 일부러 중국에 건너와서 숭산에서 혜가대사의 단비(斷臂) 구법과 安心 법문으로 불법을 전하지 않았다면 오늘날과 같이 선불교는 홍기하지 않았을 것이라고 지극히 칭찬하고 있는 것이다.

제42칙. 문수보살과 여인의 선정(女子出定)

世尊, 昔, 因文殊, 至諸佛集處, 値諸佛各還本處. 惟有一女人. 近彼佛坐, 入於三昧. 文殊, 乃白佛. 云何女人, 得近佛坐. 而我不得. 佛告文殊, 汝但覺此女. 令從三昧起. 汝自問之. 文殊, 遶女人三匝. 鳴指一下. 乃托至梵天. 盡其神力. 而不能出. 世尊云, 假使百千文殊, 亦出此女人定不得. 下方過一十二億河沙國土. 有罔明菩薩. 能出此女人定. 須臾罔明大士. 從地湧出. 禮拜世尊. 世尊, 勅罔明. 却至女人前. 鳴指一下. 女人於是, 從定而出.

無門曰, 釋迦老子, 做者一場雜劇. 不通小小. 且道, 文殊是七佛之師. 因甚出女人定不得. 罔明初地菩薩. 爲甚却出得. 若向者裏見得親切. 業識忙忙, 那伽大定.

頌曰, 出得出不得, 渠儂得自由, 神頭幷鬼面, 敗闕當風流.

【번 역】세존께 문수보살이 질문한 이야기이다. 옛날 어느 때 문수보살은 많은 부처님들이 모인 곳에 도착하니, 많은 부처님들이 각자 본래의 자기 장소로 되돌아가는 것을 보았다. 그러나 단지 한 여인은 부처님이 앉은 자리 가까이에서 삼매의 경지에 들어 있었다.

문수보살은 곧 부처님에게 '왜 저 여인은 부처님이 앉은 자리에 가까이 할 수 있는데 나는 그렇게 할 수 없습니까?'라고 질문했다. 부처님은 문수보살에게 '그러면 그대가 이 여인을 삼매의 경지에서 깨어 일어나도록 하여 그녀에게 물어 보도록 하라!'라고 말했다.

문수보살은 세 바퀴나 그 여인의 주위를 돌고, 손가락을 한번 퉁겨서 딱! 하고 소리를 내보기도 하고, 범천에게 부탁하여 여러 가지 신통력을 전부 다 사용했지만 그 여인을 삼매의 경지에서 깨어나게 할 수가 없었다.

세존은 그러한 사실을 보고 말씀하였다. '설사 백천 명의 문수가 힘을 합쳐도 이 여인을 선정에서 깨어나도록 할 수가 없을 것이다. 여기에서 땅속으로 下方세계에 십이억이라고 하는 항하사(河沙)와 같이 무수하게 많은 국토를 지난 곳에 망명보살이 있는데, 그가 능히 이 여인을 선정에서 깨어 일어나게 할 수가 있으리라.'

그때 잠깐 사이에 망명보살이 땅으로부터 솟아올라 와서 세존께 예배했다.

세존이 망명보살에게 명령하니, 망명보살은 여인 앞에 이르러 손가락을 딱! 하고 한번 퉁기니 그 여인은 곧장 선정에서 깨어 일어나게 되었다.

무문스님이 평하였다. 석가노사가 이러한 한바탕의 연극을 만든 것은 대단한 일이다. 잘 생각해서 말해 보게나! 문수보살은 과거 칠불(七佛)의 스승이라는 훌륭한 보살인데 어째서 그 여인을 선정에서 깨어나도록 하지 못했고, 망명보살은 처음 보살의 지위에 오른 초심 보살인데 어째서 그 여인을 선정에서 깨어나게 할 수가 있었는가?

만약 이 문제에 대하여 참된 의미를 체득한다면 그 사람은 번뇌망념의 중생심의 생활이 그대로 부처의 경지인 선정삼매의 생활이 될 것이다.

게송으로 읊었다. 여인을 선정에서 깨어나도록 하는 망명보살과, 깨어나도록 하지 못한 문수보살은 한결같이 멋진 한판의 연극을 펼치고 있네. 神의 얼굴로 분장한 망명보살이나 귀신의 얼굴로 분장한 문수보살의 역할, 연극무대에서는 실패한 연기 또한 멋진 풍류가 아닌가.

【해설 및 역주】

* 이 일단의 공안은 『諸佛要集經』 卷下에 있는 하나의 이상적인 우화를 선의 공안으로 만든 것이다. 이 경은 여러 경전에 있는 이야기를 발췌하여 편집한 것인데, 『대지도론』 제13권, 宋代에 睦庵善卿이 편집한 『祖庭事苑』(1108년) 제5권에도 이 경전에서 인용하고 있는데, 여기서는 망명보살이 「棄諸蓋보살」로 되어 있다. 이 공안은 이미 『전등록』 제27권에 수록하고 있고, 무문은 『전등록』에 의거한 것으로 간주된다.

참고로 『조정사원』 제5권에 인용한 부분을 제시해보자. 「『제불요집경』에 문수사리는 부처님이 운집한 것을 보고자 하였지만 부처님들은 모두 각자의 처소로 돌아가서 볼 수가 없었다. 문수사리는 제불이 모였던 곳에서 한 여인이 저 부처님의 좌석에 가까이 앉아 선정삼매에 들어 있는 모습을 보았다. 문수는 부처님의 발에 인사를 올리고 부처님께 말씀하였다. '어떻게 이 여인은 부처님 좌석 옆에 앉아 있습니까? 나는 그렇게 할 수 없습니다.' 부처님이 문수사리에게 말했다. '그대가 이 여인을 선정삼매에서 깨어나도록 하여 이 여인에게 물어 보도록 하라!' 문수사리는 손가락을 퉁겼지만 깨어나지 않고, 큰 소리로 불렀지만 깨어나지 않고, 손으로 끌어 당겼지만 깨어나지 않았다. 또 신통력으로 삼천대천세계를 움직여도 역시 깨어나지 않았다. 문수사리는 부처님께 말했다. '나는 이 여인을 선정삼매에서 깨어나게 할 수 없습니다.'

이때 부처님은 대광명을 下方세계에 비추니 기제개(棄諸蓋)라는 보살이 즉시에 하방세계에서 솟아올라 부처님의 처소에 이르러 부처님의 발에 얼굴을 닿는 인사를 올리고 섰다. 부처님은 기제개보살에게 말했다. '그대가 이 여인을 선정삼매에서 깨어나도록 하라.' 기제개보살은 즉시에 손가락을 퉁기니 이 여인은 삼매에서 깨어나 일어났다.

문수사리는 부처님께 말했다. '어떠한 이유로 나는 삼천대천세계를 움직여도 이 여인을 선정삼매에서 깨어나게 할 수가 없었는데, 기제개보살은 손가락 한번 퉁기니 곧 삼매에서 깨어나게 됩니까?' 부처님이 문수사리에게 말했다. '그대는 이 여인으로 인하여 처음 아뇩다라삼먁삼보리, 보리심이 일어나게(發) 되었고, 이 여인은 기제개보살로 인해서 아뇩다라삼먁삼보리 즉 보리심을 발심하게(發) 되었기 때문이다. 그래서 그대는 이 여인을 선정삼매에서 깨어나게 할 수 없었다.'

마지막에 부처님이 평하고 있는 아뇩다라삼먁삼보리(위없는 正覺)는 깨달음의 경지를 말하는데, 부처의 정각은 올바른 초발심을 토대(因)로 하여 이루어진다. 그래서 「初發心이 바로 정각인 것(初發心時便成正覺)」이라고 한다.

그런데 여기서 평하고 있는 문수는 보리심을 눈앞에 보이는 여인으로 因하여 발심하였기 때문이라고 지적하고 있는 것이다. 법에 의거해서 불법을 수행해야 하는 것이지 사람(여인)에 의거해서 초발심을 일으키거나 수행을 해서는 안 된다는 사실을 제시하고 있다.

* 文殊 : 범어로 Manju-sri. 문수사리보살이라고 하며 묘길상, 묘덕이라고도 번역한다. 대승불교의 모든 보살 가운데 지혜제일이라고 칭하며 석존의 좌측 연화좌에 앉아서 오른 손에는 지혜의 劍을 잡고 왼손에는 靑蓮華를 가지고 있다. 문수보살은 지혜의 상징이기 때문에 선원에는 문수보살을 모시고 聖僧이라고 한다.

* 値諸佛各還本處 : 제불의 집회를 마치고 이제 각자 자기의 본래 처소로 되돌아가고 없었다는 말이다. 제불의 본래 처소란 각자 중생을 교화하는 국토를 말하는데, 석가불은 사바국토이며, 아미타불은 서방극락국토 등을 말한다.

* 一女人 : 오직 한 여인이 부처님 옆에 앉아서 선정삼매의 경지에 들어 있었다.『제불요집경』에는 이 여인의 이름을 「離意」라고 하고 그 부처님을 「普光세계의 天王여래」라고 하고 있다.

특히 『법화경』 「제바달다품」에서 여인은 「다섯 가지 장애를 가진 몸(女人五障身)」이라고 말하는데, 번뇌망념으로 가득한 여인이기 때문에 범천왕, 帝釋, 魔王, 전륜성왕, 佛身이 될 수가 없다고 한다.

문수보살은 모든 보살 가운데 지혜가 가장 뛰어난 최고의 보살이다. 그럼에도 불구하고 제불이 집회하는 자리에 참석하기도 어려운데 번뇌로 가득 찬 범부인 이 여인은 부처님과 가까운 옆 좌석에서 깊은 선정에 들어 있다는 것은 무슨 일인가? 경이심과 의심으로 가득 찬 문수가 부처님께 질문한 말이 「어떻게 저 여인은 부처님의 자리 옆에서 앉아 선정삼매에 들 수 있고, 나는 왜 그렇게 할 수 없습니까?」라고 질문한 것이다.

천왕여래는 「그대는 이 여인을 선정삼매의 경지에서 깨어나게 하여 이 여인에게 물어보도록 하라!」라고 지시한 것이다. 문수는 여러 가지 방편을 사용하여 이 여인을 삼매의 경지에서 깨어나도록 하였지만 불가능한 일임을 알게 된다.

* 托至梵天 盡其神力 : 『조정사원』에 문수보살이 신통력으로 삼천대천세계를 움직이는 신통력을 모두 다 발휘하였다고 하는 말을 이렇게 표현한 것이다. 梵天은 色界 18天 가운데 初禪에 梵衆天, 梵輔天, 大梵天의 삼천을 말한다. 중생의 欲界를 여읜 것이기 때문에 범천이라고 한다.

* 下方過一十二億河沙國土 : 下方은 十方 가운데 地下 세계를 말한다. 12억 갠지스강의 모래알과 같이 많은 숫자의 국토를 지난 곳에 망명보살이 있다고 하는 말은 『대무량수경』에서 서방으로 십만억 국토를 지난 곳에 극락이라는 부처님의 세계가 있다고 주장하는 말과 같다. 십만억이나 12억 갠지스강의 모래알과 같이 많은 숫자는 실재로 존재하는 수치가 아니다. 一念이 無量劫이라는 말을 잘 음미해야 한다. 불법은 心法이기 때문에 마음속에서 깨달아 체득해야 한다.

* 罔明菩薩 : 『조정사원』에는 棄諸蓋보살이라고 하며 본래는 棄諸陰蓋보살이라고 한다. 棄諸陰蓋란 일체의 모든 번뇌(陰蓋)를 없앤 보살이라는

말로서 해탈이라는 의미이다. 한편 罔明이라고 하는 것은 無明과 같은 말이다(罔은 無와 같은 의미).

『유마경』에 유마거사가 「연꽃은 고원 육지에서 피지 않는다. 반드시 진흙탕 가운데서 핀다.」라고 하는 것처럼, 번뇌를 제거해 버리고 달리 보리와 열반과 해탈의 세계가 있는 것이 아니다. 煩惱卽菩提와 같이, 철저한 해탈의 경지는 무명도 없고 해탈도 없다.

그런데 보살의 지위로서는 최하위인 망명보살이 찰나에 하방(땅)세계에서 솟아올라와서 손가락 한번 퉁겨서 이 여인을 선정에서 깨어나게 하고 있다.

* 번뇌망념의 여인이 부처님 옆에서 선정에 들어 있다고 하는 사실도 불가사의하고, 지혜제일인 문수가 온갖 신통묘용을 부렸는데도 이 여인을 선정에서 깨어나게 하지 못했는데, 하위의 망명보살이 손가락 퉁기는 순간에 선정에서 깨어나게 했다는 한 장면의 연극이다.

* 이 공안의 문제점은 부처에 대한 고정관념(佛見)과 불법에 대한 고정관념(法見)을 타파하기 위한 것이라고 할 수 있다. 佛見 法見이란 중생의 번뇌망념을 멀리 여의고, 범부의 생사심을 탈피하고 견성성불하여 열반적정인 부처님의 경계에 도달하려고 하는 마음을 동경하는 것을 말한다. 부처님의 세계에 도달하기 위해서 번뇌를 버리고 깨달음을 취하여 轉迷開悟의 道法을 최대의 목적으로 삼고 있는 것이 法見이다. 마치 중생의 세계에서 배를 만들어 부처의 세계로 가는 사람이 자신의 배에 애착(法見)을 가지고 부처의 세계를 동경(佛見)하고 기뻐하는 것과 같다.

『전등록』 제27권에도 다음과 같은 일단을 싣고 있다. 「어떤 스님이 말했다. 경전에 말씀하시길 '문수가 홀연히 부처에 대한 고정관념(佛見)과 법에 대한 소견(法見)을 일으켰다가 부처님의 위신력으로 두 철위산 사이(중생의 세계)로 끌려갔다고 합니다.'라고 하였다.」

* 무문은 이 공안을 석가 노인이 펼친 한 장면의 연극(雜劇)이라고 평하

고 있다. 雜劇이란 송대에서 원대에 걸쳐서 많이 유행한 희극이나 재미난 역사이야기를 연극으로 만든 것을 총칭한 말이다.

＊ 不通小小 : 不通은 不同과 같은 의미이고, 小小는 小可와 같은 뜻으로서「不同小可」로서「작은 일이 아니다.」라는 의미이다. 즉 석가노자가 이런 잡극을 만들어 제시한 것을 대수롭지 않게 생각할지 모르나, 한바탕의 연극처럼 작은 일이 아니라 여러분들의 일대사를 해결해 주기 위한 대단한 일이었다고 무문은 평하고 있다.

＊ 文殊是七佛之師 :『화엄경』「입법계품」에「문수는 제불의 어머니이며 모든 보살의 스승」이라고 하고, 이통현의『화엄합론』제8권에도「문수는 제불의 어머니, 보현은 제불의 아버지」라고 주장하고 있다. 문수를 七佛의 스승이라는 주장은 중국 조사선의 특색이다.『조정사원』제2권에는 이 말이『菩薩處胎經』에 보이는 문수의 게송에 의거한 것이라고 하지만 실제로는 당대 조사선의 선종에서 주장한 말이다. 이 말은『고존숙어록』「백장화상전」에「문수는 칠불의 스승이며, 또한 사바세계에서 최고 깨달음의 경지에 이른 보살이다.」라고 주장한 말이 최초라고 할 수 있다. 즉『전등록』에 수록하는 과거 七佛을 근거로 하여 이러한 주장을 한 것이다.

『전등록』제12권 앙산의 제자 南塔光涌전에 다음과 같은 대화가 있다. 「어떤 스님이 질문했다. '문수는 七佛의 스승이라고 하는데, 문수는 스승이 있습니까?' 선사가 대답했다. '인연을 만나면 있지(遇緣卽有).'」『설두송고』87칙에도 문수를「七佛祖師」라고 하고 있다.

＊ 칠불의 스승인 문수는 이 여인을 선정의 삼매에서 깨어나게 할 수 없었는데, 初地의 망명보살은 어떻게 삼매에서 깨어나게 할 수가 있었는가? 이 공안의 문제점을 제시한 것이다. 만약에 여러분들이 이 공안의 문제점을 감파한다면 중생세계에 살고 있는 일체의 모든 행위가 그대로 부처의 경지에서 전개하는 선정삼매가 된다고 주장하고 있다. 즉 지금 여기에서 전개하는 우리들의 일상생활 그 모두를 깨달음의 생활로 만들 수가 있다는 말.

* 業識忙忙, 那伽大定 : 業識忙忙은 중생심을 표현한 말인데, 차별 분별심과 번뇌망념으로 업장을 만들고 업장은 윤회를 초래한다. 그래서 중생은 身口意 三業의 행위가 차별심, 분별심(識)으로 하고 있는 것이다. 忙忙은 윤회에 허덕이고 있는 모습이다. 이러한 중생의 생활 그대로가 대 용왕의 선정이 된다는 말이다.

那伽는 범어 Naga의 음사로 龍이라는 의미이다. 那伽삼매란「龍王三昧」라는 말로서「大龍삼매」라고도 한다.

『유마경』에서 설하고 있는 대승불교의 정신은「번뇌가 그대로 깨달음(煩惱卽菩提)이고 생사망념의 중생심이 그대로 열반의 경지(生死卽涅槃)」인 것이다. 부처와 중생, 문수와 망명, 최고 지위의 보살과 초지의 보살이라는 상대적인 차별심을 동시에 초월하고 佛見 法見을 떨쳐버리면 지금 여기의 중생심 그대로 부처의 경지에서 살게 된다는 의미이다.

 * 出得出不得 : 出得은 망명보살이 여인을 선정에서 깨어나게 한 지혜작용을 말한 것이고, 出不得은 문수가 깨어나게 하지 못한 것을 말한다.

 * 渠儂得自由 : 그(渠)는 문수보살을 지칭한 말이고, 나(儂)는 망명보살을 지칭한 말이다. 그와 나, 즉 문수와 망명은 한판의 연극에서 한 여인의 선정문제를 둘러싸고 자신들이 보여 주어야 할 멋있는 연기를 자연스럽게 잘 했다. 즉 문수는 신통묘용으로 그 여인을 깨어나지 못하게 하는 연기를 잘 했고, 망명은 손가락 퉁기는 찰나에 깨어나도록 하는 연기를 손색없이 잘 해 주었다는 의미이다.

 * 神頭幷鬼面 : 즉 젊은 여인의 선정을 중심으로 대보살인 문수와 초지보살인 망명이 여러 가지 신통묘용과 손가락을 퉁기는 등의 연기를 펼친 것을 많은 얼굴로 분장하여 출연하게 된 것을 읊고 있다. 우리들의 마음을 세존, 문수, 망명, 여인 등의 다양한 분장의 얼굴로 등장시켜서 한판의 멋진 연극을 펼쳤다는 말이다.

 * 敗闕當風流 : 연극무대에서 펼치는 배우의 연기는 모두 무대의 배역에

맞추어서 펼치는 일시적인 幻影이다. 문수가 그 여인을 선정에서 깨어나지 못하게 하고 있는 연기도, 망명이 깨어나게 한 연기도 한 바탕의 연극이기 때문에 연극은 그대로 멋있는 風流가 아닌가?라고 무문은 읊고 있다.

　＊ 본칙에서 주의해야 할 문제는 처음 문수가 모든 부처님이 모인 곳에서 부처님의 좌석 옆에 앉아서 선정에 들어 있는 한 여인을 보고,「번뇌망념에 가득 찬 범부 여인도 부처님 옆에서 선정에 들고 있는데 최고의 보살인 내가 어찌 부처님의 경계에 나아가지 못하는가?」라고 하는 의심, 망념이 일어난 점에 주의해야 한다.

　즉 중생은 범부이며, 五障의 몸을 가진 여인이라는 차별심을 가지고는 어떠한 신통묘용을 발휘해도 효과가 전연 없는 것이다. 문수의 지혜는 일체의 차별심 분별심이 없고 佛見 法見을 초월한 경지에서 발휘된다.

　初地인 망명보살은 여인이라는 일체의 차별심, 분별심이 없는 경지에서 손가락을 퉁기는 찰나에 그 여인이 삼매에서 깨어나도록 하고 있다. 법신과 법신의 감응이 이루어진 것이다. 선정삼매로 불심의 경지에 있는 여인에게 소식을 전하려면 불심의 경지에서 마음과 마음으로 以心傳心으로 전해야 통하게 된다는 말이다. 문수의 차별심으로는 불심의 선정에 있는 여인에게 소식을 전할 수가 없는 것이다.

제43칙. 수산화상의 죽비(首山竹篦)

　首山和尙. 拈竹篦, 示衆云, 汝等諸人, 若喚作竹篦則觸. 不喚作竹篦則背. 汝諸人. 且道. 喚作甚麽.

無門曰, 喚作竹篦則觸. 不喚作竹篦則背. 不得有語. 不得無語. 速道速道.

頌曰, 拈起竹篦, 行殺活令, 背觸交馳, 佛祖乞命.

【번 역】 수산화상이 죽비를 들고 대중에게 보이면서 말했다. '그대들이 만약 이것을 죽비라고 부르면 죽비라는 이름과 모양에 집착되어 속박(觸)되는 것이고, 죽비라고 부르지 않으면 죽비라는 사실을 위배(背)하는 것이 된다. 자! 그대들은 이것을 무엇이라고 하겠는가?'

무문스님이 평했다. 죽비라고 하면 죽비라는 이름과 모양에 집착되어 속박되는 것이고, 죽비라고 부르지 않으면 죽비라는 사실을 위배하는 것이다. 죽비라고 말을 해도 안 되고, 말을 하지 않아도 안 된다. 이 두 경계를 초월하여 속히 말해 보라.

게송으로 읊었다. 죽비를 집어 들고 번뇌망념(중생심)을 죽이고 불심의 지혜작용을 살리는 명령을 내렸네. 위배(背)하지도 말고, 속박(觸)되지도 말라는 두 칼로 공격하니, 이런 처지에는 부처나 조사도 (살려달라고) 목숨을 구걸하리.

【해설 및 역주】

* 이 공안은 『수산어록』과 『전등록』 제13권 首山省念傳에는 없다. 『오등회원』 제11권 「葉縣歸省章」에 귀성선사가 스승 수산의 법문을 듣고 대오한 인연으로 다음과 같이 전한다. 「수산선사는 어느 날 죽비를 들고 대중들에게 질문하였다. '그대들이 만약 이것을 죽비라고 부르면 죽비라는 이름과 모양에 속박(觸)되는 것이고, 죽비라고 부르지 않으면 죽비라는 사실을 위배(背)하는 것이 된다. 자! 그대들은 이것을 무엇이라고 하겠는가?' 그때 귀성선사는 죽비를 빼앗아 땅 위에 내 던지며 말했다. '이게 무슨 물건입니

까?' 수산선사는 말했다. '눈먼 녀석(瞎)!' 귀성선사는 言下에 분명히 대오하였다.」

무문화상은 『오등회원』에 보이는 일단의 공안을 채용하고 있는 것이다.

* 首山和尙 : 首山省念(926~993)은 임제의현의 법손인 風穴延沼(896~973)의 제자이다. 그의 전기는 『전등록』 제13권, 『선림승보전』 제3권, 『연등회요』 11권, 『오등회원』 제11권 등에 전하고 있고, 『수산성념선사어록』도 전한다. 하남성 汝州 首山에서 선법을 펼쳤다. 그의 문하에 汾陽善昭, 葉縣歸省, 谷隱蘊聰, 神鼎洪諲, 廣慧元璉 등의 뛰어난 선승들이 배출되어 임제종을 부흥하게 되었다.

* 竹篦 : 조실이 학인들을 지도하기 위해서 사용하는 도구의 하나로서 주장자나 拂子 등과 같은 法具이다. 옛날에는 활이나 竹刀를 사용했다. 도구란 원래 자기 손에 들고 자유롭게 사용할 수 있어야 도구라고 할 수 있다. 선의 어록에서 죽비를 사용한 예는 보이는데 수산의 죽비는 오래된 이야기 같다.

이후에 대혜종고 선사가 죽비를 사용한 사실은 『대혜어록』 제10권에도 전하며, 『雲臥紀談』에 다음과 같이 전한다. 「대혜노스님이 이 죽비로 부처와 조사가 전하지 않는 묘한 이치를 보여 주신 지 거의 40년, 마침내 임제의 정통을 일으켜 세웠으며, 아무리 어려워도 이 죽비를 게을리 한 적은 없었다. 그래서 梅州 보은사에서는 堂舍에 대혜스님의 죽비를 보관하여 관리하게 하였다. 강서의 승려인 曉瑩仲溫은 이 당사를 맡아 관리하고 있다가 이 죽비를 얻어가니 어찌 천 년에 한 번 있을까 하는 총림의 영광에 그치겠는가? 이에 무착 묘총은 삼가 머리 숙여 銘를 쓰는 바이다. 云云」

대혜의 문하에서 죽비를 가지고 학인들을 제접한 사람은 無用淨全(1137~1207)이 있다. 무용정전은 『속전등록』 제32권에 의거하면 대혜의 죽비를 松源崇岳(1132~1202)에게 물려받은 것이라고 하고 있다. 『無文印』 제4권에 「그때 天童(如淨)은 淨全의 妙喜(대혜) 죽비를 가지고 학인들을 지도했다

(時天童全以妙喜竹篦 陶冶學者.)」라는 말이 보인다.

 * 이 공안의 문제는 수산화상이 죽비를 제시하며 이것을 죽비라고 말해도 안 되고 죽비라고 말하지 않아도 안 된다는 문제(若喚作竹篦則觸. 不喚作竹篦則背)이다. 여러분들은 죽비를 무엇이라고 하겠는가? 죽비라고 말하면 죽비라는 名相에 집착(觸)된 것이고, 죽비라고 하지 않으면 죽비라는 사실을 위배(背)하여 사물을 있는 그대로 如法하게 바로 볼 수 있는 지혜가 없는 것이 된다. 위배나 속박(背觸) 어느 한 쪽을 선택해도, 또한 선택하지 않아도 모두가 틀린 것이다. 말해도 말하지 않아도 허물에 떨어진(離微) 것이다.

 이 두 차별의 세계를 어떻게 초월해야 하는가? 善惡과 是非, 凡聖 등의 차별세계를 空의 실천(中道)으로 한꺼번에 초월하는 지혜를 제시하고 있다.

 『무문관』40칙에 백장이 淨瓶을 놓고 시험한 문제와 똑같은 형식이다. 위산은 정병이라는 이름과 모양에 떨어지지 않고(觸) 또한 등지거나 위배(背)하지도 않고 발로 차버렸다. 여기서는 歸省이 스승 수산의 손에서 죽비를 빼앗아서 땅위에 내던졌다. 위산과 똑같은 작용을 펼친 것이다 그러나 수산은 이러한 귀성의 모습을 보고 정법을 볼 수 없는「눈먼 녀석(瞎)!」이라고 나무란다. 이 말을 듣고 곧바로 깨닫게 되었다고 한다.

 위산은 일체를 한꺼번에 초월하는 정법의 안목을 구족한 경지에서 곧바로 禪機를 발휘한 것이다. 그러나 귀성의 경우 아직 완전한 안목을 갖추지 못한 경지에서 남의 흉내를 내고 있었기 때문에 수산화상의 고함치는 소리를 듣고 곧바로 깨닫게 되었다고 할 수 있다.

 『선문류취』제16권에는 수산화상이 이 문제의 공안을 제시하자, 귀성이 곧바로 깨닫고 수산의 죽비를 빼앗아 곧장 두 동강이로 분질러서 계단 아래로 내던지며「이것이 무슨 물건인가?」라고 말했다고 한다. 그때 수산화상이「눈먼 녀석!」이라고 하자, 귀성은 인사를 올렸다고 한다.

 이 일단의 이야기는『임제록』에 임제가 입적하기 전에「나의 정법안장을 멸각하지 말라!」라고 말하자 三聖慧然이 고함(喝)으로 대답하고, 임제가 「나의 정법안장이 저 눈먼 나귀(瞎驢)에게서 멸각하겠다!」라고 하면서 인가하고 법을 전한 이야기와 비슷하다.

또한 『선림승보전』 제16권에 귀성의 동문인 광혜원련 선사가 이 공안을 학인들에게 제시하여 질문하고 있는 일단도 『선문류취』에 전하는 내용과 같다. 아마도 이것이 본래 이야기가 아닌가 생각된다.

광혜원련 선사는 귀성의 깨닫게 된 인연을 제시하고 다음과 같이 평하고 있다. 「당나귀 같은 녀석 귀성은 깨닫기는 곧장 크게 깨달았다. 그러나 아직 수산화상의 의지를 완전히 체득하지는 못했다. 이 이야기는 반드시 본래면목의 경지에서 서로 자세히 체득해야 한다. 알음알이 분별(情見)이 완전히 없어지지 않은 사람은 아직 의심이 남아 있으리라.」 즉 여러 가지 분별심 차별심이 있는 사람은 집착(觸)과 무시(背)를 함께 초월하는 본래면목의 경지(田地)는 꿈에서도 볼 수가 없을 것이라고 평하고 있다.

* 무문의 평은 수산성념 화상이 제시한 문제의 공안을 그대로 들고 있다. 단지 무문은 「죽비라고 말을 해도 안 되고, 말을 하지 않아도 안 된다. 속히 말해 보라 속히 말해 봐!」라고 문제제기를 하고 있다. 학인들의 입장에서 자신을 깨달음의 안목으로 한 마디(一轉語) 해 봐라!

사실 무문은 『五燈會元』 제19권에 대혜종고가 학인들에게 죽비를 들고 법문한 말을 그대로 인용한 것이다. 대혜 역시 수산화상의 법문을 그대로 인용하여 제시한 것이라고 할 수 있는데, 「말을 해도 안 되고, 말을 하지 않아도 안 된다. 속히 말해 봐라, 속히 말해 봐!」라는 말은 대혜의 말이다.

즉 죽비라는 모양과 이름에 집착하지도 않고, 죽비라는 사실을 위배하지도 않고, 觸背와 有語 無語의 상대적인 경계를 초월하여 독자적인 정법의 안목으로 한 마디(一句) 할 수 있는가? 사량분별하여 대답하지 말고 즉시에 본래심의 지혜작용으로 신속하게 말하라!

* 무문의 게송은 「죽비를 집어 들고(拈起竹篦)」이 한 마디에 본칙 공안

에서 제시한 전체의 문제를 읊고 있다.「죽이고 살리는 명령을 내렸다(行殺活令)」라는 말은 수산화상이 죽비를 들고 대중에게 문제를 제시한 것을 말하는데, 이 죽비는 수산화상 개인의 소유물이 아니라 각자의 본분상에서 체득해야 하는 죽비이다. 죽비라는 물건과 이름에 집착하면 자신의 본래심을 상실하게 되고, 또한 죽비를 무시하면 현재의 모든 삶을 지혜롭게 살 수가 없게 된다. 자신을 지혜롭게 살 수 있는 불법의 지혜를 이 죽비에서 체득해야 한다고 하고 있다.

  *「위배(背)와 속박(觸), 두 칼로 공격한다(背觸交馳)」는 말은 수산화상이 학인들에게 제시한 배촉(背觸)의 문제인데 집착하고 위배하는 그 차별심에 떨어지면 자신의 본래심의 지혜작용이 죽게(殺)되고, 차별심에 떨어지지 않으면 살게(活)되는 것이다. 교치(交馳)라는 말은 하나의 죽비가 자신의 지혜작용을 죽이는 殺人刀가 되기도 하고, 살리는 活人劍이 되기도 한다는 말이다.

  집착해도 안 되고 위배해도 안 되고, 말해도 안 되고, 말하지 않아도 안 된다고 지시하고 있는 것처럼, 앞뒤 전후를 모두 차단하고 있는 공격이기 때문에 도망갈 길이 전혀 없다. 그래서 이러한 궁지에 몰리게 되면「부처나 조사도 목숨을 구걸하리(佛祖乞命)」라고 읊고 있다.

  선문답은 이러한 차별경계, 고정관념(常見), 편견(斷見), 有無, 凡聖, 善惡 등의 상대적인 차별세계를 어떻게 초월해야 할 것인가? 이 문제를 체득하도록 법문을 제시하고 있다. 반야의 지혜는 번뇌망념을 비우는 空의 실천을 통해서만이 가능한 것이다.

  인도불교에서 철학적이고 논리적으로 주장된 중도의 실천이나 空의 실천이 중국의 선불교에서는 이러한 선승들의 선문답으로 구체적인 일상생활 속에 지혜로운 삶으로 전개되고 있는 것이다.

제44칙. 파초화상의 주장자(芭蕉拄杖)

芭蕉和尙, 示衆云, 爾有拄杖子. 我與爾拄杖子. 爾無拄杖子. 我奪爾拄杖子.
無門曰, 扶過斷橋水. 伴歸無月村. 若喚作拄杖. 入地獄如箭.
頌曰, 諸方深與淺. 都在掌握中. 撐天幷拄地. 隨處振宗風.

【번 역】 파초화상이 대중에게 법문을 하였다. '그대가 주장자가 있다고 하면, 내가 그대에게 주장자를 주고, 그대가 주장자가 없다고 하면, 내가 그대의 주장자를 빼앗으리라.'

무문스님이 평하였다. 이 주장자는 다리가 없는 강을 건널 때에 힘이 되고, 밝은 달이 없는 어두운 밤에 마을로 되돌아갈 때도 이 주장자는 친구가 된다. 만약 이것을 주장자로 부른다면 이 사람은 화살보다도 더 빨리 지옥에 떨어지리라.

게송으로 읊었다. 가는 곳마다 여러 선사들의 지혜가 깊고 얕음이 모두 이 주장자를 잡고 있는 손아귀에 있도다. 이 손에 있는 주장자는 하늘을 떠받치고 땅을 지탱하니, 언제 어디서나 자유자재로 종풍을 떨친다.

【해설 및 역주】

* 이 공안은 『오등회원』 제9권 芭蕉慧淸전과, 『禪門類聚』 제16권에 전한다. 그러나 『전등록』 제12권 파초혜청전에는 보이지 않는다.

* 芭蕉和尙 : 芭蕉는 산 이름인데 중국의 湖北 영주(郢州)에 있다. 이곳에서 교화를 펼친 慧淸선사는 신라출신으로 중국으로 구법 여행하여 앙산 혜적 선사의 제자 앙산의 南塔光涌(850~938) 선사의 법을 이은 선승이다. 그의 법문은『전등록』제12권,『오등회원』제9권 등에 전하고 있지만 그의 자세한 전기는 알 수가 없다.

* 示衆 : 대중에게 불법을 제시하여 깨닫게 하는 법문을 말한다.『법화경』에서 부처님의 일대사 인연으로 제시한 開示悟入에 토대를 둔 말로서 중국 선종에서 주지인 조실이 제자들을 위해서 불법의 지혜를 열어 보여 주고 깨닫게 하는 법문이다.

* 拄杖子 : 서양의 유명한 스핑크스 이야기로 인간이 어려서는 네 발로 걷고, 장성해서는 두 발로 걷고, 늙으면 세 발로 걷는다고 하는 것처럼, 주장자는 원래 늙은 사람이 몸을 지탱하기 위해 가지고 다니는 지팡이다. 인도의 불교 교단에서도 늙은 수행자가 지팡이를 짚고 다니는 것을 허락했다.

중국의 선승들은 행각을 할 때는 몸을 지탱하는 지팡이로, 물을 건널 때는 물의 깊이를 재는 도구로, 학인들을 지도할 때는 학인들의 안목과 역량을 점검해 보는 法具로 사용하고 있다.

특히 중국의 많은 선승들은 주장자를 가지고 학인을 지도한 이야기를 많이 전하고 있는데, 그 가운데 유명한 사람이 덕산의 방망이(棒)라고 할 수 있다. 주장자는 죽비나 불자와 같이 선승들의 생활도구로 널리 사용하고 있다.

운문선사도「석가모니가 태어나 두루 일곱 발자국을 걷고 한 손은 하늘을 한 손은 땅을 가리키며, '天上天下 唯我獨尊'이라고 하였다는 말을 제시하며, 만약 내가 그 자리에 있었다면 한 방망이(一棒)로 때려 죽여 개에게 먹도록 던져 주었을 것이다.」라고 말하고 있다.

* 파초혜청이 말하는 주장자는 일체중생이 본래 구족하고 있는 본래면목을 말한다. 정법안장 열반묘심이라든가 佛心을 죽비라고도 하고, 주장자라

고 하고 있다.

파초화상이「그대가 주장자가 있다고 하면, 내가 그대에게 주장자를 준다.」라고 말한 것은 자신의 본래면목을 체득하여 있다(有)고 주장하는 사람에게 또 하나의 본래면목(주장자)을 주면서 진실로 본래면목은 있다고 말할 수 있는 것인지 본래면목의 당체를 재확인하여 분명히 깨닫도록 지시한 법문이다.

그리고「그대가 주장자가 없다고 하면, 내가 그대의 주장자를 빼앗으리라.」라고 한 말은 본래면목(주장자)을 자각하여 확신하지 못한 사람이 본래면목을 자각하지 못하여 없다(無)고 하는 그 중생심의 마음을 빼앗고 다시 자신의 본래면목을 분명히 체득하도록 지시한 법문인 것이다.

이 본래면목(주장자)을 자각하지 못한 학인을 파초는「주장자가 없다.」고 하고, 본래면목(주장자)을 자각하였다고 주장하면서 깨달음에 속박된 학인을「주장자가 있다.」라고 말하고 있다. 주장자가 없다고 하는 말은 주장자(본래면목)라는 사실에 대한 자각을 위배(背)한 것이고, 주장자가 있다고 한 것은 주장자(본래면목)라는 사물에 집착(觸)된 것이다.

본래면목이 있다(有) 없다(無)라고 하는 것은 有無의 차별심에 떨어진 것이며, 본래면목이 없다고 하면 진실에 위배(背)되는 것이고, 있다고 하면 사물(주장자: 본래면목)에 속박(觸)되고 만다.

파초화상은 주장자가 있다는 학인과 없다는 학인들 모두 잘못된 견해에 떨어진 것이기 때문에 이러한 有無와 背觸, 是非 등의 상대적인 차별 경계를 초월해서 본래면목을 체득해야 비로소 불법의 대의와 정법의 안목을 구족하게 되는 것이다.

주장자라는 도구를 자기 손에서 마음대로 사용하는 사람은 주장자를 가지고 있는지 없는지도 모르고 무심의 경지에서 자유자재하게 사용한다. 마치 젓가락을 처음 사용하는 사람은 젓가락과 손이 하나가 되지 못하고 젓가락에 온통 마음이 쏠려 있는 것은 주장자가 있는 것이고, 젓가락을 자유롭게 사용한 사람은 젓가락을 가지고 있는지 없는지 모르고 무심한 경지에서 자유롭게 사용한다. 이것을 주장자가 없다고 하는데, 자각이 없는 삶을 비판하고 있다.

　＊『禪林類聚』제16권에는 宋代의 大潙慕喆 선사가 파초화상의 주장자 법문을 제기하고 다음과 같이 주장하고 있다.「나 대위는 이렇게 주장하지 않는다. 그대가 주장자가 있다면 나는 그대의 주장자를 빼앗는다. 그대가 주장자가 없다면 나는 그대에게 주장자를 주리라. 대위는 이렇게 주장하는데 여러분들은 이 주장자를 사용할 수 있는가? 그대들이 이 주장자를 사용할 수 있다면 덕산의 선봉이 되고 임제의 대장이 되리라. 만약 그렇게 사용하지 못한다면 잠시 본래로 돌아가라.」

　여기 대위의 주장은 본래면목(주장자)은 주고 뺏는 물건이 아니다. 주장자는 진실로 잘 수지하고 활용할 수 있는가? 그렇지 못한가? 이것이 중요한 문제라고 주장하고 있다

　그러나 오조법연의 제자인 開福道寧 선사는 보자산에서 법문을 하면서 파초의 주장자를 제시하여 파초와 같은 입장으로 다음과 같이 법문을 하고 있다.「그대가 주장자가 있으면 나는 주장자를 준다. 군자는 재산을 좋아하지만, 재산을 취하는 道가 있다. 그대가 주장자가 없으면 나는 그대 주장자를 빼앗는다. 생각이 깊으면 오히려 말이 없지만 회포는 스스로 분명한 것이다. 어떤 사람이 이 두 가지 길을 벗어나 어떤 것이 보자의 주장자인가라고 질문하면, 조금 있다(良久), 지금 그 주장자는 수미산 위에 있어, 팔이 여섯(六臂)이고, 얼굴이 셋(三頭)이나 되는 귀신 야차의 신통력으로도 볼 수가 없다고 대답하리.」어떠한 신통력을 가진 귀신이라도 저 주장자의 전모를 볼 수가 없다고 주장한 것이다.

　＊ 운문의 주장자, 파초의 주장자, 대위의 주장자, 개복의 주장자 등 선승들의 주장자는 용이 되어 하늘과 땅을 삼키기도 하고, 수미산 위에 날아다니고 있다고 한다.

천동굉지 선사도 파초의 주장자를 제시하여 다음과 같이 설하고 있다.

「그대(주장자가) 있다고 할 때는 곧 있다. 그대 주장자가 없다고 할 때는 곧 없다. 있고 없고(有無)는 바로 당사자가 주고 뺏는 것인데, 파초화상이 왜 무슨 일로 여기에 관계하고 있는가? 정말 이러한 경지에서 어떤 것이 그대의 주장자인가?」라고 문제를 제시하고 있다.

＊扶過斷橋水. 伴歸無月村 : 이 게송은 무문의 게송이 아니라 『오등회원』제15권 靈隱雲知慈覺선사장에 보인다. 「상당하여 설법하였다. 일월과 구름 안개는 하늘의 기운을 배우고, 산천과 초목은 땅의 표시가 된다. 현인을 초빙하고 명사의 가르침을 받아들이는 것은 덕을 배우는 것이고, 한가히 거주하고 고요함을 좋아함은 도를 배우는 것이다. 주장자를 들고서 말했다. 자 말해 보라. 이것은 무슨 표시인가? 알겠는가? 주장자를 제기한 즉 모양(文彩)에 집착하고, 방치한 즉 멍청하게 된다. 곧장 제기하지도 않고, 버리지도 않고, 어떻게 해야 하는가? 잠시 말이 없다가 말했다.

이 주장자는 다리가 없는 강을 건널 때에 힘이 되고, 밝은 달이 없는 어두운 밤에 마을로 되돌아갈 때도 이 주장자는 친구가 된다. 주장자를 한 번 치고 법좌에서 내려 왔다(上堂曰, 日月雲霞爲天標, 山川草木爲地標, 招賢納士爲德標, 閑居趣寂爲道標. 拈柱杖曰, 且道. 這箇是甚麼標. 會麼. 拈起則有文有彩, 放下則魍魎磕磕. 直得不拈不放. 又作麼生. 良久. 扶過斷橋水. 伴歸無月村. 卓一下. 下座.)」

「斷橋」는 다리가 부서지고 제방이 무너진 강을 말한다. 강물을 건너 갈 때 지팡이로 물의 깊이를 재고 가늠할 수 있도록 하는 지혜이며, 어두운 밤에 길을 갈 때도 언덕에 떨어지지 않도록 길을 확인해 주는 지혜의 눈과 같은 역할을 해 준다고 읊고 있다.

즉 이 주장자는 각자의 마음이며 본래면목을 지칭한 것이다. 마음은 반야의 지혜의 작용으로 일상생활 속에서 자유자재롭게 활용해야 하는 것처럼, 주장자도 자신의 몸과 하나가 되어 자유자재하게 사용할 때 지혜로운 생활이 될 수 있는 것이다.

  * 이 주장자에 대하여 有無나 주고 뺏는 물건처럼, 與奪 등의 차별심에 걸려서는 안 된다. 주장자는 우리들이 본래 구족한 지혜이며 애욕의 강물과 무명의 어둠을 잘 헤쳐갈 수 있는 도구이다. 그러나 중생이 분별심의 자취에 머무르면 이 주장자를 주장자라고 부르게 되는 것이다. 이러한 사람은 중생의 번뇌망념에 떨어져 곧바로 지옥에 빠지고 만다.

  * 諸方深與淺. 都在掌握中 :「深과 淺」은 길을 갈 때 강물의 깊이를 측정해 보는 것을 말한다. 깊은 산의 계곡물과 강물을 건너서 여러 곳의 선지식을 찾아서 구법의 행각을 하는 수행자에게 주장자는 필수적인 것이다. 각자의 주장자를 손에 쥐고 자유자재하게 사용할 때 자신의 지혜로운 생활이 되며 하늘을 떠받치고 땅을 지탱하며 언제 어디서나 지혜로운 생활을 할 수가 있는 것이다. 본래면목을 체득하여 주장자를 사용하는 것처럼, 자유롭게 활용하면 선종의 종풍을 어디서나 드날릴 수가 있으리라.

제45칙. 오조법연의 법문(2)(他是阿誰)

東山演師祖曰, 釋迦彌勒, 猶是他奴. 且道. 他是阿誰.
無門曰, 若也見得他分曉. 譬如十字街頭. 撞見親爺相似. 更不須問別人. 道是與不是.
頌曰, 他弓莫挽, 他馬莫騎, 他非莫辨, 他事莫知.

無門關 319

【번 역】 동산법연 선사가 말했다. '석가나 미륵도 역시 저 사람(본래인)의 노예이다. 저 사람이란 도대체 누구인가?'

무문스님이 평했다. 만약 저 사람(본래인)이 누구인지 분명히 파악한다면, 마치 도심지의 네거리에서 찾아 헤맨 아버지를 만난 것과 같으리라. 따라서 또다시 다른 사람에게 자신의 아버지인가? 아닌가?를 질문할 필요도 없게 된다.

게송으로 읊었다. 다른 사람의 활을 당기지 말고, 다른 사람의 말을 타지 말라. 다른 사람의 잘못을 말하지 말고, 다른 사람의 일을 알려고 하지 말라.

【해설 및 역주】

* 이 공안은 『法演禪師語錄』 卷中의 상당법문에 다음과 같이 보인다. 「上堂擧 古人云, 釋迦彌勒, 猶是他奴. 且道. 他是誰. 便下座.」(『大正藏』 47권 657쪽, 上). 『宗門武庫』 卷下에도 다음과 같이 전하고 있다.

「화주의 개성 智覺선사는 처음 장로사의 夫鐵脚(운문종의 스님. 法秀선사) 선사 밑에서 공부했었는데, 깨친 바가 없었다. 뒤에 동산오조 선사의 법문을 듣고 그의 문하에 급히 달려갔다. 하루는 방장실에서 오조법연 선사는 지각선사에게 질문했다. '석가나 미륵도 저 사람의 노예라고 한다. 자 말해 봐라! 저 사람이 누구냐?' '모든 사람(胡張三 黑李四)입니다.' 오조화상은 이 말에 수긍하였다. 당시 원오스님이 그곳 수좌로 있었는데, 오조화상이 이 말(지각의 대답)을 일러주자 원오스님은 이렇게 말했다. '괜찮기는 하지만 아직 진실을 체득한 것은 아닙니다. 방과해 버려서는 안 되는 일이니 다시 그 말에서 자세히 살펴보도록 하십시오.' 이튿날 지각스님이 입실하자 오조화상은 어제와 똑같은 질문을 하였다. 지각스님은 '어제 모두 스님께 말씀드렸습니다.'라고 했다. 오조화상은 '무엇이라고 했소?'라고 물었다. '모든 사람(胡張三 黑李四)이라고 말했습니다.' '아니지 아니야!' '화상은 어째서 어제는 옳다고 수긍 하셨습니까?' '어제는 옳았지만 오늘은 틀렸네!' 지각스님은 이 말에 크게 깨달았다.」

　＊ 東山演師 : 오조법연 선사는『무문관』제35칙과 36칙에서도 언급했다.
　＊ 釋迦, 彌勒에 대해서는 다시 언급할 필요도 없으리라.『무문관』제6칙의「世尊拈華」25칙의「三座說法」과 32칙의「外道問佛」등에서 충분히 언급했다.
　＊ 他是阿誰 : 他는 口語로 제 삼인칭 대명사. 저(彼) 사람. 저것. 그(渠)라고도 한다. 선에서는 진실의 自己를 말함. 자기의 본래면목 본래인 無位眞人 등을 지칭하고 있는 말이다. 즉 삼계 대도사이고 사생의 자부이신 석가모니불이나, 미래에 사바세계에서 석가불이 완전히 제도하지 못한 일체중생을 구제한다고 하는 미륵불도 저 사람 앞에서는 노예가 될 뿐이다.
　＊ 무문의 평창은 쉽게 설하고 있기 때문에 문제될 것은 없다. 오조법연 선사가 제시한 이 공안의 의미를 체득한다면, 복잡한 도시의 네 거리에서 아버지를 찾고 있는 아들이 아버지를 만나게 된 것과 같다고 비유하고 있다. 이러한 비유는『법화경』「長子의 가난한 아들(窮子)의 비유」를 토대로 한 것이다.
　『동산록』에 동산양개 스님의 깨달음의 인연을 다음과 같이 전하고 있다.「동산양개 화상이 운암화상을 하직하면서 말했다. '화상이 돌아가신 후에 갑자기 어떤 스님이 화상의 참 모습을 찾는다면 어떻게 대답할까요?' 운암화상은 한참 대꾸도 없이 있다가 말했다. '그저 이것뿐이라고 말하게.' 양개스님이 한참 잠자코 있자 운암화상이 말했다. '양개 수좌! 불법을 깨닫는 일은 정말 자세하게 살펴야 한다.' 양개스님은 운암화상의 말을 오랫동안 의심하다가 그 뒤 어느 날 강물을 건너면서 자신의 그림자를 보고 불법의 종지를 깨닫고 다음과 같이 게송을 지었다.
　불법을 다른 곳에서 찾지 말라, 자기와는 점점 더 멀어질 뿐이다. 나는 지금 홀로 가노니 처처에서 그(渠) 본래인을 만난다. 그는 지금 바로 나이지만, 나는 지금 바로 그가 아니로다. 마땅히 이와 같이 알아야 비로소 본래의 경지(如如)와 계합하리라.」

「그는 바로 나이지만, 나는 지금 그가 아니다.」여기서 말하는 渠는 他와 같이 본래인을 말한다.

* 무문의 게송은 간단하다. 활을 당기려면 자기 자신의 활을 당기지 다른 사람의 활을 당기지 말라. 말을 탈려면 자기 자신의 말을 타지 다른 사람의 말을 타지 말라. 남의 결점과 허물을 말하지 말고 자신의 잘못을 반성하라. 다른 사람의 일에 대하여 간섭하지 말고 자기 자신의 일에 최선을 다하라고 주의 주고 있다.

본칙에서「他는 누군가?」라고 하였고, 무문의 평에서는「他는 아버지」라고 구체적으로 제시하고 있다. 즉 이 게송에서는 자기 자신이 자신에게 철저하고 자신의 일에 철저할 때 自他一如의 경지에서 살 수가 있는 것이라고 읊고 있다. 선은 언제나 지금 여기서 자기 자신의 일을 깨달음의 지혜로운 생활이 되도록 하는 것이다.

제46칙. 석상화상의 법문(竿頭進步)

　石霜和尙云, 百尺竿頭, 如何進步. 又古德云, 百尺竿頭坐底人, 雖然得入. 未爲眞. 百尺竿頭須進步, 十方世界現全身.

　無門曰, 進得步翻得身. 更嫌何處不稱尊. 然雖如是, 且道, 百尺竿頭, 如何進步. 嗄.

頌曰, 瞎却頂門眼, 錯認定盤星, 拌身能捨命, 一盲引衆盲.

【번 역】 석상화상이 말했다. '백 척의 높은 장대 끝에서 어떻게 한 걸음 더 나아갈 수 있는 것인가?' 또 옛 어른들이 말했다. '백 척의 높은 장대 끝에 앉아 있는 사람이라도 아직 올바른 불법을 체득한 것이라고 할 수 없다. 백 척의 높은 장대 끝에서 반드시 한 걸음 더 걸어가서 시방세계에 자기의 온몸(全身)을 드러내야 한다.'

무문스님이 평했다. 장대 끝에서 한 걸음 더 나아가서, 시방세계에 자기의 온몸을 내던질 수 있는 사람이라면 그런 사람은 이미 어떠한 장소에서도 세존이라고 부를 수 있을 것이다. 그러나 그렇다고 할지라도 그대는 말해 보라! 백 척의 높은 장대에서 어떻게 한 걸음 더 나아갈 수 있는가? 아(嗄)!

게송으로 읊었다. 정법의 안목을 잃어버리면, 그릇되이 쓸데없는 곳(定盤星)을 가치 있는 것으로 착각하여 눈이 어둡다. 백 척의 장대 끝에서 身命을 내던져야, 한 사람의 장님이 많은 장님을 인도하리.

【해설 및 역주】

* 石霜和尙 : 선종의 자료에 석상화상은 여러 사람이 있다. 유명한 선승으로 石霜慶諸(807~888)와 石霜楚圓(996~1039)이 있는데, 이 두 석상화상의 자료에 이 일단의 법문이 보이지 않는다. 여기서는 후자로 간주된다.

* 古德 : 長沙景岑(?~868)을 지칭한다. 장사는 南泉普願의 제자로서 조주종심과 동문이다. 여기에 인용한 말은 『조당집』 제17권, 『전등록』 제10권의 長沙景岑전에 다음과 같이 전하고 있다.

「장사경잠 선사는 다음과 같이 게송으로 읊었다. '백 척의 긴 장대 끝에서 움직이지 않는 사람(不動人)은 비록 깨달음을 얻었지만 진정한 도인이라고 할 수 없다. 백 척의 긴 장대 끝에서 한 걸음 더 나아가 시방세계와 한 몸이 되어야 한다'(百尺竿頭不動人, 雖然得入未爲眞, 百尺竿頭進一步, 十方世界是全身.)」

이 일단은『오등회원』제4권 장사전과『종용록』제79칙,『禪門類聚』제17권,『宗門葛藤集』제27칙에도 제시하고 있다.

* 百尺竿頭 : 백 척이나 되는 긴 장대 끝은 오르기 힘든 깨달음의 경지를 말한다. 선어록에서 말하는 高峰頂上과 같은 의미이다. 백 척의 긴 장대 끝에 앉아 있는 사람은 비록 깨달음의 경지에는 도달했지만, 그 깨달음의 경지에서 안주하고 집착되어 있기 때문에 올바른 깨달음의 세계를 체득한 것은 아니다. 깨달음의 경지까지도 초월하지 않으면 깨달음의 세계에 떨어져 죽게 된다.

선불교에서 말하는 깨달음의 경지를 초월한다는 것은 위가 없는 無上의 佛道를 이루는 대승의 원력인 것이다. 깨달음의 경지가 한계가 있다면 무한한 가능성을 실현한다는 보살의 원력은 무의미한 것이다. 위가 없는 불도를 이룬다는 원력은 대승불교 최상승의 법문인데, 선에서는「百尺竿頭進一步」라는 말로 실천정신을 제시하고 있다.

백 척의 장대 끝에서 한 걸음 더 나아가 허공에 몸을 날려서 시방세계와 자기가 하나가 되어야 불법을 몸(全身)으로 펼칠 수가 있다. 즉 '나'라는 존재와 자아의식(我相 人相)을 전부 없애고 일체를 텅 비워야 허공에 몸을 날릴 수가 있다. 선에서는 천 길의 벼랑에서 손에 잡은 물건을 놓아야 한다고도 말하는 것처럼, 자기 자아를 완전히 크게 죽이는 大死一番의 체험을 제시하고 있다. 자기 자아의식의 번뇌망념을 모두 텅 비워버렸을 때 일체의 모든 존재와 시방세계가 자기와 하나가 되는 萬法一如의 경지가 되는 것이다.

* 百尺竿頭 如何進步 :『연등회요』제4권 남전화상전에「어떤 스님이 남

전화상께 질문했다. '백 척의 긴 장대 끝에서 어떻게 한 걸음 더 나아갑니까?' 선사가 말했다. '다시 한 걸음 더 나아가라.'」라는 일단의 문답이 있다.

　＊ 그런데 무문은 이러한 질문에「백 척이나 되는 긴 장대 끝에서 한 걸음을 어떻게 더 나아갑니까?」라는 문제를 제시해 놓고「한 걸음 더 나아가는 것은 즉 몸을 던지는 것(進得步翻得身)」이라고 설명하고 있다. 여러분들은 백 척의 긴 장대 끝에서 어떻게 한 걸음 더 나아가야 하는지 아는가? 그러한 경지를 직접 체득해 보라고 하면서「아(嗄)!」라고 기합 소리를 냈다.「嗄」는「자! 그대들도 한번 해 보게나.」하는 의미라고 할 수 있다.

　＊ **頂門眼** : 大自在天(마혜수라천: 摩醯首羅天)에 세 개의 눈이 있는데, 그의 이마(頂門)에 있는 눈을 말한다. 선에서는 중생이 가지고 있는 상대적인 차별의 두 눈 이외에 불심의 지혜로서 일체의 사물을 철저히 보는 정법의 안목을 말한다.『돈오요문』의 서문과,『벽암록』제25칙 등에서는 頂門上에 一隻眼을 구족한 明眼의 衲僧이라고도 한다.

　무문이「瞎却頂門眼」이라고 표현한 것처럼, 정법의 안목이 없는 사람은 백 척의 장대 끝에 앉아 있는 사람으로 쓸데없이 天平형 저울의 중앙을 표시한 별(定盤星)에만 끄달려 신경쓰고 있는 어리석은 사람이라고 비판하고 있다. 불법의 대의를 올바르게 체득하지 못하고 진실을 바로볼 수 없는 사람은 착각 속에서 헤매고 있는 것이다. 불법의 본질을 참구하지 않고 엉뚱한 곳에서 쓸데없는 일로 한 평생을 헛되이 보내고 말게 된다.

　＊ **拌身能捨命** : 백 척의 긴 장대 끝에서 신명을 내던지는 사람은 장대 끝에서 한 걸음 더 나아가 몸을 전향(飜身)하는 사람이다. 즉 깨달음의 경지인 백척간두에 안주하는 어리석은 사람이 아니라 다시 중생의 세계에 몸을 내던져 보살행을 하는 사람이 되어야 시방세계에 온몸을 나투는 사람이 될 수 있는 것이다. 보살행은 지금 여기 자신의 일을 통해서 실행되어야 한다.

　＊ **一盲引衆盲** :『열반경』제29권에 다음과 같은 이야기가 있다.「만약 혼자서도 잘 할 수 없으면 도반도 역시 잘 할 수가 없다. 한 사람의 맹인이

사물을 잘 볼 수가 없으면서 많은 맹인들과 함께 있다한들 역시 사물을 잘 볼 수가 없는 것과 같다.」

불법의 진실을 바로 볼 수 있는 안목은 쉽게 체득되는 것이 아니다. 철저한 안목을 구족하지 못한 사람이 남을 구제하기 위해서 이러쿵저러쿵 자기 마음대로 불법을 설하면 자신은 물론 남까지도 구제할 수 없게 되는 것이라고 읊고 있다.

제47칙. 도솔화상의 법문(兜率三關)

兜率悅和尙. 設三關, 問學者. 撥草參玄, 只圖見性. 卽今上人, 性在甚處. 識得自性, 方脫生死. 眼光落時. 作麽生脫. 脫得生死, 便知去處. 四大分離. 向甚處去.

無門曰, 若能下得此三轉語. 便可以隨處作主. 遇緣卽宗. 其或未然. 鹵飡易飽. 細嚼難飢.

頌曰, 一念普觀無量劫. 無量劫事卽如今. 如今覷破箇一念. 覷破如今覷底人.

【번 역】도솔종열 화상은 세 가지 문제를 제시하여 수행자의 안목을 점검하였다.

첫번째는 여러 선지식을 참문하여 불법의 현지를 체득하는 이유는 오직 한 가지 자기의 본성을 깨닫고 성불하기 위한 것이다. 그런데 지금 그대의 본성은 어디에 있는가?

두번째는 자기의 본성을 분명히 체득한다면 비로소 생사의 윤회를 해탈할 수 있다고 한다. 그러면 그대가 번뇌망념이 없어졌을 때(眼光이 떨어질 때) 어떻게 생사를 해탈할 것인가?

세번째는 생사윤회의 세계를 해탈한다면 어디로 가는지 알 것이다. 육체를 구성하는 地水火風의 네 가지 원소가 흩어질 때, 그대는 어디로 가는가?

무문스님이 평하였다. 만약 그대가 이 세 가지 깨달음으로 전향하는 문제(三轉語)를 분명히 파악할 수 있다면 그대가 가는 곳곳마다 주인이 될 것이요, 인연에 따라 종지를 체득하게 되리라.

그러나 아직 그러한 경지를 체득하지 못했다면 거칠게 적당히 씹어 먹은 음식은 쉽게 배부르고, 잘 씹어 먹은 음식은 배고프지 않게 되리라.

게송으로 읊었다. 찰나의 한 생각에 영원한 시간을 관(觀)하고, 영원한 시간의 일이란 곧 지금 이 한 순간의 일이다. 지금 이 한 생각의 망념을 타파하면 지금 감파하는 그 사람(본래인)을 파악할 수 있다.

【해설 및 역주】

* 이 공안은 『도솔종열선사어록』에는 없고, 『오등회원』 제17권 「도솔종열선사전」에 보인다.

* 兜率悅和尙 : 도솔종열(1044~1092) 선사는 북송의 선승으로서 임제종 황용파 제2세인 寶峰克文(1025~1102)의 법을 이었다. 그의 어록 1권이 전하고 있으며, 그에 대한 자세한 전기는 『연등회요』 제15권, 『속전등록』 제23권, 『오등회원』 제17권 등에 전하고 있다. 그는 48세의 젊은 나이에 천화하였는데, 송대의 재상 無盡居士 張商英(1043~1121)이 도솔종열 선사를 참문하여 선을 배운 사실은 『종문무고』 권상에 자세히 전하고 있다. 종열선사가 무진거사를 인가하면서 내린 법문을 다음과 같이 전하고 있다.

「한가히 무심하게 걷는 발길, 걸음걸음 모두 그러할 뿐(如如), 비록 聲色의 경계에 살지만 어찌 有無의 차별경계에 얽매이랴! 한 마음은 다름이 없고 만법 또한 차별이 없네. 본체와 작용을 나누지 않고, 정밀과 거침을 구분하지 말라. 지혜를 펼침에 막힘이 없고, 사물에 순응함에 구애됨이 없다. 시비의 분별심이 다하고, 범부와 성인에 대한 차별심도 없다. 누가 얻고 누가 잃었으며, 무엇을 가까이하고 무엇을 멀리하랴! 머리를 잡아 꼬리를 만들고, 진실을 가리켜 헛된 것으로 삼네. 마구니 세계에서 몸을 뒤집고, 삿된 길에서 발길 돌려, 逆順의 그릇됨을 분명히 알면, 참선공부를 할 것도 없다.」

　* 三關 : 도솔종열 선사는 黃龍의 三轉語에서 배워 스스로 도솔의 세 가지 관문(三關)을 제시하여 학인들의 견해를 시험하고 정법의 안목을 점검한 것이다.

　* 撥草參玄 : 첫번째 관문으로 『오등회원』 제17권 도솔종열선사전에는 「撥草瞻風」이라고 하는데 의미는 같다. 撥草는 험한 산길의 풀밭을 헤치고 선지식을 찾아다니면서 불법의 현지를 체득하는 구법행각을 말한다. 參玄은 불도를 체득하기 위해 참구하는 것이며, 瞻風은 선지식의 지혜와 인격을 거울로 삼고 일심으로 수행하는 것이다.

　『조당집』 제5권 운암장에 위산이 동산의 말로서 「만약 능히 풀밭을 헤치고 그의 인격(풍격)을 바라본다면 반드시 그대를 위해서 귀중한 것이 되리라.」라고 언급하고 있다. 『동산어록』과 『종용록』 제22칙 등에도 보인다.

　참선수행의 의미는 무엇인가? 生死大事의 一大事를 해결하기 위한 목적이다. 생사의 문제를 해결하고 安身立命의 삶을 사는 것이 꼭 출가 수행자만의 목적이 아니라 인간 누구나 태어나 한번은 해결해야 할 문제인 것이다. 이러한 자기 자신의 큰 문제를 해결하기 위해서 발심하여 출가하고 제방의 눈밝은 선지식을 찾아 구법행각을 하는 수행을 말한다. 다른 사람의 문제가 아니라 자기 자신의 생사문제를 해결하기 위한 것이다. 그래서 생사의 번뇌망념을 초월하여 불성을 깨닫는 見性을 해야 한다고 제시하고 있는 것이다.

　＊ 見性 : 『열반경』에 「了了見佛性」이라는 말을 토대로 하고 있다. 자기 자신의 본래 불성을 보는 것을 見性이라고 하는데, 본다고 하는 것은 직접 보고 확인한다는 의미이다. 본다는 말은 자각을 통한 깨달음을 말한다. 見性成佛은 번뇌망념의 중생심에서 본래의 청정한 불성으로 되돌아가는 것을 말한다. 불성을 깨닫는 것이 부처를 이루는 것이라고 하는데, 부처는 깨달은 사람이며 그 깨달음의 내용이 각자의 본래 번뇌망념이 없는 청정한 불성인 것이다. 즉 중생심의 번뇌망념은 괴로움(苦)의 세계인데, 이러한 사바세계의 괴로움에서 벗어나 열반 적정을 체득하는 것을 각자의 불성을 깨닫는 見性成佛로 주장하는 것이다.

　그런데「지금 그대의 불성은 어디에 있는가?」도솔화상은 이 문제를 참선수행하는 학인에게 제시하고 있다. 사실 선불교의 모든 공안이 이 문제를 기본으로 제시하고 있는 것이다.

　＊ 生死 : 불법은 心法이기 때문에 생사나 생사대사라고 말하는 生死는 육체나 현상적인 생사를 말하는 것이 아니고 중생의 마음속에서 번뇌망념이 생기는 것을 生이라고 하고, 일어난 번뇌망념이 사라지는 것을 死, 혹은 滅이라고 한다. 生死心, 生滅心은 중생심을 말한다.

　『원각경』에 「衆生이 本來成佛이며, 生死와 涅槃이 지난밤의 꿈과 같다는 사실을 비로소 알았네.」라고 읊고 있다. 자성을 깨달아 본래 청정한 부처인 사실을 확인한다면 생사의 문제는 저절로 해결된다. 생사 가운데 부처가 있으면 생사 망념의 중생심이 없다는 경지이다.

　「자성을 철저히 깨달아 안다면 비로소 생사를 해탈할 수 있다.」라고 한 것은 중생의 생사 망념에서 해탈하고, 생사나 열반의 차별적인 경지(중생심)를 초월하여 자유자재한 깨달음의 세계에서 살게 된 것을 말한다.

　『열반경』에 「일체의 중생도 똑같이 불성이 있으며 본래 해탈의 경지이다. 자기 마음으로 집착을 일으켜 번뇌망심으로 스스로 미혹하고 전도되어 여러 가지 경계에 속박하게 된 것이다. 만약에 능히 一念의 번뇌망념을 뒤집어 眞如로 돌아가 속박에서 벗어나면, 곧 모든 부처나 여래와 같이 해탈하여 차별이 없게 된다.」라고 설하고 있다.

＊眼光落時 : 사물을 볼 수 있는 눈의 작용이 없어졌을 때란 인간의 목숨이 끝나는 죽음의 순간을 말한다. 선에서는 眼識의 분별작용에 떨어졌을 때라는 의미로 중생의 차별심, 분별심의 경계에 떨어진 것. 자성을 깨달아 알면 생사를 해탈하지만, 실제 生死의 관문에서「眼光이 떨어졌을 때는 어떻게 해야 하는가?」라고 하는 문제를 제시하고 있다.

즉 여기서는 육체적인 죽음을 말하는 것이 아니라 중생의 생사망념의 분별심이 없어진 경지를 말한다. 大死一番의 경지이며, 정토종에서 말하는 「命終時에 臨하여」라는 의미이다.

＊四大 : 신체를 구성하는 地, 水, 火, 風의 네 가지 물질 요소. 사사(四蛇)라고도 한다.『대지도론』제12권,『인왕경』권하,『열반경』제23권「고덕귀왕품」에는 다음과 같이 설한다.「신체는 지수화풍으로 만들어진 상자와 같다. 네 마리의 독사〔見毒, 觸毒, 氣毒, 齧毒(설독)〕에 물리는 것과 같다. 일체중생의 허물은 이 네 마리 독사 때문에 그의 목숨을 잃어버리는 것과 같다. 중생의 四大도 이와 같다.」원효의『발심수행장』에도「四蛇五欲 爲妄心寶」라고 주장하고 있다. 불교에서는 인간의 신체를 四大 五蘊(色, 受, 想, 行, 識)이라고도 한다.

＊도솔 三關을 돌파하는 핵심의 요체는 참선수행자의 본분에서 지금 본래의 마음이 어디에 있는가? 실참하는 자각에 있다. 일체의 다른 언어문자나 말에도 현혹되지 말고, 항상 지금 여기서 자기 자신의 할 일에 몰입하는 것이다. 선불교는 죽음을 대비하거나 영혼을 논의하고 위안을 받는 종교가 아니다. 항상 지금 여기서 자신의 본래심을 자각하고 깨달음의 지혜로운 생활을 하도록 하는 자각의 종교이다. 생사해탈은 육체적인 생사를 문제로 삼

는 것이 아니라, 마음 속에서 일어나고 없어지는 중생의 生死心(번뇌망념)을 해탈하는 것을 말한다.

　＊ 三轉語 : 무문은 도솔화상의 三關을 돌파할 수 있는 한 마디의 훌륭한 대답을 제시할 수 있다면, 그 사람은 진실로 생사를 해탈한 사람이기 때문에 「곳에 따라서 주인이 되고 인연에 따라서 언제 어디서나 본분의 종사가 되리라」고 말하고 있다.

　＊ 隨處作主 : 『임제록』의 대표적인 말이 「隨處作主 立處皆眞」이라고 할 수 있다. 언제 어디서나 자기의 본래심이 주인이 되어 지금 여기서 자신의 일에 몰입할 때 자신이 있는 모든 곳이 그대로 진실된 깨달음의 세계가 이루어진다는 의미이다.

　임제의 설법에도 「色의 세계에 들어가도 色의 경계에 떨어지지 않고, 소리의 세계(聲界)에 들어가도 소리의 경계에 미혹되지 않고, 향기의 세계에 들어가도 향기의 경계에 떨어지지 않고, 맛의 세계에 들어가도 맛의 경계에 떨어지지 않고, 접촉의 세계에 들어가도 접촉의 경계에 떨어지지 않고, 법계에 들어가도 법의 경계에 떨어지지 않는다.」라고 주장하고 있는 것처럼, 현실세계 어디에서나 경계에 빠져서 자신의 주체를 상실하지 않고 주체적이고 능동적인 지혜의 힘으로 자신의 삶을 살 수 있는 사람을 말한다.

　조주선사도 어떤 스님이 「하루 24시간을 어떻게 잘 사용하면서 살아야 합니까?」라고 질문하자 다음과 같이 대답한다. 「모든 사람들은 하루 24시간을 시간에 맞추어서 살아가고 있다. 노승은 하루 24시간을 내가 사용하고 있다.」 즉 능동적으로 시간과 공간의 주인이 되어 지혜로운 삶을 살아갈 수 있는 사람을 말한다.

　＊ 遇緣卽宗 : 어떠한 인연과 환경을 만날지라도 본래심을 상실하지 않고 여법한 깨달음의 생활을 할 수 있게 된다는 말.

　＊ 麤食易飽. 細嚼難飢 : 이 말은 『續古尊宿語要』 제3권 『保寧勇禪師語錄』에 다음과 같이 보인다.

「질문. '어떤 것이 화상의 가풍입니까?' 대답. '딱딱한 호떡과 잘 익힌 떡이지.'

질문. '갑자기 어떤 손님이 찾아온다면 그에게 어떻게 접대합니까?'

대답. '적당히 씹어 먹은 음식은 쉽게 배가 부르고, 잘 씹어 먹은 음식은 쉽게 소화되지 않는다(籧餐易飽. 細嚼難飢).'」

적당히 씹어 먹은 음식은 쉽게 배가 부르고, 먹은 음식이 살로 가지도 않는다. 잘 씹어 먹은 음식은 맛도 좋고 살로 가서 쉽게 배도 꺼지지 않는다. 불도를 체득하기 위해서는 착실하고 면밀한 수행을 해야 한다는 말이다. 도솔의 삼관을 적당히 이해하지 말고 착실하고 면밀하게 사유하고 수행하여 자기 자신의 불법으로 확실하게 체득해야 한다는 의미이다.

* 一念普觀無量劫. 無量劫事即如今 : 이 말은 60권본 『화엄경』 제5권에 「무량 무수한 시간은 찰나의 한 순간에 관찰한다. 가고 옴도 없고, 또한 현재도 머무름이 없다(無量無數劫, 一念悉觀察. 無來亦無去, 現在亦不住)」라고 설한다. 즉 문수보살의 지혜는 능히 시방삼세의 모양을 다 비추어 보고 지금의 한 찰나에 무량겁의 시간을 포함하며 무한의 공간을 섭수하여 가고 오고 머무름에 걸리지 않는다는 것을 말하고 있다. 의상의 『법성게』에도 「無量遠劫即一念, 一念即是無量劫」이라고 읊고 있다. 『신심명』에 「一念萬年」이라는 말과 같은 의미이다.

무문은 『화엄경』의 말을 빌려서 견성의 의미를 설명하고 있다. 찰나의 일념에 무량겁을 관하고, 무량겁을 찰나의 지금 일념에서 보는 것이 견성이다. 즉 무한의 공간과 무한의 시간이 교차하는 그 곳에 우리들은 살고 있으며, 그것이 우리들 자신의 몸과 마음과 생명이 활동하는 곳이다. 그 생명의 본성을 깨달으면 一念에 널리 무량겁을 관찰할 수가 있으며, 영원의 생명에 몰입하여 不生不滅의 열반을 증득할 수가 있는 것이다. 생사해탈은 미래의 일이 아니라 지금 여기, 자기 자신의 일이다. 중생심의 무량겁의 일은 지금 여기 자기 자신의 일인 것이다.

* 如今覷破箇一念. 覷破如今覷底人 : 본칙의 두번째 관문을 읊고 있는 것이다. 앞의 게송에서 일념이 무량겁을 관하고 무량겁을 지금의 일념에서 보는 것을 견성이라고 했는데, 그 찰나의 一念에 머무르고, 견성이라는 자각적인 체험에 빠진다면 그것은 도리어 생사윤회의 업이 되기 때문에 그 일념까지도 떨쳐버리고 견성의 흔적도 없애버려야 진실로 생사해탈을 할 수가 있는 것이다.

覷破의 覷는 엿볼 처(살피다)이고, 破는 看破하다는 말로, 지금 무한의 시간과 공간에 교차되는 그 一念의 본성을 통찰하고 徹見한다면 「지금 감파하는 그 사람을 파악(自覺: 看破)할 수 있다」는 말은 세번째 관문을 읊은 것이다. 「覷底人(처저인)」은 一念을 감파(覷破)한 그 사람(본래인)이며, 즉 자신의 불성을 자각(감파)한 것이 된다.

세번째 관문에 「四大가 분리하면 自性은 어디로 가는가?」라는 문제에 대하여 무문은 「不去, 不來, 不住」라는 의미로 응답하고 있다. 도솔의 三關語는 무문의 평창과 게송으로 三轉語를 제시하고 있다고 할 수 있다.

본래 깨달음의 세계는 텅 빈 空의 경지이기 때문에 가고 오고 머무름(不去 不來 無住)이 있는 것이 아니다. 不生不滅이며 不去不來의 中道로 제시하고 있다.

제48칙. 건봉화상의 법문(乾峰一路)

乾峰和尙. 因僧問, 十方薄伽梵, 一路涅槃門. 未審, 路頭在甚麽處. 峰, 拈起拄杖. 劃一劃云. 在者裏. 後僧請益雲門. 門, 拈起扇子云. 扇子

踍跳. 上三十三天. 築著帝釋鼻孔. 東海鯉魚打一棒. 雨似盆傾.

無門曰, 一人向深深海底. 行簸土揚塵. 一人於高高山頂立. 白浪滔天. 把定放行, 各出一隻手. 扶竪宗乘. 大似兩箇馳子相撞著. 世上應無直底人. 正眼觀來. 二大老總. 未識路頭在.

頌曰, 未擧步時先已到, 未動舌時先說了, 直饒著著在機先, 更須知有向上竅.

【번 역】 건봉화상에게 어느 때 한 스님이 다음과 같이 질문했다. '온 세계(十方)의 모든 부처님은 오직 하나의 길로 열반의 경지를 체득하였다고 하는데, 도대체 그 열반의 경지를 체득한 하나의 길이란 어떤 것입니까?' 건봉화상이 주장자를 집어 들고 공중에 하나의 선을 긋고 '여기에 있다.'라고 말했다.

뒤에 그 스님은 운문화상에게 법문을 청하는 기회에 이 문제를 질문했다. 운문화상은 부채를 집어 들고서 말했다. '이 부채는 뛰어오르면 33천의 천상에까지 뛰어올라가 제석천의 콧구멍에 붙고, 동해에 있는 잉어를 한 방 치면 곧바로 그릇에 담긴 물을 뒤엎은 것처럼 비를 쏟아 붓는다.'

무문스님이 평했다. 한 사람(건봉화상)은 깊고 깊은 바다 속에 걸어가면서 모래 먼지를 일으키고, 한 사람(운문화상)은 높고 높은 산봉우리에 서서 천지에 가득 찬 물을 넘치게 한다. 이들은 불법의 본질을 파악(把住)하고 불법을 자유롭게 펼치며(放行), 두 사람이 서로 손을 잡고 선종의 종지를 붙들어 세우며 종풍을 드날리고 있다.

이들의 지혜작용은 마치 두 마리의 낙타가 정면에서 머리를 부딪치는 것과 같아서, 세간에서는 이것에 대항할 사람이 없다. 정법의 안목으로 관찰해 보면, 건봉과 운문 이 두 노인들도 모두 열반을 체득하는 하나의 길이 어디 있는지 모르고 있다(열반의 길이라는 것에 대한 의식도 하지 않는다).

게송으로 읊었다. (건봉과 운문화상은) 아직 발을 들기도 전에 이미 목적지에 도착하고, 아직 혀를 움직이기도 전에 이미 불법을 설해 버렸네. 그러나 이 두 화상이 설사 뛰어난 지혜(禪機)로 착실하게 불법을 펼쳤다고 하지만, 또다시 자기 향상의 한 길이 있다는 사실을 잘 알아야 한다.

【해설 및 역주】

* 이 공안은 『오등회원』 제13권 건봉화상장과 『운문광록』 卷中에 보인다.

* 乾峰和尙 : 越州乾峰은 洞山良价(807~869) 화상의 제자로서 자세한 전기는 알 수가 없으나, 『전등록』 제17권과 『오등회원』 제13권에 선문답을 약간 전하고 있다. 건봉화상은 「법신은 3종의 병이 있고, 2종의 광명이 있으니, 반드시 이 하나하나를 뚫고 통과하여야 비로소 깨달음의 자기 집으로 되돌아가서 편안하게 지낼 수 있다.」라는 유명한 법문을 한 당대의 선승이다.

* 十方薄伽梵, 一路涅槃門 : 이 말은 『수능엄경』 제5권의 게송이다. 「이 아비달마는 시방의 모든 부처님이 한 길로 열반에 드는 문이다(此阿毘達摩, 十方薄伽梵, 一路涅槃門)」라고 설하고 있고, 제6권에도 「대중과 아난이여! 여러분들이 전도하여 듣는 기관을 돌이켜라. 듣는 작용을 돌이켜 자성을 자각(들으면)하면 그 성품이 무상의 불도를 이루리라. 圓通이란 진실로 이와 같다. 이것이 미진수와 같은 부처님이 한 길로 드는 열반의 문이니, 과거의 모든 여래도 이 문으로 열반을 성취하였다. 현재의 모든 보살도 제각기 圓明함을 체득했으며, 미래의 수행자도 반드시 이 법문을 의지하게 되리라.」라고 설하고 있다.

薄伽梵은 범어 Bhagavan을 부른 말인데, 세존이라고 번역한다.

涅槃은 범어 nirvana. 번뇌망상의 불길, 탐진치 삼독의 불길이 완전히 꺼진 상태.

* **路頭在甚麼處** : 한 길로 통하는 열반의 문이 어디에 있는가? 질문하는 스님은 부처님을 밖에서 찾고, 열반의 문도 달리 있는 것으로 착각하고 질문하고 있다. 그래서 건봉화상은 주장자를 집어 들고서 허공에다 하나의 선을 긋고 그 열반의 길이「여기에 있다.」라고 제시하고 있는 것이다. 이것이 시방의 모든 부처님이요, 열반을 체득하는 한 길이라고 하나의 주장자로 꽉 붙잡아서(把定) 직접 보여 주고(放行) 있다. 그러나 그 스님은 여기서 깨닫지 못하고 다시 운문선사에게 이 문제를 질문하고 있다.

* 운문화상은 마침 손에 잡고 있던 부채를 가지(把定)고,「이 부채는 뛰어오르면 三十三天의 천상에까지 뛰어올라가 제석천의 콧구멍에 붙고, 동해에 있는 잉어를 한 방 치면 곧바로 뛰어올라 몸을 솟구치면 용으로 변하는 정도의 고기이기에 갑자기 그릇에 담긴 물을 뒤엎은 것처럼 비를 쏟아 붓는다.」라고 말했다. 민물에 사는 잉어가 바다에 있을 까닭이 없는 것처럼, 열반의 한 길을 이론적으로 논의하는 것은 무의미한 것이다.

* **扇子𨁝跳** :『增集續傳燈錄』제2권 무문혜개전에 무문의 오도송에도「청천 백일에 一聲의 雷(우레), 대지의 중생(群生)들 눈을 활짝 열어 주었다. 삼라만상이 한결같이 稽首하니, 須彌山을 뛰어넘는 三臺를 춤춘다(青天白日一聲雷 大地群生眼豁開 萬象森羅齊稽首 須彌𨁝跳舞二臺)」라는 말이 보인다. 발도(𨁝跳)는 뛰어오르다. 여기서 말하는 三臺란 춤 이름이다.

* 여기서 말하는 33천은 불교의 우주관에서 설하고 있는 수미산의 정상에 있는 천상계를 말하며 중앙에 제석천이 있고, 사방에 8천이 거주하기에 33천이 된다. 제석천은 범어로 Sakra Devendra. 도리천(三十三天)의 天主로서 원래는 인도의 天神이었는데, 불교에서는 아수라의 군을 제압하고 불교에 귀의한 사람들을 수호하는 신이라고 하며 能天主라고도 번역한다.

* 深深海底 云云 : 『전등록』제14권 약산유엄전에 다음과 같은 일단이 보인다.「이고(李翶)가 질문했다. '어떤 것이 계정혜입니까?' '나한테는 그런 쓸모 없는 가구는 없다.' 이고가 현묘한 의미를 알지 못하니 약산대사가 말했다. '태수가 그 일을 보전해 지니시려면 반드시 곧바로 높은 산꼭대기에 가서 앉거나, 깊은 바다 밑에서 다녀야 하오(高高山頂坐, 深深海底行). 합문(閤門) 안의 물건은 버릴 수 없는 것이니 그대로 새어 버리게 하시오.'」

무문은 약산의 말을 응용하여「한 사람(건봉화상)은 깊고 깊은 바다 속에 걸어가서 모래 먼지를 일으키고, 한 사람(운문화상)은 높고 높은 산봉우리에 서서 천지에 가득 찬 물을 넘치게 한다.」라고 평하고 있다. 불가사의한 부처님의 경지는 사량분별로서는 측량키 어려운 일이다. 원융무애한 시방의 부처님이 열반의 경지를 체득하는 길은 사량분별로서 접근해서는 안 된다.

건봉화상은 주장자로서 허공에 하나의 선을 긋고 그러한 경지를 보여 준 것이다. 그것은 모래 먼지를 일으킨 것(簸土揚塵)이다. 또한 운문화상이 높은 산봉우리 정상에서 이 열반의 문을 부채로서 뛰어오르게 한 것은 천지에 물을 가득 넘치게 한 것(白浪滔天)이다. 白浪滔天은 바닷물이 천상에까지 넘치는 모습을 표현한 말이다.

이러한 표현은 사량분별로는 측량할 수 없는 부처의 불가사의한 경계를 말하는데, 『선혜대사어록』에「빈손으로 호미를 잡고 걸어가면서 물소를 탄다. 소는 다리 위를 걷지만 다리는 흐르고 물은 흐르지 않는다.」라고 하는 표현과 같다.

『운문광록』卷上에「어떤 스님이 '어떤 것이 제불의 출신처입니까?'라는 질문에 운문은 '동산이 물 위로 간다(東山水上行)'라고 대답한 말도 같은 의미이다. 중생의 차별심으로 사물과 경계를 보는 것은 고정관념이며 편견이다. 이러한 고정관념과 편견으로는 불법의 본질을 파악할 수 없다.

* 把住放行 : 把住는 把定이라고도 하는데, 불법의 대의를 분명히 파악하는 것을 말하며, 放行은 불법의 경지를 지혜작용으로 펼쳐 보이는 것. 건

無門關 337

봉의 교화는 주장자를 잡고(把定) 허공에 하나의 선을 긋고 분명히 제시하는 지혜작용(放行)을 나타내고, 운문은 부채를 던져(把定) 천상의 제석천의 코끝에 붙도록 하고, 동해의 잉어가 비를 뿌리는 것처럼 우주에 가득히 불법의 작용을 펼쳐 보이고 있는 행화(放行)를 제시하고 있다.

즉 이들 두 선승은 파주와 방행의 지혜작용(禪機)을 자유자재롭게 사용하면서 학인들을 지도하고 있으며, 또한 파주와 방행으로 두 사람이 손을 잡고서 선종의 종지를 바르게 수립하며 종풍을 드날리고 있다고 평하고 있다.

그것은 「마치 두 마리의 낙타가 정면에서 머리를 부딪치는 것과 같아서, 세간에서는 이것에 대항할 사람이 없다.」라고 평하고 있는 것이다. 즉 당시 건봉과 운문을 능가할 선승이 어디에 있겠는가?라고 극찬하고 있는 말이다.

* 馳子相撞著 : 馳子는 낙타를 말한다. 여기서는 건봉과 운문을 두 마리의 낙타로 비유하고 있는데, 건봉과 운문의 선기는 마치 이 두 마리의 낙타가 서로 달려와서 충돌하는 것과 같이 정면에서 펼치고 있다고 표현하고 있다. 엄청나게 위험한 일이므로 감히 접근할 수가 없고 손을 쓸 수도 없는 경지이다. 열반의 길은 사량분별로서는 감히 접근할 수 없는 것임을 이러한 비유로서 설명하고 있다.

* 直底人 : 정면에서 대항하는 사람. 底는 抵와 통하는 말로 抵敵, 抵對의 의미이다. 두 마리의 낙타가 서로 정면에서 부딪치는 그러한 상황에 이 두 선승들과 대항할 수 있는 사람이 없다는 말이다.

* 二大老總. 未識路頭在 : 불법의 안목에서 볼 때 이 두 화상이 열반의 경지를 체득하는 길을 제대로 모르고 있는 것 같다고 비판하고 있는 것은 이 두 화상은 열반의 길을 체득하려고 하는 분별 의식조차 일으키지 않고 있다는 것을 평한 말이다. 즉 이들 두 선지식은 열반의 길이나 깨달음의 길에 대한 의식도 없이 무심의 경지인 그 열반의 경지에서 불법을 펼치고 있을 뿐이다.

그것은 또한 후세의 학인들이 이 두 화상의 수단을 흉내내어 주장자를 들고 선을 긋는 것이 열반의 길이라고 하거나, 부채를 들고 시방의 제불이라고 주장하며, 형식과 모양을 흉내내면서 참된 불법의 정신을 잃어버리는 것을 주의 주고 있다.

＊ 무문의 게송에「아직 발을 들기도 전에 이미 목적지에 도착하고(未擧步時先已到)」는 건봉화상이 주장자를 들고 허공에 하나의 선을 그으면서 열반의 경지를 제시한 것(把定)을 말하고,「아직 혀를 움직이기도 전에 이미 설명해 버렸네(未動舌時先說了)」라는 노래는 운문이 부채로 펼쳐 보인 열반의 경지(放行)를 읊고 있다.

아직 발을 움직이기 전에는 일념이 아직 일어나기 이전에 벌써 열반의 경지인 열반의 一路에 도달했다고 하고 있다. 이미 열반의 경지(者裏)에 있는 것으로 아직 혀를 움직여 한 마디로 말하기 전에 부채를 들 때에 이미 시방의 제불 세존이 現成되었다고 하는 말이다.

＊ 건봉과 운문화상의 지혜작용(禪機)이 뛰어나 독자적인 불법을 펼쳤다고 하지만(直饒著著在機先)「또다시 반드시 자기 향상의 길이 있다는 사실을 잘 알아야 한다(更須知有向上竅)」라고 비판하고 있다.

즉 이 두 화상의 지혜작용을 펼치는 그 위에 向上一路의 열반의 관문이 있다는 사실을 잘 알아야 한다고 학인들에게 주의 주면서 무문의 독자적인 견해를 펼치고 있는 말이다.

＊ 著著在機先 : 바둑을 두면서 돌 하나하나를 또박또박 놓는 것을 말한다. 여기서는 열반의 길을 문제로 삼지 않고 의식하지도 않는 건봉과 운문 선사는 지금 여기 자신의 일을 뛰어난 지혜로 독자적인 경지에서 살고 있는 것을 말한다.

＊ 向上의 구멍(竅)은 바둑의 승부에 중요한 한 수의 관문이 되는 것을 말한다.『오등회원』제13권에 건봉화상이 법신의 三種病을 설한 곳에「반드시 또다시 向上의 한 구멍(一竅)이 있다는 사실을 알아야 한다」는 주장에

의거한 말이다. 이 구멍은 만물이 출입하는 곳이며 열반을 체득하는 하나의 큰 구멍으로 파악하고 잘 참구해야 한다고 주장하고 있는 말이다.

다시 말하면 향상의 한 구멍이란 헛되이 건봉과 운문, 이 두 노인들의 얼굴만 쳐다보고 있지 말고 각자가 자기의 발 밑에서 열반의 큰 구멍을 찾아야 한다고 주의 주고 있는 말이다.

불법의 궁극적인 열반의 경지를 체득하는 것이 중요한 일이지만 그 위에서 한 걸음 더 나아가 불법의 지혜를 현실의 생활에서 실현해야 할 向上의 一路를 말하며, 무한한 지혜를 중생구제의 보살도로 전개하는 것을 강조하는 말이다.

後 序

從上佛祖, 垂示機緣. 據款結案. 初無剩語. 揭翻腦蓋. 露出眼睛. 肯要諸人, 直下承當. 不從他覓. 若是通方上士. 纔聞擧著. 便知落處. 了無門戶可入. 亦無階級可升. 掉臂度關. 不問關吏.

豈不見玄沙道. 無門解脫之門. 無意道人之意. 又白雲道. 明明知道. 只是者箇. 爲甚麽透不過. 恁麽說話. 也是赤土搽牛嬭.

若透得無門關. 早是鈍置無門. 若透不得無門關. 亦乃辜負自己. 所謂涅槃心易曉. 差別智難明. 明得差別智. 家國自安寧.

時 紹定改元 解制前五日. 楊岐八世孫. 無門比丘. 慧開謹識.

無門關卷終.

【번 역】 무문혜개의 후서

이상 48칙의 공안 가운데 등장하는 부처님과 조사들의 지혜와 言行은 마치 법률의 조문(條文)에 의거하여 판정하는 것과 같은 것으로 한 마디 한 마디가 쓸데없는 것이란 없다. 그것은 모두 학인들 두뇌의 뚜껑을 열고 두 눈을 완전히 바꾸어서 정법의 안목을 체득하게 하기 위한 것이다.

그대들 모두가 직접 불법의 진실을 깨달아 확인하고 다른 곳에서 진실을 찾지 않도록 하기 위한 것이다. 만약에 사방 팔방으로 두루 통달하고 뛰어난 사람이라면 어느 한 칙의 공안을 제시하여 조금만 읽더라도 곧바로 불법의 대의를 파악할 수 있을 것이다.

그러한 사람의 입장에서는 결국 특별하게 깨달음의 세계에 들어갈 문도 없고, 또한 밟고 올라가야 할 계단도 없는 것이다. 두 손을 마음대로 흔들(掉臂)며 당당하게 관문을 통과하고, 관청의 관리인도 문제삼지 않을 것이다.

현사사비 선사도 말하고 있지 않는가? '無門이 바로 해탈의 문이며, 분별의식이 없는 사람이 도인의 의미'라고. 또 백운수단 화상도 '분명히 알고 있으면서도 어떻게 이 관문만을 통과하지 못하는가?'라고 말했다. 이러한 이야기는 황토에 우유를 섞는 것과 같이 아무런 의미도 없는 것이다.

만약 여기『무문관』48칙을 통과할 수 있다면 그대는 이미 이 무문을 초월한 것이 되며, 만약『무문관』을 통과하지 못했다면 또한 자기 자신의 본래심(깨달음)을 등진(辜負) 것이 된다.

소위 말하는 깨달음의 경지인 열반의 마음을 밝히기는 쉽지만, 그 깨달음의 마음을 현실의 차별세계에서 지혜로운 삶으로 사는 일은 어려운 일이다. 불법의 지혜를 현실생활에서 응용할 수 있다면 가정과 국가도 자연히 평안하게 될 것이다.

송대 이종황제 소정(紹定) 개원의 해(1228년) 해제(解制)하기 5일 전에 양기방회 선사의 문하 제8대의 법손인 무문비구 혜개는 삼가 기록함.

【해설 및 역주】

* 從上佛祖垂示機緣 :『무문관』48칙에 등장하는 부처나 조사들이 제시한 법문과, 깨달음을 체득한 인연, 그리고 그에 따른 말씀과 행동 등의 모든 이야기를 말한다.

* 據款結案 : 款은 법률의 조문을 말하며, 案은 재판의 판결문. 문제의 사건을 죄인들의 진술서에 의거하여 결정적인 판결을 내리는 것을 말한다. 여기『무문관』48칙은 부처나 조사들의 올바른 정법의 안목으로 학인들에

게 불법의 올바른 방향과 지혜를 제시하고 있는 판결문의 사례(判例)를 말한다.

 * 初無剩語 : 처음 제1칙에서 48칙까지 조금도 쓸데없는 말은 하나도 없다. 꼭 필요한 말만을 제시하여 정법의 안목을 체득할 수 있도록 하고 있다. 그렇기 때문에 『무문관』을 읽고 있는 학인들도 정법의 안목을 체득하기 위해서는 두뇌의 뚜껑을 열고 두 눈을 똑바로 뜨고, 정신 차려서 48칙 속에 숨어 있는 불법의 진실을 잘 파악하도록 하라고 독자들에게 경고하고 있다.

 * 揭翻腦蓋. 露出眼睛 : 두개골을 쪼개고, 눈동자를 끄집어낸다는 말. 『무문관』에 제시한 공안을 잘 사유하여 불법의 대의를 체득하고 정법의 안목을 밝히도록 하라는 의미이다.

 * 落處 : 불법의 근본 정신. 불법의 대의를 말한다. 문제의 핵심이 어디에 있는가?

 * 掉臂度關 不問關吏 : 여유 있게 팔을 흔들며 자유롭게 관문을 통과할 수 있는 모습. 단숨에 『무문관』의 관문을 돌파하는 것.

 * 玄沙 : 현사사비 선사를 말함. 『오등회원』 제7권 현사장에 「佛道閑曠, 無有程途, 無門解脫之門. 無意道人之意. 不在三際 故不可昇沈.」이라는 말이 보인다. 즉 불법은 광대무변하여 전 우주에 가득하기 때문에 해탈의 문이 아닌 곳이 없다. 무문은 대 해탈의 문이기에 불도에 통달한 사람은 마음이 허공과 같아서 달리 이것저것에 대한 차별 분별의식이 없기 때문에 의식이 없는 도인이라는 의미이다. 또한 과거 현재 미래라는 삼세의 구분도 없기 때문에 어디로 올라가거나 빠지거나 하는 일도 없는 절대의 경지이다.

 * 白雲 : 백운수단 선사를 말하는데 출처는 잘 알 수가 없다. 大道無門의 경지를 설하고 있다.

 * 赤土搽牛嬭 : 牛嬭는 우유. 嬭는 우유를 말함. 황토에 우유를 섞는 것은 무의미하고 쓸데없는 일을 하는 것. 『방거사어록』과 『汾陽無德語錄』 등

에도 이 말이 보인다.

　＊ 鈍置 : 鈍致와 같은 말로서 상대방을 무시하는 것. 즉 이『무문관』48 칙을 통과한다면『무문관』을 만든 무문을 쓸모 없는 인간으로 만들게 된다는 말. 만약 통과하지 못한다면 불법의 안목을 갖추지 못했기 때문에 그대 스스로를 깨달음의 경지와 등진 사람이 되고 만다는 의미.

　＊ 마지막으로「所謂涅槃心易曉. 差別智難明. 明得差別智. 家國自安寧.」이라고 서문을 끝맺고 있다. 즉 열반심은 자성청정한 본래의 마음으로 불생불멸의 본성이다. 그 본래심을 깨닫는 것은 근본지인데 근본지를 깨닫는 것은 쉬운 일이지만, 실제의 차별경계인 현실의 생활에서 방편지를 체득하여 생활상에서 응용하고 무애자재하게 활용하면서 살기는 어려운 일이다.

　즉 불법의 근본정신은 一切皆空이라고 말하고 있는 것처럼, 번뇌의 마음을 비우는 空의 실천이며 中道라고 하지만 현실생활에서 공의 실천으로 반야의 지혜로운 생활을 한다는 것은 어려운 일이다.『무문관』48칙은 현실의 차별세계에서 다양하게 반야의 지혜를 응용하고 활용하여 무애자재한 차별지를 체득한다면 일체가 평안하게 된다.

　＊ 紹定改元 : 송대 理宗황제의 시대(1228년)로 당시 무문혜개의 나이는 45세 때이다.

　＊ 解制前五日 : 선원의 하안거는 4월 15일에서 7월 15일까지의 3개월이다. 해제 5일 전은 7월 10일이다.

　＊ 楊岐 : 양기방회(993~1046) 선사로 송대 임제종 양기파의 조사이다. 石霜楚圓(987~1040)의 법을 이었다. 그의 전기는『속전등록』제7권,『오등회원』제19권 등에 전하고 있으며,『양기방회선사어록』1권도 전하고 있다. 무문혜개는 양기방회 선사의 8대 법손임을 강조하면서 후서를 기록하고 있다.

　＊ 無門關卷終 :『무문관』으로 엮은 책을 마침.

禪　箴

循規守矩. 無繩自縛. 縱橫無礙. 外道魔軍. 存心澄寂. 默照邪禪. 恣意忘緣. 墮落深坑. 惺惺不昧. 帶鎖擔枷. 思善思惡. 地獄天堂. 佛見法見. 二鐵圍山. 念起卽覺. 弄精魂漢. 兀然習定. 鬼家活計. 進則迷理. 退則乖宗. 不進不退. 有氣死人. 且道. 如何履踐. 努力今生須了却. 莫敎永劫受餘殃.

【번 역】선수행의 지침(禪箴)

　좌선하는 방법과 규칙에만 의존하는 것은 끈도 없이 자기 자신을 속박시키는 것이요, 자유 분방하게 규칙을 무시하고 걸림이 없는 것은 외도의 마구니이다. 마음을 통일하고 고요하게 하려는 수행은 적정주의 침묵에 떨어진 삿된 수행이요, 자기 마음대로 시절의 인연을 무시하는 것은 깊은 암흑의 함정에 떨어진다.
　언제나 깨어 있는 마음으로 미혹하지 않으려고 하는 것은 자신의 목에 형틀을 걸어두는 것이다.
　선과 악을 분별하는 마음은 천당과 지옥의 상대적인 세계에 살고 있는 것이며, 부처와 불법에 집착하는 견해는 두 겹으로 둘러싼 철위산에 갇혀 있는 것이다.
　번뇌망념이 일어나면 곧바로 번뇌망념이 일어난 사실을 자각하는 좌선은 영혼(精魂)을 가지고 노는 놈이다. 앉아서만 좌선을 하는 사람은 혹산에 사는 귀신과 같은 지혜없는 생활이다.

선법에 나아가려고 하는 것은 불법의 도리를 상실하는 것이요, 후퇴하면 종지를 위배하게 된다. 그러나 나아가지도 않고 후퇴하지도 않으면 숨만 쉬고 있는 죽은 사람이다.

자! 그러면 어떻게 참선 수행을 해야 할 것인가? 말해 보게나. 각자 노력하여 금생에 이 문제를 해결하지 않으면 안 된다. 영원히 생사 망념의 업장에 대한 과보(재앙)를 받지 않도록 해야 한다.

【해설 및 역주】

* 禪箴 : 무문혜개의 「禪箴」은 그의 상당 세중의 법문으로 참선 수행의 선병을 치료하기 위한 노파심으로 여기에 첨가한 것이라고 할 수 있다. 箴은 병을 치료하기 위한 침(針)이라는 의미인데, 선병을 치료하기 위해 꼭 기억하고 경책해야 할 말을 침으로 비유한 것이다.

* 無繩自縛 : 좌선의 법칙과 규칙에만 사로잡혀서 수행하는 것은 자신을 수행규칙에 사로잡힌 수행자로 만든다. 좌선법이나 규칙을 완전히 자기 자신의 것으로 만들어 자기 마음대로 활용하지 못하면 오히려 법칙과 규칙에 자신이 속박되어 버리는 것을 말한다. 自繩自縛과 같은 말. 자기 자신이 번뇌망념의 의식으로 자신을 얽어매는 것.

* 默照邪禪 : 默은 고요하고 묵묵하게 하는 좌선으로 寂默을 말하며, 照는 照用으로 마음의 영묘한 지혜작용을 말한다. 마음을 차분히 하고 고요하게 하여 맑은 물과 같이 하려고 하는 의식적인 좌선수행은 적정을 최고로 삼는 묵조의 삿된 선이다. 당시 대혜종고가 간화선의 입장에서 묵조선을 비판한 말이다.

* 惺惺不昧. 帶鎖擔枷 : 惺惺은 깨달음의 지혜가 분명하게 작용하고 있는 상황을 말한다. 『무문관』 제13칙에 서암화상이 「주인공아 깨어 있어라(惺惺着)!」라고 주의 주고 있는 것처럼, 항상 깨어 있어야지 하는 의식을 가

지고 참선수행을 하는 것은 목에 형틀을 짊어지고 있는 것과 같다.

 * 二鐵圍山 : 불교의 세계관에서는 수미산을 중심으로 9山과 8海가 둘러싸여 있는데 그 산은 쇠로 이루어진 산이라고 한다.

 * 念起卽覺. 弄精魂漢 : 『좌선의』에 「망념이 일어나면 망념이 일어난 사실을 자각하라. 망념이 일어난 사실을 자각하면 망념은 없어진다(念起卽覺 覺之卽失)」라고 설하고 있다. 앉아서 이러한 좌선만을 하는 수행은 자신의 불성을 가지고 장난치면서 노는 놈이다. 일상 생활을 하는 가운데 불법의 안목으로 지혜로운 생활이 되도록 하는 것이 참선인데 앉아서 망념만 자각하는 좌선 수행에 빠져 있는 禪病을 지적하고 있다.

 * 兀然習定. 鬼家活計 : 선원에서 꼼짝 않고 앉아서 선정을 닦는 수행은 불법의 지혜로운 생활을 하지 못하는 죽은 사람의 삶이다.

 * 有氣死人 : 『전등록』 제14권 운암장에 「본래의 주인이 잠시라도 외출하면 죽은 사람과 같다(暫時不在 如同死人)」라고 주장하고 있다. 불성의 지혜 작용이 없는 사람은 몸은 살아 움직이지만 마음은 죽은 사람과 같다는 말이다. 임제가 「언제 어디서나 자기 자신이 곳에 따라 주인이 되라(隨處作主)」고 강조하고 있다.

 * 莫敎永劫受餘殃 : 잘못된 수행으로 생사 망념의 업장을 만들어 생사에 윤회하는 과보를 받는 일이 없도록 해야 한다는 말이다. 참선수행자의 잘못된 수행은 또 다른 생사망념의 중생심에 떨어져 또 다른 업장(業障)을 짓는 행위가 되기 때문이다.

黃龍三關

我手何似佛手. 摸得枕頭背後. 不覺, 大笑呵呵. 元來, 通身是手.
我脚何似驢脚. 未擧步時踏著. 一任四海橫行. 倒跨楊岐三脚.
人人有箇生緣. 各各透徹機先. 那吒析骨還父. 五祖豈藉爺緣.
佛手驢脚生緣. 非佛非道非禪. 莫怪無門關險. 結盡衲子深冤.
瑞巖近日有無門. 掇向繩床判古今. 凡聖路頭俱截斷. 幾多蟠螫起雷音
請無門首座. 立僧山偈奉謝. 紹定庚寅季春. 無量(宗壽)書.

【번 역】 황용화상의 법문(黃龍三關)

내 손이 어떻게 부처님의 손을 닮았는가? 베개의 뒤쪽을 손으로 더듬어 보며, 무심하게 하하! 하고 크게 웃었다. 뭐야! 이 온몸이 그대로 손이 아닌가?

내 다리가 어떻게 당나귀 다리를 닮았는가? 아직 발을 들고 걸으려는 의식도 하지 않았는데 이미 땅 위를 밟고 있네. 내 마음대로 온 천지를 걸어다닐 때 자유자재로 양기(楊岐)의 세 발의 당나귀(양기의 禪)에 올라타고 있네.

사람마다 각자가 태어난 인연이 있는데, 각각 뛰어난 지혜의 작용으로 투철하다. 나타(那吒) 태자는 자신의 뼈를 분해하여 부친에게 되돌려드리고, 자기 본래의 입장에서 아버지를 위해서 설법했다고 한다. 오조홍인은 사조도신의 불법을 듣기 위해 한 여인의 모태를 빌려 현세에 생을 바꾸어 태어나 제자가 되었다. 오조홍인이 어찌 아버지의 인연을 빌린 것인가?

여기 부처님의 손과 당나귀의 다리, 태어난 인연이라고 말하지만, 그것은 부처도, 불도도, 선도 아니다. 『무문관』 48칙의 공안을 통과하기 어렵다고 수행자들이 깊은 원망을 하고 있는데, 그러한 책망하지 말기 바란다.

요즘 사명산 서암사에서는 무문화상이 선법을 강의하는 의자에 걸터앉아 고금 선승들의 법문을 하나씩 판단하여, 범부와 성인의 길을 모두 차단하였다. 얼마나 많은 수행자들이 훌륭한 선지식이 되어 뇌성 같은 법문을 설하게 될 것인지 기대하고 있다.

무문 수좌를 초청하여 대중을 위하여 설법한 기념으로 이상의 보잘 것 없는 게송으로 감사의 마음을 표하는 바이다.

이종황제 소정 경인년(1230년) 봄에 무량종수가 씀.

【해설 및 역주】

 * 黃龍 : 黃龍慧南(1002~1069) 선사. 북송의 선승으로 임제종 황용파의 조사로서 石霜楚圓(987~1040)의 법을 이었다. 그의 전기는 『속등록』 제7권, 『오등회원』 제17권 등에 전하고 있고 『어록』도 1권 전함.

 * 黃龍三關 : 황용혜남 선사가 항상 참선하는 학인들에게 제시한 세 가지 질문이다. 학인의 태어난 인연, 자기의 손과 부처님의 손이 같은 이유, 자기의 다리가 당나귀의 다리와 같은 이유를 질문한 것이다.

『오등회원』 제17권 황용혜남장에 다음과 같이 보인다. 「선사는 선실에서 항상 대중들에게 질문했다. '사람들은 각자 태어난 인연이 있다. 상좌의 태어난 인연은 어디인가?' 정면에서 문답의 창을 주고받는다. 또 갑자기 손을 펴고서 말한다. '나의 손이 어떻게 부처님의 손을 닮았는가?'라고 하면서 제방의 종사들의 깨달음을 간청했다. 또한 다리를 내밀면서 '나의 다리가 어찌 당나귀 다리를 닮았는가?'라고 말했다. 30여 년 간 이 세 가지 질문을 제시하였다. 학인들은 선사의 뜻에 계합된 사람이 없었다. 뛰어난 대답을 한 사람이 있어도 선사는 옳고 그름을 판단하지 않았다. 총림에서는 이것을 황용의 三關이라고 했다.」

사바세계의 차별심에 떨어져 있는 중생은 각자 태어난 인연이 다르다고 생각하고, 나의 손과 부처님의 손이 다르고, 나의 다리가 당나귀의 다리와 다르다고 생각한다. 이러한 차별심을 떨쳐버리고 일체 만법이 본래 하나인 萬法一如의 경지를 체득하도록 하기 위한 법문이다. 황용선사가「내 손이 어찌 부처님의 손을 닮았는가?」라고 하는 닮았다(相似)라는 말은 같다(一如) 는 의미이다. 차별심의 중생세계에서 무차별의 지혜로 불심의 경지에서 살도록 제시한 법문이다.

『화엄경』「십지품」에도「삼계는 오직 一心이니, 마음 밖에 별다른 법이 없다. 마음과 부처와 중생 이 셋은 차별이 없다(三界唯一心, 心外無別法, 心佛及衆生, 是三無差別)」라고 설한다.

  * 我手何似佛手. 摸得枕頭背後 :『조당집』제5권 도오장에 다음과 같은 일단에 의거한 말이다.「도오선사가 운암에게 질문했다. '천수천안이란 어떤 것이요?' 운암이 대답했다. '마치 어두운 밤에 베개를 만지는 것과 같은 것이요. 아시겠소?' 이에 선사가 말했다. '알았소. 알았소.' 운암이 다그쳐 물었다. '어떻게 알았소?' '온몸이 눈(通身是眼)입니다.' 이에 神山이 말했다. '온몸이 눈(渾身是眼)이다.'」이 일단은『벽암록』89칙 등에도 인용하고 있다.『벽암록』18칙에도「通身是手眼」이라고 하는 것처럼, 온몸이 손이 되고 온몸이 눈이 되는 것이다. 즉 주관과 객관의 대립이 완전히 없어져 사물과 하나가 된 경지이다.

  * 倒跨楊岐三脚 :『고존숙어록』제18권「양기방회화상어록」에 다음과 같이 보인다.「어떤 스님이 '어떤 것이 부처입니까?'라고 질문하니, 양기선사는 '절름발이 세 다리의 당나귀가 잘도 걸어간다.'라고 대답했다(問, 如何是佛. 師云, 三脚驢子弄蹄行).」이 일단의 선문답으로 양기방회 선사의 종풍은

「세 발 당나귀(三脚驢子)」라고 불리게 되었다. 무문과 무량종수도 모두 양기방회 선사의 가풍을 이은 선승이기 때문에 이 말을 제시하고 있는 것이며, 이 두 선승도 양기가 대답한 절름발이 세 다리 당나귀를 타고 황용의 三關을 통과하고 있는 것이다.

* 那吒析骨還父 : 『투자어록』에 「나타(那吒)는 자기의 뼈를 분해해서 아버지에게 돌려주고, 살을 분해해서 어머니에게 돌려주었다. 어떤 것이 나타의 本來身인가?」라는 말이 보인다. 『오등회원』 제2권 「西天東土應化聖賢條」에 「나타태자는 자기의 살을 추려서 어머니에게 돌려주고, 자기의 뼈를 추려서 아버지에게 돌려주었다. 그러한 후에 자기의 本身을 나투어 큰 신통을 발휘하여 부모를 위해서 설법했다.」라고 한다.

이 이야기는 『서유기』와 『搜神大全』에도 보이는데, 『조정사원』 제6권에는 「이 이야기의 출처는 잘 알 수가 없다」고 기록하고 있는 것처럼, 근거자료는 잘 알 수가 없다. 뼈와 살은 부모의 인연으로 이루어진 자기의 모습이므로, 뼈는 아버지에게 돌려주고, 살은 어머니에게 돌려주고 난 이후의 참된 자기의 모습은 무엇인가? 자기의 참된 태어난 인연(生緣)을 참구하라는 의미로 父母未生以前의 자기 本來面目을 체득하라는 법문이다.

* 五祖豈藉爺緣 : 중국 선종의 제5조 홍인대사(602~675)는 전세에 소나무를 심는 사람(栽松道者)으로 노인이었다. 사조도신의 법문을 듣기 위해서 스스로 죽어서 한 여인의 모태에 들어가 이 세상에 다시 태어나 출가하여 오조홍인이 되었다고 한다. 이 이야기는 『전등록』에도 보이지 않고, 송대 각범혜홍의 『임간록』 卷上에 최초로 주장하고 있는 것인데, 그의 『석문문자선』 제22권에는 「栽松菴記」도 수록하고 있다. 이후의 선종자료 『普燈錄』 제1권, 『오등회원』 제1권 「도신장」에 한결같이 전하고 있으며, 그림으로 「五祖再來圖」도 전하고 있다.

* 莫怪無門關險. 結盡衲子深冤. : 황용의 三關도 통과하기 어려운 공안이지만, 『무문관』 48칙의 공안도 납자들이 통과하기 어려운 공안이라고 원

망하는 소리가 많다. 천하의 납자들이 뼈를 깎는 수행을 하여 어려운 관문을 통과해야만이 안목 있는 수행자로 태어나서 선불교를 일으키는 역할을 할 수가 있는 것이 아닌가? 정말 『무문관』은 선법을 다시 일으키는 좋은 공안집이라는 의미를 내포하고 있는 말이다.

 * **瑞巖** : 무량종수 선사가 주지로 있던 四明山 서암사를 말한다.

 * **立僧** : 많은 선승들 가운데 뛰어난 존숙을 초청하여 대중을 위해서 설법하는 수좌를 입승수좌라고 한다. 무문혜개는 무량종수 선사가 주지로 있는 서암사에 입승수좌로 초빙되어 설법하였으며, 이에 대한 보답으로 무량종수 선사는 이 黃龍三關의 공안을 게송으로 지어 『무문관』에 편입시키고 있는 것이다.

 * **紹定庚寅季春** : 이종황제 소정3년(1230년)의 봄으로 무문이 『무문관』의 後序를 쓴 2년 후에 무문은 서암사에서 『무문관』을 제창한 것으로 보인다.

 * **無量** : 무량종수 선사에 대해서는 자세히 알 수가 없지만 무문혜개와 동시대의 인물로서 대혜종고의 3대 법손이다. 『속전등록』 35권과 『오등엄통』 22권 등에 약전이 보이고 있으며, 현재 『일용청규』 1권의 저술도 전하고 있다.

孟珙의 跋文

達磨西來. 不執文字. 直指人心. 見性成佛. 說箇直指. 已是迂曲. 更言成佛. 郎當不少. 旣是無門. 因甚有關. 老婆心切惡聲流布. 無庵欲贅. 一語又成四十九則. 其間些子譸訛. 剔起眉毛薦取. 淳祐乙巳夏重刊.
檢校少保寧武軍節度使 京湖安撫制置大使 兼屯田大使 兼虁路策應大使 兼知江陵府漢東郡開國公食邑二千一百戶食實封陸佰戶, 孟珙跋.

【번 역】맹공의 발문
달마대사가 인도에서 중국으로 건너와 문자에 집착하지 않고, 곧바로 사람의 본래 마음을 제시하여 성품을 깨닫고 부처를 이루도록 하였다. 그러나 곧바로 사람의 마음을 제시한다고 하는 것도 이미 빙 두르는 일인데, 또다시 성불이라고 하는 말은 망령스러운 말이라고 하지 않을 수 없다. 이미 문이 없다고 했는데 무엇 때문에 관문(關)이 있는가? 너무나 노파심이 지나쳐서 그의 악명(惡名)이 널리 알려지게 되었다.
나 무암(無庵)도 쓸데없는 한 마디를 덧붙여 결국 49칙이 되었는데, 여기에 조금이라도 잘못된 것이 있는지 크게 눈을 뜨고 찾아서 지적해 주기 바란다. 순우 을사년 여름에 『무문관』을 거듭 간행하다.
검교소보령무군절도사 경호안무제치대사 겸 둔전대사 겸 기로책응대사 겸 지강릉부한동군개국공 식읍이천일백호 식실봉육백호(檢校少保寧武軍節度使 京湖安撫制置大使 兼屯田大使 兼虁路策應大使 兼知江陵府漢東郡開國公食邑二千一百戶食實封陸佰戶), 맹공(孟珙)이 발문을 쓰다.

【해설 및 역주】

* 孟珙이 『무문관』을 重刊한 순우 5년(1245년)은 무문혜개가 『무문관』을 이종황제에게 헌상한 16년째가 된다. 맹공은 본문에서 無庵이라고 자기의 호를 밝히고 있는 것처럼, 무사로서 생애를 대부분 전쟁에서 보낸 사람이다. 그의 전기는 『宋史』 제112권에 전하고 있는데, 그의 이름은 박옥(璞玉)이라고 하며 시호는 「忠襄」, 불교학에 통달하였고 스스로 호를 無庵居士라고 하였다고 한다. 발문의 마지막에 그의 직책에 대하여 길게 기록하고 있다.

* 郞當不少 : 『무문관』 제27칙에서 무문이 평하는 말에도 보이는 것처럼, 형편없게 된 것을 말한다.

安晩의 跋文

無門老禪. 作四十八則語. 判斷古德公案. 大似賣油餠人. 令買家開口接了. 更吞吐不得. 然雖如是. 安晩. 欲就渠熱爐熬上. 再打一枚. 足成大衍之數. 却仍前送似. 未知. 老師. 從何處下牙. 如一口喫得. 放光動地. 若猶未. 也連見在四十八箇. 都成熱沙去. 速道 速道.

【번 역】 안만의 발문

　무문화상은 48칙의 말씀을 모아서 옛 선덕의 공안을 비판하였다. 마치 기름에 튀긴 떡을 파는 사람이 떡을 사는 사람의 입을 벌려서 입안에 집어넣어 삼킬 수도 없고 뱉을 수도 없도록 한 것과 같다고 하겠다.
　그러나 나 안만(安晩)은 또다시 큰 난로의 불에 걸려 있는 솥에다가 기름떡을 하나 더 만들어 『주역』에서 말하는 대연(大衍)의 수, 즉 49칙으로 하여 무문화상이 제창한 것처럼, 세상에 제시해 보고자 한다.
　그런데 무문화상은 이 기름떡을 어떻게 먹으려고 할까? 만약에 한 입에 이 기름떡을 먹을 수가 있으면 석존이 설법할 때와 같이 하늘에서는 광명이 비치고, 땅이 진동하는 기이한 일이 일어날 것이다. 그러나 만약 이것을 먹을 수가 없으면 무문이 제시한 지금까지의 48칙도 모두 뜨거운 모래가 되고 말 것이다. 자! 속히 말해 보게! 속히 말해 봐!

【해설 및 역주】
　* 安晩 : 송대의 사람으로 그의 이름은 鄭淸之이고 그의 字는 德源, 安

晩은 호이며 시호는 忠定이다. 그의 전기는 『宋史』414권에 전하고 있는데, 사미원과 함께 이종황제를 모시고 우승상의 직책이 되었다. 그의 문집으로 『안만집』이 전한다.

　* **打一枚** : 안만은 공안 한 칙을 창작하는 것을 기름떡 하나에다 비유하고 있다.

　* **大衍之數** : 『주역』의 「계사전」에 「大衍數五十, 其用四十九」라는 일절이 있다. 50은 天의 숫자와 地의 숫자를 합친 것. 이 天地의 숫자에서 모든 천지간의 만물이 연출되고 있기 때문에 이것을 大衍의 숫자라고 한다. 이 말 가운데 49라는 숫자에 대한 의미는 예부터 많은 이설이 있다.

　* **成熱沙去** : 뜨거운 모래가 되어 버린 것. 사람이 먹을 수 없도록 하는 것.

제49칙. 『법화경』의 말씀과 安晩의 문제제기

經云. 止止不須說. 我法妙難思.
安晚曰, 法從何來. 妙從何有. 說時又作麼生. 豈但豐干饒舌. 元是釋迦多口. 這老子造作妖怪. 令千百代兒孫. 被葛藤纏倒. 未得頭出. 似這般奇特話靶. 匙挑不上. 甑蒸不熟. 有多少錯認底. 傍人問云. 畢竟作如何結斷. 安晚. 合十指爪曰. 止止不須說. 我法妙難思. 却急去難思兩字上. 打箇小圓相子. 指示衆人. 大藏五千卷. 維摩不二門. 總在裏許.
頌曰, 語火是燈. 掉頭弗膺, 惟賊識賊, 一問卽承.
　　　　　　　淳祐丙午季夏初吉, 安晚居士, 書于西湖漁莊.

【번 역】 경전에 말씀하시길,「그만두고 그만두라. 설해서는 안 된다. 나의 불법은 미묘하여 사량분별로는 이해하기 어렵다.」라고 했다.

안만은 평하였다. 대개 불법이 어디서 오고 그 근원은 어디인가? 그 미묘함이란 어디에서 생긴 것인가? 그것을 설한다고 한다면 도대체 어떻게 설하는가? 어찌 풍간(豐干) 한 사람만이 말 잘한다고 할 수 있겠는가? 원래 석가도 말이 많았다. 무문화상 이 늙은이도 이상한 말을 많이 만들어 百千 萬代의 수행자들을 칡넝쿨로 얽어매어 아직 머리도 내밀 수가 없도록 하고 있다.

이러한 『무문관』 48칙의 이야기를 받아들일 수도, 젓가락으로 떠올릴 수도 없으며, 시루(甑)에 넣어 아무리 삶아도 익지 않는 것이다. 덕분에 얼마나 많은 사람들이 이 공안을 맛있는 음식으로 잘못 착각하고 있는가?

내가 이렇게 말하는데, 옆에 있는 사람이 질문했다. '결국 어떠한 결론을 내면 좋은가?'

나 안만은 열 손가락의 손톱을 모아서 합장하여 대답했다. '그만두고 그만두라. 그것을 설해서는 안 된다. 나의 불법은 미묘하여 사량분별로는 이해하기 어렵다.'

그리고 급히 「難思(사량분별로는 이해하기 어렵다)」라는 두 글자 위에 작은 하나의 원상을 그려서 모든 사람들에게 제시하면서, 「대장경 5천 권과 유마거사의 不二의 법문이 모두 이 원상 가운데 있다.」라고 하는 사실을 제시하고 싶다.

게송으로 말했다. 불(火)이 본래 등(燈)이라고 내가 말해도, 누구도 머리를 옆으로 흔들어 응하지 않네. 오직 도적이 도적을 알 수 있으니, 그는 오직 하나의 질문에 곧바로 깨닫게 되리라.

순우 병오(1246년) 여름에 안만거사는 서호의 별장에서 쓴다.

【해설 및 역주】

* 經云 : 『법화경』「방편품」에는 다음과 같이 설한다. 「그만두고 그만두라. 설하지 말라. 나의 법은 미묘하여 사량으로 이해할 수 없다. 증상만(增上慢)의 사람들이 이 법을 들으면 반드시 믿지 않고 공경하지 않으리.」

* 『玄沙語錄』에도 이 일절을 가지고 현사화상에게 질문하고 있다.

* 安晚曰 : 무문화상이 『무문관』에서 평창을 하고 있는 것과 같이 안만거사도 평을 하고 있는 말이다.

* 豊干 : 당대의 선승으로 封干이라고도 한다. 『송고승전』 제19권 「天台山封干傳」과 『전등록』 제27권 「천태산풍간전」, 『오등회원』 제2권 등에도 전하고 있다. 그는 천태산 국청사에 은거생활을 하면서 한산 습득과 더불어 國淸三隱으로 風狂僧이다. 「풍간은 잔소리 꾼(饒舌)」이라고 한산이 말한

것으로 閭丘胤의 『한산시』 서문에 보인다.

* 這老子 : 여기서는 안만이 『무문관』 48칙을 제시한 무문을 지칭한 말이다.

* 話靶 : 공안 이야기의 제목으로 『무문관』의 화두 48칙을 말함.

* 匙挑 : 젓가락으로 떠올리다. 무문은 젓가락에도 걸리지 않는 이야기를 제시하고 있기 때문에 미묘하고 사량하기 어려운 불법을 이러쿵저러쿵 제멋대로 생각하는 사람이 있게 된다.

* 甑蒸 : 떡을 찌는 시루에 넣고 삶다.

* 語火是燈. 掉頭弗膺 : 불은 바로 등이고, 등이 바로 불이기 때문에 달리 새롭게 설할 필요가 없다. 그런데 왜 머리를 옆으로 흔들면서 순응하지 않는가? 그것은 사량분별심이 있기 때문이다. 사량분별을 없애면 바로 설할 수도 없고, 미묘하여 사량할 수도 없는 법의 당체가 그대로 드러나게 된다.

* 惟賊識賊, 一問卽承 : 똑같이 도적이 되어야 도적을 알 수 있는 것. 이심전심으로 언어로 설명하기 이전에 곧바로 알아차릴 수 있다는 의미이다. 이런 경지에는 아무런 말도 필요 없고 설하지 않아도 알 수 있다.

* 송대 이종황제 순우 6년 병오(1246년) 여름 음력 6월 1일에 안만거사는 절강의 명승지 서호의 별장에서 49칙으로 첨가하고자 이 일단을 쓰고 있다. 이 서호(西湖)의 별장은 안만거사 정청지가 그 당시의 황제로부터 하사받은 집이라고 한다.

『無門關』에 대하여

한국선문화연구원 정성본

1. 서 언

『무문관』은 특히 선원에서 주지나 방장스님이 학인들의 안목을 열어주기 위해 특별히 강의하는 간화선의 기본교재로 널리 사용되고 있다. 사실 송대의 간화선은 당대의 선승들의 어록을 읽고 불법의 대의를 체득하기 위한 새로운 선수행으로 정착하게 된 것이다.

송대의 선원에서 많은 사람들이 애독한 禪書는 당대 선승들의 어록에서 발췌한『설두송고』100칙을 계승한『벽암록』이 대표적인 공안집이라고 할 수 있다. 특히『벽암록』은 임제종에서는 반드시 결제기간에 선원에서 강의(提唱)하는 간화선의 기본교재이다.

그러나『벽암록』이 편집된 이후에도『종용록』100칙 등 많은 선원의 공안집이 편찬되었지만 간화선의 올바른 종지를 확실히 제시한 공안집은 무문혜개의『무문관』48칙이라고 할 수 있다.

사실 송대의 간화선은 五祖法演(?~1104) 선사로부터 시작되어 圜悟克勤(1063~1135) 선사를 거쳐 大慧宗杲(1089~1163) 선사에 의해 대성되었다고 할 수 있다. 즉 오조법연 → 원오극근 → 대혜종고로 이어지는 삼대의 선승에 의해 송대의 새로운 선수행으로 확립되었지만, 이러한 송대의 간화선은 무문혜개의 『무문관』 48칙에서 완성된 것이다.

『무문관』에서 제시하고 있는 48칙의 공안은 대혜종고의 어록에서나 『서장』『정법안장』 등에서 확실하게 제시하지 못한 간화선의 수행체계를 정립하여 제시하고 있기 때문이다.

뒤에서도 언급하겠지만 처음『무문관』제1칙은 조주 무자화두로 망념이 일어났을 때에는 수시로 무자화두를 제시하여 자각(提撕擧覺)하는 방편으로 제시하였고, 제2칙부터 48칙까지는 불법의 大意를 참구하여 깨닫고 정법의 안목을 구족하는 선승이 될 수 있도록 선어록에서 어려운 문제를 제시하여 깊이 사유하도록 한 것이다.

불법의 대의와 정법의 안목을 체득하기 위해서는 많은 경전과 선어록을 참구하는 看經 看話의 수행을 해야 한다. 그러나 먼저『무문관』에서 제기하고 있는 48칙의 공안을 통해서 화두를 참구하는 방법을 배우고 불법의 대의와 정법의 안목을 체득하는 기본을 배우고 익힐 수 있는 간화선의 기본 교재로 편찬한 것이라고 할 수 있다.

2.『무문관』의 저자 無門慧開

무문혜개(無門慧開: 1183~1260)에 대한 전기는『증집속전등록』제2권「隆興 黃龍無門慧開禪師」(『續藏經』142권 390쪽, 中),『속전등록』35권「黃龍慧開禪師」(『大正藏』51권 708쪽, 中),『오등회원속략』제3권(『續藏經』138권 453쪽, 下),『오등엄통』제22권,『오등전서』제53권 등에 수록되어 있으며,『무문혜개선사어록』2권도 전하고 있다.

이상의 자료 가운데『증집속전등록』제2권「隆興 黃龍無門慧開禪師」에서 가장 자세히 전하고 있으며, 다른 전등 사서의 기록은 이 자료의 범위를 벗어나지 못하고 있다. 여기서는 이상의 자료를 참조하여 무문혜개 선사의 전기를 요약해 본다.

무문혜개 선사는 남송 순희 10년(1183년) 杭州의 錢塘(浙江省)의 양서(良渚)에서 출생했다. 속성은 梁씨이며, 처음 천용굉(天龍肱) 화상에게 나아가 출가하였으며, 그 뒤로 여러 곳을 다니며 훌륭한 선승들과 선지식을 두루 참문하였다.

특히 그는 조주종심(趙州從諗) 선사의 무자화두에 큰 의심을 가지고 평강(平江) 萬壽寺에서 선법을 떨치고 있는 월림사관(月林師觀: 1143~1217) 선사를 참문하였다. 당시 월림사관 선사는 임제종 양기파의 6대 법손으로 선문을 크게 떨치며 세간에 널리 선풍을 떨치고 있었다(『월림사관선사어록』에 수록하고 있는 陳貴謙이 지은 『月林觀禪師塔銘』 참조).

무문은 월림사관의 문하에서 조주의 무자공안에 전심전력을 쏟아 맹렬히 6년간 참구하였다. 그는 '만약 수마(睡魔)에 떨어지면 내 몸을 불태워 버리리라!' 말하며 맹세하고 참선수행에 전심전력하였다. 참선수행에 피로가 겹쳐 잠이 오면 기둥에 머리를 부딪치고 수마와 싸워 가며 수행하였다고 한다. 마치 『선관책진』에 전하고 있는 것처럼, 자명선사도 잠이 오면 송곳으로 허벅지를 찌르며 좌선 수행을 하였다고 한다.

이렇게 열심히 수행에 정진하였음에도 불구하고 아무런 깨달음의 성과를 얻지 못했는데, 어느 날 점심공양 시간을 알리는 북소리를 듣고 홀연히 불법의 대의를 깨닫게 되었다. 그때 무문혜개 선사는 다음과 같은 오도송을 한 수 지었다고 한다.

青天 白日에 一聲의 雷(우레), 대지의 중생(群生)들 눈을 활짝 열어 주었다. 森羅萬象이 한결같이 稽首하니, 須彌山을 뛰어넘어 三臺를 춤춘다.
(青天白日一聲雷 大地群生眼豁開 萬象森羅齊稽首 須彌跨跳舞二臺)

여기서 말하는 「三臺」란 춤의 이름인데 수미산 위에까지 뛰어올라 덩실

덩실 춤춘다는 말이다. 즉 깨달음을 통하여 일체의 차별세계를 초월하여 무애자재한 경지에서, 깨달음의 법계에 유희하고 있는 자신의 경지를 노래한 것이다.

무문은 이 오도송을 이튿날 월림사관 선사에게 바쳤다. 월림사관 선사는 '어디서 鬼神을 보는 소리를 하는가?'라고 말하면서 미친 소리 하지 말라고 고함치며 그를 내쫓았다.

그때 무문은 크게 고함(一喝)을 치자, 월림선사도 일갈을 토했다. 또 동시에 무문이 일갈을 토하여 두 사람이 동시에 똑 같은 진리의 세계를 거니는 知音의 동지가 되었다고 전하고 있다. 이렇게 하여 무문이 월림사관 선사의 인가를 받고 그의 법을 계승하게 되었다.

가정 11년(1218) 36세 때에 스승 월림사관 선사가 開山한 호주 안길산 보인사의 주지가 되어 出世하여 중생을 구제하였다. 월림사관 선사는 前年 4월 13일에 입적하였다. 『증집속전등록』에는 報因寺를 報國寺라고 기록하고 있는데, 『월림사관선사어록』에도 「報因佑慈禪寺」라고 하고, 『무문관』 표문의 서명에도 똑같이 기록하고 있는 점으로 볼 때 報國寺는 報因寺의 誤記라고 할 수 있다.

이어 降興의 天寧寺, 黃龍寺, 翠巖寺, 靈岩寺, 鎭江焦山의 普濟寺, 平江의 開元寺, 建康의 保寧寺 등의 주지를 역임하였으며, 순우 6년(1246)에는 황제의 뜻을 받들어 護國仁王寺를 개창하였다.

무문혜개가 호국인왕사를 개창하기 이전의 행적을 살펴볼 수 있는 자료는 『무문관』의 자서에 「나는(慧開) 소정 원년(1228년) 동가(東嘉)의 용상사에서 안거하며 학인들을 지도하는 수좌로 있었다.」라는 기록과 末尾의 「黃龍三關」에 무량종수 화상이 언급하고 있는 다음과 같은 자료이다.

요즘 사명산 서암사에서는 무문화상이 선상에 걸터앉아 고금 선승들의 법문을 하나씩 판단하여 범부와 성인의 길을 모두 차단하였다. 얼마나 많은 수행자들이 깨달음을 체득하게 하는 선지식이 되어 뇌성과 같은 법문을 설하게 될 것인지 기대하고 있다. 무문수좌를 초청하여 대중을 위하여 설법한 기념으로 이상의 보잘 것 없는 게송으로 감사의 마음을 표시하는 바이다.

이종황제 소정 경인년(1230년) 봄에 무량종수가 기록함.

즉 송대의 이종황제 소정 원년(1228년) 하안거 중에 동가(浙江省)의 용상사에서 수좌로 활약했고, 소정 3년(1230년) 봄에는 사명(浙江省)의 서암사 무량종수 선사의 회상에서 수좌로 활약하고 있었음을 알 수 있다.

순우 6년에는 호국사에 들어가 이듬해 7년(1247년) 5월 11일에는 이종황제의 聖旨를 받들어 궁중에 초대(入內) 받았다. 이종황제는 무문선사를 궁중에 초청하여 선덕전에서 불법의 법요를 설하게 하여 비를 내리게 하는 기도를 봉행하게 되었는데, 갑자기 하늘에서 비가 쏟아졌다고 하는 神異의 일면도 전하고 있다. 그래서 이종황제는 무문선사에게 「금란가사」와 「佛眼禪師」라는 시호를 내렸다고 한다. 『무문어록』下卷에는 「謝佛眼師號」와 「謝宣賜金襴」의 두 게송을 수록하고 있다.

『무문관』의 서문에 무문이 스스로 「護國의 臣僧」이라고 하고, 「君父께서는 臣의 佛眼睛을 열어 주셨다.」라고 말하고 있는 것처럼, 무문은 출가한 신하로서 이종황제에 대한 충성심이 대단했음을 알 수 있다.

만년에 학인들의 제접에 지쳐 「잠시 西湖의 기슭 언덕으로 은거했다」고 하지만 더욱 더 많은 학인들이 운집하였다고 한다. 무문이 언제 호국사에서 물러났는지 알 수는 없지만, 일본의 유학승 心地覺心(1207~1298 : 法燈圓明國師)에게 보낸 편지(回信)에는 다음과 같이 기록하고 있다.

大宋國御前靈洞護國仁王禪寺 開山賜對佛眼禪師書復, 日本國覺心長老收, 大宋開慶元年八月十五日回

이상의 기록으로 볼 때 무문혜개는 개경 원년(1259년) 8월 15일까지는 호국인왕사의 주지로 있었음을 알 수 있으며, 그 이듬해 경정 원년(1260년) 4월 7일 입적했기 때문에 서호의 기슭에 은거한 기간은 짧은 시기였다고 할 수 있다.

『어록』에 의하면 경정 원년 3월 28일, 입적의 날이 가까워진 것을 자각한 무문혜개 선사는 4월 1일에 장인에게 탑을 조성할 것을 명하고, 6일 밤에 장인에게 탑이 완성되었는지 확인한 뒤 7일 아침에 완성된 탑을 확인한 후에 방장에 들어가 入塔語를 지었다. 그리고 세상을 하직하는 辭世의 게송을 다음과 같이 지었다.

虛空不生　허공은 남도 없고
虛空不滅　허공은 멸함도 없는 것.
證得虛空　이러한 허공의 경지를 증득하면
虛空不別　허공과 다름이 없으리.

경정 1년(1260년) 4월 7일 무문선사는 문인들에게 「허공은 남(生)도 없고 허공은 滅함도 없다. 이러한 허공의 본질적인 도리를 증득하면 허공은 별다른 것이 아니다.」라는 게송을 남기고 78세에 입적하였다.

특히 이종황제는 돈(錢) 3천 관을 하사하고, 칙명으로 호국사의 뒷산에 있는 영동산에 화장하도록 하였다. 무문은 이종황제에게 충성심으로 대하였고, 이종황제는 무문화상에게 경의와 존경으로 대하며 귀의하였다.

후대의 자료 「無門慧開傳」에는 무문의 인품을 다음과 같이 평가하고 있다.

선사의 모습은 야위었으며, 정신은 총명하였고, 말씀은 訥朴하였지만, 玄旨에 계합하였다.

검푸른 머리카락에 떨어진 장삼을 걸치고 총림 수행자들의 開道者가 되었다.

특히 무문선사는 조주의 무자공안을 6년이라는 오랜 시간을 고행하며 참구하여 깨달음의 체험을 얻었다고 전하는 것처럼, 대혜종고 선사가 주장한 조주 무자공안이 그의 참선수행의 중심이 되었음을 알 수 있다.

무문선사가 편집한 『무문관』 48칙 공안 가운데 조주의 무자공안을 제1칙에 수록하고 있는 점은 그러한 사실을 단적으로 말해 주고 있는 것이며, 사실 『무문관』 48칙의 공안은 조주의 무자공안 1칙을 중심으로 불법의 대의를 체득하도록 제시한 간화선의 기본 교재라고 말할 수 있다.

『무문선사어록』에 무문혜개 선사는 조주 무자화두에 대하여 **다음과** 같이 설하고 있다.

역대의 종사가 狗子 불성의 화두에 대하여 게송을 읊고 있다. 노승도 또한 한 게송이 있으니 여러분들께 보여 주리라. **일부러 이 도리는 설하지 않는다.** 만약 그대들이 확신을 얻고, 숙달하게 되면 生死의 언덕에서 대자유를 얻으리라고 하면서 다음과 같은 게송을 설하고 있다.

無無無無無　　無無無無無　　無無無無無　　無無無無無

무문의 이 게송은 문장으로 해석할 수가 없다. 그냥 無! 無! 無! 이 한 글자에 무문화상의 전체 면목을 모두 밝히려고 한 것이기 때문이다. 무문은 조주가 제시한 무자공안 한 글자에 근원적인 본래심을 관철하여 깨닫도록 제시하고 있는 것이다.

3. 『무문관』의 성립

『무문관』의 성립은 무문혜개의 後序에「남송 이종황제 소정 개원의 해(1228년) 하안거 해제하기 5일 전에 양기방회 선사의 문하 8대 법손인 무문비구 혜개가 삼가 기록함(時紹定改元解制前五日 楊技八世孫 無門比丘 慧開謹識)」이라고 하는 점으로 볼 때, 남송 이종황제 소정 원년(1228년) 7월 10일에『무문관』이 편집된 것임을 알 수 있다.

무문의 自序에도「혜개는 소정 무자년 하안거에 동가의 용상사에 대중을 지도하는 입장으로 있으면서 그곳에서 수행자(衲子)들이 법문을 간청(請益)함에 부응하여 드디어 조금씩 古人들의 공안을 가지고 학인들을 지도하는 교화의 방편으로서 수행자들의 근기에 따라서 학인들을 인도하였다. 그렇게 하여 하안거를 마치기 5일 전에 그 공안들을 집대성하여『무문관』48칙으로 편집하게 되었다.」라고 언급하고 있다.

『무문관』의 편저자인 무문혜개가 남송의 이종황제에게 올린 표문에 의하면, 소정 2년(1229년) 정월 5일, 황제의 탄생을 맞이하여 이 책을 세상에 출현시키고 있다.

「表文」중에 臣僧 혜개는 미리 소정 원년(1228년) 12월 5일 佛祖들이 깨닫게 된 機緣 48칙을 뽑아 주석을 하여 편집하고, 이를「今上의 황제 聖躬 萬歲萬歲 萬萬歲가 되도록 기도합니다.」라고 기록하고 있는 것처럼, 황제의 聖壽를 기원하는 지극한 충성심을 표현하고 있다.

이로 볼 때『무문관』은 소정 원년(1228년) 7월 10일 48칙이 이루어졌으며, 거기에 무문이 후서를 첨가하고, 동년 7월 30일에 진훈(壎)이 서문을 써서 그해 12월 5일에 인쇄하여, 이듬해인 정월 5일에「표문」을 써서 세상에 출현하도록 한 것이 첫번째 간행인 것이다.

습암진훈(習庵陳塤)은『송사』423권에 전기를 수록하고 있는데, 영종의 가정 연간(1208~1225)에 진사가 된 당시의 유명한 문장가이다.

현재 유통본인『무문관』은 혜개의 후서 뒤에 또 무문의 선잠이 부가되어 있는데 아마도 뒤에 첨가한 것이리라. 그리고 3년 후에 소정 경인(1230년) 봄에 무문혜개는 사명(浙江省) 서암사의 무량종수로부터 입승수좌로 초청받아 거기서『無門關』48칙을 강의(提唱)했다. 그때 무량종수 선사가 무문혜개에게 사의를 표명하여 지은 황용삼관에 대한 게송이 첨가되었다. 이것은『무문관』이 편집된 이후 얼마 지나지 않았을 때라고 할 수 있다. 무량종수 선사에 대해서 자세히 알 수는 없지만 그 역시 송대 임제종 五祖法演 → 圜悟克勤 문하 5세 법손의 선법을 이은 선승이다. 그가 지은『입중일용청규』는 오늘날까지 전하고 있다.

「禪箴」과「黃龍三關」이 첨가된『무문관』은 그로부터 얼마 뒤에 순우 을사 5년(1245년) 여름, 무관인 맹공이라는 사람이 발문을 써서 다시『무문관』을 간행했다. 맹공은『송사』112권에 전기가 수록되어 있는데, 字를「璞玉」이라고 하였고, 불교의 정신에 통달한 사람으로「無庵居士」라는 호를 가진 재가의 거사였다.

그런데『무문관』에 수록된 맹공의 발문은 단순한 중간의 발문이 아니라「스스로 나 무암도 쓸데없는 한 마디 말을 덧붙여 결국 49칙이 되었는데, 여기에 조금이라도 잘못된 점이 있는지 눈을 크게 뜨고 지적해 주기를 바란다.」라고 언급하고 있다.

이것은 발문의 처음에「달마대사가 西來하여 直指人心 見性成佛하도록 하였다. 그러나 곧바로 사람의 마음을 제시한다고 하는 것도 이미 빙 두른 일인데, 또다시 성불이라고 하는 말은 망령스러운 말이라고 하지 않을 수 없다.」라는 일절을 49칙으로 하려는 의도가 있었다고 생각할 수 있다. 그러나 무문관 뒤에 수록한 안만의 49칙의 말처럼,「본칙, 평창, 게송」이라는 형식을 분명히 취하지 않고 있기 때문에 단순한 발문으로 취급하고 있는 것이다.

『무문관』맨 끝에는 문관(文官) 안만(安晚)이라는 거사가 발문과 48칙어를 첨가하여 간행시켰다. 무문이 자서를 쓴 이후로 17년째가 되는 해이다. 안만은『宋史』414권에 전기가 실려 있는 정청지라는 문관인데, 순우 5년에 이종황제로부터 서호(杭州. 浙江省)의 기슭에 별장을 하사받고, 그 이듬해 순우 6년(1246년) 6월에는 이 별장에서 발문과 49칙어를 첨가하였다.

앞에서도 언급한 것처럼, 맹공의 발문이 첨가된 순우 5년(1245년)에『무문관』이 간행된 것은 분명한 일이지만, 안만의 발문과 49칙이 첨가된『무문관』이 간행된 것은 언제인지 분명하지 않다.

순우 6년은 무문혜개 선사가 호국 인왕사에 들어간 해이며, 이종황제의 귀의를 받고 선승으로서 최고의 대접을 받고 있었던 시기라고 할 수 있다.

이렇게 볼 때 당시 남송에서는 얼마나『무문관』이 많은 사람들에게 주목받고 있었는지를 짐작할 수가 있으며 재가의 거사들에게까지 호응을 받고 있었음을 알 수 있다. 이러한 상황에서 당시『무문관』을 요구하는 많은 불교인들이 있었기 때문에 맹공의 발문과 안만의 발문 및 49칙이 첨가된『무문관』이 간행되었다고 할 수 있다.

이렇게 볼 때『무문관』이 처음 간행된 이후 제3판의 간행이 되었다고 할 수 있는데, 무문혜개의 생존중에 3판 이상 간행되었다고 하는 것은『무문관』의 유포가 급속히 넓게 진행된 사실을 입증해 주고 있는 것이다.

앞에서도 언급한 것처럼,『무문관』은 원래 동가의 용상사에서 학인들을 위해 古人들의 공안(機緣)을 제시하여 학인들을 지도하는 접화의 부산물로서 만들어진 책이었는데, 일단 세상에 출현하자 많은 사람들에게 선을 통한 불법의 대의를 체득하는 간화선의 교재로서 환영받게 되었다.

『무문관』이 성립된 남송 이종황제의 소정 원년(1228년)은 원오극근(1063~1135) 선사가 설두중현(980~1052)의 송고 100칙을 강의(拈評)하여『벽암록』을 편집한 해로부터 대략 100년 뒤가 된다. 또한 조동종 계통의 천동굉지(1091~1157) 선사의 百則頌古를 만송행수(1246년 입적)에 의해 강의되어 示衆, 着語,

評唱이 첨가되어『종용록』이란 이름으로 세상에 출현하게 된 시기이다.

4.『무문관』의 유통

『무문관』의 원본은 중국과 한국에서는 그다지 많이 유통되지는 않은 것 같다. 일본 응영 12년(1405년) 廣園寺 계통의 한 종류만 있을 뿐이다. 이것은 무문혜개의 법을 이은 일본의 구법승 心地覺心이 일본으로 가지고 온 것으로『大正藏』48권에 수록한 것이다.

조선시대의 휴정은『선가구감』에『무문관』제1칙을 인용하고 있는 점으로 볼 때 한국에도 유통된 것은 사실이지만 간행된 것은 없다.

『무문관』은 간화선 수행에 필수적이며 대표적인 공안집이라고 할 수 있다. 그러나 한국에는 고려나 이조시대에『무문관』이 전래되어 유포된 사실을 찾아볼 수가 없다. 아마도 고려시대 보조지눌의 수선사 교단에서 간화선의 교재로 편찬된『선문염송집』이 널리 유포되었기 때문에『벽암록』이나『무문관』을 주목하지 않았던 것이 아닌가? 아니면 배불정책으로 불경과 선어록을 읽는 독서인이 없었기 때문이라고 생각할 수가 있다.

5. 간화선과『무문관』

무문혜개의『무문관』은 당송대 선승들의 어록에서 48칙의 공안을 채택하여 독자적인 평창(강의)과 게송을 첨가한 간화선의 공안집이라고 할 수 있는데, 48칙이라는 숫자에는 특별한 의미가 있는 것은 아니다.

또한 무문이 스스로「처음부터 前後를 체계 있게 배열한 것은 아니다.」라고 말하고 있는 것처럼, 48칙의 공안에 대한 배열도 특별히 고려한 것은 아니라고 할 수 있다.

특히 조주의 무자공안을 제1칙에 제시하여 번뇌망념의 중생심에서 무자공안을 참구하여 근원적인 본래심을 깨닫도록 하였고, 제2칙부터 48칙까지의 많은 사례의 공안을 제시하여 불법의 대의와 정법의 안목을 체득하여 지혜를 구족하는 수행자가 되도록 하고 있다.

사실『무문관』은 조주의 무자공안을 중심으로 깨달음을 체득하는 간화선의 공안참구서이다.

조주의 무자공안은 오조법연(?~1104)의 상당법문에서 처음으로 제기되었고, 원오극근(1063~1135)과 대혜종고(1089~1163)에 의해 간화선의 새로운 수행으로 대성되었으며, 무문혜개의『무문관』에 의해 공안을 참구하는 간화선 수행체계의 완성과 함께 새로운 지평을 열게 된 것이다.

특히 원오극근 선사는 제자 대혜종고를 다음과 같이 높게 평가하였다. 「종고는 진실로 나의 법체를 얻은 사람이다. 그가 세상에 출현하지 않았다면 임제종을 지탱할 인물이 없었다.」라고 찬탄한 걸출한 선승이었다.

사실 대혜종고에 의해 간화선이라는 송대의 새로운 수행법이 정립되었다고 할 수 있다.

간화란 옛 선승들이 불법을 체득하면서 제시한 선문답인 공안을 지혜의 눈으로 읽고 배우면서 불조의 지혜를 통해서 자기 자신의 본래면목을 체득하고 자신의 마음을 반조하여 자각하게 하는 마음의 거울(古鏡)로 삼는 공부이다.

특히 간화선은 당대 조사선의 사상적인 토대 위에 선승들의 어록과 선문답을 공부하는 수행으로 당말 五代에 실행되었으며 송대에는 대혜종고의 간화선이 널리 번창하였다.

간화선이란 당대 조사선의 선승들에 의해서 이루어진 선문답(대화)을 읽고 일상생활 속에서 불법의 지혜로운 삶을 구체적으로 실천할 수 있는 정법의 안목을 체득하는 수행이다.

당대 조사선의 선승들이 새로운 선수행의 하나로 개발한 선문답은 대승불교의 경전에서 주장한 空의 실천사상을 일상생활하는 가운데 선문답이라는 대화와 구체적인 일상행동으로 전개하였다.

즉 대승불교의 반야경전에서 주장한 無住, 無相, 無縛, 不動, 無所有, 無執着 등 中道의 실천사상을 완전히 소화하여 구체적인 생활 속에서 선문답이라는 대화로 전개한 것이다.

또한 자각의 주체로서 부처가 될 수 있는 가능성인 불성사상을 체득(見性)하여, 번뇌망념의 속박에서 벗어나 깨달음의 반야지혜로 일상생활의 대화로서 실천하도록 궁리된 것이다.

사실 대승불교의 경전에 마음을 비우고 無住로 無相으로 하라는 空의 실천을 체계 있고 논리적으로 자세하게 설명하고 있지만 구체적으로 어떻게 해야 하는지 중국의 선승들은 의문이 생긴다.

천태지관이나 삼론현의에서도 체계 있게 논리적으로 기록하고 있지만 역시 구체적으로 실천하기란 쉬운 일이 아니며, 또 그렇게 실천한 사람도 없었다. 왜냐하면 인도불교는 법의 종교문화로 제시되었고, 법의 종교는 因과 緣이라는 인연법으로 시간과 공간의 법계에서 논리적인 법체계로서 체계 있게 설명하고 있지만, 중국인들은 논리적인 사고가 빈약하기 때문에 이러한 논리적인 법의 체계를 이해하기가 쉬운 일이 아니었다.

중국인들은 현실긍정적인 사고가 강한 민족으로 이러한 인도불교를 구체적인 일상생활 속에서 道의 종교문화로 발전시켜서 중국인들의 생활종교로 정착시켰다. 그것이 마조가 주장하는 平常心是道나 無心是道라고 주장하는 당대의 조사선이다.

당대의 선승들은 대승불교의 근본정신을 불법의 대의라는 말로 제시하여 불법의 대의를 체득한 선승이 되도록 강조하고 있다. 즉 『육조단경』에 오조홍인이 대중들에게 불법의 대의를 체득한 사람은 각자 자신이 체득한 불법의 지혜로서 게송을 하나씩 지어 나에게 제시하라고 지시하고 있는 말은 중국 선불교의 입장을 대변하고 있는 것이다.

당대의 선승들은 불법의 대의를 체득하기 위해서는 경전을 읽고 사유하는 看經과 어록을 읽고 사유하는 看話라는 교육 이외에 선문답이라는 대화로서 불교의 근본정신을 완전히 체득하도록 하여 생활의 대화나 행동으로 구체적인 일상생활 속에서 실천할 수 있도록 제시한 것이다.

예를 들면 『반야경전』에서 주장한 無住나 無相 등의 실천을 용수는 『중론』등에서 中道의 실천으로 제시하고 있지만 中道의 구체적인 실천을 전개한다는 것은 어떻게 해야 하는 것인지 문제가 되었고, 中道라는 철학적인 말을 완전히 이해하기도 어려웠다.

이러한 인도불교의 논리적인 한계를 벗어나 반야사상과 불성사상을 완전히 체득한 남종선의 선구자 하택신회는 中道의 실천을 마음에 번뇌망념이 없는 無念의 실천으로 제시하여 쉽게 생활 속에서 실천하도록 하였다.

또한 조사선에서는 더욱 발전하여 中道의 실천을 無心으로 제시하여 반야바라밀의 실천을 구체적인 생활 속에서 누구나 쉽게 생활의 종교로 전개하도록 하고 있다. 그래서 無心是道라고 강조하고 있다.

선의 수행이나 깨달음의 생활이란 구체적인 인간의 일상생활을 떠나서 실현될 수 없는 것이기 때문에 중국 조사선 선승들은 불법의 정신을 구체적인 생활 속에서 번뇌망념을 초월하여 반야의 지혜로서 생활종교를 전개하는 방법을 선문답이라는 대화로서 개발한 것이다.

말하자면 대승불교 근본 정신인 반야사상과 불성사상을 대승경전을 통해서 완전히 소화하여 불법의 玄旨(大意)를 체득하여 일상생활 속에서 구체적인 대화와 행동으로 전개한 것이다.

따라서 師資間이나 선승들간에 서로 대화하고 행동하는 가운데 불법의 정신(현지)을 완전히 체득하지 못하고, 정법의 안목(正法眼藏)을 구족하지 못한 사람이 잘못된 견해로서 대화를 하게 되거나 행동을 하게 되면 그대로 비판받고 지적되었다.

선승들간에 선문답으로 대화가 되기 위해서는 불법의 대의(현지)를 완전히 체득하고 정법의 안목이 구족되어야 가능한 것이다. 이러한 정법의 안목을 구족한 사람을 스승이 제자에게 以心傳心으로 불법을 전한다고 한다. 이심전심으로 불법을 전한다고 하는 것은 즉 정법안장을 구족한 제자를 인가하는 것이며, 이것이 바로 敎外別傳인 것이다.

당대의 선승들은 이러한 선문답으로 철학적이고 주석적인 불교를 인간이 생활하는 구체적인 일상생활의 종교로 새롭게 정착시키게 된 것이다.

따라서 당말과 송대의 선승들은 경전을 통한 불법공부보다도 선승들의 어록을 통해서 하는 불법공부가 더욱 더 쉽게 이해할 수 있고 또 피부에 와서 닿는 생활의 종교라는 사실을 자각하게 되었고, 어록을 읽고 공부해야할 필요성을 요하게 되었으며, 또한 선승들이 직접 일상생활 속에서 펼친 사례(판례: 공안)를 통해서 생활상에서 전개한 불법을 체득할 수 있게 되었다.

송대 선승들은 당대의 어록을 공부하여 구체적인 생활 속에서 전개한 다양한 사례의 불법지혜를 체득하는 공부가 자연히 성행하게 되면서 간화선이 널리 일반화된 것이다.

송대의 간화선은 당대의 조사선 선승들의 선문답을 기록한 어록을 읽고 공부하여 구체적인 생활 속에서 불법의 안목을 체득하는 지혜를 배우는 공부이며 수행인 것이다. 이러한 선불교의 수행과 교육은 중국인들의 상고주의적인 정신이 뒷받침하고 있는 것이라고 할 수 있다.

당대 조사선의 선승들이 어록을 읽고 배우며 안목을 체득하려고 하는 공부는 당대의 선승들 사이에도 성행하였다. 훌륭한 선승들의 설법이나 법문을 듣고 메모지나 노트에 기록하여 돌려보면서 토론하고 담론하면서 안목을 체득한 전등록의 이야기는 그러한 사실을 단적으로 제시하고 있으며, 이러한 메모집이 모여서 어록이라는 장르가 탄생하게 된 것이다.

간화선의 공안공부와 수행이 본격적으로 시작된 것은 『조당집』(952년 성립)과 『전등록』(1004년 성립)이 편집되면서 성행하게 되었다. 당말이나 송대에 선승들이 상당법문하는 가운데 당대 선승들의 선문답과 대화를 인용하여 법문의 소재로 제시하고 있는 것도 똑같은 입장이다.

유명한 조주선사의 무자화두(公案)를 최초로 제시한 오조법연의 상당법문은 무자공안을 출현하게 된 요인이 된 것이다. 사실 간화선은 오조법연 선사의 법문을 통해서 널리 일반화되고 성행되었다고 할 수 있다.

대혜의 『종문무고』 下卷에 오조법연 선사가 선지식을 찾아가서 당대 선승들의 공안을 참구하는 이야기를 다음과 같이 전하고 있다.

오조법연 선사는 처음 원조종본 선사의 문하에서 공부할 때 古今 선승들의 公案을 모두 깨쳤으나, 어떤 스님이 홍화존장(830~888)에게 질문한 다음의 공안에 대해서는 알 수가 없었다.

「어느 스님이 홍화선사에게 질문했다. '사방 팔방에서 닥쳐올 때는 어떻게 합니까?' '중간을 쳐라.' 그 스님이 절을 하자 홍화선사가 말했다. '내가 어제 마을의 제사에 가다가 도중에 때아닌 폭풍우를 만나 옛 사당에 들어가서 비바람을 피할 수가 있었다.'」

오조법연 선사는 이 공안을 가지고 또다시 가르침을 청하자, 그것은 임제의 가풍이니 그의 자손에게 찾아가서 질문해 보라고 하였다. 오조화상은 그 말대로 부산법원 선사를 친견하고 그 공안에 대하여 가르침을 청하자, 법원선사는 말했다.

'이런 비유를 들 수가 있다. 마치 서너 집 되는 촌 마을에 땔감장수가 긴 막대의 양쪽에 땔감을 담아 둘러메고 중간 書堂에서는 오늘 무슨 일을 하려느냐고 묻는 것과 같다.'

이 말을 들은 법연선사는 그런 경계는 대수롭지 않다고 하였다. 당시 부산법원 선사는 이미 늙어서 귀가 어두웠으므로 마침내 한 사람의 젊은 선지식을 찾아가 보라고 하였다. 그가 바로 백운수단 선사였다.

부산법원 선사는 말했다. '내가 그를 알지는 못하나 임제의 삼돈방(三頓棒) 인연에 붙인 게송을 보니 그의 견지가 고결하였다. 그를 찾아가서 물으면 문제를 해결할 수가 있을 것이다.'

오조법연 선사는 그의 말을 따랐다.

이 일단은 오조법연 선사가 안목 있는 선지식을 찾아다니면서 당대 선승들의 공안을 참구하여 불법의 대의를 체득하는 수행자의 구도생활에 대한 일면을 전하고 있다. 즉 이것은 당대 선승들의 선문답(고칙공안)을 참구하는 간화선 수행이 일반화되고 있음을 전하고 있는 것이다.

그리고 오조법연 선사가 문제로 삼고 있는 공안은 선문답을 통해서 불법의 대의를 체득하도록 제시하고 있는 대표적인 선문답이다.

즉 어떤 스님이 홍화선사에게 '사방 팔방에서 번뇌망념이 닥쳐올 때는 어떻게 해야 합니까?'라는 질문에 홍화화상은 '중간을 쳐라!'라고 대답하고 있다.

이 일단은 대승불교의 中道에 대한 구체적인 실천방법을 질문하고 대답하고 있는 선문답이다. 사방 팔방에 대한 중간인 中道의 실천은 일체의 차별세계를 초월한 경지를 말한다. 그것은 자기의 근원적인 본래심으로 되돌아간 경지이다. 그래서 홍화화상은 비유로 땔감장수가 마을에 내려가서 중간 서당에 무슨 일이 있느냐?고 질문하는 것과 같다고 말하고 있는 것이다.

중간 서당이나 中道는 지금 여기 자기의 본래심의 집을 비유로 하고 있는 것이다. 사방 팔방의 번뇌가 닥쳐올 때는 일체의 차별 경계를 초월한 근본의 본래로 되돌아가는 것이 중도이며 깨달음의 경지인 것이다. 이와 같이 당대의 선승들은 대승불교의 근본정신을 경전이나 논장에서 설명하는 어려운 논리체계로 말하지 않고 구체적인 생활의 현장인 마을이나 중간 서당이라는 집을 비유해서 체득하도록 하고 있는 것이 당대 선승들의 선문답이라고 할 수 있다.

또한 송초에 많이 만들어진 당대 조사들의 선문답(공안)에 대한 송고집이 편집되고 있는데, 송대에 편집된 송고집은 당대 선승들의 어록과 『조당집』 『전등록』 등에서 발췌하여 편집한 것이다.

송고집은 공안에 대한 이해와 정법의 안목을 토대로 하여 자신이 공안공부로서 체득한 看話에 대한 견해(眼目)를 코멘트로 제시하고 있는 게송문학이다. 정법에 대한 안목이 없는 선승은 이러한 작품을 출간할 수도 없으며, 또한 졸작은 비판의 대상이 되기도 한다.

송대 송고집으로 유명한 것은 다음과 같다.

임제종　汾陽善昭(947~1024)의 頌古 100칙(『汾陽錄』).
운문종　雪竇重顯(980~1052) 頌古 100칙(圜悟克勤의 評唱 『碧巖錄』).
　　　　　雪竇重顯(980~1052) 拈古 100칙(圜悟克勤(1063~1135)의 『擊節錄』).
임제종(간화선)　大慧宗杲(1089~1163) 『正法眼藏』 3권. 661칙.
조동종(묵조선)　投子義靑(1032~1083) 頌古 100칙(林泉從倫의 評唱 『空谷集』).
　　　　　　　　　丹霞子淳(1064~1117) 頌古 100칙(林泉從倫의 評唱 『虛堂集』).
　　　　　　　　　宏智正覺(1091~1157) 頌古 100칙(万松行秀의 評唱 『從容錄』).
　　　　　　　　　굉지정각(1091~1157) 拈古 100칙(万松行秀의 評唱 『請益錄』).
　　　　　　　　　無門慧開(1183~1260) 頌古 48칙(『無門關』).

그 밖에 송대 선종에서는 당대 선승들의 선문답을 역사적으로 집대성한 공안집이 많이 편집되었다. 예를 들면 송대에 편집된 『조당집』 20권, 『전등록』 30권, 『전등옥영집』 15권, 『천성광등록』 30권, 『속등록』 30권, 『연등회요』 30권, 『종문통요집』 10권, 『보등록』 30권, 『오등회원』 20권, 『속전등록』 36권, 『오등엄통』 25권, 『오등전서』 120권 등도 모두 선승들의 법통과 법문을 기록한 공안집이라고 할 수 있다.

고려시대 혜심(1178~1234)은 『禪門拈頌集』 30권을 편집하여 1,125칙의 공안을 집대성하였는데, 『선문염송집』은 수선사의 간화선 공부의 기본 교재라고 할 수 있다.

일본 조동종의 개창자인 도우겐(道元)도 『정법안장』 100권의 법문집과 『정법안장』 300칙의 공안집을 교재로 편집하였다.

무문혜개의 『무문관』 48칙은 이상 송대의 공안집에 비유하면 일부에 지나지 않는다. 그러나 수많은 공안집 가운데서 불법의 안목을 체득할 수 있는 핵심적인 공안을 선택하여 학인들의 안목을 체득하도록 평창과 게송으로 제시하고 있다.

특히 『무문관』은 간화선 수행의 완성을 의미하는 근본 교재로서 중요한 역사적인 의의가 있다.

즉 고정된 어떤 하나의 문이 없는 관문이라는 의미로서 『무문관』이라는 제목을 붙이고 있는 점은 간화선을 수행하는 사람이 『무문관』에서 제시하고 있는 48칙의 기본 공안을 체득하지 않고서는 불법의 관문을 통과할 수 없다는 의미를 부여하고 있는 것이라고 할 수 있다.

「고정된 문이 없는 관문」이란 불법의 대의를 체득해서 통과해야 할 관문이다. 고정된 문이 없다는 말은 사실 일체의 모든 곳이 문이라는 말인데 일체의 모든 곳이 문이기 때문에 더욱 찾기 어렵다.

무문혜개는 『무문관』의 서문에 다음과 같이 주장하고 있다.

「佛語心을 근본 종지로 하고, 無門을 법문으로 한다. 그런데 정해진 문이 없다면 그 문을 어떻게 통과해야 할 것인가? '문을 통해서 들어온 것은 참된 보배가 될 수 없으며, 인연에 의해 이루어진 것은 시작과 마침이 있기에 성립과 파괴가 있다.'라고 말하고 있지 않은가」라고 문제를 제기하고서 게송으로 다음과 같이 읊고 있다.

대도를 체득하는 것은 고정된 문이 없지만, 그 문은 또한 어떤 길에도 통하고 있다. 이 無門의 관문을 통과한다면 그는 천지를 자유롭게 활보하리라(大道無門, 千差有路, 透得此關, 乾坤獨步)」

佛語心은 깨달음의 佛心을 말한다. 불성을 깨닫고 견성성불을 이룬 입장이라고 할 수 있다. 고정된 문이 없는 무문을 법문으로 한다는 말은 일체의 모든 곳을 불법의 지혜로운 삶을 전개하는 문(곳)으로 삼는다는 말이다. 大道無門은 이러한 경지를 말한다.

즉 불법의 근본정신을 체득하여 정법의 안목을 구족한 반야의 지혜로 언제 어디서나 자유롭게 깨달음의 생활을 할 수 있도록 하기 위해서는『무문관』48칙에 제시한 공안을 통과해야 한다는 의미를 강조하고 있다.

『무문관』48칙은 이러한 입장에서 대혜종고가 대성시킨 간화선의 입장을 새롭게 기본 수행체계를 재편하고 있는 것이다. 앞에서도 언급한 것처럼,『무문관』48칙은 간화선의 수행체계를 두 가지 골격으로 제시하고 있는 것이다.

즉 제1칙의 조주 무자공안은 번뇌망념의 중생심에서 불심을 체득하는 견성성불의 방편적인 공안이며, 제2칙부터 48칙의 공안은 불법의 대의를 체득하고 정법의 안목을 구족하게 하기 위한 모범적인 사례(공안)를 제시하고 있는 것이다.

조주의 무자공안은 간화선 수행의 핵심적인 공안이다. 그래서 대혜종고가『대혜서』등에서 강조하고 있는 것처럼, 수행자가 일상생활하는 가운데 번뇌망념이 일어났을 때 무자공안을 제시하여 자각(提撕擧覺)하라고 주장하고 있다.

이러한 수행은『좌선의』에서「번뇌망념이 일어나면 번뇌망념이 일어난 사실을 자각하라. 번뇌망념이 일어난 사실을 자각하면 번뇌망념은 없어진다(念起卽覺 覺之卽失)」라는 수행의 요체를 토대로 하고 있는 것이다.

그래서 선은 자각의 종교라고 한다. 깨달음이나 자각은 각자의 근원적인 본래심의 지혜작용임과 동시에 번뇌망념의 중생심을 불심으로 전환시켜 頓悟見性을 이루는 수행이 된다. 見性成佛은 중생심을 불심으로 전환하는 자각에 의해서 이루어지는 것이다.

『무문관』제1칙에 조주의 무자공안을 제시하고 있는 것은 간화선의 핵심적인 수행체계인 무자공안을 참구하는 방법을 구체적으로 정리하고 있는 것이다. 무문은 제1칙의 평창에 많은 지면을 할애하여 대혜종고가 주장하는 간화선의 수행정신을 요약함과 동시에 독자적인 간화선의 수행의미를 강조하고 있다.

조주의 무자화두를 참구하는 방법은 『무문관』제1칙의 해설과 필자의 「간화선의 수행체계」에서 자세히 언급하기 때문에 여기서는 생략하지만, 번뇌망념이 일어났을 때에 「無!」라고 하는 근원적인 마음의 목소리를 자각하도록 하는 것이다. 여기서 자신이 마음의 소리로 내는 「無!」라는 소리는 자신의 소리가 아니다.

즉 「無!」라는 근원적인 본래심의 소리는 單音節, 一音節이며 상대적인 분별 이전의 소리이기 때문에 聲前一句라고 한다. 소위 선어록에서 말하는 「父母未生以前의 本來面目」의 지혜작용이다.

때문에 법신의 法音이라고 한다. 我相, 人相 등 주관과 객관이라는 차별과 상대가 끊어진 不二, 不異의 경지인 근원적인 본래심의 소리이기 때문에 법신의 법음이 된다. 법신은 자각적인 깨달음의 지혜작용을 말한다. 따라서 깨달음의 자각적인 지혜와 법신과 법음은 모두 일체가 되는 것이며, 불성의 지혜작용이 동시에 작용되는 것이다. 임제는 이러한 법신의 법음을 靈音이라고 하고, 『능엄경』에서는 관세음보살의 耳根圓通이라고 설하고 있다.

선불교에서 깨달음의 체험을 청각형과 시각형으로 나누고 있다. 청각은 선승들이 종소리나 북소리를 듣고 자각(깨달음)하는 체험을 말한다. 향엄지한이 기와조각이 대나무에 부딪치는 소리를 듣고 깨달았다고 주장하는 사례가 모두 청각형의 체험자라고 할 수 있다.

간화선에서 무자화두를 참구하도록 하는 것은 청각적인 자각체험을 하도록 제시한 것인데, 그 모델이 되는 공안이 『무문관』 제12칙에 제시하고 있는 서암화상이 주인공을 부르는 공안이다. 즉 서암화상은 매일 자신이 스스로 「주인공아!」라고 부르고, 또 자신이 스스로 「예!」라고 대답하고는 「깨어 있도록 하라!」라고 자신에게 주의하고 있는 수행방법이다.

번뇌망념의 중생심으로 본래심인 불성을 잃어버린 자신을 되찾는 수행구조를 서암화상은 스스로 「주인공아!」라고 부르면서 자각하도록 하고 있다.

조주의 무자화두를 참구하는 목적은 번뇌망념의 중생심을 본래심으로 전환하여 자각을 체득하게 하기 위한 방편인 것이다. 그래서 공안을 남의 집 대문을 두드리는 기와조각이라고 비유하고 있다. 주인을 부르는 소리인 것이다. 주인이 나타나면 자신이 주인이 되어 일상생활을 지혜로운 생활로 살아가게 되는 것이다. 참선은 일상생활 매사를 경계와 차별세계에 떨어지거나 집착하지 않고 자신이 일체의 경계를 마음대로 주인이 되어 활용하면서 지혜로운 삶을 살기 위한 것이다.

임제는 「곳에 따라서 주인이 되면 자신이 있는 그곳이 바로 깨달음의 생활 공간이다(隨處作主 立處皆眞)」라고 주장하고 있으며, 운암은 「잠시라도 주인이 외출하고 없으면 죽은 사람과 같다(暫時不在 如同死人)」라고 주장하고 있다. 죽은 사람이란 번뇌망념에 떨어져 주인공을 상실하고 중생심이 되어 불심의 지혜작용이 없는 사람을 말한다.

그리고 『무문관』 제2칙부터 48칙까지의 모든 공안은 유명한 선승들이 불법의 대의를 체득하는 지혜의 법문을 제시하고 불법의 정신을 체득하고 정법의 안목을 구족하는 공안으로 제시하여 무문이 평창하고 독자적인 안목으로 게송을 읊고 있다.

사실 간화선이란 본래심으로 선승들의 어록을 읽는 看話의 수행방법을 말한다. 조주의 무자를 참구하여 본래심을 깨닫는 것과 제2칙에 제시한 「백장의 들여우」에 대한 공안을 읽고 불법의 대의를 체득하는 공부도 불심의 지혜작용인 것이다.

조주의 무자공안을 참구하는 것은 일상생활하는 가운데 번뇌망념이 일어나면 곧바로 불심으로 전환하는 자각적인 체험을 만드는 방편으로 제시한 간화선의 공안이라고 할 수 있다. 조주의 무자공안을 참구한다고 불법의 대의나 불심의 지혜가 체득되는 것은 아니다. 불심의 지혜는 경전을 통해서 많은 부처님의 지혜를 배우고 익히고 사유하여 체득해야 하며, 어록을 읽고 사유하며 자신의 경지로 만들어야 하는 것이다.

따라서『무문관』제2칙 이후의 모든 공안은 일상생활을 하는 가운데 다양한 경계를 만나거나 진퇴양난의 어려운 문제나 사건에 직면했을 때는 불법의 지혜를 어떻게 활용해야 할 것인가? 말하자면 인간이 사바세계에 살아가는 불법의 다양한 지혜를 구체적인 사건과 사례(判例)를 통해서 체득하는 방법을 제시하고 있다.

부처님도 8만4천의 지혜를 구족했기 때문에 수많은 중생의 心病을 진단하고 처방하고 치료할 수 있었던 것이다. 부처님의 혜명을 계승한 이 시대의 선지식으로서 선승이 구족해야 할 것은 불법의 대의를 체득하고 다양한 불법의 지혜를 구족해야 이 시대의 중생들을 제도하고 다양한 선병(心病)을 진단하고 처방하고 치료해 줄 수가 있는 것이다.

선승들은 수많은 대승경전, 어록, 공안을 읽고(看話)서 불법의 대의와 다양한 사례(判例)를 통해서 지혜를 구족해야 한다. 어록을 읽고 불법의 지혜를 체득할 수 있는 기본 관문의 교재가『무문관』48칙의 공안인 것이다.

즉『무문관』에 제기하고 있는 선승들의 법문과 선문답을 깊이 사유하며 참구하고 불법의 대의를 체득하도록 제시한 공안이다.

참선이란 본래심을 참구하는 수행을 말한다. 아무 생각 없이 앉아 좌선하는 것이 선이라고 한다면 지혜의 작용이 없는 멍청한 수행자가 된다. 흔히 이러한 수행자를 지혜의 작용이 없는 無記라든가 흑산의 귀신굴에 떨어진 사람이라고 비난하고 있다.

참선이란 思惟修이다. 사유한다는 것은 지혜의 작용이다. 번뇌망념의 작용과 지혜의 작용을 구분하지 못하는 사람은 좌선도 참선도 하지 못하는 안목 없는 사람이다. 불법의 대의는 사유하는 지혜의 작용을 통해서 체득되는 것이지 앉아 있다고 그냥 얻어지는 것이 아니다.

또한 좌선하며 앉아서「무자공안」을 참구하고「이뭣고」를 참구한다고 체득되는 것이 아니다.

대승경전에서 제시하고 있는 반야바라밀의 정신과 불성의 작용에 대한 부처님의 말씀을 철저하게 배우고 익혀서 경전의 지식을 깊이 깊이 사유하여 지식을 지혜로 바꾸는 轉識得智의 경지를 체득해야 한다.

또한 경전의 정신을 법문으로 제시한 선승들의 대화나 공안도 철저하게 불법의 대의를 토대로 하여 깊이 사유하고 음미하여 자신의 지혜로 소화시키지 못하면 생활의 지혜로 활용할 수가 없는 것이다.

당대의 선승들이 매일 정기적으로 설법하고 수시로 설법하고 생활하는 가운데에서 대화와 행동으로 보여 주며 지시한 법문을 제자들은 행주좌와의 일상생활하는 가운데 항상 깊이 사유하고 자신의 것으로 만들었다.

경전과 어록을 통해서 불법의 대의를 체득하지 못하고 정법의 안목을 구족하지 못한 선승은 선문답을 나눌 수가 없고, 법문을 할 수가 없었으며, 중생교화의 위대한 보살도를 실현할 수가 없다. 그래서 법문을 설하지 못한 선승을 염소와 같은 승려라고 비난하고 있는 것이다.

『무문관』48칙 공안은 간화선 수행자가 반드시 통과해야 할 기본 교육이며 교안인 것이라고 할 수 있다. 무문혜개도 이 48칙의 공안을 통과한 사람은 천지를 자기 마음대로 독자적인 삶을 살 수 있게 되리라고 읊고 있다. 반야의 지혜를 체득한 사람은 허공에 새가 날아다니는 것처럼, 사바세계에서 무애자재한 삶을 살 수 있는 것이다.『반야심경』에서 설하고 있는「色卽是空 空卽是色」의 세계를 무문은 大道無門이라고 설하고 있다.

이상『무문관』48칙의 수행구조를 정리하면 다음과 같다.

```
                  ┌─ 禪定(止 : samatha) 번뇌망념의 중생심을 불심으로 전환. 苦에서 해탈
                  │
                  │  본래심의 자각방법(방편)은 무문관 제1칙 조주의 무자공안 참구
                  │
   ╭─────╮       ├─ 망념의 자각과 頓悟見性 見性成佛. …… 念起卽覺 念念自覺
   │  禪  │       │
   │本來心 │───────┤
   │安身立命│      ├─ 思惟(觀 : vipasayna) 불법의 대의를 사유. 사유는 불성의 지혜작용.
   ╰─────╯       │
                  │  看經과 看話. 공안공부. 구체적인 사례를 통한 많은 방편지를 체득하는 것
                  │
                  │  무문관 제2칙~48칙 및 선종어록의 모든 선문답(공안)
                  │
                  └─ 불성의 전체작용(지혜작용). 법신의 지혜. 자각(깨달음)적인 생활
```

看話禪 수행과 公案工夫

한국선문화연구원 정성본

1. 序 言

송대 오조법연 선사에 의해 새롭게 전개된 간화선의 수행은 원오극근 선사를 거쳐서 대혜종고 선사가 새로운 선수행 방법으로 대성시켰다.

송대의 선수행으로 정립된 간화선의 성립배경을 간단히 말하자면, 당대 조사선의 정신을 부흥하고 재건하여 올바른 불법을 깨닫고 사상을 갖춘 안목 있는 수행자를 배출하기 위한 것이었다.

즉 조사선의 주장인「卽心是佛」이나「平常心是道」의 정신을 宋初의 선승들은 불법의 정신을 배우고 익히지도 않고, 또한 철저한 깨달음의 체험도 없이 글자 그대로 안이하게 받아들여 불법과 조사선의 정신을 타락시키는 일부의 선승들이 많이 있었다. 일체중생이 구족하고 있다는 불성(부처의 가능성)이 그대로 지혜와 인격을 구족한 능력의 부처로 착각해 버리고, 信解行證과 수행과 체험으로 불법을 자기 자신의 지혜와 인격으로 만들어서 생활의 지혜나 선사상으로 확립하지 못한 사상 없는 수행자들을 구제하기 위해서 간화선을 주장하게 된 것이었다.

대혜종고가 대성시킨 송대의 간화선은 불교의 경전과 당대의 뛰어난 선승들의 어록이나『조당집』『전등록』등에 전하는 공안을 깊이 사유(看話)

하여 철저한 공안공부로서 불법의 대의와 사상을 체득하여 정법을 바로 볼 수 있는 안목 있는 수행자로 만들기 위한 새로운 선불교의 교육방법이라고 할 수 있다.

따라서 송대의 간화선은 당대 조사들의 법문이나 선문답(禪問答) 등을 깨달음을 체득하는 하나의 사례(判例: 公案)로 간주하고 선승들의 어록과 대화를 마음의 눈으로 읽고(看) 사유하여 불법의 대의를 체득함과 동시에 정법을 바로 볼 수 있는 지혜의 안목(正法眼藏)을 구족하기 위한 새로운 선수행 방법인 것이다.

말하자면 선례를 중시하는 상고주의적인 정신이 철저한 중국민족이 대승불교의 경전과 당대 조사들의 선문답을 깨달음의 선례(判例)인 공안으로 간주하고, 선승들의 공안을 참구하여 각자의 깨달음의 경지를 체득하고 정법의 안목을 이루는 방편으로 사용한 것이 간화선이다.

송대 간화선의 수행체계는 조주의 무자화두 참구와 공안공부(看經, 看話)라는 두 가지 골격으로 이루어진 방법이라고 할 수 있다.

즉 조주의 무자공안을 참구하여 번뇌망념의 중생심에서 각자의 근원적인 본래심(불성)을 깨닫는 무자공안을 참구하는 방편과 대승불교 경전과 선승들의 어록 등에 전하는 불교사상과 수많은 법문, 선문답 등의 다양한 사례와 판례(공안)를 깊이 사유(看)하여 정법의 안목을 체득하고 많은 지혜를 구족하는 공안공부를 병행하는 수행인 것이다.

그런데 현재의 한국불교에서는 고려시대 보조지눌과 혜심 등 수선사의 정혜결사 이후로 간화선의 수행체계와 전통을 계승하고 있으면서도 주로 무자공안을 참구하는 선수행이 중심이 되고 있고, 주지나 조실이 어록이나 『벽암록』『무문관』 등을 제창하여 정법안목을 갖추는 看經과 看話로서 불법의 대의를 체득하는 공부와 정법의 안목을 구족하는 본질적인 간화선의 공안(公案)공부는 등한시되고 있다.

不立文字, 敎外別傳의 의미를 잘못 이해한 정법에 안목 없는 선사들이 경전이나 어록, 선문답을 제대로 후학들에게 가르치지도 못하고, 학인들이 경전이나 어록 등을 읽고 보는 것도 허용하지 않는 것은 불법의 본질과 정신을 모르는 불교인들을 만들고 있는 안타까운 현실이다.

불법의 본질과 정신을 선어록의 교육을 통해서 배우고 익혀서 철저히 체득하지 못한 선수행자는 자기 자신이 불교인으로서 올바른 정법의 안목을 갖춘 수행을 할 수도 없을 뿐만 아니라, 참된 불교의 정신과 가치관을 토대로 지혜로운 삶과 인격형성을 할 수 없으며, 또한 중생구제의 보살도를 실행할 수가 없는 것이다.

요즘 제기되고 있는 한국불교 간화선수행의 문제점을 아예 무시하고 등한시 할 것이 아니라, 한국불교의 전통적인 간화선수행의 제반문제를 비판적으로 검토하고 자성하여, 올바른 간화선의 수행방법과 공안공부, 간화선의 교육방법 등을 파악하여 이 시대를 이끌고 갈 수 있는 안목 있는 수행자를 양성하고 배출시켜서 올바른 선불교의 정신을 계승하도록 해야 한다.

한국불교는 교단과 강원, 선원의 교육, 대학교육 등 여러 가지 지도방법의 문제점이 다양하게 돌출되고 있다. 이것은 시대에 맞지 않는 교육 프로그램이나 교육방법 등 많은 이유가 있겠지만, 출가 재가의 불교인이 전통적인 간화선 수행에 대한 올바른 교육이나 수행방법의 문제, 불법정신을 바로 알지 못하고 바른 수행생활을 하지 못했기 때문인 것이다.

더군다나 불교인들이 불법의 정신을 제대로 모르고 수행하고 있다는 사실은 무슨 말로서 대변해야 하는가? 불교인들은 철저히 아프게 각성해야 한다. 선불교의 수행과 정신으로 이 시대와 미래 인류를 깨달음의 길로 이끌어갈 새로운 길을 제시해야 할 시대적인 요청에 직면하고 있다는 사실을 자각해야 한다.

필자의 이 논문이 불교인들이 새롭게 발심하여 경전이나 어록, 공안을 참구하여 정법의 안목을 구족하는 불법공부와 자기 자신을 번뇌망념의 중생심에서 깨달음의 불심으로 지혜롭고 평안하게 살 수 있는 구도자의 수행생활을 철저히 확립하고, 한국불교 간화선 수행의 전통을 재정립하고 올바른 선수행이 실행될 수 있는 계기가 되기를 간절히 바란다.

2. 선수행의 기본 구조

간화선의 수행체계는 대승불교의 수행체계를 간화선이라는 방법으로 새롭게 응용한 것이다. 따라서 불교의 수행체계를 통해서 간화선의 수행체계를 올바르게 이해하는 방법을 알아보자.

대승불교의 수행체계를 정립한『대승기신론』의 止觀門에는 다음과 같이 선불교의 실천구조를 제시하고 있다.

어떻게 지관문을 수행해야 하는가? 여기서 말하는 止란 산란된 마음을 안정시켜서 마음에 어떤 대상의 모양(相)이 나타나지 않도록 하는 것(곧 心眞如를 念하는 것)이다. 범어로 사마타(samatha: 寂靜)의 수행(觀)을 실행하는 것이다.

또한 여기서 말하는 觀이란 여러 가지 현상의 인연에 따라 일어나는 마음의 작용(心生滅의 相)을 분명히 파악하는 지혜이다. 이것은 범어로 위빠사나(vipasyana: 智慧. 正見)의 수행을 하는 것이다.

그러면 止와 觀을 어떻게 일치(隨順)하도록 해야 하는가? 사마타(止)와 위빠사나(觀)의 수행을 점차로 수습하여 이 두 가지의 수행이 하나가 되어 실현하도록 하는 것이다.

　(云何修行止觀門. 所言止者. 謂止一切境界相. 隨順奢摩他觀義故. 所言觀者, 謂分別因緣生滅相. 隨順毘鉢舍那觀義故. 云何隨順. 以此二義漸漸修習. 不相捨離雙現故.) (『大正藏』32권 582쪽, 上)

여기서 말하는 止란 samatha로서 寂止, 寂滅, 無念의 실천을 말한다. 즉 마음속에서 일어나는 일체의 산란심이나 번뇌망념을 멈추고 본래 적정의 세계로 되돌아가도록 하는 수행을 말한다. 일반적으로 좌선 수행을 통하여 禪定 三昧에 든다고 함은 사마타(止)의 실천을 말하는 것이다. 선정의 삼매인 사마타(止)의 실천으로 根本 無分別智를 체득하는 요인이 되며, 이로 인하여 깨달음의 경지인 眞如門에 들게 된다.

그리고 觀이란 vipasyana로서 直觀, 智慧, 正見이라는 의미인데 일체 만법의 참된 실상을 관찰하는 지혜를 말한다. 즉 법을 관찰(觀察)하고 修習하는 수행으로 진리나 진실, 일체의 모든 만법을 관찰하는 것이다.

불교의 근본진리인 사성제나 인연법, 연기의 법칙, 삼법인, 십이연기 등 모든 불교의 가르침은 붓다의 止觀 수행으로 체득된 사실을 제시한 것이다. 따라서 만법이 인연에 따라 나고 죽고, 생멸하는 중생의 生滅門에 들어가는 지혜로 後得智를 체득하게 되는 요인이 된다.

중국불교의 금자탑을 세운 천태지의(538~597)는 이러한 『대승기신론』의 지관수행을 토대로 『차제선문』 『마하지관』 등 많은 저술을 통하여 일체 모든 불교의 수행체계를 확립한 인물이라고 할 수 있다.

이러한 『대승기신론』의 지관수행의 체계를 송대의 간화선에서는 화두를 참구하는 공안공부로 새롭게 응용하고 있는 것이다.

간화선의 대성자인 대혜종고는 귀양지에서 사대부들에게 보낸 편지를 모은 『대혜서』에 默照邪禪을 비판하고 배척하면서 조주의 무자공안을 참구하는 방법을 사대부들에게 편지를 통해서 간절히 제시하고 있다.

대혜가 주장하고 있는 간화선의 수행에서 조주의 무자공안을 참구하도록 하는 것은 『대승기신론』에서 주장하는 사마타(止)의 수행에 해당되는 것이라고 할 수 있다. 『무문관』에서는 이러한 입장에서 조주의 무자공안을 제1칙에 제시하고 있다.

그리고 대혜는 불법의 대의와 정법의 안목을 구족하도록 하기 위해서 『정법안장』이라는 제목으로 간화선의 공안집을 편집하고 있다.

대혜는 『정법안장』 3권을 편집하여 661칙의 공안에 着語와 코멘트를 첨가하여 제자들에게 정법의 안목을 구족하도록 하기 위하여 당대 선승들의 법문과 선문답을 발췌하여 편찬한 것이다.

사실 대혜의 『정법안장』은 다양한 종류의 공안집이며 사례와 판례집이다. 현상세계의 생멸법에 끄달리지 않기 위해서는 다양한 상황과 현상, 환경, 조건, 사건, 사물 등을 통하여 정법을 바로 볼 수 있는 지혜의 안목을 구족해야 하는 것이다.

즉 간화선에서 조주의 무자공안을 참구하는 공부는 사마타(止)의 실천으로 일체의 망념이 없는 근원적인 본래심을 깨닫고 근본 무분별지(根本智)를 계발하게 하는 수행인 것이며, 기타 많은 경전과 어록, 1700공안 등 수많은 사례와 판례인 공안을 참구하도록 하는 것은 위빠사나(觀)의 수행으로 불법의 대의를 체득하고 일체 만법을 올바르게 볼 수 있는 지혜의 안목(正法眼藏)을 구족하게 하는 수행으로 즉 다양한 후득지를 체득하게 하는 공부인 것이다.

즉 조주의 무자공안을 참구하는 것은 각자가 일체 망념이 없는 근원적인 본래심을 깨닫고 근본지를 체득하는 수행이며, 『정법안장』 등 수많은 사례와 판례인 공안을 공부하는 것은 정법의 안목을 점검하고 조고해 불법의 지혜(後得智)를 체득하도록 하기 위한 것이다.

따라서 본래심의 근본지와 현상세계의 생멸법인 후득지를 많이 체득하여 근본지와 후득지가 일체(隨順)가 되어 일상생활 속에서 일체의 경계에 집착되지 않고, 본래심(自我)이 현상의 경계에 매몰되지 않고, 깨달음의 지혜로 일상생활을 창조적인 삶으로 만들도록 하는 수행이다.

이하 절을 바꾸어 간화선의 공안공부에 대하여 구체적으로 살펴보기로 하자.

3. 간화선의 화두참구는 조주의 무자공안

　일반적으로 선승들의 선문답을 법률용어인 공안(判例)으로 간주하고 공안선이라고 하며, 또한 간화선이라고도 한다. 看話란 불조의 말씀인 공안, 즉 대화나 말씀을 看하며 참구하는 것이다. 즉 간화선은 불조의 말씀인 화두(公案)를 방편으로 각자의 본래심을 조고하며 공부(看)하는 것이다.
　그것은 불조의 말씀을 판례로 하여 자기의 근원적인 본래심을 깨닫고, 불성에 구족된 근본지를 개발하며, 일체의 사량분별과 번뇌망념의 고해를 초월할 수 있는 방편으로 제시된 것이다. 또한 공안참구의 공부를 통해서 불법의 안목을 밝히며, 다양한 불법의 지혜(後得智)를 배우고 익혀서 자기의 선사상을 심화해 가도록 하는 수행이며 훈련이라고 할 수 있다.
　대혜가 주장한 간화선은 각자의 번뇌망념(不覺)을 조주의 무자공안이라는 방편을 참구하여 근원적인 각자의 본래심을 자각(깨달음)하도록 하는 참선수행을 말한다.
　번뇌망념과 생사윤회의 고통에서 벗어난 근원적인 본래심의 세계(還歸本處)로 되돌아가 열반적정의 경지를 체득하게 하는 참선 수행인 것이다. 무자공안을 방편으로 스스로 번뇌망념의 불안(苦)에서 근원적인 본래심(불성)으로 되돌아가는 자각의 종교인 것이다. 그래서 간화선은 조주의 무자공안을 유일한 공안으로 참구하게 하는 수행이다.
　대혜가 제시한 간화선의 유일한 화두(公案)는 조주의 무자화두뿐이다. 수많은 공안 가운데 특히 조주 무자공안을 찾아내어 참구하도록 한 것이 대혜가 대성시킨 간화선의 역사적인 의미라고 할 수 있다.
　즉 『대혜어록』 제24권 「시묘명거사」에 다음과 같이 조주의 무자화두를 참구하도록 주장하고 있다.

生(번뇌망념이 일어남)이 어디에서 왔는지 알지 못하고, 死(일어난 번뇌망념이 없어짐)는 어디로 가는지 알지 못하는 그 마음을 의심하여 잊지 않으면 이것이 생사심이 일어나는 것이다. 생사심이 일어나는 곳에 이 화두를 看하도록 하라. 어떤 스님이 조주화상에게 '개한테도 불성이 있습니까?' 질문하니, 조주스님이 '無'라고 말한 화두를(『大正藏』 47권 911쪽, 上).

대혜가 간화선을 주장하면서 제시한 화두는 조주의 무자화두가 유일한 것이었다. 이러한 사실은 대혜의 어록과 『대혜서』 등에 일관되어 주장하고 있으며, 또 『인천보감』 「진국부인 법진비구니」 장에 다음과 같이 전하고 있는 사실로도 알 수 있다.

법진 비구니가 어느 날 겸선사에게 질문했다. '경산대혜 선사는 평소 어떻게 사람들을 지도하고 있습니까?' '스님께선 오직 사람들에게 「狗子無佛性」이라는 무자화두만을 들어 참구하도록 합니다. 무자화두를 참구하는 그곳에는 발을 붙여도 안 되고, 이리저리 헤아려서도 안 됩니다. 오직 「狗子에게 불성이 있습니까?」라는 질문에 조주스님이 「無」라고 한 그 말만을 들라고 합니다. 오직 이렇게 학인들을 가르치고 있을 뿐입니다.'(『續藏經』 148권 70쪽).

대혜의 간화선의 특징은 조주의 무자화두(공안)만을 유일한 공안으로 참구하며 참선공부하도록 하고 있는 점이다. 『대혜서』나 『대혜어록』 등에서는 조주의 「뜰앞의 잣나무(庭前柏樹子)」나 동산의 「삼 세 근(麻三斤)」 등, 그 밖의 공안도 제시하고 있지만, 이러한 공안은 선문답의 의미를 참구하여 정법안목을 구족하도록 제시하고 있는 화두인 것이다.

대혜의 간화선을 계승하여 체계화시킨 무문혜개의 『무문관』 제1칙에 조주의 무자화두를 제시하고, 조주의 「뜰앞의 잣나무(庭前柏樹子)」나 동산의

「삼 세 근(麻三斤)」 등의 공안을 본문 가운데 편입시켜서 공안공부로 참구하도록 분명히 제시하고 있다.

이러한 입장에서 볼 때 『무문관』은 대혜종고의 간화선에서 분명하게 정리하지 못한 수행체계를 체계 있게 정리하고 있는 것이다. 그래서 필자는 『무문관』은 간화선의 수행체계를 완성시킨 것이라고 말한다.

사실 간화선의 수행은 번뇌망념이 일어났을 때 조주 무자공안을 참구하여 근원적인 본래심을 깨닫도록 하는 것이다. 그래서 간화선의 수행은 본래심을 조고해 보는 도구(방편)로서 조주 무자공안을 제시하도록 하고 있다.

조주 무자화두를 간하여 각자의 본래심을 깨닫도록 하는 송대의 간화선은 오조법연(?~1104)의 법문에서 최초로 제기되었으며, 대혜종고에 의해 간화선으로 대성되었고, 무문혜개(1183~1260)의 『무문관』에서 수행체계가 완성되었다.

조주선사가 개한테 불성이 없다고 주장한 무자화두를 간화의 참선수행으로 제시한 선승은 오조법연(?~1104) 선사가 최초이다. 그러면 여기서 먼저 간화선의 중심적인 공안인 조주의 무자공안에 주목한 오조법연 선사의 설법부터 살펴보기로 하자.

『법연선사어록』 하권에는 조주 무자에 대한 다음과 같은 법어가 보인다.

오조법연 선사는 법당(上堂)에서 조주의 무자공안을 제시하여 말했다.
어떤 스님이 조주스님에게 질문했다. '개(狗, 犬)한테도 불성이 있습니까?'
조주스님은 '없다(無)'고 대답했다.
그 스님은 다시 질문했다 '일체중생이 모두 불성이 있다고 했는데, 개(狗子)는 어째서 佛性이 없다고 합니까?'
조주스님은 '그에게는 業識性(중생심)이 있기 때문이다.'라고 대답했다.
법연선사가 말했다. '대중 여러분들은 평소 불법을 어떻게 알고 있는가?

노승은 평소 다만 이 조주의 무자화두만을 들고 있는 것으로 충분하다고 생각한다. 자네들이 만약 이 조주의 무자를 투득한다면 천하의 사람들 그 누구도 자네들을 어떻게 할 수가 없을 것이다.

자네들은 도대체 어떻게 조주의 무자화두를 투득할 것인가? 여기에 조주의 무자화두를 철저히 투득한 사람이 있는가? 그러한 사람이 있으면 여기로 나와서 대답해 보도록 하라! 나는 그대들이「有」라고 대답하는 것도 요구하지 않고, 또한「無」라고 대답하는 것도 요구하지 않는다. 그리고 또한 有도 아니고 無도 아니라고 대답하는 것도 요구하지 않는다. 자! 그러면 그대들은 도대체 무엇이라고 대답할 것인가?'(『大正藏』47권 665, 中)

법연선사가『조주록』의 일단을 인용하여 학인들의 안목을 밝혀 주려고 하는 교육인데, 당대 선승들의 선문답을 인용하여 정법의 안목을 밝히는 공부를 하도록 하는 간화선의 방법은 법연선사의 법문으로 분명히 제시되고 있는 것이다.

어떤 스님과 조주화상과의 대화는 완벽한 선문답이다. 질문한 스님은 『열반경』에「일체중생이 모두 불성이 있다.」는 말을 상기하면서「개한테도 불성이 있는가?」라고 질문하고 있다. 이러한 질문에 조주화상은「개한테는 불성이 없다(無)」고 대답하고, 그 이유로는「그는 업식성(業識性 : 중생심)이 있기 때문이다.」라고 대답한다. 여기서 말하는 그는 개를 말하는 것이 아니라 질문한 그 스님의 마음을 지칭하고 있다. 그리고 업식성은 중생심으로 분별하여 업장을 만드는 識心을 말한다. 불성은 근원적인 본래심으로 일체의 차별심과 분별심을 초월한 경지이다. 그대가「개한테 불성이 있는가?」『열반경』에「일체중생이 불성이 있다.」라는 중생의 분별심으로 질문하고 있기 때문에 불성이 없다라고 조주는 대답한 것이다. 차별심에 떨어진 중생심은 불성(본래심)이 없는 것이다.

선문답은 개를 소재로 하여 대화를 나누고 있지만 항상 언제 어디서나 지금 여기 자기 자신을 문제로 삼고 있는 것이다. 개(狗子)라는 짐승을 대상으로 하여 집착하고 있는 사람은 경계에 떨어진 중생이며 선승들과 선문답(대화)을 나눌 기본이 되지 않은 사람이다.

법연선사가 조주의 무자공안을 제시하여 제자들에게 그대들이 「有」와 「無」를 초월한 경지에서 안목 있는 사람의 대답을 기다리고 있다. 有와 無, 善惡, 凡聖 등 일체의 상대적인 분별심에 떨어진 사람은 불성이 없다. 그는 업식성이 있기 때문이다.

또 『법연선사어록』 卷下에도 다음과 같이 보인다.

법연선사는 선원에서 항상 어떤 스님이 조주화상에게 '개(狗子)도 불성이 있는가?'라는 질문에, 조주화상은 「無!」라고 대답한 화두를 들었다. 다른 스님이 법연선사에게 이 공안에 대하여 법문을 청하면, 법연선사는 그 스님을 위해서 게송으로 다음과 같이 읊었다. '조주가 제시한 지혜의 칼(露刀劍) 추운 서릿발 같은 빛으로 훨훨 타고 있다(寒霜光焰焰).' 또다시 무엇이라고 분별심으로 질문하면 지혜의 칼로 몸을 두 동강이 내 버릴 것이다(『大正藏』 47권 666쪽, 中).

『오조법연선사어록』 下卷에 다음과 같이 조주 무자화두를 들도록 지도하고 있다.

노승(법연선사)은 항상 단지 조주의 무자공안을 들고 일체의 번뇌망념을 쉬게 한다. 그대가 만약 조주의 무자화두를 체득(透得)하면 천하의 모든 사람이 그대를 어떻게 하지도 못할 것이다(『대정장』 47권 665쪽, 中).

오조법연 선사가 조주의 무자화두를 제시하여 제자들을 지도했었다는 사실은 대혜의 『대혜서』 「답고산체장로」에도 다음과 같이 언급하고 있다.

오조법연 선사가 백운에 머물고 있을 때, 어느 날 영원화상에게 보내는 답장에 다음과 같이 쓰여 있었다. '이번 하안거에 여러 장원의 벼 수확을 하지 못해도 근심걱정이 되지 않는다. 근심걱정해야 할 것은 한 승당에 수백 명의 수행자(衲子)가 이번 하안거에 한 사람도 狗子無佛性의 화두를 체득하지 못한 것이다. 불법이 장차 멸망될까 염려스러울 뿐이다(『大正藏』47권 942쪽, 下).

송대 간화선 수행으로 조주의 무자화두가 제기된 것은 오조법연 선사에 의해 이루어졌음을 확인할 수가 있다. 오조법연 선사가 조주 무자화두를 제시하여 선수행에 참구하도록 한 것은 송대 간화선의 출발점을 만들었다고 할 수 있으며, 법연선사가 조주의 무자화두를 참구하도록 한 것은 불법의 대의를 체득하고 정법의 안목을 구족하는 간화의 공안공부로 제시한 사실이다.

법연선사는 조주의 무자화두를 참구하는 것으로 참선 수행은 충분하다고 말하면서 제자들에게 「이 조주의 무자화두를 체득하면 천하의 사람들 그 누구도 자네들을 어떻게 할 수가 없을 것이다.」라고 말하고 있다.

즉 번뇌망념의 중생심인 생사의 차별심을 벗어나 본래심을 깨달아 해탈할 수 있다고 설하고 있는 법문이다. 그리고 법연선사는 구체적으로 조주의 무자화두를 참구함에 있어서 有나 無의 상대적이고 차별적인 견해에 떨어지지 말고, 有와 無를 모두 초월한 경지를 간화선의 수행으로 불성을 체득하는 구체적인 길을 제시하고 있음을 알 수 있다.

법연선사에 의해 다시 발견된 조주의 무자공안을 참선수행으로 새롭게 제시하여 근원적인 본래심을 깨닫도록 하는 간화선으로 대성시킨 사람이 대혜종고인 것이다.

대혜는 법연선사가 앞에서 제시한 조주와 어떤 스님과의 선문답을 새로운 간화선의 무자화두를 본래심을 자각하도록 참구하는 방편의 화두로 다음과 같이 재편하고 있다.

어떤 스님이 조주스님에게 질문했다. '개(狗子)도 불성이 있습니까?'
조주스님은 '無'라고 대답했다.

즉 법연선사가 조주의 어록에서 인용한 선문답의 앞 부문 일부만 채택하여 조주의 무자화두를 만들고, 뒷부분에서 그 스님이 조주스님에게 질문한 '일체중생이 불성이 있다고 했는데, 어째서 개(狗子)는 불성이 없습니까?'라는 질문은 이 화두의 의심을 일으키는 문제제기로 응용하고 있다.

번뇌망념의 괴로움(苦)을 해탈하여 근원적인 불성(본래심)을 깨닫도록 참구하는 화두로 만들기 위해서는 문제제기의 의심이 일어나야 한다. 문제제기의 의문이 일어나지 않으면 지금 여기서 자신 본래면목을 밝히는 그 일에 참여할 수가 없고, 또한 몰입할 수가 없기 때문이다.

그래서 대혜는 오조법연 선사가 제시한 조주의 「狗子無佛性」의 화두를 문제로 하고 있는 일단의 선문답을 간화선의 참구화두로 재편하고, 각자의 불성을 깨닫도록 하는 무자화두를 새롭게 주장하게 된 것이다.

대혜의 간화선은 조주의 무자공안을 유일한 공안으로 하여 참구하고, 번뇌망념의 중생심에서 근원적인 본래심을 자각하는 참선공부를 하도록 하고 있는 점이 대혜로부터 비롯되는 송대 간화선의 특징이라고 할 수 있다. 이러한 사실은 앞에서 살펴본 『인천보감』 「진국부인 법진비구니」 장에서 전하고 있는 기록으로도 확인할 수가 있다.

그러면 대혜의 간화선(公案禪)에 대한 주장을 『대혜서』 등을 통해서 좀 더 구체적으로 살펴보자. 대혜는 조주의 무자공안을 참구하는 간화선을 많은 편지에서 주장하고 있는데, 『대혜서』 「답왕내한」에는 다음과 같이 말하고 있다.

다만 어떤 스님이 조주에게 묻기를 '개(狗子)도 불성이 있습니까?'라는 질문에 조주스님은「無!」라고 대답한 공안을 참구하시오. 부디 쓸데없는 사량분별의 마음을「無」라는 글자 위에 옮겨 놓고서 시험삼아 사량(사유)해 보시오. 눈 깜짝할 사이에 사량을 초월한 곳에(生死 망념의 분별심인) 일념이 타파(打破) 된다면 그것이 과거 현재 미래의 삼세에 통달하는 것입니다(『大正藏』47권 928쪽, 下).

또『대혜서』「답영시랑」에는 다음과 같이 설하고 있다.

아직 깨달음을 체득하지 못했다면 먼저 사량분별하는 마음을 사량이 미치지 않는 곳으로 돌려서 시험삼아 사량해 보시오. 어떤 곳이 사량이 미치지 못하는 곳인가?
어떤 스님이 조주스님에게 '개(狗子)도 불성이 있습니까?'라고 질문하자, 조주는 '無!'라고 대답했습니다. 여기 '無'라는 한 字를 만약 당신이 어떤 기량이 있으면 잘 안배(按排)해서 조절해 보시오. 계교(計較)로 분별해 보시오. 그리고 사량하고 분별하고, 안배(조절)해서 無라는 한 글자를 처치할 수도 없고, 다만 가슴속에서 고민하다 心中의 괴로움을 느낄 때에 비로소 정말 이것이 좋은 깨달음의 시절이 된 것입니다. 제8식도 계속해서 작용하지 않게 됩니다.
이러한 경지를 자각했을 때 내던져 버려서는 안 됩니다. 단지 이 '無'라는 글자에서 화두를 들고 공부하도록 하시오. 공부에 공부를 거듭할 때 生處에 스스로 익어가고 익은 곳에서 스스로 홀로 살아나게 됩니다(『大正藏』47권 939쪽, 中).

대혜가 무자공안을 참구하도록 하는 것은 중생의 번뇌망념의 생사심인 일체의 사량분별을 끊고 사량이 미치지 못하는 그 곳에서 근원적인 자기의 본래심(불성)을 자각하여 깨달음의 세계를 만들어 가도록 하는 선수행의 방편으로 응용하고 있음을 알 수 있다.

그래서 대혜는 무자화두를 참구하는 看話禪은 중생의 生死心를 타파하고, 불안과 근심 걱정의 미혹한 의심을 끊는 칼이라고 주장하고 있는 것이다.

『대혜서』「답진소경」에 다음의 일단을 살펴보자.

원하건대 당신은 오로지 의심(疑情)이 깨어지지 않은 그 곳을 향해서 참구하도록 하시오. 行住坐臥에 정신을 느슨히 풀어놓아서는 안 됩니다. 어떤 스님이 조주스님에게 '개(狗子)에게도 불성이 있습니까?'라는 질문에 조주는 「無!」라고 대답했습니다. 조주스님이 말한 이「無」字야 말로 중생의 생사심과 번뇌망념을 타파하고 불안한 의혹을 끊는 지혜의 칼인 것입니다. 이 칼자루는 다만 각자의 손에 있습니다. 때문에 다른 사람에게 손을 쓰게 할 수가 없는 것입니다. 반드시 자기 자신이 지혜의 칼로 번뇌망념을 타파하고 끊어 버려야 하는 것입니다(『大正藏』47권 923쪽, 上).

또 대혜는 조주의 무자공안은 사량분별과 나쁜 지해(知解)를 타파하는 무기라고 『대혜서』의 「부추밀에 답한 글」에서 다음과 같이 주장하고 있다.

만약 곧바로 불성을 깨닫고자 한다면 번뇌망념이 타파될 때 비로소 생사를 깨달을 수가 있으며 이를 깨달음(悟入)이라고 말한다. 그러나 결코 마음에 깨달음의 순간(破處)을 기대하는 마음을 가진다면 永劫이 지나도 이러한 기회는 있을 수 없을 것이다.

다만 망상으로 전도된(顚倒) 마음, 사량분별하는 마음, 生을 좋아하고 死를 싫어하는 마음, 알음알이(知見解會)를 일으키는 마음, 조용함을 좋아하고 시끄러움을 싫어하는 분별심을 한꺼번에 꽉 누르고, 꽉 누른 그 곳에서 조주의 무자화두를 간하도록 하라.

예를 들면, 어떤 스님이 조주스님에게 '개(狗子)도 불성이 있습니까?'라고 질문하자, 조주는 '無!'라고 대답했다. 이 「無」라는 한 글자(字)야말로 온갖 잘못되고 그릇된 알음알이(知解)를 쳐부수는 무기이다. 이 「無」를 깨달으려면, 有無의 상대적인 의식을 일으켜서 알려고 해도 안 된다. 도리로서 無를 알려고 해서도 안 된다. 의식으로 사량하여 의미를 추구해서도 안 된다(不得向意根下思量卜度). 눈썹을 치켜올리고 눈동자를 굴리는 곳에 머물러서도 안 된다. 말하는 그 곳에 안주하여 생활해서도 안 된다. 無事한 가운데 머물러서도 안 된다. 제시된 공안에 대하여 곧바로 받아들여서도 안 된다. 문자 가운데서 증거를 찾으려 해서도 안 된다. 오직 한결같이 하루 종일 行住坐臥의 일상생활 가운데 언제나 무자공안을 제시하여 정신 차려서 참구해야 한다.

'개한테도 불성이 있습니까?' '無!'라는 문제를 일상생활 가운데서 잠시라도 놓지 말고 이와 같이 공부하게 되면 한 열흘만에 곧바로 스스로 깨닫게 될 것이다(『大正藏』47권 921쪽, 下).

대혜는 일체의 분별심과 차별심을 억누르고 조주의 무자화두를 참구하도록 강조하고 있다.

따라서 조주의 무자화두는 중생의 분별심으로 일어나는 知見會解를 때려부수는 무기라고 주장하고 있다.

즉 무자화두를 참구하는 대혜의 간화선은 일체의 차별심과 분별심이 일어나지 않도록 하는 최선의 참선수행 방법이며, 이러한 무자화두의 참구로서 일체의 사량분별이 일어나지 않은 근원적인 자기의 본래심을 깨닫도록 하고 있는 것이다. 말하자면 간화선의 공안은 자기의 본래심인 불성을 자각하고 조고해 보는 방편적인 도구로 사용하도록 한 것이다.

이상의 인용문에서 대혜는 간화선의 참구 방법을 구체적으로 제시하고 있는데, 그 가운데 주목해야 할 것이 간화선의 선병에 떨어지기 쉬운 여러 가지 문제들을 주의 주고 있는 점이다.

즉「조주의 무자화두에서 제시한 '無!'를 깨달으려면 有無의 상대적인 분별의식을 일으켜서 참구해서도 안 되며, 불법의 도리로서 無를 알려고 해서도 안 되며, 의식으로 사량분별하여 無의 의미를 추구해서도 안 된다.

또한 눈썹을 치켜올리고, 눈동자를 굴리는 그 곳에 머물러서도 안 되며, 언어로서 말하는 그 곳에 안주하여 생활을 삼아서도 안 되며, 마음에 번뇌망념의 일이 없는 無事한 그 가운데 머물러서도 안 된다. 그리고 조주 無字를 제시한 공안에 대해서 그대로 참구 없이 받아들여서도 안 된다. 언어나 문자 가운데서 無字에 대한 의미와 그 증거를 찾으려 해서도 안 된다.」라고 공안 참구시의 주의사항을 제시하고 있다.

고려시대의 공안선을 도입하여 고려불교 선종의 새로운 선불교 실천을 주장한 보조지눌은 『간화결의론』을 저술하여 이것을 看話十種病으로 규정하고 간화선 수행자들을 주의시키고 있다.[1]

지눌이 『간화결의론』에서 간화선병의 근거로 의용한 것이 『대혜서』인데 그 가운데서「답장사인상원」에는 다음과 같은 내용을 주의시키고 있다.

중생심의 情識이 타파되지 않으면 心中에 번뇌망념의 불길이 타게 된다. 이러한 때 오로지 의문(疑問)으로 하고 있는 화두를 들고 공부하시오. 예를 들면 어떤 스님이 조주스님에게 '개(狗子)도 불성이 있습니까?'라는 질문에 조주스님이 '無!'라고 대답한 이「無」라는 한 글자를 한결같이 제시하여 참구하도록 하시오.

왼쪽으로 갖고 와도 안 되고 오른쪽으로 갖고 와도 안 됩니다. 번뇌망념의 마음으로 깨달음을 기대해서도 안 됩니다. 공안을 제기한 그 곳을 향해서 그냥 안이하게 받아들여서도 안 됩니다. 현묘한 이해(領解)를 해서도 안

---

1) 『韓國佛教全書』 제4권 765項 참조. 『普照全書』 163항. 『禪家龜鑑』에도 인용함.

됩니다. 有나 無라는 상대적인 無로 추측해서도 안 됩니다. 眞無의 無라고 억측을 해서도 안 됩니다. 번뇌망념이 없는 無事한 마음 그 가운데 안주해서도 안 됩니다. 부싯돌의 불이 튀는 그 순간(擊石火閃電光處)을 향해서 이해해서도 안 됩니다. 곧바로 마음의 분별적인 작용이 없고, 마음에 번뇌(行處)가 없을 때, 허무의 空에 떨어지지 않을까? 걱정해서도 안 됩니다. 이렇게 참구할 때 비로소 좋은 공부가 됩니다. 곧 쥐가 소의 뿔 속에 들어가 진퇴도 할 수 없을 때, 곧바로 미혹함과 전도망상의 중생심이 끊어지게 되는 것입니다(『大正藏』47권 941쪽, 中).

또 『대혜서』「답종직각」에도 다음과 같이 간화선의 선병에 떨어지지 않도록 주의시키고 있다.

일상생활 하는 가운데 인연에 끄달리고 또다시 차별 경계를 만났다고 느낄 때에는 다만 그 차별심이 일어난 그곳에서 조주의 무자(狗子無佛性)화두를 들고 참구(看)하시오. 번뇌망념을 털어 버리겠다는 생각을 일으켜서는 안 됩니다. 감정의 번뇌(情塵)를 일으켜서도 안 됩니다. 차별심의 생각을 일으켜서도 안 됩니다. 불법에 대한 생각을 일으켜서도 안 됩니다. 오로지 개한테도 불성이 없다는 무자화두를 참구하도록 하시오. 이 무자 하나만 들고서 깨달음을 기대하는 분별심의 마음을 가져서도 안 됩니다.

만약에 깨달음을 기대하는 마음이 있으면, 경계도 차별하고 불법도 차별하고, 감정(情塵)도 차별하고, 개한테는 불성이 없다는 화두(狗子無佛性話頭)도 차별하고, 화두를 참구하는 일을 중단하는 경우에도 차별하고, 중단하지 않을 경우에도 차별하고, 감정(情塵)에 혹란(惑亂)되어 몸과 마음(身心)이 편안(安樂)하지 않은 경우도 차별하고, 이것저것 여러 가지 차별해서 잘 아는 것도 차별하게 된다. 이러한 병폐(病弊)를 없애고자 한다면, 오로지 조주의 무자화두를 참구하도록 하시오(『大正藏』47권 933쪽, 中).

대혜는 간화선의 수행에서 일어나기 쉬운 여러 가지 선병을 지적하고 이러한 일체의 차별심, 분별심이 일어나는 그 곳에 무자화두를 들어 참구하도록 강조하고 있다. 특히 간화선에서 공안참구 목적을 대혜는 『위산경책』의 「以悟爲則」 즉 깨달음을 원칙으로 한다는 말을 여러 곳에 인용하여 강조하고 있는 것처럼, 간화선의 목적처럼 간주하기 쉽게 되었다. 그래서 묵조선에서 간화선을 비판하기를 「깨달음을 기다리는 待悟禪」이라고 지적하면서 비난하였던 것이다.[2]

그러나 대혜가 간화선의 수행에서 선병에 떨어지기 쉬운 여러 가지의 항목을 열거한 가운데 몇 차례나 깨달음을 기다리는 마음을 가져서는 안 된다고 주의 주고 있는 것으로 충분히 알 수 있다.

주체적인 무자공안의 참구는 앞에서 대혜가 말하고 있는 것처럼, 不可思量底의 사량인 것이다. 즉 不可思量인 그 곳에 무자공안을 들고 참구하는 것이기에 여기에 깨달음을 기다리는 마음이 개입하거나 존재할 틈이 없는 것이다. 즉 待悟의 마음을 부정하고 개오를 기대하는 차별적인 마음을 일체 끊는 것이 무자공안을 들고 참구하는 것이다.

또한 待悟의 마음뿐만 아니라 문자나 이치로 무자공안을 이해하려는 마음, 有無의 상대적인 차별심이나 일체의 사량분별심이 무자공안을 들고 참구하는 순간 일시에 끊어지는 것이다. 그래서 대혜는 이 무자야말로 「生死의 번뇌망념을 타파하고 일체의 의심을 끊는 지혜의 칼」이라고 하며, 「일체의 나쁜 知見會解를 쳐부수는 무기」라고 주장하고 있는 것이다.

그래서 대혜는 무자공안을 참구하는 간화선의 수행의미를 『대혜서』「答湯丞相」에 다음과 같이 말하고 있다.

다만 언제라도 마음을 텅 비워서 일상생활의 할 일에 따라서 일을 처리

---

[2] 道元의 『永平廣錄』 제8권(法語 11)에 「諸宗坐禪 待悟爲則」이라고 비판하고 있다. 또 道元은 『正法眼藏』「大悟」 등에서도 비판하고 있다.

하고 차별심 분별심이 일어나고 경계를 만나거나 인연을 만나면 때때로 무자화두를 들고 참구하시오. 빨리 어떤 효과를 구하려고 해서는 안 됩니다. 불법의 도리를 궁구하고 깊은 이치를 체득하기 위해서는 깨달음을 기준으로 해야 합니다(硏窮至理. 以悟爲則). 그러나 제일 먼저 마음속으로 깨달음을 기대하는 마음을 가져서는 안 됩니다. 만약 마음으로 깨달음을 기대하면 기대하는 번뇌망념의 마음이 불도를 볼 수 있는 눈을 가리게 되고, 급히 서두르면 급히 서두를수록 지체(遲滯)되고 맙니다.

오로지 조주스님의 무자화두를 들고 참구하도록 하시오. 무자화두를 들고 참구하는 그곳이 곧바로 생사의 번뇌심이 끊어진 곳으로 자기의 집에 돌아가 편안히 앉아 쉴 수 있는 곳입니다. 이러한 깨달음의 집에 이를 수가 있다면, 자연히 옛 사람들의 다양한 방편법문을 알아 여러 가지 다른 견해가 저절로 일어나지 않게 됩니다(『大正藏』47권 941쪽, 下).

대혜는 무자공안을 들고 참구하는 그곳이 바로 다름 아닌 생사의 번뇌심이 끊어진 깨달음의 당처인 歸家穩坐之處라고 말하고 있다. 『대혜서』「답이보문」에서도 「歸家穩坐底路頭」[3]라고 말하고 있는데, 이 말은 즉 선불교의 목적인 깨달음의 경지를 자기의 본래 집으로 되돌아가서 편히 앉아 쉬는 장소로 표현하고 있는 것이다. 즉 자기의 본래심인 집에 되돌아가서 일체의 근심 걱정과 불안의 고통(苦)에서 벗어나 편안하고 안전하게 일상생활을 전개하는 安身立命의 경지를 말하고 있는 것이다.

자기의 집으로 되돌아가는 수행상의 구조는 불교를 비롯하여 동양정신의 토대라고 할 수 있다.

그것은 집(家)을 중심으로 가정생활과 자급자족의 경제생활을 영위하는 동양인들의 정신적인 안식처가 집이기 때문에 일단 밖에 외출했다가 집으

---

3) 『大慧語錄』 제29권(『大正藏』 47-935. 下).

로 되돌아가는 것은 일체의 불안과 걱정에서 벗어나는 것이다.

그래서 송대에 간화선의 수행구조를 토대로 만든 곽암의 『십우도』에서도 처음에 목동이 본래 자기 집에서 기르던 소를 찾아 나갔다가 소를 찾아 소를 타고 집으로 되돌아가는 「騎牛歸家」를 주장하고 있는 것이다.

필자는 이러한 동양종교의 본질을 생활공간과 환경이라는 풍토적인 입장에서 「숲의 종교」로 파악하여 논하고 있다. 여기서 숲의 종교의 구조를 자세히 설명할 여유는 없지만, 집(家)과 숲(자연, 農土)이라는 생활공간과 자연환경의 풍토에서 살아가는 동양인의 사고가 「집으로 되돌아가서 편안하게 앉아 쉬는 곳(歸家穩坐處)」이라는 선불교의 安身立命處를 주장하게 된 것이라는 사실만 지적하고 넘어가기로 하자.[4]

이처럼 대혜는 조주의 무자화두를 참구하는 간화선을 주장하여 근원적인 인간의 불성을 깨닫고 개발하여 번뇌망념이 없는 평안한 열반적정의 경지인 安身立命處를 체득하도록 하는 송대의 새로운 참선수행법을 제시한 것이다.

앞에서도 언급한 것처럼, 대혜의 간화선은 남송시대에 활약한 무문혜개의 『무문관』에서 간화선의 수행구조와 방법을 체계 있게 정리하고 있다. 즉 무문의 『무문관』에는 제1칙에 조주스님의 무자화두를 참구하는 방법을 다음과 같이 제시하고 있다.

조주화상은 어떤 스님이 '개한테도 불성이 있습니까?'라는 질문에 조주는 「無」라고 대답했다.

무문이 말했다. 참선은 반드시 조사의 관문을 뚫어야 한다. 절묘한 깨달음(妙悟)을 얻기 위해서는 반드시 마음에서 일어나는 모든 차별심(心路)을

---

[4] 필자는 인간의 환경과 思考, 내지 종교관의 형성을 풍토에서 규명해 보려고 노력하고 있다. 이에 대한 약간의 언급은 拙著, 『禪의 歷史와 禪思想』(三圓社. 1994년)에 「숲의 종교와 사막의 종교」라는 테마로 제시한 바 있다.

완전히 끊어야 한다. 조사의 관문을 뚫는 체험도 없고, 마음에서 일어나는 모든 차별심을 완전히 끊어본 수행의 경험도 없이 선이 이렇고 저렇고 평하는 사람은 마치 초목에 붙어사는 유령과 같은 존재다.

어떤 것이 조사의 관문인가? 여기 본칙에서 말하고 있는 것처럼, 조주의 무자공안, 이것이야말로 선종의 제일관문이다. 그래서 이를 「선종무문관」이라고 한다. 만약 누군가가 이 관문을 뚫는다면 그는 친히 조주를 만날 수 있을 뿐만 아니라 역대의 모든 조사들과 손을 맞잡고 함께 진리의 세계를 걸어가며, 역대의 모든 조사들과 다같이 눈높이를 같이하여 그들과 똑같은 안목으로 진실(불법)을 보고, 똑같은 지혜의 경지에서 귀로서 만법을 들을 수가 있을 것이니 어찌 기쁘지 않으랴!

자! 여러분들도 이 조사의 관문을 뚫어보지 않겠는가? 그러기 위해서는 360골절, 8만4천 털구멍, 온몸 전체가 바로 의심덩어리(疑團)가 되어 조주의 무자공안을 참구하여 밤낮으로 이 문제에 전심전력하여야 한다.

그러나 조주의 무자공안을 참구함에 있어 이「無」를 노장에서 설하는 虛無의 無로 이해해서는 안 되며, 有無의 차별적인 無로 이해하고 참구해서도 안 된다. 일단 이렇게 「無」자 공안을 문제로 삼고 참구함은, 마치 뜨거운 쇳덩어리를 입에 넣고 뱉으려 해도 뱉을 수가 없고, 삼키려고 해도 삼킬 수가 없는 처지에 빠진 것처럼, 지금까지 익히고 배워온 일체의 모든 견해와 식견을 전부 탕진하고, 오랫동안 오로지 일념으로 순수하게 공부하여 익혀 나가면, 자연히 자신의 의식과 일체의 외부경계(內外)의 차별 구별이 없어져 하나가 되는(打成一片) 깨달음의 경지를 이룰 수가 있다.

이러한 깨달음의 경지는 마치 벙어리가 꿈을 꾸는 것처럼, 단지 스스로 자각하여 맛볼 수 있을 뿐이지 깨달음의 경지를 남에게 언어문자로서 전하거나 표현할 수는 없는 것이다.

일단 깨달음의 경지를 체득하여 조사의 관문을 뚫게 되면(驀然), 하늘이 놀라고 땅이 진동하며, 옛날 관우장군이 큰 칼을 손에 쥐고 자유자재로 휘두르는 것처럼, 대자유를 얻을 수 있다(깨달음의 체험을 통한 지혜의 칼로 일체의 번뇌망상을 끊고 대자유의 해탈경지에서 살 수가 있다). 또 이러한 경지에서는 부처를 만나면 부처를 죽이고, 조사를 만나면 조사를 죽이며, 생사망념의 언덕을 뛰어 넘어 대자유(해탈 열반)를 얻을 수 있고, 육도에 윤회하고 사생의 몸을 받는 중생의 사바세계에서 유희삼매의 경지에 노닐 수가 있다.

그러면 어떻게 이 무자공안을 참구해야 하는가? 평생의 기력을 다하여 이 무자공안을 참구해야 한다. 무자공안을 참구함에 일념으로 의심을 일으켜 끊어짐(間斷)이 없고, 중지하는 일이 없으면 여러분의 마음 가운데 불법의 촛불이 일시에 켜지는 깨달음의 경지를 체득하게 될 것이다.

게송으로 읊었다. 개한테도 불성이 있는가? 無라는 화두는 본래면목을 전부 제시하도록 하는 부처님의 命令.

조금이라도 有無의 분별심에 떨어지면, 곧바로 지혜작용의 생명을 잃게 되리라.

무문은 이처럼 조주 무자공안을 참구함에 全身이 疑團이 되어 무자화두를 참구하도록 강조하고 있다. 사실 대혜가 주장한 무자공안은 무문의 『무문관』에 이르러 간화선의 극치를 이루고 있으며, 좌선과 명상(사유)을 통한 자기의 心地를 개발하기 위해 끊임없이 추구해온 중국 선종의 오랜 구도행각의 귀결이라고 할 수 있다.

선의 본질을 이루고 있는 사유와 의식집중의 훈련은 여기 조주 무자공안 참구에 의해 중생심을 타파하고 본래면목의 불성을 깨달아 전부 드러내는 지혜작용을 전개하도록 하고 있다. 보조지눌이 이러한 간화선의 무자화두를 참구하는 의미를 본래면목을 드러내는 全提와 일체의 사량분별심을 타파하는 破病의 의미가 있다고 제시하고 있는 것처럼, 지극히 간단하고도 적절한 2단계의 수행구조로 통일하고 있다.

그것은 일찍이 북종선에서 주장한 看心看淨의 좌선과 남종선에서 주장한 견성체험의 선사상을 새롭게 조화시키고 있는 것이라고 할 수 있다.

고려시대 대혜의 『서장』에 의거하여 새로운 간화선을 도입한 보조지눌(1158~1210)은 조주의 무자화두를 참구하는 간화선을 주장하면서 『간화결의론』을 저술하였고, 그의 제자 혜심(1178~1234) 역시 『구자무불성화간병론』을 지어 학인들이 조주 무자화두를 올바르게 참구하는데 도움이 될 수 있는 저술을 남기고 있다.

고려시대 태고보우 선사도 조주의 무자공안을 참구하는 법을 설하고 있으며, 통도사 극락암에서 선풍을 떨친 경봉선사도 무자공안을 참구하는 방법을 소염의 시를 통해서 제시하고 있다.

소염의 시는 조주의 무자공안을 참구하는 방법과 일치하기 때문에 간화선의 수행구조에 많이 응용되고 있다. 소염(小艶)의 시는 대혜의 『종문무고』 上卷에 오조법연(五祖法演) 선사가 소염의 시를 진제형(陳提刑)에게 설하는 말을 창 밖에서 듣고 원오극근 선사가 깨달음을 체득한 이야기로 유명하다.[5]

그러면 소염의 시가 공안선(看話禪)의 참구에 어떻게 응용되고 있는지 살펴보자.

유명한 「소염의 시」 원문은 다음과 같다.[6]

一段風光畵難成　　洞房深處陳愁情
頻呼小玉元無事　　只要檀郞認得聲

---

[5] 오조법연의 문하에서 소염의 시로 원오극근이 깨닫게 된 인연은 『圓悟心要』 上卷(『속장경』 120권 355쪽, 上) 『원오어록』 제12권(『대정장』 47권 768쪽, 上) 『연등회요』 제16권 원오극근전(『속장경』 136권 346쪽, 中) 등에 자세히 전하고 있다.

[6] 「小艶의 詩」 全文은 『普燈錄』 제28권 「國師三喚 侍者頌」(『續藏經』 137-200. c)에는 다음과 같이 전한다. 一段風光畵難成. 洞房深處暢予情. 頻呼小玉元無事. 只要檀郞認得聲. 글자에 약간의 出入이 보인다. 日本 夢窓疎石의 『夢中問答』 卷下(岩波文庫本)에도 수록하고 있다.

큰 저택의 우아한 풍경, 한 폭의 그림으로 그릴 수가 없어라!
지금 저 깊숙한 안방에는 사랑에 괴로워하는 여인이 있네.
그녀는 자주 '소옥아! 소옥아!'라고 시녀의 이름을 부르지만 원래 시녀에게 시킬 일이 있는 것은 아니다.
사실 그녀의 속셈은 '소옥아!'라고 부르는 자기의 목소리를 밖에 있는 낭군이 알아듣도록 하기 위한 것이다.

보통 선종에서는 이상의 「소염의 시」 가운데 뒤의 두 구절만을 주로 인용하여 사용하고 있기 때문에 앞의 두 구절은 잘 사용하지 않고 있어 생소한 느낌이 든다.
여기에 등장하고 있는 소옥이는 당대 양귀비의 시녀 이름이다. 양귀비는 담장 밖에서 기다리고 있는 낭군(안록산)에게 자기의 존재와 현재의 상황을 전하기 위해서 두 사람만이 알 수 있는 암호로 시녀인 소옥이의 이름을 부르고 있는 것이다. 시녀 소옥이의 이름을 아무리 부른다고 해서 그 누가 의심할 사람은 없다. 그러나 양귀비가 시녀 소옥이의 이름을 부르면 지금 현종은 돌아가고 자기는 지금 혼자 있다는 자기의 현재 상황을 전하는 약속이 두 사람 사이에 암호로 사용되고 있는 것이다. 그래서 밖에 있는 낭군에게 시녀 소옥이 이름을 불러서 자기의 현재 상황과 자기의 목소리를 들려주려고 별 볼일도 없는 시녀 소옥이의 이름을 부르고 있는 것이다.
양귀비의 입 밖으로 엉뚱하게 튀어나온 「소옥아!」라는 소리와 양귀비의 마음 속에 「님에게 소식을 전하려는 의지」를 간화선의 수행에서는 언어문자와 근원적인 본래심에 비유하고 있다.
직접 만나서 대화를 할 수 없는 낭군에게 안방 깊숙이 앉아 있는 미인이 창 밖에 있는 낭군의 마음을 확인하기 위하여 시킬 일도 없는 시녀 소옥이의 이름을 하염없이 불러대어 자기의 존재와 현재 상황을 알리고 있는 것이다.

즉 조주의 무자공안을 참구할 때 의심으로 응어리진 화두를 「無!」라고 하면서 마음의 소리가 나오는 것은 「님을 그리워(의심)」 자기도 모르게 나오는 「소옥아! 소옥아!(無!)」라고 불러대는 목소리인 것이다.

그리고 「無! 無!」라고 하는 그 자기의 본래심의 목소리를 자기의 본래심이 알아듣도록(自覺) 하게 하는 것은, '소옥아!'라고 부르는 그 소리를 밖에 있는 낭군이 알아듣도록 하는 것과 같다.

이처럼 조주의 무자공안을 참구한다고 하는 것은 無字에 의미가 있는 것이 아니다. 양귀비가 시녀 소옥이에게 시킬 일이 있어서 '소옥아! 소옥아!'라고 부르고 있는 것이 아닌 것처럼……

그래서 공안은 남의 집 대문을 두드리는 기와조각이라는 것이다. 즉 자기의 본래심의 집에 들어가기 위한 「無字」이다. 본래심의 자기 집 대문에 「無!」라는 기와조각으로 두드리고 깨달음으로 들어가 안온하게 앉아 安身立命의 삶을 가꾸는 것이 간화선 수행에서 공안을 참구하는 의미라고 할 수 있다.

소염의 시가 풍기고 있는 은유적인 암시가 마치 이러한 공안을 참구하는 간화선 수행의 실천구조와 같은 내용를 제시하고 있기에 이를 간화선의 공안참구에 널리 응용하고 있는 것이라고 할 수 있다.

진실로 부처는 어디에 있는가? 우리가 추구하는 깨달음은 어디에 있는가? 부처나 깨달음이 멀리 있다고 생각하고 있다. 그러나 진실로 부처나 깨달음을 그리는 구도적인 마음(菩提心)이란 도대체 무엇일까? 생각해 볼 때 이러한 문제제기(의식)를 갖지 않고서는 부처나 깨달음은 없는 것이나 같은 것이 아닌가?

추구하고 찾는 부처나 깨달음은 자신의 문제제기(의식)를 벗어난 저쪽 먼 곳에 있는 것이 아니라 진실로 자신의 문제제기(의심)하는 마음 그 한가운데 있다. 문제의식(의심: 질문)이 없는 사람에게는 이 오의는 통하지 않는다.

「부처님!」이라고 부르는 그 마음의 목소리에 부처가 있으며 깨달음이 있는 것이다. 사실 「부처님!」이라는 그 소리가 이미 나의 목소리가 아닌 자기 법신불의 법음인 것이다. 여기에는 질문과 대답이 둘이지만 이미 둘이 하나가 되어 버린 것이다. 「부처님!」이라는 그 소리는 「부처는 여기에 있다!」라는 부처의 소리(法音)인 것이다.

『열반경』 20권에 「일체의 모든 소리는 부처의 소리(一切聲是佛聲)」라고 설하고 있으며, 부대사의 게송에서도 「부처가 어디 있는지 알려고 하는가? 단지 부처님!이라고 부르는 저 소리가 바로 그것(欲知佛何在, 只這語聲是)」이라고 읊고 있다.[7]

조주의 무자화두를 통해 주체적인 의심으로 문제제기하여 「無!」라고 참구하는 그 본래심의 목소리는 이미 자기 자신의 목소리가 아니라, 일체의 선악, 범성 등 상대적인 차별과 분별의 경지(숲의 세계)를 모두 한꺼번에 초월한 법신불의 법음(法音)인 것이다.

그리고 무엇보다도 중요한 것은 「無!」라는 본래심의 목소리를 본래심의 귀로 또렷하게 듣는 자각이 있어야 부처(불성)의 지혜작용이 이루어지며, 安身立命處의 활성화된 살림살이가 펼쳐지게 되는 것이다. 철저한 불성의 지혜작용과 본래심의 소리를 자각하는 것으로 근원적인 본래심과 본래심과의 진실한 자각적인 대화가 이루어지는 것이다.

「無!」라는 그 법음의 소리를 듣는 또렷한 자각이 자기를 본래심(깨달음)의 경지에서 지혜로운 살림살이를 할 수 있게 하는 것이며, 철저한 자각을 통해서 자기 변혁과 돈오의 전환이 이루어질 수 있는 것이다.

의미없는 무자공안을 「無!, 無!」라고 소리만 아무리 반복한다고 할지라도 자각이 없는 행위는 자기를 깨달음으로 전환시킬 수가 없는 것이다. 대혜종고가 깨달음의 자각이 없이 묵묵히 좌선수행하는 묵조사선을 비판한 것처럼, 자각을 통한 지혜의 작용이 없는 화두참구는 간화사선이 된다.

---

[7] 『涅槃經』 제20권 梵行品(『大正藏』 12권 485쪽, 上). 『善慧大士語錄』 제3권 「偈頌」(『續藏經』 120권 12쪽, 下).

본래심의 자각(깨달음)이 없는 멍청한 선수행은 중생의 지혜작용이 없는 일상생활이 되는 것이며, 몰자각은 무기에 떨어지고 공허에 타락된 엉터리 수행이 된다.

대혜가 이러한 선 수행자를 「黑山鬼窟」에서 살림살이하는 사람이라고 배척하며, 또 「혼이 흩어지지 않은 죽은 사람(魂不散底死人)」이라고 비난하고 있다.

『전등록』 제14권 운암담성장에 「잠시라도 본래인의 지혜작용이 없으면 죽은 사람과 같다(暫時不在 如同死人)」라는 말과 같은 의미이다.[8] 임제가 「隨處作主 立處皆眞」을 주장한 것은 자각적인 無位眞人의 지혜작용을 강조한 것이다.

※ 이뭣고? 화두의 문제점

요즘 한국불교에서는 「이뭣고?」 화두를 참구하여 한 소식 얻으려고 수행하는 사람이 많다. 그리고 「이뭣고?」라는 화두를 선지식이 수행자나 신도들에게 참구하도록 공안을 제시하여 주고 있다고 한다.

「이뭣고?」라는 화두가 언제 누구에 의해서 주장되어 한국 선원의 수행자들이 참구하는 화두가 되었는지 잘 알 수가 없으나, 간화선의 수행에서 볼 때 「이뭣고?」 화두는 올바른 간화선의 수행을 할 수 있는 화두가 아니다.

「이뭣고?」라고 의심을 하는 것이 화두라고 한다면 이것은 간화선의 올바른 수행구조와 정신을 잘 모르는 말이다. 간화선은 화두를 의심하는 것으로 끝나는 것이 아니라 의심을 각자의 깨달음으로 전환하도록 해야 한다. 앞에서도 언급한 것처럼, 간화선의 의심은 본래심의 전환을 이루기 위한 문

---

[8] 『大慧書』 「答宗直閣」에 「如是見解 卽是落空亡底外道, 魂不散底死人」(『大正藏』 47권 933쪽, 中).
『전등록』 14권 운암장(『大正藏』 51권 315쪽, 上).

제제기인 것이다. 문제제기만 하고 본래심의 자각적인 깨달음으로 전향하지 못하면 영원히 깨달음을 이룰 수가 없는 것이다. 오히려 의심으로 이루어진 분별망념의 시간만 지속될 뿐이다.

또한 의심을 참구해서는 안 된다.「이뭣고?」라는 의심을 일으키고 의심을 참구한다는 것은 깨달음으로 전향하는 본래심의 참구가 될 수 없고, 본래심의 집으로 들어갈 수 있는 인연을 만들지 못하는 것이다.

원오극근 선사가 화두를 남의 집 대문을 두드리는 기와조각(敲門瓦子)이라고 말하고 있는 것처럼, 의심을 일으키는 것은「본래심의 자기 집으로 되돌아가야지」라는 문제제기만으로는 본래심의 대문을 두드릴 수 있는 기와조각이 없으며, 깨달음의 집으로 들어갈 수가 없는 것이다.

앞에서도 언급한 조주의 무자화두의 경우처럼, 부처님은『열반경』등에서「일체중생이 불성이 있다고 했는데, 조주스님은 왜 개한테는 불성이 없다고 했는가?」라는 의심(문제제기)을 일으켜서,「無!」라는 마음의 목소리를 참구하여 마음의 목소리를 또렷하게 자각하는 것이다.

여기서「無!」라고 하는 각자 마음의 목소리는 대문을 두드리는 기와조각과 같은 것이며,「無!」라고 하는 각자의 마음의 목소리를 또렷하게 자각하는 것은 본래심을 깨닫는 것으로 본래심의 집에 들어가 安身立命의 삶을 사는 것이다.

그래서 조주의 무자화두는 일체의 知見解會(알음알이)와, 분별심, 의심, 번뇌망념을 끊는 지혜의 칼이라고 말하고 있는 것이다.

그리고「이뭣고?」라는 화두를 들고 한 소식 얻으려고 참선수행하는 사람이 많은데 결코 이러한 사고를 가지고 참선수행을 해서는 안 된다. 간화선의 선병에서도 지적하고 있는 것처럼, 마음으로 깨달음을 기대하거나 기다리지 말아야 한다. 깨달음을 기대하고 기다리는 마음이 번뇌망념의 중생심이기 때문에 이러한 중생심으로 수행한다면 영원히 불성의 자각과 깨달음은 실현될 수가 없는 것이다.

그러한 선병은 이미 마조도일 선사가 남악에서 좌선해서 부처가 되려는 마음을 가지고 수행하는 모습을 보고 기왓장을 갈아서 거울을 만들려고 하는 회양선사의 비판적인 교훈으로 제시하고 있다.

이러한 잘못된 선병을 안고 수행한다는 것은 참선수행을 무의미하게 하며, 출가수행이 의미 없고 헛된 수행자의 삶을 살게 되는 것이다.

그리고「이뭣고?」라는 화두를 참구하도록 조실스님이 학인들이나 신도들에게 주고 있는데, 불법의 대의를 체득하는 법문을 제시해야 할 선지식이 문제의 공안을 주면서 참구하도록 한다는 것은 안목 없는 지도자의 행위라고 할 수 있다.

선지식은 수행자의 선병을 정확히 진단하고, 올바른 처방을 내려서 치료하는 방법까지 구체적으로 제시해야 한다. 즉 선수행의 올바른 방향과 방법을 분명히 제시하고 점검하여 정법의 안목을 체득할 수 있는 교육을 구체적으로 지혜와 인격으로 제시해야 한다.

그런데도 무책임하게 비판 없이「이뭣고?」라는 화두를 누구에게나 주면서 어떻게 참구하는지? 왜 이 공안을 참구해야 하는지? 공안을 참구하는 의미나 방법을 구체적으로 제시하는 선지식은 거의 없다.

그리고「이뭣고?」라는 화두를 본래심을 자각하는 조주 무자와 같은 방편의 화두라고 간주한다면 불법의 대의나 정법의 안목을 체득하게 하는 화두나 공안공부는 어떻게 제시하고 있는가?

『벽암록』이나『무문관』『임제록』과 같은 어록을 제창(강의)하는 선의 교육은 실행되고 있는가?

『무문관』을 통해서 간화선의 수행체계가 止觀雙修나 定慧一致의 불법수행의 입장이라는 사실을 살펴본 것처럼, 조주의 무자화두를 참구하는 공안과 불법의 대의와 정법의 안목을 구족하도록 하는 많은 공안 공부를 병행하여 참선수행을 하도록 제시하지 않으면 절름발이가 되고 만다.

그래서 안목 없는 선승이 되고 지혜와 인격을 구족하지 못한 수행자가 배출되는 것이다.

최근 많은 선승들의 설법집에는 「화두 드는 법」이라는 법문에 조주의 무자화두 참구하는 방법을 다음과 같이 설하고 있다.

이 無字에 대하여 있다 없다, 있는 것도 아니고, 없는 것도 아니다. 참으로 없다. 虛無다. 이와 같이 이리저리 두 갈래로 분별하지 말고, 能所가 끊어지고 상대도 없이 다만 홀로 '어째서 無라고 했는고?' 하고만 생각해라. 조주스님이 無라고 하신 뜻을 바로 보아야 생사해탈을 하는 법이다.
무자화두에 뜻이 있는 것이 아니고, 無라고 말씀하신 조주스님에게 뜻이 있는 것이니, 無라는 말을 천착하지 말고, 無라고 말씀하신 조주스님의 의지를 참구할지니라.

조주화상의 「板齒生毛」라는 화두도 이와 같은 방법으로 의심을 참구하도록 설하고 있는데, 이와 같이 조주의 무자공안을 '어째서 無라고 했는고?' '無라고 말씀하신 조주스님의 의지를 참구하라'고, 이렇게 화두를 의심으로 참구토록 한다면 대혜종고가 제시하고 있는 간화선의 올바른 실천수행이 된다고 할 수 없는 것이다.
오로지 의심을 참구하는 것은 간화선이 아니다. 또한 '어째서 無라고 했는고?' '無라고 말씀하신 조주스님의 의지를 참구하라'고 했는데, 이러한 방법으로 조주의 무자화두를 참구하는 것은 엉터리 간화사선이 된다.
즉 대혜가 『대혜서』 「답부추밀제일서」에서 「이 無를 체득할려면 有無의 상대적인 의식을 일으켜서 알려고 해도 안 되며, 도리로서 無를 알려고 해서도 안 되며, 의식으로 사량해서 의미를 추구해서도 안 된다(不得作有無會, 不得作道理會, 不得向意根下思量卜度)」라고 강조한 것처럼, 소위 간화선병에 떨어지는 수행이 되고 만다.

이러한 방법으로 조주의 무자화두를 들고 '無라고 말씀하신 조주의 의지를 참구'하는 참선을 한다면 세세생생을 참구하더라도 조주의 의지는 체득되는 것이 아니다.
　조주라는 사람과 그의 말(無)을 대상으로 설정하여 수행하는 것이 된다. 즉 자기와 조주와의 主客이라는 상대적인 대립이 일어나게 되기 때문에 무자화두를 통한 깨달음의 경지를 체득할 수가 없게 된다.
　선문답에서 제시된 조주의 의지는 불법의 대의와 정신을 토대로 한 논리적인 사유를 통해서는 파악할 수 있다. 무자공안을 참구하는 목적은 조주의 의지를 참구하는 것이 아니라 각자의 근원적인 본래심을 체득하기 위한 방편으로 활용하는 것일 뿐이다.
　앞에서도 언급한 것처럼, 간화선에서 무자화두를 참구하는 구체적인 방법은 오조법연 선사가 제시한 소염의 시를 통해서 잘 이해할 수가 있다.
　또한 많은 선사들의 설법에는「萬法歸一 一歸何處」나「庭前柏樹子」, 「麻三斤」, 「板齒生毛」 등의 화두를 참구하도록 하고 있으나, 이러한 공안 역시 조주 무자공안처럼 본래심을 깨닫도록 참구하는 공안이 아니라, 불법의 대의를 체득하고 정법의 안목을 구족하도록 제시하고 있는 공안(화두)인 것이다.
　위에서 언급한 유명한 공안은 『무문관』에 수록되어 있기 때문에 여기서는 설명을 하지 않지만, 특히 「板齒生毛」라는 공안은 『조주어록』 中卷에 다음과 같이 보인다.

　학인이 질문했다. '어떤 것이 조사가 서쪽에서 오신 의미입니까?' 조주선사가 대답했다. '이빨에 곰팡이가 생겼다(板齒生毛).'

　板齒는 앞 이빨이라는 말이다. 『벽암록』 67칙에도 달마대사를 부대사와 더불어 「앞 이빨이 없는 노인(沒板齒老漢)」이라고 하고 있다. 『벽암록』 제

27칙에 설두는「그대는 보지 못했는가? 소림에 오래 앉아 돌아가지 않은 길손이, 웅이산(熊耳山) 한 모퉁이 숲에 고요히 기대어 있는 것을(君不見, 小林久坐未歸客, 靜依熊耳一叢叢)」이라고 게송으로 읊고 있는데, 원오극근은 다음과 같이 언급하고 있다.

「눈을 떠도 집착이며, 눈을 감아도 집착이다. 귀신의 소굴에서 살림살이를 하는군! 눈 멀고 귀 먹었으니 누가 이 경계에 이르렀을까? 그대의 앞 이빨이 부러지는 것을 모면하기 어렵다(不免打折爾版齒).」

즉 달마는 이교도의 박해로 앞 이빨이 부러지게(打折) 되었다고 한다. 그래서 缺齒道士라고도 한다.

그리고 生毛는 곰팡이라는 의미이다. 즉 너무 오랫동안 말을 하지 않고 침묵하고 있었기 때문에 앞 이빨에 곰팡이가 생겼다는 의미이다. 조주는 달마가 9년 동안 면벽하면서 입을 열지 않고 묵묵히 좌선수행하고 있는 모습을 板齒生毛라고 평하고 있다.

『허당록』제2권에는 묵묵히 앉아서 좌선하는 모습을「입가에 곰팡이가 생겼다(口邊生白醭)」라고 표현하고 있다. 입가에 흰 곰팡이가 생길 정도로 말을 하지 않고 앉아서 좌선하고 있는 모습이다. 이와 같이 板齒生毛는「입을 열 수가 없다」,「무엇이라고 말할 수 없다.」라는 의미로서 不立文字의 경지를 말한다.

선문답은 사람과 사람과의 대화를 기록한 것이다. 불법의 대의를 체득한 경지의 일상생활상에서 지혜로운 선의 생활이 되도록 대화를 통해서 서로의 경지를 나누고 확인하는 수행이라고 할 수 있다.

따라서 반드시 선문답의 대화를 정확하게 이해해야 선승들의 선사상과 깨달음의 경지를 파악할 수가 있는 것이다. 그리고 이러한 선문답을 통해서 자신이 불법의 대의와 지혜를 체득해야 하는 것이다. 이러한 공안공부를 간화라고 하고 간화선이라고 한다.

간화선에는 조주의 무자화두 이외의 모든 화두(공안)는 사유하여 불법의 대의를 참구하고 지혜를 체득하도록 하는 공안이라는 사실을 알아야 한다. 이러한 공안을 그냥 앉아서 무자화두를 참구하는 것처럼, 참구하도록 제시하고 있는 선지식의 지도 방법은 간화선을 간화사선으로 만들고 있는 것이다.

4. 간화선의 공안공부 — 看經과 看話

간화선에서 정법의 안목을 체득하게 하는 공안은 일체의 경전과 어록이며, 학인들의 정법안목을 체득하게 하는 교육이 선지식의 어록 제창과 상당시중 소참법문 등이다.

불교는 석가모니부처님이 깨달음의 체험을 통해서 제시한 진실된 불법을 배우고 익혀서 각자가 붓다와 똑같은 지혜와 인격을 구족하기 위해 수행하고 또한 중생구제의 보살도를 전개하는 이타행을 이상으로 하고 있다. 붓다가 밝힌 불법은 45년간 중생교화의 설법을 기록한 대소승 경전에 모두 밝혀 놓고 있다.

붓다가 깊은 선정의 삼매를 통해서 체득한 연기의 법칙이나 인연법, 삼법인과 사성제, 팔정도의 실천 덕목, 육바라밀과 삼학 등의 실천정신도 모두 대소승 경전에 제시되고 있다.

불교는 붓다의 교설을 배우고 익혀서 선의 수행과 실천으로 이러한 불법의 정신을 체득하여 지혜와 인격을 형성하도록 하고 있다.

이러한 불교의 정신을 붓다의 경전과 조사들의 어록을 통해서 看經, 看話를 학습하여 본인이 각자 불법의 정신과 근본 대의를 체득하도록 새로운 수행방법을 제시하고 있는 것이 간화선이라고 할 수 있다.

간화선의 참된 의미는 이러한 경전과 조사들이 깨달음을 체득한 선례(判例)인 공안을 공부하고 看(참구)하여 각자가 깨달음을 이룸과 동시에 정법을 바로 볼 수 있는 지혜의 안목(後得智)을 체득하도록 하는 수행인 것이다.
즉 경전과 어록 등에서 수많은 정법의 안목을 체득한 사례와 판례(公案)를 공부하여 스스로 간접체험으로 익히고 자신이 정법의 안목을 구족하도록 하는 공부인 것이다.
세상의 모든 매사가 선각자들의 체험과 깨달음으로 제시한 생활의 지혜를 배우고 익혀서 우리들 각자의 실생활에 지혜롭게 편리한 생활을 할 수 있도록 하고 있는 것과 마찬가지라고 할 수 있다.
예를 들면 자동차 운전을 배우고 익혀서 생활에 편리하게 사용하는 것처럼 컴퓨터, 전화기, 복사기 등등 생활에 필요한 모든 도구의 사용방법을 새롭게 배우고 익혀 체득한 후득지로서 자신의 일상생활의 지혜를 구족하는 것과 똑같은 것이다.
선불교는 일체의 대소승 경전과 논장, 율장, 그리고 인도의 각 학파에서 주장한 중관사상과 유식사상을 비롯하여 중국의 각종 종파불교에서 찬술하고 있는 논서, 중국고전과 문학 작품, 그리고 모든 조사들의 선문답과 언행록 등에서 많은 공안을 채택하여 불법의 대의와 지혜를 체득하도록 하고 있다. 즉 공안을 통해서 사유하고, 사물을 보는 정법의 안목을 어떠한 사건이나 상황에서도 올바르게 체득할 수 있도록 다양하게 문제제기를 하고 있다.
『보림전』10권,『조당집』20권 및『전등록』30권 등에 전하는 소위 1700공안이나,『벽암록』100칙,『종용록』100칙,『무문관』48칙, 고려시대 혜심이 편집한『선문염송집』30권에 1125칙 등의 많은 공안집에는 대소승 경전의 중요한 내용과 선승들이 불법의 안목을 체득한 좋은 사례의 선문답을 채택하여 전하고 있다.
송대 간화선의 대성자인 대혜종고가『대혜서』『대혜보설』『대혜어록』등에서 간화선의 수행구조가 始覺門을 제시하고, 始覺에서 本覺으로 되돌아가는 수행방법으로 오로지 조주의 무자화두를 참구하여 번뇌망념의 중생심에서 근원적인 본래심을 자각하여 돈오견성의 체험을 하도록 강조하고 있다.

대혜는 또 달리 대승불교의 경전과 당대 조사들의 어록에서 661칙의 공안을 채택하여 『정법안장』 3권을 편집하였다. 그리고 그가 직접 661칙의 공안을 하나하나 열거하면서 착어와 평창을 붙이고 있는 것도 후학들에게 정법의 안목을 점검하고 공안공부(看話)를 통하여 정법을 볼 수 있는 안목과 불법의 지혜(後得智)를 체득하게 하기 위해 선불교의 교재로 편찬한 것이다.

대혜종고가 편집한 『정법안장』 3권에는 오가 각 파 조사들의 어록에서 공안 661칙을 수집하여 대혜가 着語와 評唱을 붙이고 있는데, 이러한 선종의 공안집에 수록된 공안들은 조주의 무자공안처럼, 근원적인 본래심을 깨닫고 참구하기 위한 공안이 아니라, 다양한 사례, 혹은 판례인 공안을 공부하여 정법의 안목을 구족할 수 있도록 하기 위한 일종의 선불교(간화선)의 교과서인 것이다. 사실 공안이란 말은 법률용어로서 판례이며 사례인 것이다. 사건의 진실이 밝혀진 체험적인 사례이며 지혜로운 안목의 판례인 것이다. 따라서 선어록을 공안집이라고 함은 깨달음을 체득한 사례와 판례를 모은 기록이라는 말이다.

고려시대 수선사결사로서 올바른 선수행을 지도한 보조지눌과 혜심이 간화선의 교과서라고 할 수 있는 『대혜서』에 의거하여 조주 무자화두를 참구하는 간화선을 주장하면서 올바른 간화선 수행의 지침서를 저술하였다. 또 달리 수행자들이 정법의 안목을 구족하도록 하기 위한 교재로서 『육조단경』을 선양하고, 대승경전과 많은 어록과 전등록 등에서 1125칙의 공안을 수집하여 『선문염송집』 30권을 편집했다는 사실도 주목해야 한다.

혜심은 『선문염송집』 서문에 다음과 같이 자신의 편집의도를 전하고 있다.

그러므로 제방의 큰스님들이 문자를 무시하지 않고 자비를 베풀어 불법을 추궁(徵)하고, 拈出하고, 代語로 대답하고, 별도로 제시하기도 하고, 게송으로 읊기도 하고, 노래로 부르면서 깊은 이치를 드러내어 후대 사람들에게 전해 주었으니, 정법의 안목을 열고 玄機를 갖추어, 삼계를 뒤덮고, 四生의 중생을 건져 주고자 하는 이라면 이것을 버리고서 무슨 방법이 있으랴! … 略 … 선종의 이치를 깨닫고 佛道를 토론할 자료가 이보다 더 긴요한 것이 없으므로 宗門의 학자들이 목마를 때 마실 것을 기다리듯, 시장할 때 먹을 것을 생각하듯 하였다.

특히 『선문염송집』은 『보림전』의 편집과 마찬가지로 경전중에서 중요한 말씀을 부처님의 어록으로 간주하여 처음에 싣고, 서천 28조, 동토 6조 및 당송대 여러 조사와 선지식, 선승들을 시대별로 순서 배열하여 공안을 편집하였다.

실로 보조지눌과 혜심이 수선사에서 실행된 간화선의 수행과 정법의 안목을 체득하게 하기 위한 공안공부의 교재로 편집한 것이다.

또한 혜심의 문인인 각운(未詳)이 『선문염송집』 30권 그 가운데서 要語를 뽑아 다시 說話를 붙인 『선문염송설화』 30권을 편집하였다. 이 책은 『선문염송집』에 대한 一種의 注疏라고 할 수 있는데, 『선문염송집』 1125칙에다 각운이 347칙을 첨가하여 편집했다.

조선시대 불교의 어려운 상황속에서도 선문의 정신을 간략히 익히고 배워 정법의 안목을 갖추도록 편집한 서산휴정(1520~1604)의 『선가구감』 역시 선불교의 정법안목을 체득하게 하기 위해 편찬한 것이다.

당대의 옛 조사들의 『보림전』 10권, 『조당집』 20권, 『전등록』 30권과 송대의 대표적인 오등을 비롯하여 고려시대에 선문의 수많은 공안집을 편찬한 것은 다양한 깨달음의 체험과 정법의 안목을 공안을 통해서 배우고 익혀 각자 정법의 안목을 깊고 넓히는 판례와 사례로 삼도록 한 것이다.

옛 조사들과 선각자의 선문답(공안)을 통하여 다양한 사건과 사실에 대한 후득지를 체득하여 정법의 안목을 넓히고 사상을 심화시키기 위한 교재인 것이다. 즉 다양한 사건과 사례를 통해서 우리들의 일상생활 속에서 펼쳐지고 있는 상황이나 사건(일)에 대하여 정법안목의 판결(공안)을 조명하며 공부하여 간접체험으로 후득지를 얻고 정법의 안목을 구족하게 하기 위한 선불교의 기본 교재로서 편집된 것이다.

붓다의 설법을 8만4천 법문이라고 말하고 있는 것은 중생의 번뇌가 8만4천이나 되기 때문이며, 수많은 중생들의 번뇌(고뇌) 病을 치료하기 위해서는 8만4천이나 되는 법문의 처방약이 필요한 것이다.

다양한 事例의 선문답(공안)을 통하여 다양한 불법의 안목을 구족해야 자신의 일상생활을 정법의 안목으로 살아갈 수 있을 뿐만 아니라 여러 가지 사건과 고뇌에 허덕이는 중생들을 올바른 정법의 안목으로 구제할 수 있기 때문이다.

그래서 송대 이후의 선원에서는 무자공안을 참구하는 좌선수행 이외에 선지식의 정기적인 상당법문과 수시로 실행되는 소참법문, 그 밖에도 『임제록』 『벽암록』 『무문관』 『종용록』 등의 공안집을 교재로 하여 조실스님이 특별히 납자들의 안목을 열어 주고 사상을 갖춘 수행자를 배출하기 위한 실천수행적인 어록제창(강의)이 실행되고 있는 것이다.

불교의 정신과 정법의 안목은 조주의 무자공안만을 참구한다고 체득되는 것이 아니다.

평생을 무자공안 혹은 이뭣고? 등의 화두를 참구한다 할지라도 불법의 정신과 안목은 체득되지 않는다. 앞에서도 언급한 것처럼, 무자공안을 참구하는 것은 각자의 번뇌망념에서 초월하여 근원적인 본래심으로 되돌아가게 하는 방편일 뿐이다.

대혜의 설명으로 말하자면, 始覺이 本覺에 합치는 수행인 것이다. 무자공안(始覺)을 참구하여 각자의 본래심(本覺)으로 되돌아갈 때 일체의 사량분별을 초월하고, 편안한 열반적정의 경지에서 근원적인 본래심의 根本智가

함양 될 수 있는 것이다.

그러나 대소승 경전과 어록을 통해서 불법의 본질을 배우고 익히지 않으면 불법의 정신과 사상을 체득할 수가 없고, 불교사상을 갖춘 불교 수행인이 될 수 없으며, 불법의 진실을 올바르게 볼 수 있는 정법안장은 구족되지 않는다.

일체의 경계에 대한 사실이나 진실, 사건이나 사물에 대한 올바른 견해나 지혜로운 안목은 사례나 판례를 통한 공안집이나 경전 어록 등을 배우고 익혀서 후득지를 체득해야 하는 일이다.

예를 들면 우리들이 어떤 사물에 대한 차별경계나 분별심에서 벗어나기 위해서는 無念, 無心, 無相의 실천을 해야 하는데, 無念, 無心, 無相의 실천을 어떻게 해야 하는지 구체적으로 알지 못해 無念, 無心, 無相을 배우고 익혀 후득지를 갖추지 못했다면 생활의 지혜로 살아갈 수가 없는 것이다.

선불교의 어록은 대소승 경전에서 실천사상으로 설하고 있는 내용 가운데 비유나 설화, 자세한 설명을 모두 생략하고, 無住나 無相, 無縛, 不二法門 등과 같이 대승사상의 요점을 구체적인 일상생활에서 생활의 지혜로 자연스럽게 실행할 수 있도록 다양한 방법과 사건, 사례로서 제시하여 생활의 종교로 만들도록 하고 있는 것이다. 그래서 사례와 판례로 삼는다는 의미로 공안이라고 한다.

앞에서도 언급한 것처럼 자동차 운전이나 컴퓨터를 사용하는 방법과 지혜는 무자공안을 참구한다고 해서 체득되는 것이 아니라, 자신이 일념(본래심)으로 정신차려(根本智로) 자동차나 컴퓨터 등에 대한 여러 가지 지식과 사용방법을 배우고 익혀 후득지를 체득해야만 일상생활에서 자기 마음대로 자유자재롭게 사용할 수 있는 것과 같은 것이다.

무자공안을 참구하여 깨닫게 되면 무슨 신통묘용이 이루어져 만법을 모두 깨닫게 될 것이라는 막연한 기대를 가지고 참선하는 잘못된 수행자가 많은데, 이러한 지도자를 만나면 평생 헛되이 세월만 보내고 귀중한 인생을 무모하게 낭비하게 된다.

깨달음의 지혜는 많은 사례와 판례를 통해서 깊고 넓은 힘을 발휘할 수가 있다.

현실적인 사건과 일, 상황은 체험과 경험을 통해서 숙달되고 연달되어 무심의 경지에서 지혜롭게 작용할 수가 있는 것이다.

마치 자동차를 운전할 때, 자동차에 대한 기초지식, 운전 방법, 교통법규 등을 충분히 배우고 익혀서 후득지를 체득해야 자동차를 운전할 수 있는 것과 같다.

인간이 매일 매사의 모든 일을 지혜롭게 할 수 있다는 것은 그 만큼 많은 경험과 체험을 배우고 익혀서 숙달되어 자연스럽게 일상생활에 사용함으로써 가능한 것이다. 숙달되지 않고 의식적으로 하는 일은 무슨 일이나 서툴고 부자연스럽다. 몸에 익지 않은 것은 힘들다. 그러나 반복해서 배우고 익힌 것은 습성화되어 자연스럽게 실행할 수 있는 것이다.

다시 한 번 강조하지만, 무자공안을 참구하여 불성을 깨닫고 개발한다고 만법을 바로 볼 수 있는 지혜의 안목이 열리는 것은 아니다. 萬法을 바로 볼 수 있는 지혜는 경전과 어록을 많이 읽고 배우고 익혀서, 불법이 자기화 되었을 때, 정법의 안목으로 생활의 지혜로 활용할 수가 있고, 또한 중생구제의 이타행을 실행하여 자비구현으로 인격적인 행화를 할 수 있는 것이다.

부처님의 십대명호에 명행족, 세간해, 조어장부, 천인사라고 하는 것처럼, 이 세상의 모든 일을 가장 잘 알고 있는 지혜와 인격을 구족한 인천의 스승이라고 칭송하고 있다. 그 만큼 이 세상의 모든 일과 중생들의 고뇌 등, 많은 일을 경험하고 깨달아 알기 때문에 수많은 중생들의 고뇌(病)를 치유할 수 있는 처방(藥)의 지혜를 제시할 수 있는 것이다.

※ 간접경험과 직접경험

『종용록』 50칙에 「不因一事 不長一智」라는 말이 있다. 한 가지 일을 체험하지 않고서는 한 가지 지혜를 체득할 수 없다는 말이다. 모든 지혜는 사건과 일을 통한 체험에서 체득된다는 사실을 말해 주고 있다.

인간이 세상을 살아가는 최선의 방법은 이 세상의 많은 일을 직접 체험을 통하여 많은 지혜를 체득하는 일이라고 할 수 있다. 직접 체험을 통하여 체득한 지혜야말로 완전한 지혜이기 때문이다. 그러나 인간은 무상한 존재이고 시간과 공간의 한정을 벗어나서 살 수 없기 때문에 이 한정된 시간과 공간 속에서 이 세상의 모든 일을 직접 체험할 수가 없는 것이다.

따라서 스승과 부모 등 많은 사람들이 체험한 가르침을 직접 혹은 간접적으로 배우고 익혀서 자기의 직업이나 생활이 지혜로운 삶이 될 수 있도록 항상 배우고 익히는 것이다.

불교의 경전이나 어록을 배우고 익히는 것도 이러한 성현의 체험적인 지혜의 말씀을 배우고 익혀 자신이 간접 체험으로 많은 후득지(後得智)를 체득하여 지혜로운 삶이 될 수 있도록 하기 위한 것이다.

숲 속(사바세계)에서 미아가 되었을 때 그 숲 속에서 빠져 나올 수 있는 최선의 방법은 무엇인가? 중생이 괴로움(苦)의 번뇌망념(숲속: 사바세계)에서 자신이 자각을 통하여 스스로 해탈할 수 있는 방법은 무엇인가?

이 질문은 숲의 종교인 불교의 입장에서 불법을 어떻게 배우고 수행하여 깨달음을 체득해야 할 것인가? 라는 문제를 제시하고 있는 것이다.

숲 속에서 길을 잃은 미아가 되었을 때에 돌이나 나무에 표시된 이정표(방향제시)는 불안한 숲에서 무사히 빠져나와 편안한 자신의 집으로 되돌아 갈 수 있는 최선의 방법(수행방법)이라고 할 수 있다.

사바세계에서 불안한 삶을 살고 있는 중생들을 위한 부처님의 말씀은 깨달음의 세계로 인도하는 지혜의 이정표가 되며, 불교의 경전과 어록은 최상의 이정표임과 동시에 위대한 자아실현과 인격적인 삶을 실현할 수 있는 보살도의 실천정신을 제시하고 있는 성전이다.

불법을 배우고 선수행을 실천하는 사람이 불교의 경전과 어록을 멀리하고서 불교적인 인격과 지혜를 구현하고자 한다면 불가능한 일이다.

불교의 인명 논리학에서는 인식의 타당한 방법(pramana: 量)이 될 수 있는 것은 대체로 감각기관을 통한 직접경험(pratyaksa: 現量)과 이에 근거한 推論(anumana: 比量)의 간접경험, 그리고 믿을 만한 성인의 증언(sabdha: 聖教量)으로 제시하고 있다.

잠시 이러한 입장에서 공안공부를 어떻게 할 것인가 사례를 통해서 살펴보기로 하자.

※ 공안공부의 사례

『좌선의』에 선수행의 기본이 되는 다음과 같은 중요한 일단이 있다.

一切善惡 都莫思量 일체의 선과 악을 모두 한꺼번에 사량분별하지 말라.
念起卽覺 覺之卽失 망념이 일어나면 망념이 일어난 그 사실을 자각하라.
　　　　　　　　　망념이 일어난 그 사실을 자각하면 망념은 없어진다.
久久忘緣 自成一片 이렇게 오래 오래 수행하여 일체의 인연이 없어지면
　　　　　　　　　자연히 나와 경계가 하나가 된다.
此坐禪之要術也   이것이 좌선수행의 요술인 것이다.

일체 차별심과 상대적인 분별심을 초월하여 각자의 근원적인 본래심(불성)을 자각(견성)하도록 구체적인 실천방법을 제시하고 있다. 즉 번뇌망념의 괴로움에서 해탈하여 근원적인 불성을 깨닫고 열반적정의 경지를 체득하는 좌선 수행의 실천방법이다.

이러한 좌선수행의 실천방법은 『대승기신론』 『신회어록』 『임제록』 『도서』 등 조사선의 좌선실천 정신을 계승하여 송대의 묵조선에서 선수행의 기본 정신으로 요약한 것인데, 좌선수행의 기본이 된다.

간화선에서는 망념이 일어나면 곧바로 무자공안을 참구하여 일체 번뇌망념을 끊고 본래심을 자각하도록 하는 수행방법으로 재편하고 있다. 『무문관』 제1칙 조주의 無字공안 참조.

[정성본, 「선불교와 깨달음(自覺)의 문제」(『釋林』論叢 제33집. 불기 2543년 12월) 참조.]

1) 『무문관』 23칙의 「不思善惡」 공안

육조는 '선도 생각하지 말고, 악도 생각하지 말라. 선악을 모두 함께 생각하지 않았을 때 어떤 것이 혜명상좌 그대 본래면목인가?'라고 질문했다(祖云, 不思善, 不思惡. 正與麼時, 那箇是 明上座 本來面目. 明當下大悟).

선수행을 통해서 선악을 어떻게 함께 생각하지 말아야 하는가?

반야사상과 불법의 대의를 체득하여 구체적인 실천방법을 모른다면 이 공안에서 제시한 불법의 근본정신을 체득할 수가 없고 정법의 안목을 얻을 수가 없다. 善惡, 凡聖, 美醜 등 일체의 상대적인 분별심, 차별심, 중생심의 번뇌망념을 초월하여 근원적인 본래심을 깨닫게 하기 위한 실천방법을 이 공안에서 제시하고 있다.

선악의 상대적인 차별심을 없애버리려고 해서도 안 된다(造作心). ……
拂塵看淨(北宗禪)

惡을 버리고 善으로 나아가려고 해서도 안 된다. …… 취사 선택의 분별심에 떨어진다.

그냥 내버려두는 것도(放棄. 放下着) 안 된다. …… 無記. 沒自覺. 自己喪失. 黑山鬼窟의 살림.

번뇌망념 속에 살면서 그 속에 살고 있다는 사실조차도 모르고 멍청하게 살고 있음.

(해결방법)

자신이 善惡, 凡聖 등의 차별, 분별, 번뇌망념 속에 떨어져 있다는 사실을 자각해야 한다. 善惡, 凡聖 등의 차별, 분별의 번뇌망념이 일어났다는 사실을 자각했을 때(念起卽覺), 일체 번뇌망념은 없어지고(覺之卽失) 근원적인 본래심(佛性)으로 되돌아가게 된다.

번뇌망념의 자각을 통해, 각자 본래심으로 되돌아갔을 때, 善惡을 모두 함께 생각하지 않고 번뇌망념을 초월하여 깨달음의 경지를 체득할 수 있다.

善惡, 凡聖 등의 상대적인 차별심, 분별심을 모두 한꺼번에 생각하지 않는 구체적인 실천 방법은 사량분별심이 일어나기 이전의 근원적인 각자 본래심으로 되돌아가는 것뿐이다.

還歸本處, 歸家穩坐, 安身立命處라고 표현하고 있는 것처럼, 근원적인 본래 마음의 고향으로 되돌아가는 길(방향 이정표 : 경전, 어록, 공안)과 구체적인 수행방법과 실천방법을 모르고는 깨달음의 경지를 체득할 수가 없다.

善惡, 凡聖 등의 차별, 분별심, 번뇌망념의 자각을 통해서 중생심에서 각자 근원적인 본래심으로 一念相應하여 단번에 되돌아가는 것을 頓悟, 혹은 頓悟見性이라고 한다.

2) 『벽암록』 제45칙의 「萬法歸一 一歸何處」 공안

「만법은 하나로 돌아가고, 그 하나는 어디로 돌아가는가?(萬法歸一 一歸何處)」라는 공안을 이해하기 위해서는 먼저 佛法, 萬法, 諸法, 一切法, 禪法

등 佛法이 무엇인지? 法은 무엇인가?를 정확하고 확실하게 알아야 한다. 불교는 法의 종교라고 할 수 있다. 佛法은 心法이다. 마음 밖에서 법을 구하는 것은 外道이다.

불법의 근본정신과 본질을 모르고는 이 공안의 의미와 정법의 안목을 체득할 수가 없다.

『화엄경』 등 대승경전에서 주장하는 「三界唯一心, 心外無別法」「一切唯心造」나 「萬法卽一心, 一心卽萬法」이라는 말처럼, 萬法 하나 하나가 모두 一心眞如 아닌 것이 없으며, 일체의 모든 만법이 一心眞如의 나툼인 것이다.

『육조단경』『마조어록』 등에서 한결같이 강조하는 心法, 心地法門 등은 불법이 심법이라는 사실을 말한다.

하나(歸一)로 되돌아간다. 그 하나(一)는 무엇인가?

一法과 萬法과의 관계?

『화엄경』에서 주장하는 「一卽多 多卽一」과 『신심명』의 「萬法一如」.

먼저 불교에서 말하는 萬法과 法의 체계를 이해하지 않고서는 이 공안에 접근할 수가 없으며, 선불교의 실천구조와 대승보살도의 실천정신을 모르고 이 공안이 제시한 안목을 체득하는 것은 불가능하다.

法이란 무엇인가? 因과 緣의 결합으로 이루어진 존재(사물 혹은 생각, 妄念)를 말한다. 이러한 사실이 진실인 것이며, 또한 진실된 법은 물이 위에서 아래로 흘러가는 것처럼, 여법하게 불변의 법칙성을 지니고 있다.

만법은 일체의 모든 法을 말한다. 이 세상에 존재하는 모든 것은 인연법으로 이루어진 것이기 때문이다. 이러한 만법이 하나로 돌아간다고 하는데 어째서 하나로 돌아가는가?

하나(一)로 되돌아간다고 하는 「하나(一)」는 무엇을 의미하는가?

어디를 말하는가?

이 문제는 선불교의 깨달음을 체득하는 수행구조를 알아야 한다.

불교에서 의미하는 하나(一)는 근본, 본래, 근원, 절대의 경지, 깨달음의 세계, 진실의 세계, 차별 분별을 초월한 근원적인 본래의 세계를 말하며, 『반야경』에서는 不異와 不二의 세계를 말한다.

『유마경』 등에서 주장하는 제일의제나 『기신론』의 眞如, 萬法一如 등으로 표현되는 근본으로 각자의 근원적인 본래심을 말한다. 만법은 마음의 나툼이라는 萬法唯識과 一切唯心造의 사상을 토대로 하고 있기 때문이다.
一 上求菩提. 自利의 求道

그런데 그 하나는 또 어디로 돌아 가는가(一歸何處)?

이 문제를 이해하기 위해서는 불교의 근본 정신과 보살도의 실천사상을 잘 알아야 한다.

선어록에서 자주 언급하고 있는「백 척의 장대 끝에서 다시 한 걸음 더 나아가야 한다(百尺竿頭進一步)」는 주장과 마찬가지로 수행을 통한 절대 깨달음의 경지(一)를 체득한 사람은 또 어떻게 해야 하는가? 그 깨달음의 경지에 머물 것인가? 깨달음의 경지를 체득하기 어렵다고 해서 그곳에 머문다면 그곳에 또 집착의 대상이 되고 중생심으로 타락되는 장소가 되고 만다.

그래서 『반야경』에서는 번뇌망념을 텅 비우는 空의 실천과 반야의 지혜를 체득하는 구체적인 수행으로 제시한 無住, 無縛, 無相, 無碍, 無我 등을 한결같이 강조하고 있는 것이다.

그렇다면 그 깨달음의 경지를 어떻게 벗어나 어디로 가야 할 것인가? 선에서는 크게 한번 죽어야 한다는 「大死一番」을 강조하고 있다. 죽는다는 말은 我相, 人相 등 자아의식의 중생심과 분별심을 모두 떨쳐버려야 한다는 의미이다. 『임제록』에서 부처를 죽이고 조사를 죽이고(殺佛殺祖)라는 말이나, 사람을 죽이는 칼과 살리는 칼(殺人刀 活人劍)이라는 표현은 공의 실천으로 체득한 반야의 지혜(칼)로 번뇌망념인 我相과 人相을 일으키는 중생심을 죽인다는 말이다. 죽인다는 표현은 번뇌망념의 중생심, 분별심을 비워 버린다는 반야사상인 空의 실천을 선어록에서는 이렇게 표현하고 있다.

깨달음의 경지(一)까지 초월한다는 것은 어디로 어떻게 간다는 말인가? 다시 사바세계로 되돌아가서 깨달음의 지혜와 부처님의 인격을 자비 광명으로 중생구제의 위대한 보살도의 실천으로 회향하도록 하는 것이다.

깨달음을 체득한 부처는 무엇을 해야 하는가? 부처는 중생을 위한 지혜와 자비 광명의 보살도를 실현함으로써 부처로서의 존재의미가 있는 것이다. 견성성불은 깨달음을 이룬 부처로서 중생구제의 보살도를 실현하는 것을 의미하는 말이지, 깨달음을 이룬 상태에 머물고 있는 것이 아니다.

이러한 대승불교의 정신을 下化衆生과 利他衆生이라고 하며,『십우도』에서는 중생이 살고 있는 저잣거리에 나아가 자비와 지혜의 광명을 베푸는 보살행으로「入鄽垂手」라고 하며, 법계유희라는 표현으로 말하고 있다. 깨달음을 이룬 부처의 역할은 중생 세계로 되돌아와 중생과 함께 하며 和光同塵의 同事攝으로 중생구제의 보살도를 실행하는 일 뿐이다.

『주역』에「亢龍有悔」라는 말이 있다. 용이 하늘에 오르면 반드시 후회할 것이라는 말이다. 더 이상 갈 곳이 없다. 또다시 지상으로 내려 오지 않을 수가 없는 것이다. 숲의 종교는 대지를 근거로 하여 살고 있기 때문이다.

사실 부처나 깨달음은 중생의 미혹을 극복하기 위한 상대적인 표현에 불과한 것이다. 중생이 없는 세계에 부처 또한 존재할 이유가 없다.

萬法歸一 一歸何處의 공안처럼, 선문답의 공안은 하나 하나의 선문답에 대승불교의 모든 실천정신을 함축하여 일상의 대화속에서 불법의 정신을 체득하고 실천수행할 수 있도록 궁구된 것이다.

이러한 대승불교의 정신과 실천사상을 모르고는 한 마디로 단순하게 보이는 선문답을 이해할 수가 없고, 정법의 안목을 체득할 수가 없다. 또한 수많은 선승들이 불법수행에 생애를 걸고 있지만 불법의 대의를 체득하여 반야의 지혜를 구족하고 생활 속에서 전개할 수 있는 능력을 갖추지 못한 사람은 선문답을 할 수가 없는 것이다.

3) 『벽암록』 제6칙, 운문의 「날마다 좋은 날(日日是好日)」

운문선사가 「날마다 좋은 날(日日是好日)」이라고 설한 한 마디는 일상생활종교인 선불교의 정신을 잘 제시하고 있는 공안이다.

즉 어느 날 운문선사가 설법했다. 「15일 이전은 문제로 삼지 않겠다. 15일 이후에 대하여 한 마디 해 보라!」 대중이 대답이 없자 운문선사가 스스로 「날마다 좋은 날(日日是好日)」이라고 말했다.

여기서 운문이 말한 「날마다 좋은 날(日日是好日)」을 그냥 단순히 「날마다 좋은 날」로 이해한다면 운문의 정신과 선불교의 실천을 모르는 것이다.

사람은 누구나 항상 날마다 좋은 날이 되고 있는가?

날마다 좋은 날이 되지 못한다면 어떻게 해야 좋은 날이 될 수 있는가?

사실 운문의 설법은 선수행과 선의 생활을 통해서 「날마다 좋은 날」이 되고, 또한 되도록 해야한다는 자각적인 교시를 제시하고 있는 공안이다.

그러면 어떻게 해야 날마다 좋은 날이 될 수 있는가? 좋은 날이 될 수 있는 구체적인 실천 수행과 그 방법을 알지 못한다면 이 공안을 읽는 사람은 아무런 의미가 없다.

15일 이전과 15일 이후는 한 달을 반으로 나눈 날짜이며, 운문은 15일 상당법문을 하면서 이 문제를 제시한 것이다.

한 달은 하루 하루의 연속이다. 하루는 24시간이라고 하지만 시간을 쪼갤 수는 없다. 사실 지금이라는 시간의 연속인 것이다. 따라서 하루를 좋은 날로 만드는 구체적인 방법은 지금이라는 시간을 좋은 시간으로 만드는 방법뿐이다.

지금을 좋은 시간으로 만들 수 있는 사람은 누구인가? …… 주체의 자각, 자기 자신의 삶. 주인공.

누가 언제 어디서, 무엇(무슨 일)을 어떻게 하면서 날마다 좋은 날로 만들 것인가?

지금 여기서 자기 자신이 본래심으로 지금 여기서 자신이 해야 할 일을 통해서 좋은 생활을 만드는 것이다. 각자가 지금 여기서 해야 할 절박한 자신의 일을 통해서 좋은 하루를 만들어가야 하는 것이다.

지금 여기서 자기 자신의 일이란 무엇인가?

사실 깨달음의 생활은 지금 여기 자신의 일을 통해서 이루어진다. 임제는 이러한 眞人의 삶을「곳에 따라 깨달음을 체득한 본래인으로서 주인이 되면 자신이 전개하는 모든 곳이 그대로 깨달음의 세계가 된다(隨處作主 立處皆眞)」라고 강조하고 있다. 인간이 살고 있는 지금 여기 사바세계라는 공간을 깨달음의 세계로 만들 수 있는 주체는 자기 자신이기 때문이다.

순간 순간의 호흡을 내쉬고 들이마시는 일이 귀중한 생명의 활동이며, 行住坐臥 語默動靜 일체의 일상생활 每事 뿐만 아니라, 찰나 찰나에 전개되는 자기의 삶과 마음 속에서 일어나는 한 생각 한 생각(念念)의 每事의 일을 말한다. 生死大事의 一大事란 사실 지금 여기에서 마음 속에서 한 생각 한 생각(念念)이 깨달음으로 전개되는 자기 자신의 자각적인 일인 것이다.

또한 육체를 움직여서 하는 생산 노동의 일이나 생계를 유지하기 위한 일(직업)은 자신의 건강한 삶을 지혜의 작용으로 나누는 보살도의 利他行임과 동시에 생활과 경제적인 안정을 얻을 수 있다.

사실 인간은 일을 통해서 성장한다. 立身出世나 一大事因緣, 혹은 自己本分事도 지금 여기서 자기의 깨달음의 지혜로운 일을 통해서 이룰 수 있는 것이다.

그리고 인간은 자신의 일을 통해서 육체적, 정신적, 사회적으로 건강한 생활을 할 수가 있는 것이다.

이상 몇 가지 공안을 통해서 선문답의 내용을 참구하고 사유하며 불법의 대의를 체득하여 생활에서 불교의 지혜와 인격적인 보살도의 삶을 실천하는 방법 등을 살펴보았다.

이와 같이 모든 선문답은 뜻을 알 수 없는 말을 나누는 대화가 아니라 대승불교의 사상과 보살도의 실천정신에 기초(토대)를 두고 있으며, 불법의 정신을 체득한 선승들이 일상생활하는 지금 여기의 자기 일을 통해서 구체적인 생활의 지혜로 전개하는 방법을 이야기하고 있는 것이다.

중국의 선승들은 인도에서 전래된 불교를 인간의 일상생활의 대화를 통해서 실천수행할 수 있도록 궁구하고 창안한 것이 선문답이다.

인도에서 전래된 불교가 중국의 대지위에서 구체적인 생활의 종교로 정착된 것은 당대의 조사들이 경전의 정신을 철저히 자기화하고 생활화하여 좌선과 선문답, 노동 등 구체적인 일상생활 속에서 지혜로운 삶과 인격적인 보살도를 실현한 것이며, 선문답과 어록은 그러한 삶을 살다간 선승들의 생활기록이라고 할 수 있다.

대승불교경전에서 설하고 있는 자각의 주체인 불성사상과 「無住나 無相, 無縛」 등으로 표현하는 반야의 공사상을 완전히 체득하여 구체적인 일상생활 속에서 불법의 정신을 실천하고 생활화하도록 제시된 선불교의 정신을 이해할 때 선문답인 공안을 통해서 선불교의 수행과 실천 방법 등을 깊이 있게 파악할 수가 있는 것이다.

5. 맺는말

이상 간화선의 수행은 본래심을 자각하는 조주 무자공안 참구와 정법의 안목을 구족하는 공안공부로 나누어서 살펴보았다. 이러한 간화선의 수행 구조를 전통적인 선수행의 입장에서 止觀으로 나누어 정리해 보면 다음과 같다.

禪 ─┬─ 止(samatha) : 定(禪定), 寂止, 寂滅, 無念으로 일체 번뇌망념이 없는 근원적인 본래심의 적정으로 되돌아가는 것. 즉 眞如門에 들어가는 것. 根本無分別智를 얻는 요인이 된다. 번뇌망념에서 본래심인 열반적정의 세계로. 수식관. 간화선에서는 조주의 무자를 참구하는 수행. 始覺이 本覺에 합치도록 함.

└─ 觀(vipasyana) : 慧(智慧), 正見. 觀念修習하는 것으로 法相을 관찰하는 진리나 진실, 제법을 관찰하는 지혜. 즉 生滅門에 들어가는 지혜로서 후득지를 얻는 요인이 된다. 간화선에서는 간경, 간화의 공안공부로서 불법의 대의(玄旨)를 체득하고 정법을 바로 볼 수 있는 안목을 구족하며, 불법의 사상적인 심화와 다양한 방편지와 생활의 지혜(後得智)를 구족하게 하는 수행이다.

『대승기신론』의 수행체계에서도 주장하고 있는 것처럼, 止와 觀이 하나(隨順: 一如. 一體)가 되어 실행되어야 한다. 선수행에서 강조하고 있는 止觀雙修, 定慧雙修, 定慧一致(定慧等持. 惺寂等持)라는 말은 이러한 입장을 말한다.

따라서 간화선 수행은 조주의 무자공안 참구는 각자의 본래심을 체득하고 일체의 사량분별과 괴로움(苦)에서 해탈할 수 있는 수행을 이룸과 동시에 간경과 간화의 공안공부를 통해서 불법의 대의를 체득하고 정법의 안목을 구족하는 수행자가 되도록 하는 교육이다.

불법의 대의를 체득하고 정법의 안목을 구족한 수행자가 되어야 불조의 혜명을 계승할 수가 있고, 또한 다양한 후득지와 방편지로서 보다 많은 중생을 제도를 할 수 있는 능력을 갖추게 되는 것이다.

※ 禪佛敎의 實踐 構造

『임제록』(11-3)에「밖으로는 범부나 성인이라는 차별을 취하지 않고, 또한 안으로도 본래 깨달음의 경지에 안주하지도 않는다(外不取凡聖, 內不住根本)」라는 말과 같이 밖(숲)인 상대적인 차별, 분별의 세계에서 집(家)으로, 근본(본래)으로 되돌아가지만 근본인 본래심(깨달음)에도 머무르지 않는다(途中과 家舍. 萬法歸一 一歸何處).

수행을 통해 깨달음의 경지에 도달하지만 깨달음의 경지에 머무르지 않고 다시 사바세계로 되돌아가 중생을 구제하는 자신의 일을 근원적인 본래심의 지혜로 전개하는 것.

불성의 전체작용(지혜)으로 지금 여기서 자기의 주체적인 삶으로 구현함.

『육조단경』에서는 36상대법(상대, 대립, 차별법. 兩邊)을 제시하여 이를 초월하도록 설법하고 있다. 일체의 차별, 상대, 대립과 고정관념, 斷見과 常見을 초월하기 위해서는 근원적인 본래심으로 되돌아가는 방법이 최선이다.

不二法門은 一如의 경지: 寤寐一如. 動靜一如. 夢覺一如. 動靜無間. 禪茶一如. 萬法一如.

一如는 근원적인 본래심의 경지를 말한다. 차별, 분별, 대립적인 의식이 형성되기 이전의 근원적인 본래심의 세계를 말하며, 父母未生以前의 自己의 본래면목(불성)을 말한다. 선어록에서는 天地未分前의 自己. 渾沌未分前. 文彩以前이라는 말로도 주장한다.

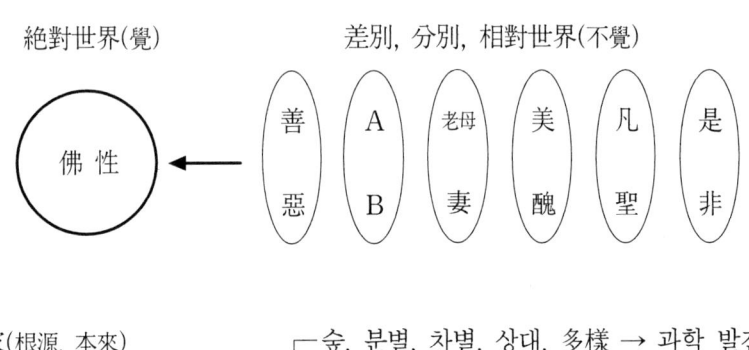

家(根源, 本來)
(還元, 回歸)

↓

般若智慧의 안목

↓

회향(自利利他)
(지금, 여기 자기의 일)

─ 숲, 분별, 차별, 상대, 多樣 → 과학 발전
   外向性, 分斷, 분열, 파괴 → 자연 파괴

─ 不作用 → 환경, 자연, 인류 파괴

─ 知解(知見解會)

※ 종색의 『좌선의』에서 설하는 선수행의 실천구조

一切善惡　都莫思量.
念起卽覺　覺之卽失.
久久忘緣. 自成一片. 此坐禪之要術也.

※ 祖師禪, 默照禪 坐禪修行(本覺的 修行構造)

念起卽覺 - 妄念이 일어난 그 사실을 자각하는 것이 중요한 것.
覺之卽失 - 妄念이 일어난 그 사실을 자각했을 때에 망념은 없어지고 본래심(本覺)으로 되돌아감.

參禪 = 本來心의 自覺적인 參究 ┌ 平常心是道. 卽心是佛의 立場.
　　　　　　　　　　　　　　└ 本來心의 전개. 本來心의 坐禪.

一切時中 總是禪. 行住坐臥 語默動靜 体安然 – 언제 어디서나 근원적인 본래심의 자각과 본래심으로 깨달음의 일상생활을 전개하는 것이 참선생활이다.

佛行 = 좌선이나 일체의 모든 행위를 부처의 행위로 전개하는 것.「威義 卽佛法」이라고 하는 것처럼, 신구의 삼업청정한 생활로 지혜로운 삶은 자기 법신불을 구현하고 중생구제의 자비행으로 인격적인 행화를 전개하는 것.

※ 默照禪의 修行과 實踐構造

祖師禪과 默照禪 ┌ 默照禪은 祖師禪의 정신을 正統적으로 계승함.
　　　　　　　　└ 坐禪修行으로 철저히 구현. 坐禪修行時에 佛智가 照明된다.

坐禪修行 → 本覺, 卽心是佛의 立場

┌ 念起卽覺. 覺之卽失 → 坐禪儀
└ 非思量 → 一切善惡 都莫思量(六祖慧能의 說法을 계승하여 주장함).

覺의 境地(威音王那畔. 本來心) → 坐禪의 실천으로 具現함.
法身佛(三業淸淨身) → 默의 世界 … (本來. 根源. 寂靜(涅槃)의 境地)
法身光明(紫金光明) → 照의 世界 … (智慧觀照. 靈鏡의 작용.)

※ 非思量(一切善惡都莫思量)

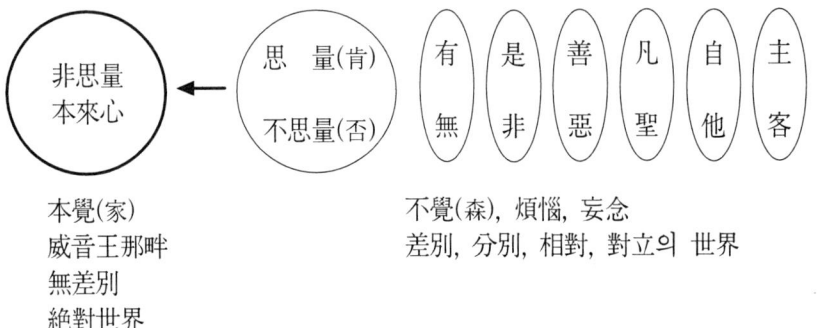

本覺(家)
威音王那畔
無差別
絶對世界

不覺(森), 煩惱, 妄念
差別, 分別, 相對, 對立의 世界

※ 看話禪의 修行(始覺門的 修行構造)

대혜종고가 대성시킨 간화선은 조주의 무자화두(공안)를 참구(始覺)하여 본래심(本覺)을 자각하도록 하는 수행이다. 즉, 始覺이 本覺에 합치도록 하는 수행구조이다.

대혜는 당시 조사선의 사상을 잘못 이해하고 자각(지혜작용)이 없이 멍청하게 앉아 좌선하고 있는 아류의 묵조사선 수행자들을 비판하면서 조주의 무자화두(공안)를 참구(看話)하여 각자의 본래심을 깨닫도록 새로운 수행방법을 제시하게 된 것이다.

조주의 무자공안을 참구하는 간화선의 수행방법은 송대 오조법연 선사로부터 비롯되었으며, 원오극근 선사의 깨달음(悟道頌)의 인연을 거쳐 대혜종고의 『대혜서』『대혜어록』『보설』에 의해 대성되었다.

그러나 간화선의 수행체계는 무문혜개의 『무문관』 제1칙「조주무자」에서 완성된 것이라고 할 수 있다.

조주의 무자공안은 「無」字를 참구(看)한다.

즉 『열반경』 등의 대승경전에는 「일체중생은 모두 불성이 있다.」라고 말했는데, 조주는 왜 「개(狗子)한테는 불성이 없다」고 했는가?라는 문제제기(의심)를 일으킴. (대혜는 「이 몸 전체가 그대로 疑團이 되도록 함(通身起箇疑團)」)

　의심(自己向上의 문제제기)과 본래심의 자각적 참구(參禪)이다.

　조주의 「狗子無佛性話頭」로 문제제기(의심)하여 본래심으로 무자를 看(參究)함.

『좌선의』의 입장에서 간화선의 참구방법을 조명해 보자.

念起卽覺 → 망념의 자각(자각의 종교)
覺之卽失 →┌ 본래심의 자각(覺의 世界: 본래심의 還元)으로 妄念이 없어짐.
　↓　　　├ 본래심의 자각적 전개. 근원(家)으로 되돌아감. 歸家還本.
　自覺　　└ 安身立命(處)의 지혜로운 삶.
　↓
공안참구(화두를 들다) → 조주의 「無」字 공안을 참구.
기와조각으로 문을 두드리다. 門 → 本來心의 家門 - 깨달음의 집(家)
진리의 대문을 두드리는 기와조각과 같은 것이 공안의 의미. 깨달음의 문(본래심의 자각)이 열린 뒤엔 임시방편인 기와조각(공안)도 이미 쓸데없는 것.

　누가(主) 무엇(客)을 어떻게(경계, 대상, 화두), 무엇 때문에, 깨달음을 위해서(待悟禪)라는 의식이 완전히 없어진 경지에서 오로지 무자를 참구(본래심의 자각) 하는 것.

　근원적인 본래심이 자기의 본래심을 자각하고 참구하는 것이 참선. 「無」라는 마음의 목소리(소옥아!)를 마음의 귀로 또렷하게 듣고 자각하는 것.

　『육조단경』에서 「一切善惡을 都莫思量하라!」라는 혜능의 법문을 구체적으로 실천할 수 있도록 제시하고 있는 선수행이 간화선이다. 無자 공안을 참구하는 간화선의 수행은 일체의 상대적인 대립이나, 선악, 범성, 주객, 자타 등의 차별적인 경지를 한꺼번에 초월한 대승불교의 정신을 선의 실천으로 제시하고 있다.

　무자공안을 참구하는 간화선의 수행은 사실 일체의 차별과 분별의 세계를 초월하여 깨달음의 절대세계인 각자의 근원적인 본래심의 집으로 되돌아가서, 본래심과 본래심의 진실한 대화만이 전개된다. 安身立命處에서 지혜로운 삶(작용)이 있을 뿐이다. 이것을 불성의 지혜작용이라고 한다.

　본래심의 자각적인 참구로 번뇌망념의 괴로움(苦)에서 해탈하여 열반적정의 깨달음의 경지에서 불성의 지혜가 작용하게 된다.

※ **看話禪의 修行構造** - 문제제기(의심)와 **參究**(看話)

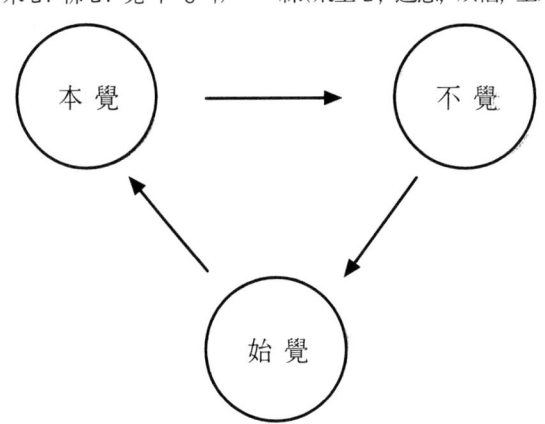

　家(本來心. 佛心. 覺의 경지)　　森(衆生心, 迷惑, 煩惱, 生死苦海. 無明)

　　　　　　　公案 參究(조주의 무자화두를 看(參究)함)

　조주의 무자화두를 참구하는 간화선의 수행구조는 始覺이 本覺에 계합하도록 하는 것이라고 『대혜어록』에서 주장하고 있다. 즉 중생심의 미혹한 번뇌망념(不覺)에서 조주의 무자화두를 참구(始覺)하여 자신이 근원적인 본래심으로 「無!」라고 제시(提撕)한 본래심의 목소리를 본래심의 귀로 또렷하게 듣고 자각(擧覺: 本覺)하는 것이다.

즉 不覺의 중생심(煩惱妄念의 차별심)에서 조주가 제시한 무자화두를 참구(始覺)하여 각자 근원적인 본래심의 집(本覺)으로 되돌아가서 安身立命의 지혜로운 삶을 전개하도록 하는 수행방법이다. 安身立命이란 번뇌망념이 없는 안정되고 평안한 열반적정의 경지에서 지금 여기서 자신의 일상생활의 매사를 지혜롭게 사는 것이다.

조주의 무자공안을 참구하는 간화선은 시각문적인 수행구조에서 자기 향상을 향한 문제제기(疑心)를 일으키기 위한 것이다. 일체중생이 모두 불성이 있고 자성이 청정한 그 사실을 경전이나 조사의 체험적인 사실을 통해서 알 수 있지만, 그러한 사실을 자신이 직접 확인하는 차원에서 출발하는 수행구조로서 本覺門을 완전히 인정한 차원에서 출발한 것이다.

不覺은 차별과 분별심의 無明에서 허덕이는 범부중생의 입장을 말한다. 인간은 자기 향상의 의지가 작용하고 있는 종교심이 고통의 不覺에서 벗어나서 보다 나은 행복한 삶을 추구하고 평안한 열반적정의 경지를 얻고자 한다.

이것을 보리심이라고 할 수 있는데, 이러한 자기향상의 문제의식과 원력을 세워 올바른 수행방법을 배워 익혀서 실천수행에 몰입하는 것을 始覺이라고 한다.

始覺의 입장에서 무자화두를 참구하여 본래심을 자각하게 하여 始覺이 本覺에 합치되도록 한다. 始覺이 本覺에 합치게 됨으로써 本覺, 始覺, 不覺이 모두 없어지고 본래심의 자각적인 지혜로운 삶이 지금 여기 자신의 일을 통해서 전개될 수가 있는 것이다.

始覺이 本覺에 합치게 한다는 것은 번뇌망념이 일어났을 때에 번뇌망념이 일어난 사실을 자각함과 동시에 조주의 무자화두를 참구하여 「無!」라고 하는 마음의 목소리를 마음의 귀로 또렷하게 듣고 자각하도록 하는 것을 말한다.

그래서 간화선을 본래심과 본래심의 진실한 대화라고도 말하고 있다. 근원적인 본래심(불성)의 경지에서 무심하게 평상의 모든 매사를 지혜로운 삶으로 전개하는 것이다. 이러한 자각적인 깨달음의 참선수행을 본래의 고향집에 되돌아가서 평안하고 안정된 마음으로 자신의 지혜로운 삶을 사는 安身立命이라고 말한다.

* 정성본「간화선의 수행과 실천구조」(『한국불교의 좌표』1997년) 참조.

※ 조주의 무자화두를 참구하는 의미 - 全提와 破病 -

조주의 무자화두를 제시하고 자각(提撕擧覺)하는 목적은 각자의 본래면목을 밝힘과 동시에 불성의 지혜작용과 깨달음의 생활을 하기 위한 방편이다.

1) 全提(全分提起)라는 것은 본래심으로「無!」라고 제시(提撕)하고 자각(擧覺)하는 화두참구는 각자의 불성, 즉 본래면목을 전부 남김없이 제시하여 드러내는 불성의 전체작용으로 깨달음(覺)의 지혜작용을 구현하는 것이다. 각자의 본래심의 집에 들어가는 열쇠(기와조각: 敲門瓦子)인 것이며, 본래심의 집에서 깨달음의 지혜로운 삶을 전개하는 것이다.

깨달음(覺)의 경지는 불성(본래심)의 지혜작용으로 惺寂等持(惺惺), 定慧圓明하여 법신의 지혜광명의 생활이 된다.

2) 破病이란 중생이 번뇌망념과 생사심(차별, 분별심. 迷惑, 無明, 無知. 黑山鬼窟의 삶)에 허덕이고 있을 때에 번뇌망념이 일어난 사실을 자각함과 동시에 본래심으로「無!」라고 조주의 무자화두를 제시하고「無!」라는 본래심의 목소리를 본래심의 귀로 또렷하게 듣고 자각(擧覺)할 때 일체의 사량분별, 번뇌망념과 간화선병을 일시에 타파하게 된다. 조주의 無!는 無明, 無知, 無記와 知解를 쳐부수는 지혜의 칼이며 몽둥이(지팡이)인 것이다.

※ 疑心과 參究

대혜의 간화선은 조주의 무자공안을 방편으로 근원적인 본래심을 깨닫도록 참구하는 것이다. 화두(공안)를 통한 근원적인 의심은 자기 향상(깨달음의 세계)을 위한 문제제기이다. 문제제기가 없으면 자기 향상을 이룰 수가 없다. 간화선의 문제제기(의심)는 자기 本覺의 확신을 재확인하기 위한 것이며, 자기 향상을 향한 믿음(信)의 토대위에 형성된 문제의식인 것이다.

의심(문제제기)은 무자화두를 간(참구)하는 방편으로 활용하여 자기의 根本事(一大事. 生死問題) 己事究明을 위한 문제제기인 것이다. 즉 생사대사의 일대사 인연을 해결하고 고에서 해탈하기 위한 자기 향상의 구도정신이 응집된 自我究明의 문제제기인 것이다.

生死大事의 一大事는 지금 여기에서 이루어지고 있는 것이기에 지금 여기서 자기의 본래심을 깨닫고 해결해야 하는 것이다.

이러한 문제제기의 의심이 없으면 수행에 추진력이 형성되지 않으며 생사문제 해결을 위해 全身을 다해 몰입할 수가 없는 것이다.

문제제기가 강한 의심을 통해서 더욱 구체적으로 전신을 쏟아 수행에 몰입하여 철저히 확인하는 일에 매진할 수가 있는 것이다. 그래서 의심이 커야 깨달음도 크다(大疑大悟)고 말하고 있는 것이다.

간화선에서 조주의 무자화두를 참구하는 것은 근원적인 본래심을 깨닫게 하기 위한 방편이다.

사실 자각의 주체이며 만법의 근원인 불성(본래심)은 일체중생이 모두 구족하고 있다고 『열반경』 등에서 주장하고 있는데, 그러한 사실을 자신이 직접 확인하고 확신을 얻어 지금 여기, 자신의 일상생활에서 번뇌망념이 없는 깨달음의 본래심(불성)으로 지혜로운 생활을 하기 위한 구체적인 기초작업이라고 할 수 있다.

즉 번뇌망념의 중생심으로는 불안과 근심 걱정 때문에 평안하고 안정된 마음으로 자신의 일에 몰입할 수가 없게 된다. 자신의 지혜로운 삶은 마음의 안정과 평안에서 출발된다. 번뇌망념의 불안한 중생심을 안정시키고 평안한 마음이 되도록 하는 것은 근원적인 본래심(불성)으로 되돌아가도록 하는 것이 최선의 방법이다.

조주의 무자공안을 참구하도록 하는 것은 중생심(不覺)을 불성의 본래심(本覺)으로 되돌아가도록 하는 방편인 것이다. 즉 조주 무자화두라는 기와 조각을 이용하여 자신의 집 대문을 두드려(參究) 문을 열고 각자 근원적인 본래심의 집(本覺)으로 되돌아 들어가도록 하는 것이다.

따라서 간화선은 무자화두를 참구하여 불성(본래심)의 자각과 깨달은 이후 수행이라는 두 골격을 핵심으로 하여 재출발한다. 疑團은 문제제기로 견성의 수단(敲門瓦子)이다. 조주의 무자를 참구하여 見性하면 의단은 타파된다. 사실 의단의 해소를 견성이라고 할 수 있다.

조주의 무자공안은 그러한 사실의 확인이 된다. 깨달은 이후(悟後)의 수행이란 그것을 의미한다. 즉 무자화두를 참구하여 불성(本覺)을 자각(見性)하고 근원적인 본래심(本覺)으로 지금 여기 자신의 일에서 安身立命의 깨달음의 생활을 전개하는 것이 그대로 깨달은 이후의 수행이 되는 것이다.

이처럼 간화선이 문제제기의 의심과 본래심의 자각적인 참구라는 이중구조(二重構造)로 이루어진 것이므로, 조주의 무자화두가 유일한 간화선의 공안이 될 수 있는 것이다.

그런데 중요한 것은 간화선은 문제제기인 의심을 참구해서는 안 된다. 의심만을 참구할 수가 없다. 문제의식이 없는 단순한 의심은 중생심이며, 중생심으로 의심을 참구한다는 것은 중생심의 의심으로 조작하여 대립과 분별과 알음알이만 증가시키는 행위가 될 뿐이다.

문제제기를 통한 분별적인 의심을 철저한 근원(본래심)으로 되돌아가게 하여 자각적인 지혜의 작용을 통한 철저한 확신으로 전환하도록 하는 것이 무자공안을 참구하는 의미이다.

　대혜의 간화선에서 조주 무자공안을 참구하는 목적은 여기에 있는 것이다.

　간화선에서 공안을 의심하는 것은 자기의 생사문제를 해결하기 위한 문제의식이며, 조주의 무자공안을 참구하는 수행으로 向上一路의 깨달음에 나아가게 하는 추진력을 강화하게 하는 문제제기이다.

　즉 번뇌망념의 중생심(不覺: 苦)을 극복하고 근원적인 본래심(本覺)으로 되돌아가기 위한 자기향상의 구도심을 강화하는 힘이다.

　구도적인 문제의식이 강한 것을 의심이 강하고 크다고 말한다. 그것은 문제의식이 없는 수행과 구도는 불법을 체득하는 자기 향상의 힘이 없기 때문이며, 불퇴전(不退轉)의 수행에 몰입할 수가 없기 때문이다. 즉 大疑大悟라는 말은 구도적인 의지와 문제의식이 철저해야 불도수행에 오로지 전념할 수 있게 된다는 의미이다.

불기 2544년 10월 9일
自安禪堂에서 정성본

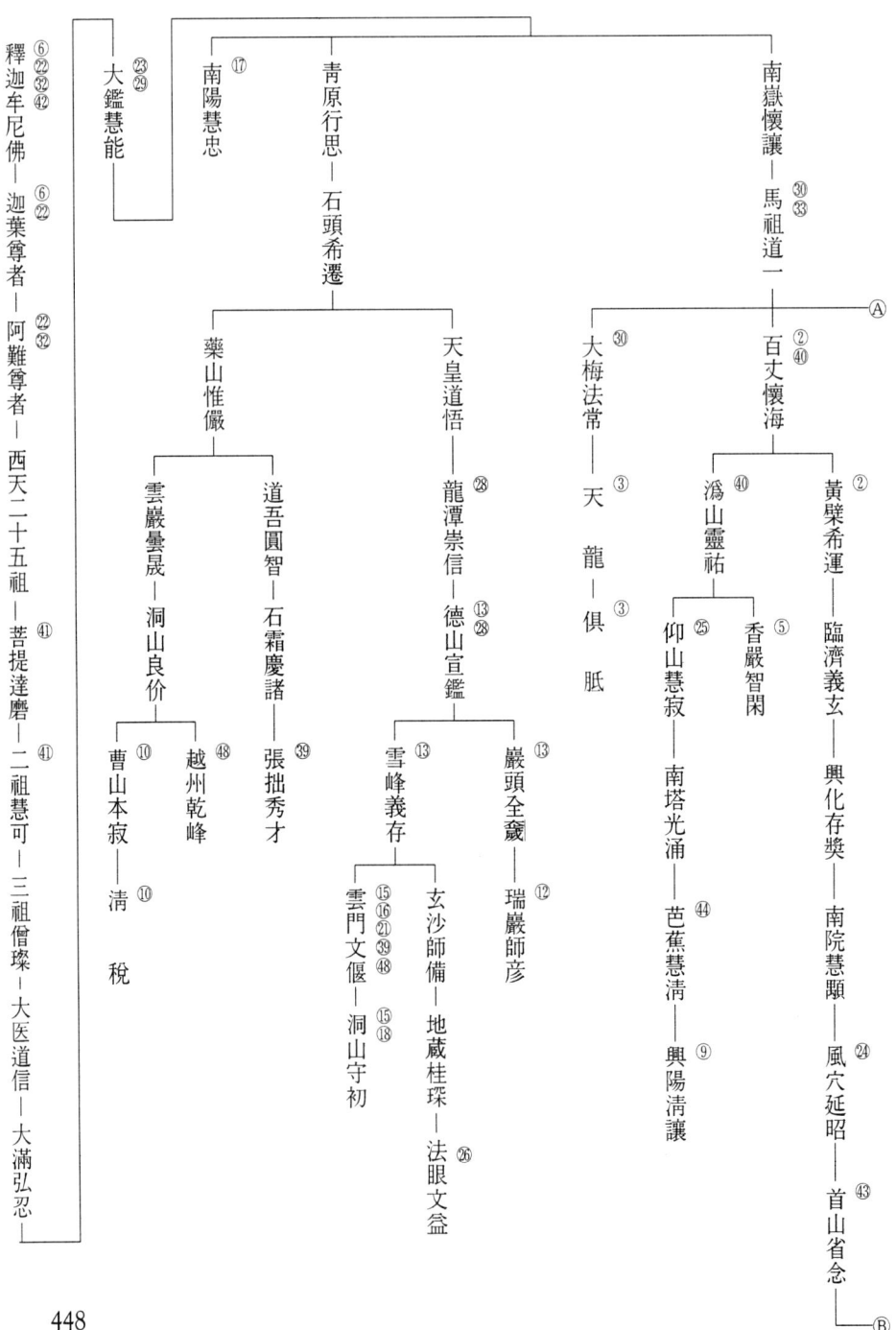

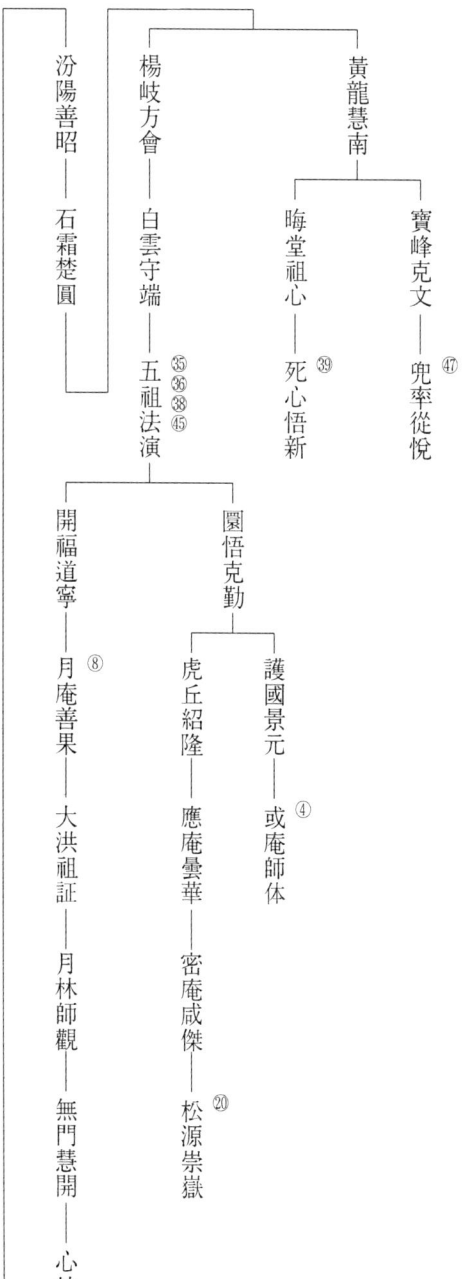

찾아보기

【ㄱ】

賈島 25
迦葉 192
迦葉佛 46, 53
迦葉尊者 80, 83
迦葉破顔 80
看經 374
看心看淨 408
看話 374, 392
간화결의론 402
간화선 387
看話十種病 402
勘過 246
勘破 124, 244
開口卽失 214, 218
開口卽錯 218
開示悟入 315
巨靈 61, 68
乾坤獨步 17, 26
乾峰和尙 333, 335
乾屎橛 187, 189
劍客 252, 255
劍樹刀山 170

劍刃上行 248, 251
게송문학 378
擊石火 187, 191
見色明心 155, 160
見性 329
見性成佛 295, 353
缺齒老胡 291
古德公案 355
敲門瓦子 17, 23
孤峰頂上 228, 232
高峰頂上 324
辜負 165, 167
孤貧 116
古人公案 17
公案 22
공안공부 375
過去心不可得 228
관우장군 407
光明寂照 279, 280
誑諱 219
敎外別傳 80, 85, 225, 228
口悱悱 228, 233

찾아보기 451

狗子　29, 32
狗子無佛性　32, 393, 398
狗子佛性　29
俱胝和尙　60, 61, 62
久響龍潭　231
國師　165
歸家穩坐　429
歸家穩坐之處　405
鬼家活計　345, 347
金剛經抄疏　228
金襴袈裟　192
機輪　104
機緣　16
喫粥了　88, 93

【ㄴ】

那伽大定　300, 307
那吒　25, 348, 351
落處　343
南泉普願　143, 175, 256
南泉語要　257
南泉斬猫　143, 144
南泉和尙　141, 224, 225
郞當不少　224, 227, 353
冷暖自知　198, 202
奴郞不辨　95
老婆心切　198
能殺能活　119, 122
能縱能奪　119, 122

【ㄷ】

單刀直入　17
單提　67
達磨　293
達磨面壁　290
達磨西來　299, 353
擡脚不起　181, 183
大道無門　17, 26, 380
大力量人　181
大梅法常　239, 241, 253
大梵天王問佛決疑經　81
大死一番　330
臺山婆子　244, 245
大修行底人　46, 53
대승기신론　389
待悟禪　404
大庾嶺　197, 200
大藏五千卷　357
大通智勝佛　105, 106
대혜서　380
대혜종고　372, 386
德山宣鑑　132, 134, 228
德山托鉢　134
頓悟見性　429
動念卽乖　218
同事攝　432
東寺如會　257
洞山守初　149, 150, 171
洞山良价　335
東山演師　319, 321

洞山和尙　170
東土二三　26
兜率悅和尙　326, 327
杜撰　78
鈍置　66, 344

【ㅁ】

麻三斤　170, 172, 417
馬祖　239, 252
馬祖道一　240
摩訶迦葉　80
摩訶衍法　214
萬法歸一 一歸何處　63, 417, 429
萬法一如　265
末後句　133, 139
末後一句　137
罔明菩薩　300, 304
亡僧事例　54
買鐵得金　236
驀直去　244, 246
綿綿密密　222
明上座　197
妙悟　29
無　29, 381
無孔笛　169
無孔笛子　169
無垢衣　158
無根樹　169
無記　179
無多子　61, 68

無量　348, 352
無門　11
無門關　17, 341, 379
無門爲法門　17, 19
無門解脫之門　341
無門慧開　362
無縛　424
無相　424
無繩自縛　345, 346
無心是道　373
無言 無說　269
無影樹　169
無用之用　101
無一物中無盡藏　21
無字　29
無字 話頭　38, 387
무자공안　372, 392
無情說法　162
無住　424
無風起浪　17, 22, 291, 297
默照銘　208
默照邪禪　345, 346, 390
聞聲悟道　75, 155, 160
文殊　300, 303
文殊是七佛之師　306
門前刹竿　192
問處如何答處親　196
未來心不可得　228
彌勒　73, 78, 214, 271
彌勒處所　216
眉毛厮結　40

微妙法門　80
美食不中飽人湌　165, 167
尾巴　87
尾巴已露　80

【ㅂ】

飯袋子　151
盤頭　289
飯裏有砂　244
般若無知論　111
撥無因果　58
鉢盂　94
撥草參玄　326, 328
撥草瞻風　328
龐거사　216
傍若無人　86
蚌蛤禪　170, 174
背觸交馳　309
百非　215
백운수단　376
白日靑天　214, 219
百丈野狐　49
百丈和尙　46, 284
百丈懷海　50, 286
百尺竿頭　322, 324
百尺竿頭須進步　322
百尺竿頭進一步　252
白椎　55
白槌　55
煩惱卽菩提　264

幡動　235
范丹　114, 118
凡聖　311
法演禪師語錄　320
法音　381
보조지눌　408
福田衣　158
本來面目　198, 201
本來人　126, 132
本分草料　148, 153
本證妙修　110
逢佛殺佛　29, 43
逢祖殺祖　29, 43
扶起放倒　123
傅大士　216
父母未生以前의 本來面目　381
扶竪宗乘　334
分疎不下　176, 180
糞掃衣　158
佛鑑慧懃　261
佛見法見　345
不落因果　47, 58, 59
不立文字　80, 85, 418
不昧因果　46, 47, 58, 59
佛法不現前　105
불법의 대의　383
不思善　198, 200
不思善惡　428
不思惡　198, 200
佛性　29, 37
佛手　348, 350

不是家珍　17, 20
不是物　224, 225
不是佛　224, 225
不是心　224, 225
佛身充滿於法界　159
佛眼禪師　365
佛眼清遠　261
佛語心　379
佛語心爲宗　17, 19
不二法門　424
佛弟子　248
佛祖乞命　309
佛祖機緣　15
不通風　223
非心非佛　242, 252, 253
毘婆尸佛　192, 196

【ㅅ】

四句　214, 215
四句百非　76, 217
四大　330
闍梨　117
謝三郎　291, 297
四禪天　181, 185
四維　105
思惟修　383
四恩　277
殺人刀　120, 125, 313
殺活自在　78
三界唯一心　226, 430

三關　326, 328
三頓棒　147, 151
三百六十骨節　29
三有　278
三轉語　326, 331
三處傳心　81
上堂　55
喪身失命　73
生滅門　390
生滅心　329
生死　329
生死苦海　43
生死事大　45
生死心　329
生死卽涅槃　264
生死解脫　45
西來直指　291, 299
西來意　73, 76, 77
瑞巖老子　126
瑞巖師彦　127
瑞巖彦和尙　126
西天二十八祖　26
西天胡子　70
釋迦老子　271, 300
釋迦多口　357
釋迦彌勒　319
析空觀　99
石霜慶諸　281
石霜和尙　322, 323
선가구감　422
禪門規式　286

선문답 383
禪門拈頌集 378, 421
善惡 311
扇子 333
禪箴 346
禪宗無門關 17, 29
舌頭無骨 123
舌頭墮地 165, 167
雪峰義存 132, 135
說通 235
閃電光 187, 191
性命喪却 280
惺惺不昧 346
惺惺着 126, 128
性燥 153
洗鉢 93
洗鉢盂去 88
世尊 80, 83, 248, 249, 300
世尊據座 248, 250
世尊拈華 81
소염의 시 409
소옥아! 410
소참법문 419
송고집 378
松源崇嶽 181, 182
輸却 287
水牯牛 275
輸機 118
竪起拳頭 119
水潦鶴 96
首山省念 308, 309, 310

首座 287
隨處作主 326, 331
隨處作主 立處皆眞 413
水波逐浪 188
水涸 96
順世 65
純熟 41
習性化 41
習庵陳塤 11
始覺門 420
시각형 381
是非 311
時時提撕 時時擧覺 40
詩人 252, 255
侍者 165, 166
示衆 315
識神 126, 130
臣僧慧開 15
身心一如 263
實相無相 80, 85
實參 實悟 71
心法 226
心不是佛 258
心憤憤 228, 233
深信因果 58
深深海底 337
心外無別法 430
心地覺心 365
心地法門 430
十劫 108
十劫坐道場 105

十方薄伽梵　333, 335
十方世界現全身　322
十字街頭　319

【ㅇ】

阿難　192, 194, 248, 250
我法妙難思　357
阿師　11
啞子　42
惡知惡覺　29, 41
安晚　355, 357
安身立命　405
安身立命處　429
安心　290, 294
安心法門　293, 294, 299
巖頭　132
巖頭全豁　136
庵主　121
壓良爲賤　86
仰山慧寂　214, 216, 285
野狐　50
野狐見解　126, 129
野狐禪　51
野狐身　46, 47, 53
野狐精　51
楊岐　344
楊岐三脚　348, 350
兩采一賽　47, 59
兩彩一賽　59
語默　206, 209, 266, 270

語言三昧　206, 212
言下大悟　46
言下頓悟　176
業識忙忙　300, 307
業識性　33, 394
驢脚　348
閭閻　80, 87
如人飲水　198
女人定　300
荔支　198
如何是道　175
如何是佛　170, 171, 187, 252
如何是祖師關　29
如何是祖師西來意　77
延壽堂　55
열반경　395
涅槃堂　47, 55
涅槃妙心　80, 84
涅槃心　341
拈却　103
念起卽覺　345, 347
念起卽覺　覺之卽失　46, 427
拈提　16
拈花示衆　80, 83
靈山　83
靈山一會　192, 195
靈山會上　80, 88
靈雲志勤　75, 160
靈音　381
靈知不昧　58
靈鷲山　83

찾아보기　457

靈魂　131
五祖　261, 266, 267, 275, 348, 351
五祖法演　261, 372, 376, 386, 394
五祖再來圖　351
烏騅　11, 14
瓦解氷消　176
宛陵錄　55
外道　248, 249
外道見解　248
龍潭　228
龍潭崇信　228, 231
龍翔寺　22
牛過窓櫺　276
佑慈禪寺　15
雲門　147, 155, 187, 279
雲門文偃　149, 150, 157, 188
圓相　216
圜悟克勤　261, 372, 386
圜悟心要　23
月庵善果　97, 101
越州乾峰　335
潙山靈祐　74, 284, 285
維那　47, 55
維摩不二門　357
有無會　29, 41
有語 無語　312
遊戲三昧　29, 44
六道四生　29, 44
六祖　197, 235
육조단경　421
六祖慧能　199, 236

衣鉢　200
擬心卽差　218
擬向卽乖　175
耳根圓通　381
이뭣고　413
離微　206, 207, 208
離微之根　208
理法界　223
理事無碍法界　223
二祖慧可　290, 293
泥中有刺　244
離魂記　261
人間好時節　176
仁者心動　235
忍俊不禁　236, 238
人天罔措　80, 88
一箇無字　29
一箇門人　291, 297
一女人　303
一念相應　429
一念卽是無量劫　108, 332
一路涅槃門　333, 335
一大事了畢　45
一大事因緣　434
一大藏教　73, 77
一得一失　219, 221
一老人　46
一盲引衆盲　325
一默雷　269
一棚傀儡　133, 139
一轉語　46, 54, 119, 123, 275, 277

一指頭禪 64, 65
一指禪 63
一隻眼 47, 57, 79, 219, 275, 277
一切皆空 223
一切善惡 都莫思量 201, 427
一切唯心造 430
一超直入如來地 25, 251
任運自在 44
立僧 352

【ㅈ】

自救不了 279, 283
自己面目 198
自己本分事 434
自買自賣 126, 128
自成一片 427
慈懿皇后 15, 16
長沙景岑 323
張拙秀才 279, 281
聻 128
赤脚上刀山 170
趯倒淨瓶 287
赤鬚胡 47, 56
전등록 375
轉迷開悟 277
轉識得智 384
傳心法要 55
全提 408
全提正令 29, 44
典座 286

截斷衆流 188
點心 233
頂門眼 79, 323, 325
定盤星 102, 240, 242, 323
正法眼目 57, 419
正法眼藏 80, 84, 378, 391, 421
淨瓶 284, 287, 311
庭前柏樹子 271, 273, 417
定慧雙修 436
定慧一致 436
帝釋鼻孔 334
提撕 29, 40
提撕擧覺看 40
祖師關 29, 39
조당집 375
祖師西來意 271, 272
曹山本寂 114, 116
趙州 88, 91, 119, 244, 245, 271
조주록 395
趙州從諗 32
趙州和尙 29
宗門武庫 320
宗門一關 29
從門入者 17, 20
鐘聲 155, 160
鐘聲七條 157
宗通 235
坐道場 105, 108
좌선의 46, 380, 427
籌帷幄 247
主人公 126, 128

찾아보기 459

拄杖　333
拄杖子　314, 315
竹篦　308, 310
中道　374, 377
中峰廣錄　23
卽心是佛　239, 241, 242, 253, 257
知見會解　401
止觀門　389
止觀雙修　436
智不是道　258
地水火風　260, 265
地獄天堂　345
止止不須說　357
知行一體　259
지혜의 칼　400, 414
直指人心　295, 353
直下承當　181, 184, 341
眞如門　390
眞正見解　57

【ㅊ】

差別智　341
遮詮　254
着語　421
刹竿　194
參問　50
參禪　29, 50
參禪學道　155, 159
參集　50
參次　50

倩女離魂　260
天龍　61, 63
天龍一指頭禪　61
天眞佛　110
鐵枷　289
鐵枷無孔　169
청각형　381
淸涼國師　219
淸涼大法眼　219, 220
淸稅　116
淸稅孤貧　114
靑原白家酒　114, 117
請益　17, 22, 231
靑天白日　240, 243
體空觀　99
體究硏磨　41
初發心時 便成正覺　140
觸背　312
叢林　88, 92
最初句　133, 139
出身之路　206
趣向　178
馳子　338
親見　71
七佛祖師　306
七佛之師　300
七事　122
七手八脚　260
七條　158

【ㅌ】

打成一片 29, 43
托鉢 132, 135
吞熱鐵丸 41
太平廣記 263
撑門拄戶 191
通身起箇疑團 29
通身迸鬼眼 73, 79
通身是手 348

【ㅍ】

破病 408
破顔微笑 80, 84
把定放行 334
把住放行 337
芭蕉慧淸 314, 315
板齒生毛 416, 417
八萬四千毫竅 29
八臂那吒 17
平常心是道 175, 177, 373
評唱 421
閉口又喪 214, 218
布袋화상 216
表詮 254
豊干 358
豊干饒舌 357
風動 235
風幡心動 236, 239
風颺刹幡 235, 237

風體骨格 213
風穴機 211
風穴延沼 206, 207, 310
風穴鐵牛機 211

【ㅎ】

夏安居 151
學道之人 126
한국불교 388
函蓋乾坤 188
項羽 114, 118
奚仲 97, 102
行解相應 259
香水海 181, 185
香嚴智閑 73, 74, 267
虛空 366
虛無會 29, 40
玄沙師備 297, 343
現成公案 89
懸崖撒手 248, 252
懸羊頭 賣狗肉 86
現在心不可得 228
懸河之辯 73, 77
慧明 200
慧忠國師 166
胡鬚赤 47, 56
好肉剜瘡 22
胡子無鬚 69
或庵 69, 70
和光同塵 167, 432

話墮　279, 282
還歸本處　429
活人劍　120, 125, 313
黃梅　202
黃面瞿曇　85
黃面老子　80
黃檗希運　55
黃龍私心　282
黃龍三關　349
黃龍慧南　349
哮本　11, 13
後得智　390
黑山鬼窟　413
興陽淸讓　106
홍화존장　376

정성본(鄭性本)

1950년 경남 거창 출생. 속리산 법주사에서 출가. 동국대학교 불교대학 졸업. 일본 愛知學院大學 대학원(석사). 일본 駒澤大學 대학원(석사, 박사). 駒澤大學에서 文學博士 학위 받음. 충남대학교 철학과 및 중앙승가대학교 강사. 현재 동국대학교 불교문화대학 교수.「한국선문화연구원」 원장.

저서 및 논문

『중국禪宗의 성립사 연구』『선의 역사와 사상』『禪佛敎란 무엇인가』『육조단경의 성립과 제문제』『신라선종의 연구』『참선수행』『선불교의 이해』『선의 풍토』「돈황본 육조단경의 선사상」『돈황본 육조단경』등 다수가 있다.

無門關

2004년 5월 20일 초판 1쇄 인쇄
2004년 5월 26일 초판 1쇄 발행
2009년 2월 26일 초판 3쇄 발행
2011년 5월 30일 초판 4쇄 발행
2012년 11월 7일 초판 5쇄 발행

無門慧開 著
ⓒ 鄭 性 本 譯註

발행처 韓國禪文化硏究院
등 록 제6-484호(2003. 1. 16.)
서울 성북구 성북2동 260-8
전화 070-7558-2117
홈페이지 naver.zenmaster.co.kr

값 20,000원 ISBN 978-89-953863-8-5 04220
ISBN 978-89-953863-5-4 (세트)

한국선문화연구원은 경전과 선어록을 공부하고, 선의 사상과 수행을 연마하며, 인류와 중생을 위하여 보살도를 실천하는 참선도량입니다.

● 한국선문화연구원 간행 예정 안내서

〈선어록 총서〉

① 돈황본 육조단경(완간)
② 돈황본 신회어록(근간)
③ 임제어록(완간)
④ 무문관(완간)
⑤ 달마어록
⑥ 마조어록
⑦ 황벽어록
⑧ 돈오요문
⑨ 십우도
⑩ 신심명 · 증도가
⑪ 벽암록
⑫ 종용록
⑬ 보림전
⑭ 한산시
⑮ 조당집
⑯ 동산어록
⑰ 현사어록
⑱ 운문어록

〈선불교총서〉

① 선불교개설(근간)
② 좌선수행법(근간)
③ 참선수행(근간)
④ 염불수행(근간)
⑤ 선불교이해(근간)
⑥ 반야심경(완간)
⑦ 소승선과 대승선(근간)
⑧ 간화선 수행
⑨ 조사선의 사상
⑩ 선문화의 이해
⑪ 선문학의 이해
⑫ 선의 교육
⑬ 십우도의 선문화
⑭ 현대문명과 선불교
⑮ 선문답의 이해

우편으로 책을 주문하실 경우 아래 온라인구좌를 이용해 주십시오.

조흥은행   804-04-746990   (선문화연구원)
하나은행   187-910009-14107 (한국선문화연구원)

참선도량 · 한국선문화연구원
(136-022) 서울시 성북구 성북2동 260-8
전화 서울 (02) 765-6539, 경주 동대 (054) 770-2112
HP (010) 5170-2117